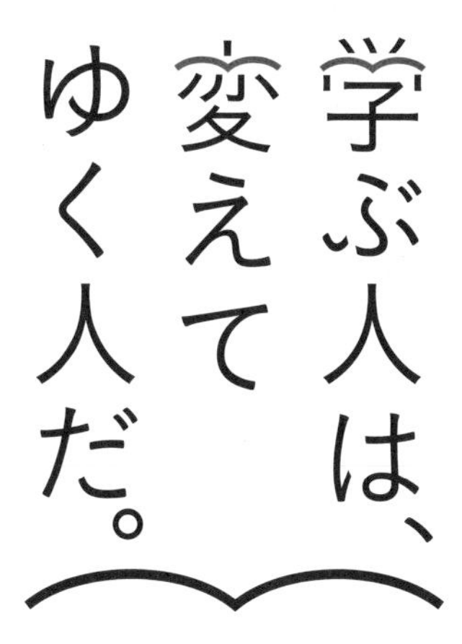

目の前にある問題はもちろん、

人生の問いや、

社会の課題を自ら見つけ、

挑み続けるために、人は学ぶ。

旺文社

International
English
Language
Testing
System

実践IELTS（アイエルツ）英単語3500

内宮慶一
吉塚　弘 共著

改訂版

旺文社

はじめに

本書が本邦初のIELTS単語集として出版されてから10年以上の歳月が流れました。幸い多くの受験者の皆さんにご利用いただき，IELTSの目標スコアを達成されただけでなく，世界で，日本でご活躍されているご様子を伺う機会もあります。著者としてこれほど嬉しいことはありません。

その一方で，著者としては改めたい点が出てきたのも事実です。そこで，このたび版を改めるのを機会に一部内容を刷新し，利用者の皆さんにより役立てていただけるものにすることを目指しました。たとえば基本語にも類義語を載せることで，できる限り「英英」(および英日)で覚えていただけるよう便宜を図りました。また，見出し語に関しては入れ替え作業を行い，旧版よりも頻度や重要度が高い語彙が選定されています。さらには，「単語」という制約から見出し語としては収録できなかったSpeakingとWritingで役立つ表現も追加してありますので，IELTS受験(あるいは英語コミュニケーション一般)においてご活用ください。

皆さんが本書を活用してIELTSで目標スコアを達成し，国際的に活躍されることを願ってやみません。

内宮　慶一

今回改訂版の出版にあたり，直近の公表問題の約10万語を再度分析し直しました。初版から10年の月日が流れ，語彙の変遷があるのは当然のことです。そうした観点から見出し語の入れ替えを行い全面的にアップデートしました。

IELTSではFull Test受験後60日以内に4 Skillsのうちから1 Skillだけ再度受験できるOne Skill Retakeシステム(p.10参照)が日本でも導入され，テスト自体も受験者本位に動いています。ぜひ目標スコアをクリアしていただきたいと思います。

留学はまず，大学側から求められるスコアを取ること。アプリケーションを申請し入学を許可されること。そして学位を取ること。その全てのプロセス自体をやり切ることで，その後の一生を支える自信が得られます。また，学問的な深まりだけでなく，苦楽を共にした友との一生の出会いの場でもあり，視野を広げる絶好の機会です。ロジカルな物の考え方，クリティカルシンキングなどグローバル人材に求められる能力を無意識的，習慣的に身に付けることができます。いろいろな意味で困難な時代ですが，明るい明日を拓く人材となられることを心から願っております。

吉塚　弘

末筆ながら，編集部並びに例文作成や校閲でご助力をいただきました数多くの皆様に心から感謝申し上げます。特に編集部には数々のご提案やアドバイスをいただき，さらには改訂に関わる細かい作業も丁寧に対応いただきましたことを特筆してお礼申し上げます。

もくじ

執筆協力：Adrian Pinnington, Garry Pearson, Matthew Corsover, Chris Gould, 小県 文
編集協力：斉藤 敦，株式会社シー・レップス，大河内 さほ，
Mark Hayman-Joyce, Jason A. Chau
デザイン：牧野剛士
録音：合同会社ユニバ
ナレーション：Michael Rhys, Nadia McKechnie

本書の特長と使い方

本書では IELTS の公表問題を分析してよく出題される単語3500語を精選しました。これらを「基本語1000」「重要語2500」に整理し，以下のようにレベル別に構成しています。

		単語番号	目標バンドスコア
基本語1000		No. 0001～1000	5.0
重要語2500	レベル1	No. 1001～1500	5.5
	レベル2	No. 1501～2000	6.0
	レベル3	No. 2001～2500	6.5
	レベル4	No. 2501～3000	7.0
	レベル5	No. 3001～3500	7.5以上

英単語および例文は基本的にイギリス式のスペリングで表記しています。また，重要語2500に付されている発音記号は，イギリス式の発音で一般的なものを掲載しています。

■基本語1000

バンドスコア5.0程度を取るのに必要な基本的な英単語1000語を収録しています。ここでは英単語とその品詞，語義，一緒に覚えればより効率的に語彙を広げることができる類義語を掲載しています。

■重要語2500

バンドスコア5.5から7.5以上を目指す人のために必要な英単語2500語を，500語ずつレベル1から5までの5段階に分けて収録しています。ここでは英単語とその品詞，語義のほかに，一緒に覚えればより効率的に語彙を広げることができる類義語，反意語，派生語，名詞の不規則な複数形，さらにアメリカ式のスペリングや言い換えがある場合にはそれも表示しています。また，全ての単語に対して例文とその訳を掲載し，使い方が確認できるようになっています。

■ Speaking と Writing で役立つ表現100

Speaking と Writing で使える表現100を厳選して収録しています。表現の意味，類義表現，例文とその訳を掲載しています。

■学習に便利な特長

⇒暗記に便利な赤セルシート付き

単語の語義や類義語，反意語，例文の訳中で見出し語に相当する部分は，付属の赤セルシートで隠せるようになっています。

⇒単語と例文の音声が聞ける

「基本語1000」では全ての単語，「重要語2500」では全ての単語と英語例文，「Speaking と Writing で役立つ表現100」では全ての英語例文の音を聞くことができます。音声は IELTS で主に使用されるイギリス英語の発音で収録されています。(詳しくは p.8へ)

⇒「復習用マイリスト」に書いて覚えることができる(ダウンロード)

IELTS では全て筆記で解答するため，単語のスペリングを正確に覚えることが大切です。ダウンロードできる「復習用マイリスト」に自分の手で記入して復習できます。(詳しくは p.8へ)

■基本語1000

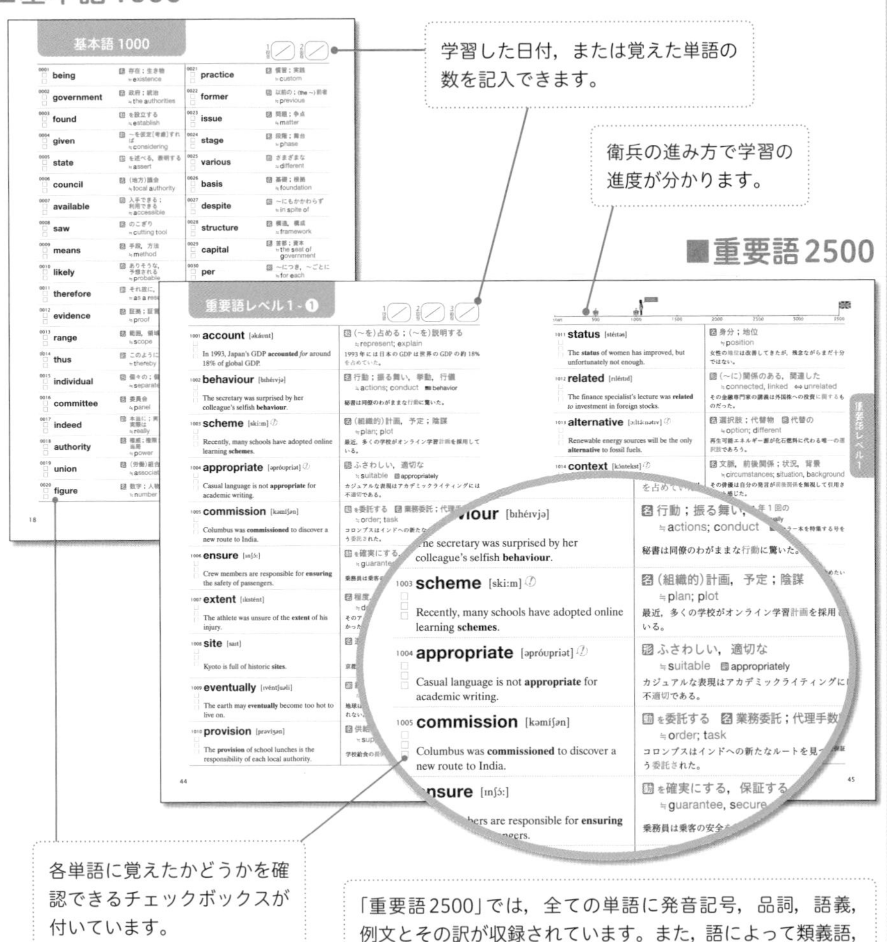

「重要語2500」では，全ての単語に発音記号，品詞，語義，例文とその訳が収録されています。また，語によって類義語，反意語，派生語，アメリカ英語のスペリングが掲載されています。類義語については，特にIELTSでの出題傾向から重要と思われるものを選んでいます。例文中でイタリックになっている語は，見出し語とよく一緒に使われる語を表します。

凡例

名 名詞　　動 動詞　　形 形容詞　　副 副詞　　接 接続詞

前 前置詞（名のようにアイコンを小さく表示したものは，見出し語の派生語）　複 不規則な複数形

≒ 類義語　　⇔ 反意語　　アメリカ英語のスペリング　　発音注意

音声と特典について

下記の音声をお聞きいただけます。

基本語1000：全ての見出し語の発音

重要語2500：全ての見出し語の発音と，例文(英語のみ)

Speaking と Writing で役立つ表現100：例文(英語のみ)

音声は以下の2つの方法で聞くことができます。

公式アプリ「英語の友」(iOS/Android)で聞く場合

① **「英語の友」公式サイトより，アプリをインストール**

https://eigonotomo.com/

英語の友

(右の2次元コードからアクセスできます)

② **ライブラリより「実践 IELTS 英単語3500[改訂版]」を選び，「追加」ボタンをタップ**

- 本アプリの機能の一部は有料ですが，本書の音声は無料でお聞きいただけます。
- 詳しいご利用方法は「英語の友」公式サイト，あるいはアプリ内ヘルプをご参照ください。
- 本サービスは予告なく終了することがあります。

パソコンに音声データ(MP3)をダウンロードして聞く場合

① **以下の URL から Web 特典サイトにアクセス**

https://service.obunsha.co.jp/tokuten/ielts2/

② **以下のパスワードを入力して「ログイン」後，ファイルを選択してダウンロード**

パスワード：hkatmz (※すべて半角アルファベット小文字)

③ **音声ファイルを展開して，オーディオプレーヤーで再生**

音声ファイルは zip 形式にまとめられた形でダウンロードされます。展開後，デジタルオーディオプレーヤーなどで再生してください。

- 音声の再生には MP3 を再生できる機器などが必要です。
- ご使用機器，音声再生ソフト等に関する技術的なご質問は，ハードメーカーもしくはソフトメーカーにお願いいたします。
- 本サービスは予告なく終了することがあります。

特典「復習用マイリスト」(PDF ファイル)

Web 特典サイトから「復習用マイリスト」をダウンロードできます。単語と品詞，語義，類義語などを自分で記入して復習できるシートです。1枚に20語記入できます。2種類あるので使いやすい方をお選びください。

IELTS Information

IELTSとは

試験内容

バンドスコア

受験情報

IELTS とは

IELTS（アイエルツ）とは International English Language Testing System の略で，留学，海外での就職，移住などの際に英語力を証明するための試験です。世界140か国と地域，そして約11,000以上の機関が IELTS を採用しており，世界で最も受験者の多い英語運用能力試験の１つです。

IELTS はライティング，リーディング，リスニング，スピーキングの４技能を総合的に測定し，所要時間は約３時間です。ブリティッシュ・カウンシル，IDP：IELTS オーストラリア，ケンブリッジ大学英語検定機構が共同で運営を行っており，日本では2010年４月よりブリティッシュ・カウンシルと公益財団法人 日本英語検定協会が，2016年５月より IDP：IELTS オーストラリアと一般財団法人 日本スタディ・アブロード・ファンデーションが，それぞれ共同で運営しています。また，PC 上で受験できる IELTS コンピューター版や，受験した結果に対し特定の１技能のみを再受験できる One Skill Retake※1の実施など，IELTS の受験機会が広がっています。※2

従来はイギリス・オーストラリア・ニュージーランドなどの大学への留学のために必要な試験という印象がありましたが，現在ではアメリカでもアイビー・リーグの大学を含む3,400以上の高等教育機関が IELTS を採用しています。日本においては，受験者数が伸びており，入試で採用する日本国内の大学，団体受験を行う教育機関や団体も全国で増加しています。

IELTS の受験者は今後も日本そして世界中で増加していくことが予想されます。英語の力試し，そして留学という目標に向けた第一歩として，IELTS はますます大きな存在となっていくでしょう。

※1　元となる試験を受験したテストセンターでのみ，One Skill Retake を申し込むことができます。また，元となる試験の成績結果と，One Skill Retake 受験後の成績結果の２つのバージョンで成績が保存されます。

※2　専用サイトからの申し込みが必要です。詳細は公益財団法人 日本英語検定協会のウェブサイト等をご確認ください。

p.10～p.15の IELTS Information は2024年１月時点のものです。今後，変更される場合もありますので，IELTS の最新情報は，実施団体のウェブサイトでご確認ください。

試験内容

IELTS には『アカデミック・モジュール』と『ジェネラル・トレーニング・モジュール』の2種類があります。

アカデミック・モジュール

＊留学希望の方はほぼこちら！

受験者の英語力が，英語で授業を行う大学や大学院に入学できるレベルに達しているかどうかを評価する試験。

ジェネラル・トレーニング・モジュール

英語圏で学業以外の研修を考えている人や，オーストラリア，カナダ，ニュージーランドへの移住申請を行う人を対象とした試験。

どちらのモジュールでも，ライティング，リーディング，リスニング，スピーキングの4つの技能がテストされます。このうちリスニングとスピーキングの問題は共通で，ライティングとリーディングの問題はモジュールによって異なります。

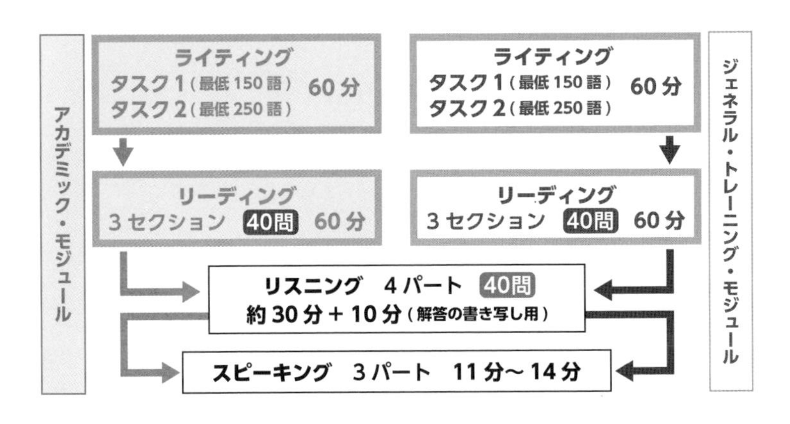

試験内容

ライティング，リーディング，リスニングで構成される筆記テストは記述中心で，スピーキングは1対1の面接形式です。前者3つの筆記テストは同日に実施されますが，スピーキングは筆記テストと同日，または別日に実施されます。

ライティング（アカデミック・ライティング）

60分 〔**問題：全2題**〕

Task 1では最低150語，Task 2では最低250語を書く必要があります。

内　容

Task 1： 提示されたグラフや表，図形を分析し，自分の言葉で説明します。また，物事の過程や手順の説明を問われることもあります。約20分で書き上げましょう。

Task 2： 与えられたテーマに対して，自分の立場を明確にし，意見を書きます。根拠や例を挙げて比較検討しながら，筋道を立てて自分の主張を展開し，説得力を持たせる能力を発揮しなければなりません。約40分で書き上げましょう。

採点方法

Task 2はTask 1よりも配点が高いです。
解答は，以下の4つの評価基準に基づいて採点されます。

1.質問に適切に答えているか　2.一貫性はあるか　3.語彙力　4.文法力

・Task 1，2共に指定された語数に注意しましょう。
・不完全な文章，メモ形式や箇条書きの解答は減点されます。
・スペルや文法の間違いも減点対象になります。

リーディング（アカデミック・リーディング）

60分（解答を書き写す時間はありません）〔**問題：全40問**〕

選択問題，正誤問題，組み合わせ問題，見出し・主題の選択，文章・要約・メモ・表・フローチャート・図表の穴埋め，記述式問題等

内　容　**3つのパッセージ**

文章の長さは全体で2,150語～2,750語です。各パッセージの長さは750～950語くらいで，それぞれのパッセージには13～14問の設問があります。文章は書籍，専門誌，雑誌，新聞などからの抜粋で，学術的なトピックに関して一般読者向けに書かれたものです。3つのパッセージのうち少なくとも1つは論文形式の文章で，論理的かつ議論的なものを扱っています。専門用語が使用されている場合は，簡単な注釈が付きます。

採点方法　**正答1問につき1点（40点満点）**

・リスニングのように解答を解答用紙に書き写す時間は設けられていません。
・スペルや文法の間違いも減点対象になります。

リスニング

約30分 （その後，解答用紙に解答を書き写す時間が10分） **〔問題：全40問〕**

選択問題，組み合わせ問題，計画・地図・図表の分類，用紙・メモ・表・フローチャートの穴埋め，要約・文章完成，記述式問題等

内　容　**4パート**

パート1： 日常生活における2人の人物による会話

パート2： 日常生活におけるモノローグ

パート3： 教育の現場における複数（最大4名）の人物間の会話

パート4： 学術的なテーマに関するモノローグ

採点方法　**正答1問につき1点（40点満点）**

記述形式が多くあり，スペルミスや文法ミスは不正解とされますので注意しましょう。

スピーキング

11分～14分 **〔問題：試験官との1対1のインタビュー形式で行われ，3つのパートから構成されています。会話は全て録音されます。〕**

内　容　**3パート**

パート1：自己紹介と日常生活に関する質問（4～5分）
試験官が自己紹介をした後，受験者の名前を尋ね，本人確認をします。その後，家族，仕事，勉強，趣味などの一般的なトピックについて質問されます。

パート2：スピーチ（3～4分）
トピックと言及すべきポイントが書かれたカード（Task card）が渡され，1分間の準備時間とメモを取るための鉛筆と紙が与えられます。その後，1～2分間のスピーチを行い，スピーチの後には，試験官から同じトピックについて1～2つ質問されます。

パート3：ディスカッション（4～5分）
パート2のトピックに関して，試験官からより掘り下げた質問がされます。トピックについてより深く自分の意見を述べ，試験官とディスカッションをします。

採点方法

受け答えは，以下の4つの評価基準に基づいて採点されます。

1.流暢さと一貫性　**2.語彙力**　**3.文法力**　**4.発音**

バンドスコア

テスト結果は1.0(初心者レベル)から9.0(ネイティブレベル)までの0.5刻みのバンドスコアで示され，合格・不合格はありません。成績証明書にはライティング，リーディング，リスニング，スピーキングの各セクションのバンドスコアと，それらを平均したオーバーオール・バンドスコアが表示されます。

9	**Expert user** エキスパートユーザー	英語を自由自在に使いこなす能力を有する。適切，正確，流暢，完全な理解力もある。
8	**Very good user** 非常に優秀なユーザー	不正確さや不適切さがみられるが，英語を自由自在に使いこなす能力を有している。慣れない状況下では誤解が生ずる可能性もある。込み入った議論にも対応できる。
7	**Good user** 優秀なユーザー	不正確さや不適切さがみられ，また状況によっては誤解が生ずる可能性もあるが，英語を使いこなす能力を有する。複雑な言葉遣いにも概ね対応でき，詳細な論理を理解できる。
6	**Competent user** 有能なユーザー	不正確さ，不適切さ，誤解もみられるが，概ね効果的に英語を使いこなす能力を有する。特に，慣れた状況下では，かなり複雑な言葉遣いの使用と理解ができる。
5	**Modest user** 中程度のユーザー	不完全だが英語を使う能力を有しており，ほとんどの状況でおおまかな意味を把握することができる。ただし，間違いを犯すことも多い。自身の専門分野では，基本的なコミュニケーションを取ることが可能。
4	**Limited user** 限定的なユーザー	慣れた状況においてのみ，基本的能力を発揮できる。理解力，表現力の問題が頻繁にみられる。複雑な言葉遣いはできない。
3	**Extremely limited user** 非常に限定的なユーザー	非常に慣れた状況において，一般的な意味のみを伝え，理解することができる。コミュニケーションの断絶が頻発する。
2	**Intermittent user** 散発的ユーザー	慣れた状況下で，その場の必要性に対処するため，極めて基本的な情報を片言で伝える以外，現実的なコミュニケーションを取ることは不可能。英語の会話や文章を理解することは困難である。
1	**Non-user** 非ユーザー	単語の羅列のみで，基本的に英語を使用する能力を有していない。
0	**Did not attempt the test** 試験放棄	必要情報が提供されていない。

受験情報

※ 以下では，公益財団法人 日本英語検定協会を通して申し込む方法を説明しています。
ここに掲載している情報は，2024年1月現在のものです。
※ お申し込み前に，必ず出願先に受験すべき試験，モジュールをご確認ください。
IELTS for UKVI または IELTS Life Skills を受験する方は，公益財団法人 日本英語検定協会のウェブサイトで詳細をご確認ください。

申し込み方法

インターネットから行ってください。
https://www.eiken.or.jp/ielts/

受験会場

全国さまざまな都市で実施しています。
※ 最新情報は，実施団体のウェブサイトでご確認ください。

受験料

1人1回あたり25,380円(税込み)

注意点

16歳以上であることが推奨され，申し込みの段階から試験日まで有効期限内のパスポートが必要です。他の身分証明書(運転免許証など)では受験できませんのでご注意ください。

当日の持ち物

☐ 申し込み時に使用したパスポート(有効期限内)
☐ パスポート(有効期限内)のカラーコピー
☐ 黒鉛筆(シャープペンシル，キャップ不可)
☐ カバーを外した消しゴム
☐ 無色透明なボトルに入った水(任意)

成績証明書

IELTS公式の成績証明書(Test Report Form)には，バンドスコア(全体と各パート)がテスト結果として表示されます。成績証明書は，原則受験日から13日目に発行し，郵送されます。また，筆記テストから13日目(13時以降)より，オンラインでテスト結果を見ることができます。有効期限は，筆記テスト実施日より2年間です。

Column
IELTS と TOEFL の比較

ライティング

TOEFL iBT で出題される 2 題のうち 1 題は Integrated Task（リーディングとリスニングとライティングをセットにした統合問題）です。この統合問題があるために，リスニングができなければ書けないという事態が起こり得ます。一方，IELTS で出題される 2 題はいずれもライティングのみの問題です。Task 1 はグラフなどを描写する問題で，TOEFL iBT にはない出題形式です。一方 Task 2 は与えられたトピックに関して論ずる問題なので，TOEFL iBT の Academic Discussion Task に類似していると言えます。

リーディング

1 パッセージの長さは TOEFL iBT が約 700 語であるのに対して，IELTS は 1,000 語に達するものもあってやや長いため，一見厳しそうに見えるかもしれません。しかし内容の難易度では TOEFL iBT の方がはるかに高いという印象を受ける方が多いようです。理系のパッセージが約半分を占め，そのジャンルも生物学，地質学，天文学など多岐にわたるからでしょう。一方 IELTS ではそれほど専門的な語彙や知識までは必要とされませんが，客観的情報の読解だけでなく，筆者の意見に関する問題もあり，より高度な読解力が試される良問となっています。

リスニング

TOEFL iBT はアメリカで作られたテストなので，音声のほとんどがアメリカ英語です。一方 IELTS にはさまざまな種類の発音が登場しますが，イギリスとオーストラリアの団体が運営しているため，この 2 か国の英語が大半を占めます。

もう 1 つの大きな違いは，IELTS では聞き取れても綴りが正しく書けないと不正解になってしまう，ということです。TOEFL iBT では選択肢を選ぶだけですが，IELTS には単語や数字を書く問題があり，綴りの間違いで数問落としてしまう事例も多いのです。ですから普段の学習からディクテーション（書き取り）をして練習することが必要です。

スピーキング

IELTS と TOEFL iBT に共通する 4 セクション中，最も大きく異なるのがスピーキングです。TOEFL iBT では，受験者はマイク付きヘッドホンをして，コンピューターの画面上に出る質問に答えるのに対して，IELTS は面接形式です。そのせいか日本人受験者は相対的に IELTS の方がスコアを取りやすい傾向があります。実際，IELTS のスピーキングは生身の人間を相手に話すので，コミュニケーションをしている感覚があります。

基本語 1000

No.0001 ～ 1000

目標バンドスコア
5.0

基本語 1000

0001	**being**	名 存在；生き物 ≒existence
0002	**government**	名 政府；統治 ≒the authorities
0003	**found**	動 を設立する ≒establish
0004	**given**	前 ～を仮定[考慮]すれば ≒considering
0005	**state**	動 を述べる，表明する ≒assert
0006	**council**	名 (地方)議会 ≒local authority
0007	**available**	形 入手できる；利用できる ≒accessible
0008	**saw**	名 のこぎり ≒cutting tool
0009	**means**	名 手段，方法 ≒method
0010	**likely**	形 ありそうな，予想される ≒probable
0011	**therefore**	副 それ故に，従って ≒as a result
0012	**evidence**	名 証拠；証言 ≒proof
0013	**range**	名 範囲，領域 ≒scope
0014	**thus**	副 このように；従って ≒thereby
0015	**individual**	形 個々の；個人の ≒separate
0016	**committee**	名 委員会 ≒panel
0017	**indeed**	副 本当に；実に；実際は ≒really
0018	**authority**	名 権威；権限；権威者；当局 ≒power
0019	**union**	名 (労働)組合 ≒association
0020	**figure**	名 数字；人物 ≒number
0021	**practice**	名 慣習；実践 ≒custom
0022	**former**	形 以前の；〈the ～〉前者 ≒previous
0023	**issue**	名 問題；争点 ≒matter
0024	**stage**	名 段階；舞台 ≒phase
0025	**various**	形 さまざまな ≒different
0026	**basis**	名 基礎；根拠 ≒foundation
0027	**despite**	前 ～にもかかわらず ≒in spite of
0028	**structure**	名 構造，構成 ≒framework
0029	**capital**	名 首都；資本 ≒the seat of government
0030	**per**	前 ～につき，～ごとに ≒for each
0031	**agreement**	名 合意；協定 ≒consensus
0032	**population**	名 人口 ≒residents
0033	**legal**	形 法律の；合法的な ≒legitimate
0034	**fine**	名 罰金；科料 ≒penalty
0035	**theory**	名 理論，学説 ≒hypothesis
0036	**growth**	名 増加，成長 ≒development
0037	**relationship**	名 関係，関連 ≒connection
0038	**property**	名 財産；特性 ≒estate
0039	**term**	名 専門用語；期間 ≒word
0040	**throughout**	前 ～の至る所に ≒all over

0041	**previous**	形 以前の；前の ≒prior
0042	**firm**	名 会社，企業 ≒company
0043	**significant**	形 重要な；意義深い；相当の ≒important
0044	**income**	名 収入，所得 ≒earnings
0045	**contract**	名 契約；協定 ≒agreement
0046	**consider**	動 を～と見なす；を熟考する ≒regard
0047	**attempt**	動 を試みる ≒try
0048	**specific**	形 特定の；明確な ≒particular
0049	**claim**	動 を主張する ≒assert
0050	**leading**	形 主要な；第一級の ≒chief
0051	**potential**	名 潜在力，可能性 ≒capacity
0052	**demand**	動 を要求する ≒insist
0053	**unless**	接 ～でなければ ≒if ... not
0054	**access**	名 利用の権利；接近 ≒permission
0055	**independent**	形 独立した ≒autonomous
0056	**benefit**	名 恩恵；利益；手当，給付 ≒advantage
0057	**employment**	名 職；雇用 ≒work
0058	**sales**	名 売上高；販売部門 ≒revenue
0059	**influence**	名 影響；効果 ≒effect
0060	**concern**	動 に関係する；を心配させる ≒be related to
0061	**application**	名 申請；適用 ≒request
0062	**suppose**	動 と思う，推測する ≒assume
0063	**immediately**	副 すぐに，直ちに ≒instantly
0064	**opportunity**	名 機会，好機 ≒chance
0065	**film**	名 映画；薄膜 ≒movie
0066	**trust**	名 信頼，信用 ≒faith
0067	**effective**	形 効果的な，有効な ≒efficient
0068	**region**	名 地域，地帯 ≒area
0069	**degree**	名 程度，度合 ≒level
0070	**traditional**	形 伝統的な；因習的な ≒conventional
0071	**election**	名 選挙；当選 ≒poll
0072	**parliament**	名 議会；会期 ≒legislature
0073	**review**	名 調査，検討 ≒examination
0074	**species**	名 (生物の)種(しゅ) ≒kind
0075	**supply**	動 を供給する，支給する ≒provide
0076	**moving**	形 感動的な ≒touching
0077	**considerable**	形 かなりの，相当の ≒substantial
0078	**physical**	形 身体の；物質的な ≒bodily
0079	**complex**	形 複雑な；複合(体)の ≒complicated
0080	**responsibility**	名 責任，責務 ≒burden

0081	**opposition**	名 反対，敵対 ≒resistance
0082	**division**	名 分割；分離 ≒split
0083	**surface**	名 表面，外面 ≒face
0084	**equipment**	名 設備，備品 ≒apparatus
0085	**suggest**	動 を示唆する；を提案する ≒imply
0086	**exchange**	名 交換；交流；為替 ≒replacement
0087	**otherwise**	副 そうでなければ ≒or else
0088	**essential**	形 必要不可欠な；本質的な ≒vital
0089	**function**	名 機能，作用 ≒purpose
0090	**slightly**	副 少し，わずかに ≒a little
0091	**aid**	名 援助；手伝い；補助器具 ≒assistance
0092	**transport**	名 輸送，運輸 🇺🇸 transportation
0093	**direction**	名 指示；指導；方向 ≒instruction
0094	**civil**	形 民間の，一般市民の ≒public
0095	**hardly**	副 ほとんど〜ない ≒barely
0096	**obvious**	形 明白な ≒apparent
0097	**organisation**	名 組織，団体 ≒association
0098	**argument**	名 論争；議論；口論 ≒debate
0099	**patient**	形 忍耐強い，我慢強い ≒tolerant
0100	**principle**	名 原則；信条 ≒rule
0101	**stock**	名 在庫品；蓄え；株式 ≒inventory
0102	**district**	名 地方，地域 ≒area
0103	**executive**	名 重役，幹部 ≒director
0104	**neither**	副 〈neither ～ nor ... で〉～でも…でもない ≒not ... either
0105	**duty**	名 義務；関税 ≒responsibility
0106	**presence**	名 存在，実在 ≒being
0107	**avoid**	動 を避ける ≒prevent
0108	**relatively**	副 比較的；相対的に ≒comparatively
0109	**failure**	名 失敗；失敗作；落第（点） ≒blunder
0110	**marriage**	名 結婚，婚姻 ⇔divorce
0111	**due**	形 （日時に）予定された ≒expected
0112	**practical**	形 実際的な，実践的な ≒pragmatic
0113	**latter**	名 〈the ～〉後者 ⇔former
0114	**huge**	形 巨大な；膨大な ≒enormous
0115	**apparently**	副 見たところでは，どうやら ≒seemingly
0116	**grant**	動 を聞き入れる；を授与する ≒allow
0117	**applied**	形 応用の，実用的な ≒practical
0118	**finance**	名 財政，金融 ≒funds
0119	**merely**	副 単に，ただの ≒simply
0120	**setting**	名 状況，背景 ≒context

0121	**quarter**	名 4分の1；4半期 ≒fourth
0122	**politics**	名 政治 ≒government
0123	**justice**	名 正義，公正 ≒fairness
0124	**credit**	名 称賛；功績；信用 ≒praise
0125	**edge**	名 縁，端，際(きわ) ≒margin
0126	**advantage**	名 利点；優越 ≒benefit
0127	**mass**	名 塊；集団；大量 ≒bulk
0128	**reduce**	動 を減らす，縮小する ≒decrease
0129	**length**	名 長さ；縦の寸法 ⇔width
0130	**vote**	動 投票する ≒cast a ballot
0131	**possibly**	副 もしかしたら ≒perhaps
0132	**nevertheless**	副 それにもかかわらず ≒even so
0133	**insurance**	名 保険 ≒assurance
0134	**strength**	名 強さ，力；体力 ≒power
0135	**crime**	名 罪，犯罪 ≒illegal act
0136	**transfer**	動 移る，移転する ≒move
0137	**measure**	名 対策，手段 ≒action
0138	**confidence**	名 信頼，信用 ≒trust
0139	**address**	動 に取り組む；に演説をする ≒deal with
0140	**require**	動 を必要とする；を要求する ≒need
0141	**domestic**	形 国内の；家庭(内)の ≒national
0142	**ordinary**	形 通常の；並の ≒normal
0143	**previously**	副 前に，以前に ≒before
0144	**solution**	名 解決(法)；溶液；溶解 ≒resolution
0145	**entirely**	副 全く，完全に ≒totally
0146	**challenge**	名 課題，難題；やりがい ≒problem
0147	**achieve**	動 を成し遂げる ≒accomplish
0148	**extremely**	副 極めて ≒exceedingly
0149	**prevent**	動 を妨げる；を防ぐ ≒hinder
0150	**article**	名 記事；物品；条項 ≒report
0151	**football**	名 サッカー；フットボール ≒soccer
0152	**fairly**	副 相当；公平に ≒rather
0153	**increasingly**	副 ますます ≒more and more
0154	**initial**	形 初期の ≒early
0155	**release**	動 を解放する；を放つ ≒discharge
0156	**existence**	名 存在，実在 ≒being
0157	**latest**	形 最新の ≒current
0158	**relief**	名 安心；軽減 ≒reassurance
0159	**detailed**	形 詳細な ≒elaborate
0160	**fund**	名 基金，資金 ≒money

1回目  2回目 

No.	単語	品詞	意味	類義語
0161	**trial**	名	試み；裁判	≒attempt
0162	**pick**	動	を選ぶ，選択する	≒choose
0163	**distribution**	名	分配；流通	≒allocation
0164	**factor**	名	要因，要素	≒element
0165	**feature**	名	特徴；顔立ち	≒characteristic
0166	**improve**	動	を改善[改良]する	≒enhance
0167	**reasonable**	形	分別のある；合理的な	≒sensible
0168	**display**	動	を展示する	≒exhibit
0169	**aircraft**	名	航空機	≒aeroplane
0170	**raise**	動	を上げる；を育てる	≒boost
0171	**tend**	動	傾向がある	≒be prone
0172	**spread**	動	を広げる，広める	≒scatter
0173	**mine**	名	鉱山	≒pit
0174	**search**	動	捜す；探る	≒look
0175	**detail**	名	詳細；細部	≒particulars
0176	**track**	動	の跡を追う	≒follow
0177	**pointed**	形	先のとがった	≒acute
0178	**suitable**	形	適した	≒appropriate
0179	**client**	名	依頼人；顧客	≒customer
0180	**content**	名	中身；内容	≒substance
0181	**immediate**	形	即座の；すぐ隣の	≒instantaneous
0182	**attitude**	名	態度，物腰	≒behaviour
0183	**profit**	名	利益，もうけ；収益	≒gain
0184	**sufficient**	形	十分な	≒adequate
0185	**democratic**	形	民主主義の	≒parliamentary
0186	**conflict**	名	争い，闘争	≒clash
0187	**focus**	動	焦点を絞る	≒concentrate
0188	**crisis**	名	危機，難局	≒emergency
0189	**ought**	助	〈ought to *do* で〉ぜひ～すべきだ	≒should
0190	**opposite**	形	反対の，逆の	≒contrary
0191	**capacity**	名	能力，才能；収容能力	≒ability
0192	**recognition**	名	評価；認識；見覚え	≒acclaim
0193	**absence**	名	不在；欠席	≒lack
0194	**totally**	副	全く，完全に	≒completely
0195	**absolutely**	副	全く，完全に	≒utterly
0196	**critical**	形	批判的な；重大な	≒negative
0197	**necessarily**	副	必然的に；〈否定文で〉必ずしも	≒inevitably
0198	**elsewhere**	副	他のところで	≒somewhere else
0199	**murder**	名	殺人(事件)	≒killing
0200	**prove**	動	を証明する	≒verify

0201	**familiar**	形	よく知られている；おなじみの	≒well-known
0202	**threat**	名	脅威；脅迫	≒menace
0203	**ideal**	形	理想的な	≒perfect
0204	**occur**	動	起こる；心に浮かぶ	≒happen
0205	**properly**	副	適切に	≒appropriately
0206	**element**	名	要素，成分	≒component
0207	**violence**	名	暴力；暴行	≒brutality
0208	**discuss**	動	について議論する	≒debate
0209	**cell**	名	細胞；電池；小個室	≒tissue
0210	**closely**	副	綿密に；詳細に；厳重に	≒carefully
0211	**drawing**	名	線画，素描	≒sketch
0212	**branch**	名	部門；枝；支店	≒division
0213	**maintain**	動	を維持する；と主張する	≒preserve
0214	**exhibition**	名	展覧会，展示	≒exposition
0215	**empty**	形	空の；空虚な	≒vacant
0216	**emphasis**	名	強調，重視	≒stress
0217	**urban**	形	都会の	≒city
0218	**seek**	動	を得ようとする；を捜す	≒pursue
0219	**assembly**	名	集会；議会；組み立て	≒gathering
0220	**audience**	名	聴衆；視聴者	≒listeners
0221	**desire**	動	を強く望む	≒wish for
0222	**estate**	名	私有地，地所	≒property
0223	**serve**	動	を果たす；の役に立つ	≒perform
0224	**contribution**	名	寄付；貢献	≒donation
0225	**code**	名	暗号，符号	≒secret message
0226	**brief**	形	短い，つかの間の	≒short
0227	**apparent**	形	明白な	≒evident
0228	**establish**	動	を確立する；を設立する	≒create
0229	**tiny**	形	とても小さな；わずかな	≒very small
0230	**literature**	名	文学	≒written works
0231	**faith**	名	信頼；信念	≒trust
0232	**broadly**	副	一般的に；広く	≒generally
0233	**broad**	形	広い；広範囲な	≒extensive
0234	**encourage**	動	を励ます；を促す	≒persuade
0235	**lie**	動	位置する；ある；横たわる	≒be located
0236	**belief**	名	信念；信仰	≒faith
0237	**row**	名	列，並び	≒line
0238	**protect**	動	を保護する	≒safeguard
0239	**description**	名	説明；描写	≒explanation
0240	**vital**	形	不可欠な	≒critical

1回目  2回目

0241	**pleasure**	名 楽しみ，喜び ≒delight
0242	**tradition**	名 伝統；慣例 ≒convention
0243	**criminal**	名 犯罪者；犯人 ≒offender
0244	**treaty**	名 条約，協定 ≒agreement
0245	**advance**	動 を促進する；を提案する ≒further
0246	**identify**	動 を確認する，特定する ≒recognise
0247	**thin**	形 やせた；薄い ≒slim
0248	**acid**	名 酸 ⇔alkali
0249	**affect**	動 に影響を及ぼす ≒influence
0250	**minor**	形 重要でない；二流の ≒less important
0251	**ministry**	名 省 ≒department
0252	**express**	動 を表現する ≒articulate
0253	**bound**	形 〈bound for で〉～行きの ≒going to
0254	**institution**	名 機関，組織 ≒organisation
0255	**principal**	形 主要な ≒main
0256	**suit**	動 に合う；にとって都合がよい ≒match
0257	**capable**	形 能力がある ≒able
0258	**stress**	動 を強調する ≒emphasise
0259	**typical**	形 典型的な ≒average
0260	**welfare**	名 幸福；福祉 ≒well-being
0261	**relative**	形 相対的な ≒comparative
0262	**beneath**	前 ～の下に ≒below
0263	**enable**	動 に～できるようにする ≒allow
0264	**spot**	動 を見つける ≒detect
0265	**meanwhile**	副 その間(に) ≒in the meantime
0266	**charged**	形 帯電した；熱のこもった ≒electrified
0267	**entire**	形 全部の ≒total
0268	**criticism**	名 批判；批評 ≒censure
0269	**phase**	名 段階，局面 ≒stage
0270	**explanation**	名 説明，釈明 ≒account
0271	**ship**	動 を発送する；を送る ≒send
0272	**significance**	名 重要性；意味 ≒importance
0273	**injury**	名 傷害，けが ≒wound
0274	**vast**	形 広大な；膨大な ≒broad
0275	**revolution**	名 革命 ≒transformation
0276	**rare**	形 珍しい ≒unusual
0277	**severe**	形 厳しい，苛酷な ≒harsh
0278	**unlike**	前 ～と異なって，～と違って ≒in contrast to
0279	**obtain**	動 を得る ≒get
0280	**settlement**	名 解決；植民；入植地 ≒resolution

0281	**somewhat**	副 多少，幾分 ≒slightly
0282	**represent**	動 を代表する；を表す ≒symbolise
0283	**mention**	動 に言及する；に触れる ≒refer to
0284	**thick**	形 密な；厚い ≒dense
0285	**permanent**	形 永遠の ≒lasting
0286	**contain**	動 を含む ≒include
0287	**amongst**	前 (場所・物・人)の間で ≒among
0288	**purchase**	動 を購入する ≒buy
0289	**advertising**	名 広告 ≒promotion
0290	**inner**	形 内部の，奥の ≒interior
0291	**afford**	動 を持つ余裕がある ≒have enough money for
0292	**sum**	名 金額；合計 ≒amount
0293	**religion**	名 宗教 ≒faith
0294	**temperature**	名 温度；気温 ≒degrees
0295	**struggle**	動 奮闘する ≒have difficulty
0296	**store**	動 を蓄える ≒keep
0297	**author**	名 著者，作者 ≒writer
0298	**odd**	形 変な，奇妙な ≒strange
0299	**assistance**	名 援助，助力 ≒aid
0300	**agent**	名 代理人；元になる力 ≒representative
0301	**missing**	形 欠けている；行方不明の ≒absent
0302	**republic**	名 共和国 ⇔monarchy
0303	**describe**	動 を述べる；を描写する ≒explain
0304	**tone**	名 音色；音質 ≒sound
0305	**moreover**	副 その上，さらに ≒furthermore
0306	**somehow**	副 何とかして ≒in some way
0307	**proposal**	名 提案 ≒suggestion
0308	**argue**	動 と主張する；を論じる ≒contend
0309	**vehicle**	名 乗り物，車；伝達手段 ≒automobile
0310	**involve**	動 を含む；を巻き込む ≒include
0311	**diet**	名 日常の食べ物；規定食 ≒food
0312	**soil**	名 土，土壌 ≒earth
0313	**conduct**	動 を実施する；を伝導する ≒carry out
0314	**novel**	名 小説 ≒story
0315	**rarely**	副 めったに～ない ≒seldom
0316	**guilty**	形 罪悪感のある；有罪の ≒sorry
0317	**indicate**	動 を示す，の兆候である ≒show
0318	**command**	動 を命令する ≒order
0319	**assume**	動 と仮定する；を引き受ける ≒presume
0320	**agricultural**	形 農業の ≒farming

No.	単語	品詞	意味	類義語
0321	**shift**	動	移る；変わる	≒move
0322	**operate**	動	機能する，作動する	≒function
0323	**taste**	名	嗜好；風味	≒liking
0324	**efficient**	形	能率的な	≒effective
0325	**willing**	形	(～するのを)いとわない	≒ready
0326	**plastic**	形	ビニールの；可塑性の	≒synthetic
0327	**remove**	動	を取り除く	≒eliminate
0328	**emergency**	名	緊急(事態)	≒crisis
0329	**identity**	名	個性；身元	≒individuality
0330	**determine**	動	を決定する；を正確に知る	≒decide
0331	**countryside**	名	田舎，地方	≒rural area
0332	**abroad**	副	海外で，国外で	≒overseas
0333	**household**	名	世帯，家庭	≒family
0334	**split**	動	を分裂させる；を裂く	≒divide
0335	**constitution**	名	憲法；体質；構成	≒fundamental law
0336	**concentration**	名	集中，集結；専心	≒focusing
0337	**agriculture**	名	農業	≒farming
0338	**firmly**	副	堅く，しっかりと	≒securely
0339	**overseas**	副	海外へ[に]	≒abroad
0340	**victim**	名	犠牲(者)，被害者	≒casualty
0341	**temporary**	形	一時的な，臨時の	≒brief
0342	**reflect**	動	を反射する；を反映する	≒mirror
0343	**refer**	動	言及する；(～と)呼ぶ	≒mention
0344	**wealth**	名	富，財産	≒riches
0345	**foundation**	名	基礎，土台	≒base
0346	**bush**	名	森林地；低木	≒wilderness
0347	**keen**	形	熱心な；鋭敏な	≒eager
0348	**representative**	形	代表的な，典型的な	≒typical
0349	**publication**	名	出版；公表	≒publishing
0350	**offence**	名	違反；犯罪	≒violation
0351	**decade**	名	10 年間	≒ten years
0352	**handle**	動	を扱う；に対処する	≒manage
0353	**panel**	名	委員団；審査員団；計器盤	≒committee
0354	**reputation**	名	評価，評判	≒fame
0355	**efficiency**	名	能率，有能さ	≒effectiveness
0356	**examine**	動	を検査[調査]する	≒inspect
0357	**incident**	名	出来事；事件	≒event
0358	**extreme**	形	極度の	≒severe
0359	**resistance**	名	抵抗，反抗	≒opposition
0360	**admit**	動	を認める；を中に入れる	≒acknowledge

0361	**essentially**	副 本質的に ≒basically
0362	**gradually**	副 徐々に ≒slowly
0363	**empire**	名 帝国 ≒kingdom
0364	**defeat**	動 を負かす ≒beat
0365	**sensitive**	形 敏感な；神経質な；微妙な ≒delicate
0366	**notion**	名 概念，考え ≒concept
0367	**solid**	形 固体の ≒firm
0368	**chest**	名 胸；大箱 ≒breast
0369	**awareness**	名 気付いていること，意識 ≒consciousness
0370	**pop**	動 急に現れる ≒appear
0371	**protest**	動 抗議する ≒object
0372	**nearby**	形 すぐ近くの ≒adjacent
0373	**remarkable**	形 注目に値する，著しい ≒extraordinary
0374	**respond**	動 反応する；応える ≒react
0375	**introduce**	動 を導入する；を紹介する ≒launch
0376	**aside**	副 脇に，傍らに ≒to the side
0377	**depend**	動 頼る；(～)次第である ≒rely
0378	**rent**	名 家賃；賃貸料 ≒fee
0379	**survive**	動 生き残る；存在し続ける ≒not die
0380	**rough**	形 粗い；大ざっぱな ≒coarse
0381	**parallel**	形 類似した；平行の ≒similar
0382	**suffer**	動 苦しむ，悩む ≒endure
0383	**intelligence**	名 知能；秘密情報 ≒intellect
0384	**apart**	副 離れて ≒away
0385	**consequence**	名 結果，成り行き ≒result
0386	**visual**	形 視覚の ≒optical
0387	**stable**	形 安定した ≒steady
0388	**fault**	名 責任；欠陥 ≒responsibility
0389	**classic**	形 典型的な；第一級の ≒typical
0390	**priority**	名 優先(事項) ≒precedence
0391	**replace**	動 に取って代わる ≒displace
0392	**coach**	名 大型バス；コーチ ≒bus
0393	**mere**	形 ほんの，単なる ≒trivial
0394	**fail**	動 失敗する；落第する ⇔succeed
0395	**literary**	形 文学の ≒written
0396	**comparison**	名 比較；対比；類似 ≒weighing up
0397	**preparation**	名 準備，支度 ≒arrangements
0398	**pale**	形 (色が)薄い；青ざめた ≒light-coloured
0399	**promotion**	名 促進；昇進 ≒fostering
0400	**disabled**	形 身体[心身]障害の ≒handicapped

0401	**comfort**	名 快適さ，心地良さ ≒ease
0402	**landscape**	名 眺め，風景 ≒scenery
0403	**arrangement**	名 準備；取り決め；配置 ≒preparation
0404	**judgement**	名 判断，判定；審査；見解 ≒decision
0405	**wage**	名 賃金，給料 ≒pay
0406	**classical**	形 古典的な；正統(派)の ≒traditional
0407	**mixture**	名 混合物 ≒combination
0408	**tension**	名 緊張，不安；緊張関係 ≒strain
0409	**permission**	名 許可，認可 ≒consent
0410	**presentation**	名 提出，提示 ≒submission
0411	**affair**	名 事柄；関心事 ≒matter
0412	**roll**	動 転がる ≒turn
0413	**delay**	動 を延期する ≒postpone
0414	**hang**	動 を掛ける，つり下げる ≒put up
0415	**confident**	形 確信して；自信がある ≒sure
0416	**promote**	動 を促進する；を昇進させる ≒foster
0417	**perform**	動 を行う；を演じる ≒do
0418	**prize**	名 賞；賞金 ≒award
0419	**altogether**	副 全く，完全に ≒completely
0420	**feed**	動 餌を食べる ≒eat

0421	**experiment**	名 実験，試験 ≒test
0422	**employee**	名 従業員 ≒worker
0423	**extend**	動 を伸ばす，延長する ≒lengthen
0424	**host**	名 主人(役)；開催者[地] ⇔guest
0425	**recall**	動 を思い出す ≒remember
0426	**load**	名 荷，積み荷 ≒freight
0427	**territory**	名 領土；領域；縄張り ≒area
0428	**definitely**	副 明確に，はっきりと ≒certainly
0429	**proud**	形 誇りに思って ≒very pleased
0430	**upset**	動 を動揺させる ≒disturb
0431	**blame**	動 を責める ≒criticise
0432	**profession**	名 職業，専門職 ≒career
0433	**ease**	名 たやすさ，平易さ ⇔difficulty
0434	**poverty**	名 貧乏，貧困 ≒hardship
0435	**characteristic**	名 特徴，特性 ≒feature
0436	**sake**	名 ため，目的，理由 ≒benefit
0437	**complicated**	形 複雑な ≒complex
0438	**dominant**	形 支配的な ≒main
0439	**constantly**	副 絶えず，常に ≒always
0440	**vary**	動 異なる，さまざまである ≒differ

0441	**depth**	名 深さ；奥行き ≒deepness
0442	**crew**	名 一団；乗組員全員 ≒team
0443	**conscious**	形 意識して；意識のある ≒aware
0444	**intellectual**	形 知性の；知的な ≒mental
0445	**loose**	形 しっかり留まっていない ≒unfixed
0446	**bomb**	名 爆弾 ≒explosive
0447	**holy**	形 神聖な ≒sacred
0448	**anxious**	形 心配して；切望して ≒worried
0449	**guard**	動 を保護する；を見張る ≒protect
0450	**impressive**	形 印象的な ≒striking
0451	**exception**	名 例外 ≒rarity
0452	**nervous**	形 不安な；神経質な ≒anxious
0453	**fee**	名 料金；報酬 ≒charge
0454	**tendency**	名 傾向，風潮 ≒trend
0455	**accurate**	形 正確な；的確な ≒precise
0456	**harm**	名 害；不都合 ≒damage
0457	**origin**	名 起源；源 ≒source
0458	**gift**	名 才能；贈り物 ≒ability
0459	**suspect**	動 思う；ではないかと思う ≒think
0460	**bond**	名 絆，縁 ≒tie
0461	**enthusiasm**	名 熱狂；熱心 ≒passion
0462	**spare**	形 予備の ≒extra
0463	**extraordinary**	形 異常な；並外れた ≒unusual
0464	**leisure**	名 余暇 ≒free time
0465	**visible**	形 可視の ≒perceptible
0466	**device**	名 装置，仕掛け ≒instrument
0467	**remote**	形 遠い，離れた ≒faraway
0468	**confusion**	名 混乱；無秩序 ≒chaos
0469	**steady**	形 安定した ≒consistent
0470	**stolen**	形 盗まれた ≒purloined
0471	**column**	名 円柱；縦列；欄 ≒pillar
0472	**calm**	形 冷静な；穏やかな ≒serene
0473	**climate**	名 気候 ≒weather patterns
0474	**evil**	形 邪悪な ≒wicked
0475	**distant**	形 遠い，離れた ≒faraway
0476	**disaster**	名 災害；災難 ≒catastrophe
0477	**satisfaction**	名 満足；喜び ≒contentment
0478	**string**	名 ひも，糸 ≒cord
0479	**gentle**	形 優しい；穏やかな ≒kind
0480	**childhood**	名 幼児期 ≒youth

0481	**delighted**	形 非常に喜んで ≒pleased
0482	**poetry**	名 詩，韻文 ≒poems
0483	**expense**	名 費用，支出 ≒cost
0484	**bet**	動 を賭ける；請け合う ≒gamble
0485	**complain**	動 不平[苦情]を言う ≒protest
0486	**sensible**	形 良識のある，賢明な ≒reasonable
0487	**rely**	動 頼る，依存する；信頼する ≒depend
0488	**export**	動 を輸出する ⇔import
0489	**honour**	名 名誉；体面 ≒prestige
0490	**reserve**	動 を予約する ≒book
0491	**overcome**	動 を克服する ≒conquer
0492	**silly**	形 愚かな ≒foolish
0493	**estimate**	動 を見積もる ≒assess
0494	**proof**	名 証拠，証明；立証 ≒evidence
0495	**deaf**	形 耳が聞こえない ≒hearing-impaired
0496	**grateful**	形 感謝している ≒thankful
0497	**dozen**	名 ダース ≒twelve
0498	**paragraph**	名 段落，節 ≒section
0499	**resources**	名 資源；方策；機知 ≒reserves
0500	**trend**	名 傾向，動向 ≒tendency
0501	**hunt**	動 を狩る ≒pursue
0502	**instrument**	名 道具；楽器 ≒tool
0503	**psychology**	名 心理；心理学 ≒mind
0504	**native**	形 特有の，原産の ≒indigenous
0505	**confirm**	動 を確認する ≒verify
0506	**anxiety**	名 不安，懸念 ≒worry
0507	**appreciate**	動 を正当に評価する ≒value
0508	**pleasant**	形 快い，楽しい ≒agreeable
0509	**relate**	動 を関連づける ≒connect
0510	**universal**	形 普遍的な ≒general
0511	**rid**	動 から取り除く ≒remove
0512	**consciousness**	名 意識，正気 ≒awareness
0513	**commonly**	副 一般(的)に，普通に ≒normally
0514	**purely**	副 純粋に；単に ≒completely
0515	**universe**	名 宇宙；森羅万象 ≒cosmos
0516	**attract**	動 を引き寄せる ≒draw
0517	**stream**	名 水流；小川 ≒current
0518	**excitement**	名 興奮；騒ぎ ≒enthusiasm
0519	**settle**	動 を解決する；に移り住む ≒resolve
0520	**layer**	名 層；重ね ≒covering

0521	**wheel**	名 車輪；(車の)ハンドル ≒ring
0522	**platform**	名 高い足場；壇 ≒stage
0523	**schedule**	名 予定，計画 ≒timetable
0524	**creative**	形 独創的な ≒imaginative
0525	**innocent**	形 無罪の；無邪気な ≒guiltless
0526	**evolution**	名 進化；発達 ≒development
0527	**stretch**	動 を伸ばす；を引き延ばす ≒extend
0528	**besides**	副 その上，しかも ≒moreover
0529	**adopt**	動 を採用する；を養子にする ≒embrace
0530	**burst**	動 爆発する；破裂する ≒explode
0531	**lock**	動 に鍵を掛ける ≒bolt
0532	**carbon**	名 炭素；二酸化炭素 ≒the element C
0533	**liquid**	名 液体 ≒fluid
0534	**regarding**	前 ～に関して ≒about
0535	**glance**	動 ちらりと見る ≒glimpse
0536	**angle**	名 観点；角度；角 ≒perspective
0537	**crash**	動 衝突する；墜落する ≒collide
0538	**grace**	名 優美，優雅 ≒elegance
0539	**frequent**	形 頻繁な ≒continual
0540	**packed**	形 満員の；満載の ≒crowded
0541	**grammar**	名 文法 ≒syntax
0542	**ignore**	動 を無視する ≒neglect
0543	**raw**	形 生の；加工していない ≒uncooked
0544	**machinery**	名 機械(類) ≒equipment
0545	**refuse**	動 を断る，拒む ≒reject
0546	**witness**	動 を目撃する ≒observe
0547	**manual**	形 肉体労働の；手の ≒physical
0548	**landing**	名 着陸；上陸 ≒touchdown
0549	**informal**	形 形式ばらない；非公式の ≒casual
0550	**demonstrate**	動 を論証する，証明する ≒show
0551	**demanding**	形 骨の折れる，きつい ≒hard
0552	**quantity**	名 量 ≒amount
0553	**announcement**	名 発表；告知 ≒notification
0554	**savings**	名 貯金 ≒assets
0555	**flesh**	名 肉；肉体 ≒body
0556	**persuade**	動 を説得する ≒convince
0557	**dawn**	名 夜明け ≒sunrise
0558	**undoubtedly**	副 確かに ≒certainly
0559	**loud**	形 うるさい；大声の ≒noisy
0560	**heaven**	名 天国，極楽 ≒paradise

0561	**bother**	動 を悩ます ≒annoy
0562	**reverse**	形 逆の，反対の ≒opposite
0563	**composition**	名 構成；作曲；作文 ≒makeup
0564	**pupil**	名 生徒；弟子 ≒student
0565	**governor**	名 知事；総督 ≒ruler
0566	**tongue**	名 言語；舌 ≒language
0567	**roughly**	副 おおよそ，大体；手荒に ≒about
0568	**rush**	動 急いで行く，急いでやる ≒hurry
0569	**instruction**	名 指示；教育 ≒direction
0570	**breathing**	名 呼吸，息遣い ≒respiration
0571	**repair**	動 を修理する ≒fix
0572	**farming**	名 農場経営，農業 ≒agriculture
0573	**generous**	形 気前の良い，寛大な ≒liberal
0574	**asleep**	形 眠って ≒sleeping
0575	**bare**	形 裸の；露出した；飾らない ≒naked
0576	**exact**	形 正確な ≒precise
0577	**explore**	動 を探検する；を調査する ≒investigate
0578	**staff**	名 全職員 ≒employees
0579	**arrange**	動 を取り決める；を配置する ≒organise
0580	**occupation**	名 職業，仕事 ≒job
0581	**wherever**	接 ～する所はどこででも ≒in any place
0582	**ceiling**	名 上限；天井 ≒maximum
0583	**passion**	名 熱情，情熱 ≒fervour
0584	**shell**	名 貝殻；殻；甲羅；さや ≒outside
0585	**fancy**	形 高級な；装飾的な ≒luxurious
0586	**substance**	名 物質；趣旨；実質；意義 ≒material
0587	**abstract**	形 抽象的な；理論的な ⇔concrete
0588	**perception**	名 知覚，認識 ≒awareness
0589	**lawyer**	名 弁護士 ≒attorney
0590	**arrest**	動 を逮捕する ≒apprehend
0591	**trace**	名 跡，痕跡 ≒sign
0592	**trousers**	名 ズボン 🇺🇸pants
0593	**fate**	名 運命 ≒destiny
0594	**deliver**	動 を配達する；を伝える ≒bring
0595	**emperor**	名 皇帝；天皇 ≒ruler
0596	**succeed**	動 を継ぐ；に続く ≒take over from
0597	**pat**	動 を軽くたたく ≒tap
0598	**curious**	形 好奇心の強い；奇妙な ≒nosy
0599	**ray**	名 光線，光 ≒beam
0600	**urgent**	形 切迫した，緊急の ≒pressing

No.	単語	品詞	意味	類義語・反意語
0601	**folk**	名	一般の人々	≒people
0602	**desert**	名	砂漠	≒arid land
0603	**recognise**	動	を認める；に見覚えがある	≒identify
0604	**grave**	形	重大な，ひどい	≒serious
0605	**laughter**	名	笑い；笑い声	≒chuckling
0606	**sympathy**	名	同情；共感	≒compassion
0607	**everyday**	形	日常の；日々の	≒ordinary
0608	**addition**	名	付加，追加	≒supplement
0609	**anniversary**	名	(毎年の)記念日，記念祭	≒commemoration
0610	**craft**	名	技巧；(手先の)作業	≒skill
0611	**fortune**	名	富；大金	≒wealth
0612	**talent**	名	才能，素質	≒gift
0613	**strict**	形	厳格な；厳密な	≒rigorous
0614	**tap**	名	蛇口	≒valve
0615	**funeral**	名	葬式，葬儀	≒last farewell
0616	**wound**	名	傷，負傷	≒injury
0617	**dare**	動	思い切って～する	≒venture
0618	**emerge**	動	現れる	≒appear
0619	**intend**	動	を意図する	≒mean
0620	**courage**	名	勇気，度胸	≒bravery
0621	**unexpected**	形	思いがけない，意外な	≒unforeseen
0622	**divorce**	名	離婚；分離	≒breakup
0623	**navy**	名	海軍；濃紺色	≒fleet
0624	**wildlife**	名	野生生物	≒wild animals
0625	**discrimination**	名	差別	≒prejudice
0626	**shame**	名	恥；恥ずかしさ	≒disgrace
0627	**recover**	動	を取り戻す	≒retrieve
0628	**convenient**	形	便利な，都合のいい	≒handy
0629	**biological**	形	生物学の	≒biotic
0630	**warmth**	名	暖かさ	≒heat
0631	**earn**	動	を稼ぐ；を得る	≒be paid
0632	**clerk**	名	事務員，行員	≒office worker
0633	**mechanical**	形	機械の；機械的な	≒automatic
0634	**destroy**	動	を破壊する	≒devastate
0635	**tube**	名	管，筒；地下鉄	≒pipe
0636	**reward**	名	報酬，報償	≒remuneration
0637	**weapon**	名	武器，兵器	≒arms
0638	**literally**	副	文字通り	⇔figuratively
0639	**strip**	名	細長い一片	≒narrow piece
0640	**satisfy**	動	を満足させる	≒please

0641	**corridor**	名 廊下，回廊 ≒passage
0642	**compete**	動 競う，競争する ≒contend
0643	**breed**	動 繁殖する ≒reproduce
0644	**solve**	動 を解く，解明する ≒work out
0645	**delight**	名 大喜び ≒joy
0646	**naked**	形 裸の；むき出しの；裸眼の ≒bare
0647	**carriage**	名 四輪馬車 ≒coach
0648	**pity**	名 哀れみ，同情；残念なこと ≒compassion
0649	**oxygen**	名 酸素 ≒the element O
0650	**pan**	名 平鍋 ≒pot
0651	**fool**	動 をだます ≒deceive
0652	**intelligent**	形 知能の高い，聡明な ≒clever
0653	**outline**	名 概略；輪郭 ≒summary
0654	**physics**	名 物理学 ≒physical science
0655	**invitation**	名 招待；誘い ≒request
0656	**penny**	名 ペニー，ペンス 🇺🇸cent
0657	**mate**	動 つがう，交尾する ≒breed
0658	**pence**	名 penny の複数 🇺🇸cents
0659	**underneath**	前 ～の下に ≒below
0660	**complaint**	名 不平，苦情；(重くない)病気 ≒protest
0661	**differ**	動 違う，異なる ≒vary
0662	**merchant**	名 商人，卸売商 ≒dealer
0663	**creature**	名 生き物；動物 ≒animal
0664	**essence**	名 本質；真髄 ≒core
0665	**recommend**	動 を推薦する，勧める ≒advise
0666	**necessity**	名 必要，必要性 ≒requirement
0667	**triumph**	名 勝利，成功 ≒victory
0668	**bike**	名 自転車 ≒bicycle
0669	**luxury**	名 ぜいたく ≒extravagance
0670	**pile**	名 積み重ねた山，堆積 ≒heap
0671	**nursery**	名 託児所 ≒day care centre
0672	**muscle**	名 筋力；力；筋肉 ≒power
0673	**divide**	動 を分割する ≒split
0674	**crack**	動 ひびが入る，砕ける ≒break
0675	**dull**	形 退屈な，単調な ≒boring
0676	**dealer**	名 販売人，業者 ≒trader
0677	**smart**	形 利口な，賢い ≒clever
0678	**soldier**	名 軍人，兵隊 ≒fighter
0679	**precious**	形 高価な；貴重な ≒valuable
0680	**nasty**	形 不快な，迷惑な ≒unpleasant

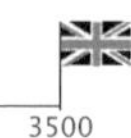

0681	**participate**	動 参加する ≒take part
0682	**combine**	動 を組み合わせる ≒mix
0683	**portrait**	名 肖像(画)，人物写真 ≒picture
0684	**employ**	動 を雇う；を用いる ≒hire
0685	**mount**	動 増す；高まる ≒increase
0686	**remind**	動 に思い出させる ≒help remember
0687	**chart**	名 図；グラフ ≒graphic
0688	**weakness**	名 弱さ；弱点 ≒flaw
0689	**delicate**	形 壊れやすい；微妙な ≒fragile
0690	**hire**	動 を雇う；を賃借りする ≒employ
0691	**manufacture**	動 を製造する ≒produce
0692	**infant**	名 乳児，赤ん坊 ≒baby
0693	**forth**	副 前へ，先へ ≒forward
0694	**splendid**	形 素晴らしい，見事な ≒magnificent
0695	**restore**	動 を回復する；を復活させる ≒bring back
0696	**fascinating**	形 魅惑的な ≒appealing
0697	**trap**	名 わな；計略 ≒trick
0698	**ambulance**	名 救急車 ≒rescue vehicle
0699	**crop**	名 作物，収穫物 ≒harvest
0700	**neat**	形 きちんとした，整頓された ≒tidy
0701	**explosion**	名 爆発，破裂 ≒blast
0702	**observe**	動 を観察する；と述べる ≒watch
0703	**patch**	名 継ぎ，継ぎ切れ ≒piece of cloth
0704	**permit**	動 を許す，許可する ≒allow
0705	**seed**	名 種，種子 ≒germ
0706	**geography**	名 地理；地理学 ≒natural features
0707	**disorder**	名 混乱，乱雑 ≒confusion
0708	**breast**	名 乳房；胸 ≒chest
0709	**insist**	動 を強く主張する，言い張る ≒assert
0710	**fortunately**	副 幸運にも ≒luckily
0711	**horrible**	形 恐ろしい ≒terrible
0712	**stroke**	名 脳卒中；発作 ≒seizure
0713	**praise**	動 を褒める，称賛する ≒compliment
0714	**avenue**	名 大通り，街路 ≒street
0715	**continent**	名 大陸 ≒landmass
0716	**absent**	形 不在の；欠けた ≒missing
0717	**detective**	名 刑事 ≒investigator
0718	**prevention**	名 防止，予防 ≒avoidance
0719	**tune**	名 曲，楽曲 ≒melody
0720	**reject**	動 を拒否する ≒refuse

1回目  2回目 

0721	**promising**	形	有望な	≒hopeful
0722	**possess**	動	を所持している	≒have
0723	**memorial**	名	記念(物)，記念碑	≒monument
0724	**trick**	名	策略；いたずら；こつ	≒ploy
0725	**cliff**	名	崖，絶壁	≒bluff
0726	**flood**	名	洪水，氾濫	≒deluge
0727	**cure**	動	を治す，治癒させる	≒remedy
0728	**disappointment**	名	失望，落胆	≒dismay
0729	**seldom**	副	めったに～ない	≒rarely
0730	**inform**	動	に通知する	≒notify
0731	**rob**	動	から強奪する	≒steal
0732	**bore**	動	を退屈させる；(穴)をあける	≒tire
0733	**vague**	形	曖昧な	≒unclear
0734	**margin**	名	余白，欄外；差；利ざや	≒edge
0735	**neighbourhood**	名	近所，近隣	≒vicinity
0736	**chase**	動	を追跡する	≒pursue
0737	**nest**	名	巣；ねぐら	≒shelter
0738	**racial**	形	人種の	≒ethnic
0739	**despair**	名	絶望，失望	≒hopelessness
0740	**alike**	形	似ている	≒similar
0741	**fix**	動	を修理する；を固定する	≒repair
0742	**bow**	動	おじぎする	≒greet
0743	**hook**	名	かぎ針；留め金	≒peg
0744	**embarrassed**	形	ばつの悪い	≒ashamed
0745	**diversity**	名	多様性	≒variety
0746	**meantime**	名	その間	≒meanwhile
0747	**celebrate**	動	を祝う	≒commemorate
0748	**import**	動	を輸入する	≒bring in
0749	**nightmare**	名	恐ろしい出来事；悪夢	≒horrific event
0750	**shelf**	名	棚，棚板	≒rack
0751	**sensation**	名	感覚，知覚	≒feeling
0752	**liberty**	名	自由；解放	≒freedom
0753	**practically**	副	ほとんど；事実上	≒virtually
0754	**dreadful**	形	ひどく悪い；はなはだしい	≒terrible
0755	**charm**	名	魅力	≒appeal
0756	**coffin**	名	棺，ひつぎ	≒casket
0757	**cupboard**	名	食器棚	≒cabinet
0758	**rod**	名	棒，さお	≒bar
0759	**eager**	形	熱望して；熱心な	≒enthusiastic
0760	**collar**	名	襟，カラー	≒neckband

0761	**sword**	名 剣，刀 ≒blade
0762	**flash**	名 閃光；ひらめき ≒spark
0763	**loyal**	形 忠実な ≒faithful
0764	**wealthy**	形 富裕な ≒rich
0765	**migration**	名 移住；移動，渡り，回遊 ≒movement
0766	**cruel**	形 残酷な ≒brutal
0767	**organ**	名 器官，臓器 ≒body part
0768	**horizon**	名 地平線，水平線 ≒skyline
0769	**nerve**	名 度胸；神経 ≒confidence
0770	**ambition**	名 野心；野望 ≒aspiration
0771	**ugly**	形 醜い ≒unattractive
0772	**forgive**	動 を許す ≒pardon
0773	**bend**	動 を曲げる ≒curve
0774	**envelope**	名 封筒 ≒cover
0775	**neatly**	副 きちんと ≒tidily
0776	**masses**	名 〈the ～〉一般大衆，庶民 ≒the public
0777	**ladder**	名 はしご ≒steps
0778	**chat**	名 おしゃべり，雑談 ≒conversation
0779	**bold**	形 大胆な ≒fearless
0780	**burnt**	形 焼けた，焦げた ≒scorched
0781	**useless**	形 役に立たない ≒worthless
0782	**lap**	名 膝の上 ≒thighs
0783	**lend**	動 を貸す ≒loan
0784	**deserve**	動 に値する ≒merit
0785	**jail**	名 刑務所，監獄 ≒prison
0786	**restriction**	名 制限；規制 ≒limitation
0787	**defensive**	形 防御[防衛]の；守備の ≒protective
0788	**palm**	名 手のひら ≒hand
0789	**summit**	名 頂上；首脳会議；絶頂 ≒peak
0790	**pretend**	動 のふりをする ≒fake
0791	**surroundings**	名 周囲の状況 ≒environment
0792	**pour**	動 を注ぐ，つぐ ≒stream
0793	**needle**	名 針 ≒pin
0794	**celebration**	名 祝賀；祝典 ≒party
0795	**owe**	動 の恩恵をこうむる ≒be indebted
0796	**lean**	動 傾く ≒tilt
0797	**temper**	名 気質，気性 ≒character
0798	**coin**	動 を造語する；を鋳造する ≒create
0799	**humanity**	名 人類；人間性 ≒mankind
0800	**mineral**	名 鉱物；ミネラル ≒inorganic substance

0801	**bunch**	名 束；房 ≒group
0802	**neglect**	動 をおろそかにする ≒ignore
0803	**forehead**	名 額，前頭部 ≒brow
0804	**recipe**	名 調理法 ≒formula
0805	**patience**	名 忍耐，辛抱 ≒tolerance
0806	**twist**	動 をより合わせる；をねじる ≒turn
0807	**packet**	名 小箱；包み ≒package
0808	**fetch**	動 を持って来る ≒bring
0809	**receipt**	名 領収書；受領 sales slip
0810	**assignment**	名 任務；課題 ≒task
0811	**fry**	動 を油で焼く ≒cook
0812	**miserable**	形 惨めな；悲惨な ≒sad
0813	**ambassador**	名 大使 ≒diplomat
0814	**tear**	動 を裂く，破る ≒rip
0815	**warn**	動 に警告する ≒alert
0816	**grin**	動 にこっと笑う ≒smile
0817	**fond**	形 大好きである ≒in love
0818	**graduate**	動 卒業する ≒finish
0819	**hunger**	名 飢え，空腹 ≒starvation
0820	**bride**	名 花嫁，新婦 ≒newly-wed
0821	**cheerful**	形 陽気な ≒happy
0822	**knit**	動 を編む；を結び付ける ≒weave
0823	**sigh**	動 ため息をつく ≒exhale
0824	**signature**	名 署名 ≒handwritten name
0825	**breathe**	動 呼吸する ≒respire
0826	**instinct**	名 本能 ≒intuition
0827	**pose**	動 を引き起こす，提起する ≒present
0828	**fur**	名 柔毛；毛皮 ≒pelt
0829	**politician**	名 政治家 ≒legislator
0830	**fever**	名 熱，発熱 ≒temperature
0831	**dig**	動 を掘る；を掘り出す ≒excavate
0832	**approve**	動 を承認する ≒authorise
0833	**ashamed**	形 恥じて ≒embarrassed
0834	**flour**	名 小麦粉 ≒wheat powder
0835	**appoint**	動 を任命する ≒name
0836	**arrow**	名 矢印；矢 ≒cursor
0837	**occupy**	動 を占領する；を占める ≒capture
0838	**sack**	名 大袋；袋 ≒bag
0839	**lid**	名 ふた ≒cap
0840	**sweep**	動 に急速に広まる ≒spread through

0841	**fare**	名	運賃	≒charge
0842	**horn**	名	角；触角	≒antler
0843	**cage**	名	鳥かご；おり	≒pen
0844	**wheat**	名	小麦	≒cereal
0845	**dirt**	名	汚れ，泥	≒stain
0846	**maths**	名	数学	≒mathematics
0847	**researcher**	名	研究者	≒investigator
0848	**dislike**	名	嫌悪，反感；〈~s〉嫌いなもの	≒hate
0849	**scream**	動	叫び声を上げる	≒cry out
0850	**rude**	形	無礼な	≒impolite
0851	**treasure**	名	財宝，宝物	≒valuables
0852	**cruise**	動	船旅をする	≒sail
0853	**aloud**	副	声に出して	≒orally
0854	**portable**	形	移動可能な；携帯用の	≒mobile
0855	**lung**	名	肺	≒respiratory organ
0856	**poison**	名	毒，毒薬	≒venom
0857	**thread**	名	糸；脈絡	≒strand
0858	**volunteer**	動	を進んで申し出る	≒offer
0859	**jealous**	形	嫉妬深い；ねたんで	≒envious
0860	**fist**	名	握りこぶし	≒clenched hand
0861	**float**	動	浮く，浮かぶ	≒drift
0862	**handy**	形	扱いやすい	≒convenient
0863	**accustomed**	形	慣れている；習慣的な	≒used
0864	**quit**	動	を辞める	≒leave
0865	**drawer**	名	引き出し	≒storage space
0866	**slave**	名	奴隷	≒servant without freedom
0867	**threaten**	動	を脅す	≒menace
0868	**ruler**	名	支配者；定規	≒leader
0869	**statue**	名	像，彫像	≒sculpture
0870	**stuffed**	形	満腹の；詰め物をした	≒full
0871	**accompany**	動	に付随する	≒go with
0872	**bury**	動	を埋める；を埋葬する	≒hide
0873	**beast**	名	動物，獣	≒animal
0874	**oppose**	動	に反対する	≒be against
0875	**sore**	形	（体の一部が）痛い	≒painful
0876	**fog**	名	霧，濃霧	≒mist
0877	**beg**	動	を懇願する	≒ask for
0878	**swear**	動	を誓う	≒vow
0879	**refugee**	名	難民，避難者	≒exile
0880	**lately**	副	最近，近ごろ	≒recently

0881	**attach**	動 を添付する；を貼り付ける ≒add
0882	**dismiss**	動 を退ける；を解雇する ≒reject
0883	**basement**	名 地階，地下室 ≒cellar
0884	**lightning**	名 稲光，稲妻 ≒flash
0885	**helpless**	形 自分では何もできない ≒dependent
0886	**trunk**	名 幹，樹幹 ≒stem
0887	**fairy**	名 妖精 ≒sprite
0888	**ruin**	名 遺跡；荒廃；破滅 ≒remains
0889	**cough**	動 せきをする ≒hack
0890	**thunder**	名 雷，雷鳴 ≒crack
0891	**wipe**	動 を拭く ≒clean
0892	**insect**	名 昆虫 ≒bug
0893	**denial**	名 否定，否認 ≒refusal
0894	**disagree**	動 不賛成である，反対である ≒dissent
0895	**flock**	名 （鳥・ヒツジなどの）群れ ≒group
0896	**bind**	動 を束縛する；を縛る ≒tie
0897	**whistle**	名 警笛；笛；口笛 ≒alarm
0898	**brow**	名 額；まゆ(毛) ≒forehead
0899	**imaginary**	形 想像上の ≒fictitious
0900	**hatch**	動 （ひな・卵が）かえる ≒be born
0901	**parcel**	名 小包，小荷物 ≒package
0902	**monument**	名 記念碑，記念建造物 ≒memorial
0903	**housework**	名 家事 ≒household chores
0904	**glue**	名 接着剤，のり ≒adhesive
0905	**sometime**	副 いつか，そのうち ≒someday
0906	**bullet**	名 弾丸，銃弾 ≒projectile
0907	**painfully**	副 痛ましいほどに；痛そうに ≒bitterly
0908	**wander**	動 歩き回る ≒roam
0909	**fountain**	名 噴水；泉 ≒spring
0910	**selfish**	形 利己的な ≒egoistic
0911	**weigh**	動 を比較考慮する ≒consider
0912	**melt**	動 溶ける ≒thaw
0913	**entertain**	動 を楽しませる；をもてなす ≒amuse
0914	**rumour**	名 うわさ，風説 ≒gossip
0915	**attendant**	名 付添人；案内係 ≒assistant
0916	**jar**	名 広口瓶 ≒pot
0917	**chimney**	名 煙突 ≒smokestack
0918	**insult**	動 を侮辱する ≒offend
0919	**backwards**	副 後ろへ ⇔forward(s)
0920	**disappearance**	名 消滅；失踪 ≒vanishing

start 500 1000 1500 2000 2500 3000 3500

0960

0921	**emission**	名 放出，発散 ≒release
0922	**luggage**	名 手荷物 ≒baggage
0923	**sour**	形 酸っぱい ≒acidic
0924	**spoil**	動 を駄目にする；を甘やかす ≒ruin
0925	**impress**	動 に感銘を与える ≒inspire
0926	**hooked**	形 かぎ状の ≒curved
0927	**translate**	動 を翻訳する ≒interpret
0928	**puzzle**	動 を悩ます，困らせる ≒perplex
0929	**stove**	名 (オーブン付)ガス台 ≒cooker
0930	**bark**	動 ほえる ≒howl
0931	**swell**	動 膨張する；増大する ≒expand
0932	**wallet**	名 財布，札入れ ≒purse
0933	**quarrel**	名 口論 ≒argument
0934	**careless**	形 不注意な ≒thoughtless
0935	**greet**	動 を迎える；に挨拶する ≒welcome
0936	**bless**	動 に恵む；を祝福する ≒endow
0937	**scare**	動 を怖がらせる ≒frighten
0938	**roast**	動 を焼く，あぶる ≒grill
0939	**farther**	副 もっと遠くに ≒further
0940	**spill**	動 をこぼす ≒slop
0941	**feather**	名 羽；羽毛 ≒plume
0942	**crush**	動 を押しつぶす ≒squash
0943	**shrug**	動 肩をすくめる ≒raise (*one's*) shoulders
0944	**vase**	名 花瓶 ≒flower container
0945	**surround**	動 を取り囲む ≒encircle
0946	**punish**	動 を罰する ≒discipline
0947	**sincere**	形 誠実な；心からの ≒heartfelt
0948	**anyhow**	副 ともかく，いずれにしても ≒anyway
0949	**interrupt**	動 を遮る；を断つ ≒disrupt
0950	**reference**	名 推薦状；参考文献 ≒recommendation
0951	**advert**	名 広告 ≒advertisement
0952	**unite**	動 を統合する ≒unify
0953	**boast**	動 自慢する，誇る ≒brag
0954	**scissors**	名 はさみ ≒pair of knives
0955	**suck**	動 を吸う ≒draw in
0956	**frighten**	動 をぎょっとさせる ≒scare
0957	**inspire**	動 を鼓舞する；を喚起する ≒motivate
0958	**comb**	名 くし ≒brush
0959	**vinegar**	名 酢 ≒fermented sour liquid
0960	**tailor**	動 を適合させる ≒customise

0961	**invent**	動	を発明する	≒devise
0962	**eyebrow**	名	眉(毛)	≒brow
0963	**murmur**	名	つぶやき	≒whisper
0964	**plead**	動	嘆願する	≒beg
0965	**courageous**	形	勇気のある	≒brave
0966	**educate**	動	を教育する	≒teach
0967	**brilliance**	名	輝き；才気	≒brightness
0968	**drown**	動	溺死する	≒die in water
0969	**weep**	動	泣く	≒cry
0970	**immigrant**	名	(外国からの)移民	≒settler
0971	**mushroom**	動	急成長する	≒grow rapidly
0972	**saucer**	名	受け皿	≒dish
0973	**offend**	動	の感情を害する	≒upset
0974	**refrigerator**	名	冷蔵庫	≒fridge
0975	**apologise**	動	謝罪する	≒say sorry
0976	**anymore**	副	もはや，これ以上	≒any longer
0977	**bravery**	名	勇敢さ	≒courage
0978	**thirsty**	形	喉の渇いた；乾いた	≒dehydrated
0979	**shady**	形	日陰の	≒shaded
0980	**atlas**	名	地図帳	≒map book
0981	**intentional**	形	意図的な	≒deliberate
0982	**tremble**	動	震える	≒shake
0983	**carve**	動	を彫る；を切り分ける	≒sculpt
0984	**kitten**	名	子ネコ	≒young cat
0985	**valuables**	名	貴重品	≒treasures
0986	**yell**	動	叫ぶ，わめく	≒shout
0987	**excite**	動	を興奮させる	≒thrill
0988	**sightseeing**	名	観光，見物	≒visiting sites
0989	**hundredth**	名	100 分の 1；100 番目のもの	≒1/100
0990	**tale**	名	話，物語	≒story
0991	**backyard**	名	裏庭	≒garden
0992	**grandchild**	名	孫	≒grandson, granddaughter
0993	**inhabitant**	名	居住者，住民；棲息動物	≒resident
0994	**symbolise**	動	を象徴する	≒represent
0995	**admire**	動	に感嘆する，感心する	≒respect
0996	**exclaim**	動	突然叫ぶ	≒cry out
0997	**well-behaved**	形	行儀の良い	≒polite
0998	**firefighter**	名	消防士	≒fireman
0999	**traffic jam**	名	交通渋滞	≒congestion
1000	**civil engineering**	名	土木工学	≒construction technology

重要語2500

レベル1

No.1001～1500

目標バンドスコア

5.5

1001 **account** [əkáʊnt]

動 (〜を)占める；(〜を)説明する
≒represent; explain

In 1993, Japan's GDP **accounted** *for* around 18% of global GDP.

1993年には日本のGDPは世界のGDPの約18%を占めていた。

1002 **behaviour** [bɪhéɪvjə]

名 行動；振る舞い，挙動，行儀
≒actions; conduct　🇺🇸 behavior

The secretary was surprised by her colleague's selfish **behaviour**.

秘書は同僚のわがままな行動に驚いた。

1003 **scheme** [ski:m] ⓘ

名 (組織的)計画，予定；陰謀
≒plan; plot

Recently, many schools have adopted online learning **schemes**.

最近，多くの学校がオンライン学習計画を採用している。

1004 **appropriate** [əpróʊpriət] ⓘ

形 ふさわしい，適切な
≒suitable　副 appropriately

Casual language is not **appropriate** for academic writing.

カジュアルな表現はアカデミックライティングには不適切である。

1005 **commission** [kəmíʃən]

動 を委託する　名 業務委託；代理手数料
≒order; task

Columbus was **commissioned** to discover a new route to India.

コロンブスはインドへの新たなルートを見つけるよう委託された。

1006 **ensure** [ɪnʃɔ́:]

動 を確実にする，保証する
≒guarantee, secure, warrant

Crew members are responsible for **ensuring** the safety of passengers.

乗務員は乗客の安全を保証する責任がある。

1007 **extent** [ɪkstént]

名 程度，規模，範囲，限度
≒degree, level, scale

The athlete was unsure of the **extent** of his injury.

そのアスリートは自分のけがの程度がよく分からなかった。

1008 **site** [saɪt]

名 遺跡；敷地，場所；サイト
≒remains; place; website

Kyoto is full of historic **sites**.

京都は史跡が豊富である。

1009 **eventually** [ɪvéntʃuəli]

副 結局(は)；最終的に
≒in the end; finally

The earth may **eventually** become too hot to live on.

地球はいずれ暑過ぎて住めなくなってしまうかもしれない。

1010 **provision** [prəvíʒən]

名 供給，支給；用意，準備，備え
≒supply; preparation, arrangement

The **provision** of school lunches is the responsibility of each local authority.

学校給食の提供は各地方自治体の責任である。

1011 **status** [stéɪtəs]	名 身分；地位 ≒position
The **status** of women has improved, but unfortunately not enough.	女性の地位は改善してきたが，残念ながらまだ十分ではない。
1012 **related** [rɪléɪtɪd]	形 (〜に)関係のある，関連した ≒connected, linked ⇔unrelated
The finance specialist's lecture was **related** *to* investment in foreign stocks.	その金融専門家の講義は外国株への投資に関するものだった。
1013 **alternative** [ɔːltə́ːnətɪv] !	名 選択肢；代替物 形 代替の ≒option; different
Renewable energy sources will be the only **alternative** to fossil fuels.	再生可能エネルギー源が化石燃料に代わる唯一の選択肢であろう。
1014 **context** [kɔ́ntekst] !	名 文脈，前後関係；状況，背景 ≒circumstances; situation, background
The actor felt his remark had been taken out of **context**.	その俳優は自分の発言が前後関係を無視して引用されたと感じた。
1015 **annual** [ǽnjuəl]	形 1 年間の；年 1 回の ≒yearly 副 annually
The magazine publishes an **annual** edition highlighting the best books of the year.	その雑誌はその年のベストセラー本を特集する号を毎年刊行している。
1016 **survey** [sə́ːveɪ / səvéɪ]	名 調査 動 を調査する ≒study; examine
A recent **survey** shows that almost 80% of smokers want to stop smoking.	最近の調査では喫煙者の約 80%はタバコをやめたいと思っている。
1017 **regional** [ríːdʒənəl]	形 地域の，地帯の，地方の ≒local, provincial ⇔national
Regional economic growth is of great importance to this country.	地域の経済成長はこの国にとって非常に重要だ。
1018 **conservative** [kənsə́ːvətɪv]	形 保守的な；保守主義の 名 保守的な人 名 conservatism
His radical comment about women was attacked by the **conservative** media.	女性に関する彼の過激なコメントは保守的なメディアに糾弾された。
1019 **legislation** [lèdʒɪsléɪʃən]	名 法律；法律制定，立法 ≒law; enactment
Various attempts to introduce **legislation** on gun control have been made.	銃規制に関する法律を導入しようとするさまざまな試みがなされた。
1020 **administration** [ədmìnɪstréɪʃən]	名 管理，運営，経営；統治 ≒management
Effective **administration** ensures smooth operation of government services.	効果的な管理は，行政サービスの円滑な運営を保証する。

1回目 ／ 2回目 ／ 3回目 ／

1021 **rural** [rúərəl] □□□ Some people believe that **rural** life is healthier than urban life.	形 田舎の，田園の ≒country, pastoral ⇔urban 田舎の生活の方が都会の生活よりも健康的であると信じている人もいる。
1022 **strategy** [strǽtədʒi] □□□ The company has developed a **strategy** to build their brand.	名 戦略，戦術；兵法 ≒plan, scheme; tactics 形 strategic その企業はブランドを構築する戦略を立案した。
1023 **procedure** [prəsí:dʒə] ⚠ □□□ The **procedure** for registration is as follows.	名 手順，手続き；（一連の）処置 ≒process; steps 動 proceed 登録手続きは以下の通りです。
1024 **discipline** [dísəplɪn] □□□ Cultural studies is an academic **discipline** popular among young scholars.	名 学問分野；規律，しつけ 動 をしつける ≒field; control, training カルチュラル・スタディーズは若い学者に人気のある学問分野だ。
1025 **elderly** [éldəli] □□□ *The* **elderly** will account for 40% of Japan's population in the future.	形 〈the ～〉年配者たち；年輩の ≒senior citizens; old 将来，高齢者が日本の人口の 40% を占めるであろう。
1026 **reduction** [rɪdʌ́kʃən] □□□ The **reduction** of CO_2 emissions has become a global concern.	名 減少，削減 ≒decrease, cutback CO_2 排出量削減が世界的関心事になっている。
1027 **atmosphere** [ǽtməsfɪ̀ə] □□□ The bookstore provided a quiet **atmosphere** for reading enthusiasts.	名 雰囲気；大気 ≒mood; air その書店は読書愛好家のために静かな雰囲気を提供した。
1028 **decline** [dɪkláɪn] □□□ The Roman Empire **declined** for the following reasons.	動 衰退する；減少する 名 衰退；減少 ≒weaken; decrease ローマ帝国は以下の理由で衰退した。
1029 **via** [váɪə] ⚠ □□□ Applicants will receive information **via** e-mail.	前 ～（の手段）によって；～経由で ≒by means of; by way of 志願者は e メールで情報を受け取ることになります。
1030 **objective** [əbdʒéktɪv] □□□ Science is based on an **objective** analysis of data.	形 客観的な，公平な 名 目標，目的 ≒impartial, unbiased ⇔subjective 科学はデータの客観的分析に基づいている。

1031 **secure** [sɪkjúə]

I've always wanted to **secure** a stable job that pays well.

動 を(苦労して)手に入れる 形 確実な；安全な
≒obtain; stable; safe
私は高給で安定した仕事を手に入れたいと常々思っていた。

1032 **contemporary** [kəntémpərəri]

The museum has an extensive collection of **contemporary** art.

形 現代の；同時代の 名 同時代の人
≒modern, current; contemporaneous
その美術館は現代美術の大規模なコレクションを所蔵している。

1033 **inflation** [ɪnfléɪʃən]

The central bank is taking a more aggressive stance against **inflation**.

名 インフレ，通貨膨張；膨張
形 inflationary ⇔ deflation
中央銀行はインフレに反対する，より積極的な立場を取っている。

1034 **fundamental** [fʌ̀ndəméntəl] (!)

There are **fundamental** differences between in-person and online communication.

形 基本的な，根本的な；必須の
≒basic; essential
対面とオンラインのコミュニケーションには根本的な違いがある。

1035 **crucial** [krú:ʃəl]

The organisation plays a **crucial** role in the control of global warming.

形 重大な；決定的な
≒vital, essential; critical
その組織は地球温暖化の抑制に重大な役割を果たしている。

1036 **accommodation** [əkɑ̀mədéɪʃən]

Many universities provide **accommodation** for new students.

名 宿泊設備；収容力，設備
≒housing, lodging
多くの大学は新入生に宿泊設備を提供している。

1037 **massive** [mǽsɪv]

The blue whale is a truly **massive** mammal.

形 大きくて重い，巨大な，堂々たる
≒huge, enormous 名 mass(大量，質量)
シロナガスクジラは実に巨大な哺乳動物だ。

1038 **aspect** [ǽspèkt]

The book was about various **aspects** of Roman life.

名 (物事の)側面，局面，面
≒feature, side, facet
その本はローマ時代の生活のさまざまな側面に関するものだった。

1039 **cope** [koʊp]

The station could no longer **cope** *with* the increasing number of passengers.

動 (～を)うまく処理する，対処する
≒deal with, handle, manage
その駅はもはや増加する乗客の数に対処できなかった。

1040 **extensive** [ɪksténsɪv]

The company conducted **extensive** research to find out customer needs.

形 広範囲に渡る，大規模な；広い
≒comprehensive, considerable; broad
その会社は顧客のニーズを知るために大規模な調査を行った。

1回目 ／ 2回目 ／ 3回目 ／

1041 **candidate** [kǽndɪdèɪt] There were only three **candidates** for the job.	名 候補者，求職者 ≒contender, applicant その仕事への求職者は 3 人しかいなかった。
1042 **conventional** [kənvénʃənəl] The politician is critical of **conventional** methods of education.	形 伝統的な，慣習に基づく ≒traditional, orthodox その政治家は伝統的な教育法に批判的だ。
1043 **occasionally** [əkéɪʒənəli] I love healthy food but **occasionally** have junk food.	副 時々，たまに，時折 ≒sometimes, from time to time 私は健康的な食べ物が好きですが，時折ジャンクフードも食べます。
1044 **recession** [rɪséʃən] The **recession** has had a large impact on construction companies.	名（一時的な）景気後退，不況 ≒downturn, slump 動 recede（後退する） 不況は建設会社に大きな影響を与えている。
1045 **competitive** [kəmpétətɪv] The cheaper process gave the company a **competitive** advantage.	形 競争の；競争力のある；競争心の強い 動 compete ⇔ uncompetitive 安上がりの工程により，その会社は競争面で有利になった。
1046 **outcome** [áʊtkʌ̀m] Union officials were happy with the **outcome** *of* the meeting.	名（～の）結果，成果 ≒result, consequence 労働組合の幹部たちは会議の結果に満足だった。
1047 **federal** [fédərəl] All businesses must pay both **federal** and local taxes.	形 連邦の；連合の，同盟の ≒national; allied 全ての会社は連邦税と地方税の両方を納めなければならない。
1048 **acceptable** [əkséptəbl] Heavy drinking is not socially **acceptable**, nor is it safe.	形 受け入れられる；容認できる ≒admissible; tolerable 深酒は社会的に容認されないし，安全でもない。
1049 **currency** [kʌ́rənsi] The value of the **currency** fell sharply in a few days.	名 通貨，貨幣；紙幣；流通，通用 ≒money; notes; circulation 数日でその通貨の価値が急落した。
1050 **ward** [wɔːd] ⓘ The city hospital has a children's **ward** with 42 beds.	名 病棟，病室；区，行政区 動 をかわす ≒unit, room; district 市立病院には 42 床の小児病棟がある。

1051 **supreme** [suprí:m]

He achieved the task through a **supreme** effort of will.

形 最高の，至高の
≒paramount, ultimate, utmost

彼は最高の意志の努力で任務を達成した。

1052 **genuine** [dʒénjuɪn]

It is difficult to tell **genuine** pearls from fake ones.

形 本物の，正真正銘の
≒authentic, real, actual

本物の真珠と模造真珠を見分けるのは難しい。

1053 **widespread** [wáɪdsprèd]

Despite **widespread** opposition, the government raised taxes.

形 広範囲にわたる，広く普及した
≒extensive, prevalent, ubiquitous

広範な反対にもかかわらず，政府は増税した。

1054 **dispute** [dɪspjú:t]

There is currently a labour **dispute** *between* workers and management.

名 (～の間の)論争，議論 動 を議論する
≒controversy, debate, quarrel

労働者と経営陣の間で現在労働争議が起きている。

1055 **numerous** [njú:mərəs]

The professor listed **numerous** examples to back up his theory.

形 非常に数の多い，たくさんの
≒countless, innumerable, many

教授は持論を裏付けるためにたくさんの例を挙げた。

1056 **distinct** [dɪstíŋkt]

Japanese curry is **distinct** *from* other Asian curries.

形 (～と)明らかに異なる；はっきりと分かる
≒different; clear 動 distinguish

日本のカレーは他のアジアのカレーとは明らかに異なる。

1057 **launch** [lɔ:ntʃ]

The new generative AI was **launched** in the early 2020s.

動 を開始する；を売り出す 名 発射；開始
≒begin, start

その新たな生成 AI は 2020 年代初頭に世に送り出された。

1058 **prospect** [prɔ́spekt]

There is little **prospect** that the situation will improve.

名 見込み，見通し；将来性
≒possibility; chances

状況が改善する見込みはほとんどない。

1059 **register** [rédʒɪstə]

Students are allowed to **register** for courses at different colleges.

動 登録する，登記する 名 登録(簿)
≒enrol, sign up 名 registration

学生は異なる大学で授業に登録することを認められている。

1060 **routine** [rù:tí:n]

The editor made it a daily **routine** to read all the rival newspapers.

名 決まりきった仕事，日課 形 日常の
≒groove, schedule 動 routinise

その編集者は，ライバル紙を全部読むことを毎日の日課にしていた。

1回目 ／ 2回目 ／ 3回目 ／

1061 **consistent** [kənsístənt] The student's performance was very **consistent** across all subjects.	形 首尾一貫した，常に変わらない ≒coherent 名 consistency ⇔ inconsistent その生徒の成績は全ての科目にわたりとても一貫していた。
1062 **assumption** [əsʌ́mpʃən] The **assumption** behind the theory turned out to be false.	名 仮定，想定，憶説，前提 ≒presumption, speculation 動 assume その理論の根拠となる仮定は誤りであると分かった。
1063 **concentrate** [kɔ́nsəntrèɪt] Most people find it hard to **concentrate** in a noisy environment.	動 (を)集中する；濃縮する ≒focus; condense 名 concentration ほとんどの人は，騒がしい環境で集中するのは難しいと感じる。
1064 **guarantee** [gæ̀rəntíː] ⓘ There is no **guarantee** that AI will remain under human control.	名 保証；確約 動 を保証する ≒warranty; promise 人工知能が人間の統制下にとどまるという保証はない。
1065 **outstanding** [àutstǽndɪŋ] The scholar achieved **outstanding** academic success.	形 目立つ，際立った；未払いの ≒remarkable, excellent; unpaid その学者は際立った学問的成功を達成した。
1066 **draft** [drɑːft] ⓘ Write a **draft** and revise it before submitting an essay.	名 下書き，草稿 形 下書きの，草案の ≒plan, outline, blueprint 小論文を提出する前に下書きを書いて修正しなさい。
1067 **precise** [prɪsáɪs] It is difficult to be **precise** but I would say about 80%.	形 正確な；まさにその ≒accurate；exact 名 precision 正確に言うのは難しいですが，80%くらいではないかと思います。
1068 **chamber** [tʃéɪmbə] ⓘ The explorers opened the burial **chamber** inside the ancient temple.	名 (特定の目的の)部屋；応接室 ≒room, compartment 探検家たちはその古代寺院の中の埋葬室を開けた。
1069 **poll** [poul] ⓘ The opinion **poll** showed the government was losing popularity.	名 世論調査；投票 動 に世論調査をする ≒survey; election, vote 世論調査は政府の人気が低くなっていることを示していた。
1070 **approximately** [əprɔ́ksɪmətli] Current reports state that **approximately** 8 billion people live in the world.	副 おおよそ，ほぼ ≒roughly, about 形 approximate 現在の報告は，世界には約80億人が暮らしていると述べている。

1071 **architecture** [ɑ́:kɪtèktʃə]

She learned the principles of **architecture** in Paris.

名 建築，建築学
≒construction 名architect（建築家）

彼女はパリで建築の原理を学んだ。

1072 **frequency** [frí:kwənsi]

The **frequency** of meetings was increased to four times a week.

名 頻度；周波数
≒incidence 形frequent

会議の頻度は週４回に増やされた。

1073 **unity** [jú:nəti]

The team showed **unity** in a difficult situation.

名 1つであること，単一（性）；統合
≒oneness; union, unification

そのチームは難しい状況の中でまとまりを見せた。

1074 **readily** [rédɪli]

The company's salespeople are **readily** available to help their customers.

副 容易に，難なく；進んで，快く
≒easily, quickly; willingly

その会社の販売員はいつ何時でも顧客を助ける態勢ができている。

1075 **heading** [hédɪŋ]

Chapter **headings** are usually printed in large type.

名 見出し，表題，題目
≒title, name

章の見出しはたいてい大きな文字で印刷される。

1076 **psychological** [sàɪkəlɔ́dʒɪkəl]

The doctor has been studying the **psychological** effects of war.

形 心理的な，精神の，精神的な
≒mental, emotional ⇔physical

その医師は戦争の心理的な影響を研究している。

1077 **inevitable** [ɪnévɪtəbl]

It is **inevitable** for foreign language learners to make errors.

形 避けられない，必然的な
≒unavoidable, certain

外国語学習者が間違いを犯すことは不可避である。

1078 **laboratory** [ləbɔ́rətəri]

The university **laboratory** specialised in stem cell research.

名 実験室，研究室［所］
≒lab

その大学の研究室は幹細胞の研究を専門としていた。

1079 **headquarters** [hèdkwɔ́:təz]

This city hosts the **headquarters** of many hi-tech companies.

名 本部，司令部，本社，本局
≒head office, main office

この市はたくさんのハイテク企業の本社を受け入れている。

1080 **contribute** [kəntríbju:t]

This corporation **contributes** *to* several worthy causes.

動（～に）貢献する；を寄付する
≒promote, help; donate

この企業は幾つかの価値ある目的に寄与している。

1回目 ／ 2回目 ／ 3回目 ／

1081 **surgery** [sə́ːdʒəri] ! Afternoon **surgery** is from 3 p.m. to 7 p.m.	名 診療時間；診療室；手術 ≒office hours; clinic; operation 午後の診療時間は午後3時から7時までだ。
1082 **rear** [rɪə] ! Child **rearing** used to be more communal than it is now.	動 を育てる，養育する 名 後部 ≒bring up, raise; back かつて子育ては今よりもより共同社会的なものであった。
1083 **component** [kəmpóunənt] There are four **components** in the IELTS test.	名 構成要素；構成部品 ≒element, constituent; part IELTS テストには4つの構成要素がある。
1084 **acquisition** [æ̀kwɪzíʃən] The **acquisition** of a foreign language takes a lot of time.	名 習得，獲得；(会社による)買収 ≒attainment; purchase 動 acquire 外国語の習得にはかなり時間がかかる。
1085 **replacement** [rɪpléɪsmənt] Technology has led to the **replacement** of workers with machines.	名 交替，更迭；代用品，代理人 ≒substitution; substitute 動 replace 科学技術は労働者を機械で置き換えることになった。
1086 **concrete** [kɔ́ŋkrìːt] There is no **concrete** evidence to prove the recession is over.	形 具体的な，現実的な 名 コンクリート ≒specific, actual 不況が終わったことを証明する具体的な証拠はない。
1087 **burden** [bə́ːdən] The man took on the **burden** of looking after his parents.	名 重荷，負担；義務 動 に負担をかける ≒load; obligation 形 burdensome その男性は両親の世話をする負担を引き受けた。
1088 **reveal** [rɪvíːl] The investigation **revealed** some surprising information.	動 を暴露する，明らかにする ≒disclose, show, uncover その調査で驚くべき情報が明らかになった。
1089 **mission** [míʃən] A **mission** was sent to establish diplomatic relations.	名 使節(団)，代表(団)；使命 ≒delegation; assignment, task 外交関係を樹立するために使節団が派遣された。
1090 **striking** [stráɪkɪŋ] The boy bore a **striking** resemblance to his grandfather.	形 目立つ，著しい，際立った ≒noticeable, impressive, marked 少年は祖父に際立って似ていた。

1091 **collapse** [kəlǽps]

The delicate balance of the environment may **collapse** at any time.

動 崩壊する 名 崩壊；破綻
≒break apart, fall apart; breakdown

環境の微妙なバランスがいつ崩壊するか分からない。

1092 **retain** [rɪtéɪn]

Many companies struggle to **retain** staff in this competitive market.

動 を保持する；を覚えている
≒maintain, preserve; remember

多くの企業はこの競争の激しい市場で社員を保持するのに苦労している。

1093 **consequently** [kɔ́nsɪkwəntli]

He failed his Ph.D. and **consequently** lost his job.

副 その結果，従って，それ故に
≒therefore, thus 名 consequence（結果）

彼は博士号を取り損ね，結果として職を失った。

1094 **strain** [streɪn]

He felt the **strain** of living in an alien culture.

名（心身の）緊張 動 を緊張させる
≒tension, stress ⇔ relaxation

彼は異文化の中で暮らす緊張を感じた。

1095 **gross** [groʊs] !

Gross domestic product is the total value of production in a country.

形 全体の
≒total

国内総生産は一国内の生産の総価値である。

1096 **ultimate** [ʌ́ltɪmət] !

The team's **ultimate** goal is an Olympic gold medal.

形 究極の，最終的な；最後の
≒supreme, conclusive; final

そのチームの最終的な目標はオリンピックの金メダルだ。

1097 **desperate** [déspərət]

The police wanted to save the hostages, but the situation was **desperate**.

形 絶望的な；ひどい；必死の
≒hopeless; grave; frantic

警察は人質を助けたかったが，状況は絶望的だった。

1098 **define** [dɪfáɪn]

It is quite difficult to **define** the word 'ethic'.

動 を定義する，定義づける
≒explain, describe 名 definition

「倫理」という語を定義するのはかなり難しい。

1099 **sole** [soʊl]

The **sole** survivor of the accident was identified as the driver.

形 唯一の，ただ１つの
≒only, single, exclusive

事故の唯一の生存者は運転手だと確認された。

1100 **flexible** [fléksəbl]

The gardener used a **flexible** hose to water the flower beds.

形 柔軟な；融通の利く
≒elastic, pliable; adaptable

庭師は花壇の水やりに柔軟性のあるホースを使った。

重要語レベル1 - ❷

1101 **investigate** [ɪnvéstɪgèɪt] □□□ We must **investigate** the sudden drop in sales figures.	動 を調べる，調査する ≒examine, inspect 名 investigation 私たちは売上高の突然の減少を調査しなければならない。
1102 **transition** [trænzíʃən] □□□ The country made the **transition** to democracy.	名 移り変わり，変遷，転換；過渡期 ≒change, shift 形 transitional その国は民主主義へと転換した。
1103 **ethnic** [éθnɪk] □□□ **Ethnic** conflicts were common in the country at one time.	形 民族[人種](上)の ≒racial, tribal 名 ethnicity(民族性) かつてその国で民族紛争はありふれたものだった。
1104 **destruction** [dɪstrʌ́kʃən] □□□ The **destruction** of the environment is the most important issue facing us.	名 破壊，破滅 ≒devastation 動 destroy 環境破壊がわれわれが直面している最重要課題である。
1105 **intense** [ɪnténs] □□□ The discussion during the meeting was very **intense**.	形 強烈[猛烈]な，激しい；熱烈な ≒extreme, severe; passionate 会議での議論はとても激しかった。
1106 **rational** [rǽʃənəl] □□□ The newspaper urged both sides to take a **rational** approach to the problem.	形 理性的な；正気な；合理的な ≒sensible; sane; reasonable その新聞は，その問題に理性的に取り組むよう両者に促した。
1107 **historic** [hɪstɔ́(ː)rɪk] □□□ The residents were proud of living in a **historic** city.	形 歴史上有名[重要]な ≒famous, important, significant 住民たちは歴史上有名な都市に住んでいることに誇りを持っていた。
1108 **accordingly** [əkɔ́ːdɪŋli] □□□ His job was demanding, but he was paid **accordingly**.	副 それ相応に；それ故に，従って ≒correspondingly; therefore 彼の仕事はきつかったが，それに応じた給料をもらっていた。
1109 **petrol** [pétrəl] (!) □□□ A hybrid vehicle uses both **petrol** and electricity.	名 ガソリン 名 petroleum(石油) 米 gas, gasoline ハイブリッド車はガソリンと電気の両方を使用する。
1110 **prominent** [prɑ́mɪnənt] □□□ The speaker was one of the world's most **prominent** scientists.	形 卓越した，著名な，一流の ≒eminent, distinguished 名 prominence 演説者は世界で最も著名な科学者の一人だった。

1111 **acute** [əkjúːt]

Police dogs have an extremely **acute** sense of smell.

形 鋭敏な；ひどい，深刻な
≒keen, sharp; serious 名 acuity
警察犬は極めて鋭敏な嗅覚を持っている。

1112 **modest** [mɔ́dɪst]

The Japanese tend to be too **modest**.

形 謙虚な，控えめな；ささやかな
≒humble, shy; moderate
日本人は謙虚過ぎる傾向がある。

1113 **profile** [próʊfaɪl] ⓘ

The actress was described as having a beautiful **profile**.

名 横顔；プロフィール 動 の紹介を書く
≒features
その女優は美しい横顔の持ち主だと評された。

1114 **facility** [fəsíləti]

The football team have moved to a new training **facility**.

名 施設，設備；才能
≒centre, equipment; talent
そのサッカーチームは新しいトレーニング施設に移った。

1115 **gaze** [geɪz]

The old couple **gazed** lovingly *at* their new grandchild.

動 (～を)じっと見る，凝視する 名 凝視
≒stare, look
その老夫婦は新しく生まれた孫を優しく見つめた。

1116 **mutual** [mjúːtʃuəl]

There was a **mutual** understanding between the two countries.

形 相互の，相互的な
≒reciprocal, bilateral
両国間には相互理解があった。

1117 **barely** [béəli]

After the big traffic accident, the driver was **barely** alive.

副 辛うじて，やっと
≒narrowly, only just
その大きな交通事故の後，運転手は辛うじて生きていた。

1118 **era** [íərə]

Much of Western culture has its roots in the Roman **era**.

名 時代，時期，年代
≒age, period, time
西洋文化の多くはローマ時代にルーツがある。

1119 **phenomenon** [fənɔ́mɪnən]

Some natural **phenomena**, like earthquakes, are almost impossible to predict.

名 現象，事象
≒occurrence, event 複 phenomena
地震のように，自然現象にはほとんど予測不可能なものがある。

1120 **superior** [supíəriə]

The new office printer is clearly **superior** *to* the old one.

形 (～より)優れた，上等な 名 上司
≒better 名 superiority(優越) ⇔ inferior
新しいオフィス用プリンターは明らかに古いプリンターより優れている。

1回目 / 2回目 / 3回目 /

1121 uncertainty [ʌ̀nsə́ːtənti]

名 不確実；確信のなさ；不安定
≒unreliability 形 uncertain ⇔ certainty

The expert admitted the **uncertainty** of his data.

その専門家はデータの不確実さを認めた。

1122 preference [préfərəns]

名 他より好むこと；好み；ひいき
≒liking; favour 動 prefer

The guest's **preference** was for French food.

その客はフランス料理を他より好んだ。

1123 namely [néɪmli]

副 すなわち，具体的に言えば
≒that is, specifically

They faced a big problem, **namely** a shortage of funds.

彼らは大きな問題，すなわち資金不足に直面した。

1124 allowance [əláuəns] ⓘ

名 手当，～費；手加減
≒benefit, grant, payment

The government will increase the child **allowance** next year.

政府は来年から子どもに対する手当を増額する。

1125 bulk [bʌlk]

名 大半，大部分；かさ，体積 形 大量の
≒majority; size, volume 形 bulky

The writer does the **bulk** of her writing work on weekends.

その作家は執筆活動の大半を週末に行う。

1126 proceed [prəsíːd]

動 (～を)続行する；進む
≒continue; advance 名 procedure(手順)

The scientists decided to **proceed** *with* their research.

科学者たちは研究を続行することを決めた。

1127 typically [típɪkəli]

副 典型的に，代表的に，象徴的に
≒characteristically 動 typify(の典型となる)

They treated us with **typically** American hospitality.

彼らは典型的なアメリカ流のもてなしで私たちを遇した。

1128 yield [jiːld]

動 を産出する，産する 名 産出高
≒produce, give, provide

The local soil **yielded** a good harvest year after year.

その土地の土壌は毎年豊作をもたらした。

1129 stake [steɪk]

名 くい，棒；利害関係
≒pole; interest

The building construction started with driving a **stake** into the ground.

その建物の建設は地面にくいを打ち込むことから始まった。

1130 desirable [dɪzáɪərəbl]

形 望ましい，手に入れたくなる
≒advantageous, advisable, attractive

Both parties found the outcome of the negotiation **desirable**.

双方とも交渉の結果を望ましいものと感じた。

1131 **shed** [ʃed] Most of the trees **shed** their leaves in autumn.	動 を(自然に)落とす，脱皮する ≒drop, cast, moult その木々のほとんどは秋に葉を落とす。
1132 **plot** [plɔt] The couple bought a **plot** of land to grow some vegetables.	名 小区画の土地；(話の)筋；陰謀 ≒patch; storyline; scheme その夫婦は野菜を育てるために小区画の土地を買った。
1133 **compromise** [kɔ́mprəmàɪz] ! The manager and the workers agreed to a **compromise**.	名 妥協，歩み寄り　動 妥協する ≒give-and-take, concession 部長と従業員たちは妥協することで合意した。
1134 **thoroughly** [θʌ́rəli] ! The staff felt that their boss was a **thoroughly** reliable man.	副 全く，完全に ≒completely, totally, fully 上司は完全に信頼できる人物だとスタッフは感じた。
1135 **chemistry** [kémɪstri] There is a very good **chemistry** between the two leaders.	名 相性；化学 ≒attraction, rapport その2人のリーダーの相性は非常に良い。
1136 **declaration** [dèkləréɪʃən] People were really happy when they heard the **declaration** of independence.	名 宣言，布告 ≒announcement, proclamation　動 declare 人々は独立宣言を聞いて本当に喜んだ。
1137 **crystal** [krístəl] I don't have a **crystal** ball.	形 水晶の　名 水晶；クリスタルガラス；結晶 ≒quartz　動 crystalise 私は水晶玉を持っていません（将来のことは分からない）。
1138 **boundary** [báʊndəri] The river acted as a **boundary** between the two towns.	名 境界(線)；境界を成す物 ≒border, dividing line その川は2つの町の境界線の役割を果たしていた。
1139 **deposit** [dɪpɔ́zɪt] The diver was surprised by the unnatural **deposits** in the river.	名 堆積物；内金　動 を堆積させる ≒sediment; down payment ダイバーはその川の不自然な堆積物に驚いた。
1140 **acquire** [əkwáɪə] The curator had spent five years **acquiring** a good knowledge of art history.	動 を習得する；を得る ≒learn; obtain　名 acquisition その学芸員は，美術史の十分な知識を習得するのに5年を費やしていた。

1回目 ／ 2回目 ／ 3回目 ／

1141 **pressing** [présɪŋ]
形 緊急の，差し迫った
≒urgent
Climate change has created a **pressing** need to protect the environment.
気候変動は環境保護の差し迫った必要性を生じさせた。

1142 **artificial** [ɑ̀:tɪfíʃəl]
形 人工的な，人造の；不自然な
≒synthetic, man-made ⇔natural
An **artificial** lake was built in the amusement park.
遊園地に人造湖が造られた。

1143 **magnificent** [mægnífɪsənt]
形 実に印象的な，壮大な，見事な
≒impressive, grand 名 magnificence
The museum owned a **magnificent** fossil collection.
その博物館は見事な化石のコレクションを所蔵していた。

1144 **distinguish** [dɪstíŋgwɪʃ] ❗
動 を(～と)区別する，見分ける
≒differentiate, discriminate, discern
It is difficult to **distinguish** one twin *from* the other.
双子の片方をもう一方と見分けるのは難しい。

1145 **reluctant** [rɪlʌ́ktənt]
形 気が進まない，(～)したがらない
≒unwilling, loath 名 reluctance
The new manager was **reluctant** *to* let any workers go.
新しいマネージャーは，誰一人解雇するのは気が進まなかった。

1146 **physically** [fízɪkəli]
副 身体[肉体]的に；物理的に
≒corporally; materially ⇔mentally
The man's doctor advised him to avoid **physically** demanding work.
その男性の医師は，肉体的にきつい仕事は避けるよう彼に忠告した。

1147 **pursue** [pəsjú:]
動 を追求する；を続ける
≒seek, follow 名 pursuit
He left for the city to **pursue** his dream of becoming a journalist.
彼はジャーナリストになる夢を追い求めるために都会に向かった。

1148 **resist** [rɪzíst] ❗
動 に抵抗する，反抗する
≒withstand, oppose 形 resistant
The troops were unable to **resist** the enemy's advance.
軍隊は敵の前進に抵抗することができなかった。

1149 **invasion** [ɪnvéɪʒən]
名 侵入，侵略
≒attack, occupation 動 invade
The **invasion** of the country was condemned internationally.
その国への侵略は国際的に非難された。

1150 **unfair** [ʌ̀nféə]
形 不公平な，不当な，片寄った
≒discriminatory, unjust ⇔fair
Many people considered the tax **unfair**.
多くの人はその税金を不公平だと考えていた。

1151 **damp** [dæmp]

形 湿った，（少し）ぬれた
≒moist, humid, wet 動 dampen

Frogs prefer to live in **damp** environments.

カエルは湿った環境に好んで生息する。

1152 **impose** [ɪmpóuz]

動 を（～に）課す，負わせる
≒levy, inflict 名 imposition

A tax increase was **imposed** *on* tobacco products.

タバコ製品に増税が課された。

1153 **alter** [ɔ́:ltə] ⓘ

動 を（部分的に）変える，改める
≒modify, amend 名 alteration

Mobile phones have **altered** our lives in many ways.

携帯電話はいろいろな意味で私たちの生活を変えた。

1154 **mature** [mətʃúə] ⓘ

形 成熟した；熟成した 動 熟す
≒ripe; mellow 名 maturation

At 14, he is more **mature** than most boys are at that age.

彼は14歳だが，ほとんどの少年のその年齢のときより成熟している。

1155 **virtue** [vɔ́:tʃu:] ⓘ

名（高い）徳，美徳；長所
≒integrity; advantage 形 virtuous

His **virtue** as a scholar was his accuracy.

彼の学者としての美徳は正確さにあった。

1156 **amazing** [əméɪzɪŋ]

形 驚くべき，びっくりするほどの
≒astonishing, astounding, surprising

By an **amazing** coincidence, two people made an identical invention.

驚くべき偶然の一致で，2人の人が同一の発明をした。

1157 **gear** [gɪə]

名 道具，用品；歯車 動 を適合させる
≒equipment, apparatus; cog

The shop sold fishing **gear** to tourists.

その店は観光客に釣り具を販売した。

1158 **demonstration** [dèmənstréɪʃən]

名 実演；実証；表出；デモ
≒display; proof; protest

The engineer gave a **demonstration** of the new computer.

そのエンジニアは新しいコンピューターの実演をしてみせた。

1159 **substitute** [sʌ́bstɪtjù:t]

動 を（～の）代わりにする［使う］ 名 代用品
≒replace, exchange

It is possible to **substitute** margarine *for* butter in this recipe.

このレシピでは，バターの代わりにマーガリンを使うことができる。

1160 **chip** [tʃɪp]

名 かけら，破片，小片；欠け跡
≒fragment, piece, bit

The factory floor was covered with **chips** of wood.

工場の床は木材のかけらで埋め尽くされていた。

1回目 / 2回目 / 3回目

1161 **influential** [ìnfluénʃəl] Various **influential** newspapers attacked the proposals.	形 大きな影響を及ぼす，有力な ≒powerful, dominant 名 influence さまざまな有力紙がその提案を非難した。
1162 **primitive** [prímətɪv] ⓘ They incorporate **primitive** methods in their farming.	形 原始的な，初期段階の；未開の ≒elementary, rudimentary 彼らは農業に原始的な手法を取り入れている。
1163 **consensus** [kənsénsəs] No **consensus** was reached, despite a three-hour meeting.	名 (意見などの)一致，合意；総意 ≒agreement, unanimity, consent 3時間の会議にもかかわらず，合意に至らなかった。
1164 **lifetime** [láɪftàɪm] The scholar spent his **lifetime** studying butterflies.	名 一生，生涯，終生 ≒lifespan, life その学者は生涯をチョウの研究に費やした。
1165 **instance** [ínstəns] There are many **instances** where false information spreads rapidly.	名 例；場合 ≒example; case 誤った情報が急速に広まってしまう事例が多い。
1166 **grain** [greɪn] The region's agricultural products are mainly **grain** and cattle.	名 穀物，穀類；穀粒 ≒cereal, corn; kernel その地域の農産物は主に穀物と畜牛だ。
1167 **manufacturer** [mæ̀njufǽktʃərə] Dozens of **manufacturers** displayed their products at the exhibition.	名 製造業者，メーカー；製造者 ≒producer, maker 名 manufacturing 多くの製造業者が展示会で製品を展示した。
1168 **progressive** [prəgrésɪv] The president implemented a series of **progressive** economic policies.	形 進歩的な，革新的な ≒innovative, revolutionary 動 progress 大統領は一連の革新的な経済政策を実行した。
1169 **expand** [ɪkspǽnd] The college decided to **expand** its sociology department.	動 (を)拡大[拡張]する ≒enlarge, magnify 名 expansion その大学は社会学部を拡大することにした。
1170 **tragedy** [trǽdʒədi] People in the country remember the **tragedies** of the war.	名 悲劇的な事件[事態]，惨事 ≒disaster, catastrophe 形 tragic その国の人々は戦争の悲劇を記憶している。

1171 **resolve** [rɪzɔ́lv] ! The diplomat thought the differences could be **resolved** through discussion.	動 を解決する；を決意する ≒settle, solve; determine その外交官は，見解の相違は話し合いで解決し得ると考えた。
1172 **undertake** [ʌ̀ndətéɪk] The lawyer **undertook** the extremely difficult case.	動 を引き受ける；に着手する ≒assume, take on; begin その弁護士はその極めて難しい訴訟を引き受けた。
1173 **excessive** [ɪksésɪv] The **excessive** use of computers can seriously affect your eyesight.	形 過度の，法外な，極端な ≒exorbitant, inordinate, extreme コンピューターの過度の使用は，視力に深刻な影響を及ぼすことがある。
1174 **suicide** [sú:ɪsàɪd] **Suicide** is a huge social problem, especially among young people.	名 自殺；自殺事件 ≒taking (*one's*) own life　形 suicidal 特に若者の自殺は非常に大きな社会問題である。
1175 **tide** [taɪd] The yacht race is dependent on the **tide** and wind.	名 潮，潮汐（ちょうせき）；潮流 ≒ebb and flow; current　形 tidal ヨットレースは潮と風次第だ。
1176 **halt** [hɔ:lt] ! The earthquake brought all trains to a **halt**.	名 (一時的)停止，休止　動 停止する ≒stop, pause, cessation その地震で全ての列車が停止した。
1177 **preserve** [prɪzɔ́:v] ! The company director resigned in order to **preserve** his firm's image.	動 を保護する，保存する　名 砂糖煮 ≒protect, conserve　名 preservation その会社の重役は自社のイメージを守るために辞任した。
1178 **tender** [téndə] *Wagyu*, or Japanese beef, is known to be extremely **tender**.	形 (肉などが)柔らかい；優しい ≒soft; gentle　⇔tough 和牛として知られる日本の牛肉は極めて柔らかいことで知られる。
1179 **encounter** [ɪnkáuntə] A tourist can **encounter** all sorts of difficulties.	動 に遭遇する，直面する　名 出会い ≒meet, experience, confront 旅行者はあらゆる困難に遭遇する可能性がある。
1180 **remedy** [rémədi] The woman's grandmother had taught her several home **remedies** for colds.	名 治療，医療；医薬品　動 を治す ≒cure, treatment; medicine 女性の祖母は彼女に風邪の家庭療法を幾つか教えていた。

1回目 / 2回目 / 3回目 /

1181 **glory** [glɔ́ːri] The athlete enjoyed the **glory** of becoming an Olympic champion.	名 栄光，誉れ；名声，絶賛 ≒honour, prestige; renown 形 glorious その選手はオリンピックで優勝するという栄光を味わった。
1182 **steadily** [stédɪli] The driver kept his eyes fixed **steadily** on the road ahead.	副 しっかりと，安定して；着実に ≒firmly, stably; constantly 運転手は道の先にしっかり目を見据えていた。
1183 **privilege** [prívəlɪdʒ] ⓘ The country's government officials enjoy many **privileges**.	名 特権，特典，恩典 ≒benefit, advantage 形 privileged その国の政府高官は多くの特権を享受している。
1184 **colleague** [kɔ́liːg] One of our **colleagues** was transferred to an overseas branch.	名 同僚 ≒co-worker, fellow worker われわれの同僚の1人が海外支店に転勤になった。
1185 **constitute** [kɔ́nstɪtjùːt] Women **constitute** a small percentage of engineering students.	動 を構成する，形成する；を成す ≒compose, make up; represent 女性が工学系の学生に占める割合は小さい。
1186 **contrary** [kɔ́ntrəri] Far from being disappointed, *on the* ***contrary***, the man was delighted.	名 〈the ~〉正反対，逆 形 反対の ≒opposite, reverse 副 contrarily 男性はがっかりするどころか，反対に大喜びだった。
1187 **chaos** [kéɪɔ̀s] ⓘ The peaceful demonstration turned into **chaos** when the police arrived.	名 無秩序，混沌，大混乱 ≒disorder, confusion 形 chaotic 平和的なデモは，警察の到着で大混乱に陥った。
1188 **clay** [kleɪ] The engineers made a **clay** model of their new car.	名 粘土，土 ≒earth, soil エンジニアたちは新車の粘土模型を作った。
1189 **faint** [feɪnt] The room was painted in a **faint** blue.	形 かすかな，ほのかな 動 気を失う ≒slight, weak, dim その部屋は淡いブルーに塗られていた。
1190 **invest** [ɪnvést] The banker **invested** all her retirement money in government bonds.	動 を投資する；をつぎ込む ≒spend, expend 名 investment その銀行家は退職金を全部国債に投資した。

1191 **scarcely** [skéəsli] ⓘ Because of the storm, there was **scarcely** anyone outside.	副 ほとんど〜ない ≒hardly 嵐のため，外にはほとんど人がいなかった。
1192 **nowadays** [náuədèɪz] **Nowadays**, computers are smaller and faster than ever before.	副 今日では，近ごろは ≒today, these days, currently 近ごろでは，コンピューターはかつてないほど小さくて速くなっている。
1193 **illustrate** [íləstrèɪt] The teacher **illustrated** her point with examples from her own personal experience.	動 を例証する；に挿絵を入れる ≒demonstrate 名 illustration その教師は個人的な経験を例に挙げて話の要点を例証した。
1194 **steep** [sti:p] The slope of the mountain was very **steep**.	形 (傾斜が)険しい，急な ≒sheer, precipitous ⇔ gradual 山の斜面はとても険しかった。
1195 **implement** [ímplɪmènt / ímplɪmənt] ⓘ The board of directors decided to **implement** a new investment plan.	動 を実行する，履行する 名 道具 ≒execute, perform 名 implementation 取締役会は新しい投資計画の実行を決めた。
1196 **wisdom** [wízdəm] The exchange student had the **wisdom** to follow local customs.	名 賢明さ；知恵，分別 ≒sagacity; knowledge 形 wise その交換留学生は現地の習慣に従う賢明さを持っていた。
1197 **fierce** [fɪəs] Gorillas look **fierce**, but in fact they are gentle and shy creatures.	形 どう猛な，荒々しい ≒ferocious, savage, wild ゴリラはどう猛に見えるが，実際は柔和で臆病な生き物だ。
1198 **discharge** [dɪstʃɑ́:dʒ / dístʃɑ:dʒ] The factory began to **discharge** dangerous chemicals into the air.	動 を放出する；を発散させる 名 放出 ≒release; vent その工場は大気中に危険な化学物質を放出し始めた。
1199 **regardless** [rɪgɑ́:dləs] The hospital will stay open **regardless** *of* the typhoon.	副 (困難・危険などに)構わず ≒nevertheless 台風に構わず，その病院は変わらず診察を行う。
1200 **forecast** [fɔ́:kɑ̀:st] The economic **forecast** was worse than expected.	名 予想，予測；予報 動 を予想する ≒prediction, anticipation, prophecy 景気予測は思ったより悪かった。

1201 **withdraw** [wɪðdrɔ́ː] I dropped by an ATM to **withdraw** some money.	動 を引き出す；を撤退させる；退く ≒extract; retreat 名 withdrawal お金を引き出すためにATMに寄った。
1202 **exploration** [èksplərέɪʃən] The voyage marked the beginning of the age of **exploration**.	名 探検，探査；探究，調査 ≒expedition; investigation 動 explore その航海は探検の時代の幕開けとなった。
1203 **equality** [ɪkwɔ́ləti] The country is a global leader in gender **equality**.	名 等しいこと，同等，平等，対等 ≒parity 形 equal ⇔ inequality その国は男女平等で世界をリードしている。
1204 **ambitious** [æmbíʃəs] He is an **ambitious** and hard-working lawyer.	形 大志を抱いた，野心的な ≒aspiring, enterprising 名 ambition 彼は野心的でよく働く弁護士だ。
1205 **grasp** [grɑːsp] The students could not **grasp** what he was trying to say.	動 を把握する；を握る 名 握り；把握 ≒understand, comprehend; grip 生徒たちは彼の言いたいことを把握できなかった。
1206 **harsh** [hɑːʃ] The country was known for its **harsh** laws.	形 厳しい；残酷な，容赦ない ≒severe; cruel, ruthless その国は厳しい法律で知られていた。
1207 **sympathetic** [sìmpəθétɪk] The university was **sympathetic** *to* the student's financial situation.	形 (～に)同情的な，思いやりのある ≒compassionate, considerate 名 sympathy 大学はその学生の経済的状況に同情的だった。
1208 **moderate** [mɔ́dərət / mɔ́dərèɪt] ❗ **Moderate** eating habits keep you in good shape.	形 適度な，中くらいの 動 を和らげる ≒modest, reasonable 名 moderation 適度に食べる習慣で健康を維持できる。
1209 **shortage** [ʃɔ́ːtɪdʒ] ❗ A **shortage** of food forced many settlers to leave.	名 不足，欠乏(状態)；不足高[量] ≒lack, scarcity ⇔ abundance 食糧不足で多くの開拓者は去らざるを得なかった。
1210 **shelter** [ʃéltə] There was an old bomb **shelter** at the bottom of the garden.	名 避難所；保護，避難 動 を保護する ≒refuge; protection 庭の奥には古い爆弾シェルターがあった。

1211 **myth** [mɪθ] There are many famous **myths** about this mountain.	名 神話；通説，俗説 ≒legend; superstition 形 mythical この山についての有名な神話がたくさんある。
1212 **remarkably** [rɪmɑ́ːkəbli] Sales of the firm's new product have increased **remarkably** in Europe.	副 著しく，目立って，驚くほど ≒strikingly, notably, surprisingly その会社の新製品の売り上げはヨーロッパで著しく増えた。
1213 **quote** [kwout] The student **quoted** the philosopher Immanuel Kant in his essay.	動 を引用する 名 引用文 ≒cite, extract 名 quotation その学生は論文で哲学者のイマヌエル・カントを引用した。
1214 **imply** [ɪmpláɪ] The article seemed to **imply** that the politician would resign.	動 を暗に示す，ほのめかす ≒suggest, hint 名 implication その記事は，その政治家が辞任するとほのめかしているようだった。
1215 **favourable** [féɪvərəbl] Products with more **favourable** reviews are considered better.	形 好意的な；好ましい；好都合な ≒positive; pleasing 米 favorable 好意的なレビューが多い製品の方がより良いと見なされる。
1216 **offensive** [əfénsɪv] Many people found the politician's remarks **offensive**.	形 不快な，嫌な 名 攻撃 ≒unpleasant, disagreeable 動 offend 多くの人はその政治家の発言を不快に思った。
1217 **conclude** [kənklúːd] They **concluded** that the medicine did not cause any side effects.	動 と結論を下す，結論づける ≒decide, judge 名 conclusion 彼らは，その薬品は何の副作用も引き起こさないと結論を下した。
1218 **breakdown** [bréɪkdàun] The machine's **breakdown** resulted in the assembly line stopping.	名 (機械などの)故障；内訳 ≒failure, malfunction その機械の故障が原因で組み立てラインが止まった。
1219 **lively** [láɪvli] The movie gave a **lively** picture of college life.	形 元気な，生き生きとした ≒energetic, vivid, vigorous その映画は大学生活を生き生きと描き出していた。
1220 **passive** [pǽsɪv] The worker complained about the **passive** smoking at her workplace.	形 受動的な，受身の；消極的な ≒submissive, obedient; inactive その従業員は職場での受動喫煙について苦情を言った。

1回目 / 2回目 / 3回目

1221 **opponent** [əpóunənt] ⓘ The group were secret **opponents** of the regime.	名 (試合・論争などの)相手，敵 ≒adversary, enemy, foe そのグループは政治体制のひそかな敵だった。
1222 **remark** [rɪmɑ́:k] The meeting began with a few **remarks** from the chairman.	名 意見，所見，感想，寸評　動 と述べる ≒comment, statement, observation 会議は議長の手短な発言で始まった。
1223 **enthusiastic** [ɪnθjù:ziǽstɪk] The new employee is **enthusiastic** *about* her job.	形 (～に)熱烈な，熱心な；熱狂的な ≒eager, keen; passionate その新入社員は仕事熱心だ。
1224 **construct** [kənstrʌ́kt] Bronze scraps were collected to **construct** a large statue.	動 を建設する，組み立てる ≒build, erect　名 construction 巨大な像を建設するために銅くずが集められた。
1225 **vessel** [vésəl] The fishing **vessels** were swept away by the large storm.	名 船舶；容器；導管，血管 ≒ship; container; duct 漁船はその大きな嵐で流された。
1226 **immense** [ɪméns] The **immense** cost of the new town hall was criticised by the public.	形 巨大な，膨大な；大変な ≒huge, massive, vast 新しい市役所にかかる莫大な費用は民衆に非難された。
1227 **peculiar** [pɪkjú:liə] She has a **peculiar** way of expressing her emotions through art.	形 一風変わった；特有の，固有の ≒strange, unusual; distinctive 彼女は芸術を通じて感情を表現する特異な方法を持っている。
1228 **seal** [si:l] The **seal** on the document was fake.	名 公印，印鑑，印章，判　動 を密封する ≒stamp, emblem; close その書類の印章は偽物だった。
1229 **capture** [kǽptʃə] Police were finally able to **capture** the suspect.	動 を捕らえる；を記録する　名 捕獲(物) ≒catch, seize; record 警察はようやく容疑者を捕らえることができた。
1230 **productive** [prədʌ́ktɪv] Industry in the country is growing more **productive**.	形 生産力のある，生産的な ≒prolific, fertile　名 productivity その国の産業はより生産力を増している。

1231 **shallow** [ʃǽlou]

The water at this end of the pool is **shallow**.

形 浅い
⇔ deep, profound

プールの水はこちら側の端が浅くなっている。

1232 **worthy** [wɔ́:ði]

The manager decided the salesperson was **worthy** *of* promotion.

形 (〜に)値して；立派な，価値のある
≒deserving; praiseworthy 名 worth

マネージャーは，その販売員が昇進に値すると判断した。

1233 **handful** [hǽndfùl]

The child picked up a **handful** *of* snow.

名 一握り[つかみ](の〜)
≒a few, a small number

その子どもは一握りの雪を拾い上げた。

1234 **fatal** [féɪtəl]

The pilot made a **fatal** error, which led to the plane crash.

形 致命的な，命に関わる
≒deadly, lethal, mortal

パイロットは致命的な間違いを犯し，飛行機の墜落につながった。

1235 **predict** [prɪdíkt]

The investment adviser tried to **predict** how the market would change.

動 を予言[予測，予報]する
≒anticipate, foresee 名 prediction

その投資アドバイザーは，市場がどう変化するかを予測しようとした。

1236 **commit** [kəmít]

The murder was **committed** by a policeman.

動 を犯す，行う
≒do, perform, perpetrate

その殺人は警察官の犯行だった。

1237 **profitable** [prɔ́fɪtəbl]

The entrepreneur worked hard to make her business **profitable**.

形 利益になる，もうかる，有利な
≒lucrative, beneficial ⇔ unprofitable

その起業家は，事業から利益が出るように一生懸命働いた。

1238 **trail** [treɪl]

The jet left a **trail** of vapour across the sky.

名 跡，通った跡；小道
≒track, trace; path

そのジェット機は空に蒸気の跡を残した。

1239 **uncomfortable** [ʌ̀nkʌ́mfətəbl]

The modern chairs were smart but **uncomfortable**.

形 心地良く感じない，不快に感じる
≒uneasy ⇔ comfortable

そのモダンな椅子は格好は良かったが座り心地が悪かった。

1240 **breeze** [bri:z]

The summer **breeze** felt cool against his face.

名 そよ風，微風
≒gentle wind, zephyr

夏のそよ風が彼の顔に涼しく感じられた。

1回目 ／ 2回目 ／ 3回目 ／

1241 **detect** [dɪtékt] The medical examination **detected** poison in his blood.	動 を見つける，検出[感知]する ≒discover, spot 名 detection 診察で彼の血液から毒物が検出された。
1242 **interpret** [ɪntə́:prɪt] The two representatives seem to be **interpreting** the contract differently.	動 を解釈する，説き明かす ≒take, understand 名 interpretation 2人の代表者は契約内容をそれぞれ違うように解釈しているようだ。
1243 **urge** [ə:dʒ] ⓘ The spokesperson **urged** the people *to* stock up on food before the winter.	動 に(～するよう)熱心に勧める 名 衝動 ≒encourage, spur 報道官は，冬の前に食料を蓄えるよう人々に熱心に勧めた。
1244 **caution** [kɔ́:ʃən] ⓘ The fog was very thick so the lorry driver drove with extreme **caution**.	名 用心，注意；警告 動 に警告する ≒care, wariness; warning 霧がとても濃かったので，そのトラック運転手は細心の注意を払って運転した。
1245 **prejudice** [prédʒudɪs] The recently sacked worker accused his ex-boss of racial **prejudice**.	名 先入観，偏見 動 に偏見を抱かせる ≒bias, discrimination 最近解雇された従業員は前の上司に人種的偏見があったと非難した。
1246 **negotiate** [nɪgóuʃièɪt] ⓘ The driver hired a lawyer to **negotiate** with the insurance company.	動 交渉する，折衝する；を取り決める ≒discuss, bargain 名 negotiation その運転手は保険会社と交渉するのに弁護士を雇った。
1247 **abandon** [əbǽndən] The refugees were forced to **abandon** their homes.	動 を見捨てる，置き去りにする ≒desert, leave, give up 避難者は自宅を放棄することを余儀なくされた。
1248 **fantasy** [fǽntəsi] Children often live in a **fantasy** world full of adventure and excitement.	名 空想，幻想，夢想 ≒imagination, daydream 動 fantasise 子どもはしばしば，冒険と刺激にあふれた空想の世界に住んでいる。
1249 **analyse** [ǽnəlàɪz] The computer program was designed to **analyse** statistics.	動 を分析する，分解する ≒examine 名 analysis 🇺🇸 analyze そのコンピュータープログラムは統計を分析するように設計されていた。
1250 **founder** [fáundə] Ms. Shriver is the **founder** of the big chain of stores.	名 創設[創立]者，設立者；始祖 ≒originator, organiser; pioneer シュライバー氏はその大規模チェーン店の創業者だ。

1251 **qualify** [kwɔ́lɪfàɪ] The final game score would **qualify** her *for* the Olympics.	動 に(～の)資格を与える；資格がある ≒entitle 名 qualification ⇔ disqualify 最終試合の得点で彼女にオリンピック出場の資格が与えられるだろう。
1252 **dignity** [dígnəti] People seek bread, work, freedom and human **dignity**.	名 尊厳，尊さ ≒prestige, honour 形 dignified 人はパン，仕事，自由そして人間としての尊厳を求める。
1253 **sacred** [séɪkrɪd] ⓘ This river is considered as a **sacred** place.	形 神聖な，聖なる ≒holy, divine ⇔ secular この川は神聖な場所と考えられている。
1254 **pavement** [péɪvmənt] ⓘ The **pavement** was in need of repair.	名 (舗装された)歩道 ≒footpath, walkway ⇔ roadway その歩道は補修が必要だった。
1255 **stem** [stem] The **stem** of the plant was nearly broken.	名 茎，根茎，幹 動 生じる，由来する ≒stalk, cane, trunk その植物の茎は折れかけていた。
1256 **bang** [bæŋ] The universe started with a Big **Bang** 13.8 billion years ago.	名 突然の大きな音；強烈な一撃 ≒explosion, boom; blow 宇宙は 138 億年前ビッグバンによって始まった。
1257 **organise** [ɔ́:gənàɪz] The church **organised** a demonstration against the government.	動 を準備[計画]する；をまとめる ≒arrange, plan 米 organize その教会は反政府デモを計画した。
1258 **pursuit** [pəsjú:t] ⓘ The **pursuit** of happiness is one of the fundamental human rights.	名 (富などの)追求；実行，遂行 ≒quest 動 pursue 幸福の追求は基本的人権の 1 つだ。
1259 **react** [riǽkt] The team **reacted** well *to* the change in circumstances.	動 (～に)反応する，反応を示す ≒respond 名 reaction チームは状況の変化にうまく反応した。
1260 **tense** [tens] The meeting became **tense** the moment the union officials announced their demands.	形 緊張した，緊迫した 動 緊張する ≒nervous, anxious 名 tension 組合の役員が要求を発表した途端，会議は張り詰めたものになった。

1回目 ／ 2回目 ／ 3回目 ／

1261 **bite** [baɪt] The injured dog tried to **bite** the veterinarian.	動 をかむ；(虫が)を刺す 名 かむこと ≒nip, gnaw けがをしたそのイヌは獣医をかもうとした。
1262 **drift** [drɪft] The empty boat began to **drift** into the Atlantic.	動 漂う，漂流する，流される 名 漂流物 ≒float その無人の船は大西洋に向かって流され出した。
1263 **unpleasant** [ʌ̀nplézənt] The chemicals left behind an **unpleasant** smell.	形 不愉快な，不快な，嫌な ≒disagreeable, annoying ⇔pleasant その化学薬品は不快な臭いを残した。
1264 **ash** [æʃ] Hundreds of flights were cancelled due to volcanic **ash**.	名 灰；火山灰 ≒cinders 火山灰のため何百便ものフライトが欠航になった。
1265 **log** [lɔ(ː)g] His dream is to build a **log** cabin by himself.	名 丸太，丸木；まき ≒wood, timber 彼の夢は独りで丸太小屋を建てることだ。
1266 **jewellery** [dʒúːəlri] The film star liked to wear expensive **jewellery**.	名〈集合的に〉宝石類 ≒jewels, gems 米 jewelry その映画スターは高価な宝石を身に着けるのが好きだった。
1267 **consist** [kənsíst] The research committee **consists** *of* 18 specialists.	動 (～から)成る，成り立っている ≒comprise, be composed 調査委員会は 18 人の専門家から成る。
1268 **submit** [səbmít] The yearly budget should be **submitted** to the management today.	動 を提出する；を服従させる；服従する ≒present, hand in; subject 年間予算は今日中に経営陣に提出されなくてはならない。
1269 **sustain** [səstéɪn] The detective story **sustained** his interest to the end.	動 を持続させる，維持する ≒maintain, preserve 形 sustainable その推理小説は最後まで彼の興味を持続させた。
1270 **convert** [kənvə́ːt] They planned to **convert** the classroom into teachers' offices.	動 を転換させる，改造する；変わる ≒transform, remodel 名 conversion 彼らはその教室を職員室に改造しようと計画した。

1271 **legend** [lédʒənd] **Legend** has it that Rome was founded by twin brothers.	名 伝説；伝説的な人物 ≒myth 形 legendary 伝説によると，ローマは双子の兄弟によって作られた。
1272 **horizontal** [hɔ̀rɪzɔ́ntəl] ! Draw a **horizontal** line through the centre of the circle.	形 水平な，横の ≒level, flat 名 horizon ⇔ vertical 円の中心を通る水平線を引きなさい。
1273 **cave** [keɪv] The explorers entered the **cave** to search for treasure.	名 洞穴，洞窟；横穴 ≒cavern, grotto, hollow 探検隊は宝を探すためその洞穴に入った。
1274 **sphere** [sfɪə] ! The shape of most planets, including the earth, is a **sphere**.	名 球，球体；範囲，領域 ≒ball, globe; field 形 spherical 地球を含むほとんどの惑星の形は球体だ。
1275 **swift** [swɪft] The company was **swift** in responding to customer complaints.	形 即座の，迅速な，速やかな ≒prompt, rapid, immediate その会社は顧客のクレームへの対応が迅速だった。
1276 **compound** [kəmpáʊnd / kɔ́mpàʊnd] The problem was **compounded** by the scientist's lies.	動 を悪化させる，こじらせる 名 化合物 ≒worsen, aggravate, complicate 問題はその科学者のうそにより悪化した。
1277 **rage** [reɪdʒ] Public **rage** at the terrorist incident grew.	名 激怒，憤怒，怒り；逆上 動 激怒する ≒anger, fury, wrath そのテロ事件への市民の怒りが高まった。
1278 **incredible** [ɪnkrédəbl] The stock market recovery this week has been **incredible**.	形 信じられない，信じ難い ≒unbelievable, unthinkable 今週の株式市場の回復は信じられないほどだった。
1279 **convince** [kənvíns] I'm **convinced** that there are better ways to deal with the problem.	動 を納得させる，確信させる ≒assure, persuade 名 conviction その問題に対処する上でもっと良い方法があると確信している。
1280 **upright** [ʌ́pràɪt] I put my seat in an **upright** position.	形 直立した，真っすぐな 副 直立して ≒erect, straight 私は座席を真っすぐな位置にした。

1回目 ／ 2回目 ／ 3回目 ／

1281 **associate** [əsóusièɪt / əsóusiət] □□□ The novel is closely **associated** *with* the author's personal experiences.	動 を(〜と)結び付けて考える 名 仲間 ≒link, relate 名 association(連想) その小説は作者の個人的な経験と密接に関連している。
1282 **retreat** [rɪtríːt] □□□ The army captain ordered a general **retreat**.	名 後退，退却，撤退 動 退却する ≒withdrawal, evacuation ⇔advance 陸軍大尉は全軍撤退を命じた。
1283 **strengthen** [stréŋ*k*θən] □□□ The engineer used the new metal to **strengthen** the car.	動 を強くする，強固にする；強くなる ≒reinforce, toughen, fortify エンジニアは，その車を強化するためにその新しい金属を使った。
1284 **highlight** [háɪlàɪt] □□□ This article **highlights** the latest trends in social media.	動 を強調する 名 最も重要な部分 ≒accentuate, underline この記事はソーシャルメディアの最新の傾向を強調している。
1285 **seemingly** [síːmɪŋli] □□□ The manager is **seemingly** healthy but his secretary worries about him.	副 見た目には，うわべは ≒apparently, superficially 形 seeming マネージャーは見たところは健康だが，秘書は彼のことを心配している。
1286 **fame** [feɪm] □□□ The scientist's discovery of the new medicine brought him **fame**.	名 名声，高名 ≒renown, celebrity 形 famous 新薬の発見はその科学者に名声をもたらした。
1287 **respectable** [rɪspéktəbl] □□□ The new president had a long and **respectable** career in the industry.	形 (社会的に)立派な，まともな ≒honourable, reputable, decent 新社長は業界で長い立派なキャリアを積んでいた。
1288 **consult** [kənsʌ́lt] □□□ The man decided to **consult** a lawyer to check the contract.	動 (に)相談する ≒ask 名 consultation 男性は弁護士に相談して契約書をチェックしてもらうことにした。
1289 **likewise** [láɪkwàɪz] □□□ The previous proposal was refused and the new one was **likewise** rejected.	副 同じように ≒similarly, correspondingly 前回の提案は拒否され，新しい提案も同様に却下された。
1290 **outlook** [áutlùk] □□□ It is important to have a positive **outlook** on life.	名 見地，見解；見通し；見晴らし ≒perspective; prospect; view 人生に前向きな見解を持つことが大切だ。

1291 **engage** [ɪngéɪdʒ]

The government is unwilling to **engage** *in* a dialogue with protestors.

動 (～に)従事する；を従事させる
≒participate
政府は抗議者たちとの対話に関わることを渋っている。

1292 **vice** [vaɪs]

The boy had led a life of **vice** until he met the man.

名 悪，悪徳；悪行，悪習
≒evil 形 vicious ⇔ virtue
少年はその男性に出会うまで悪に染まった生活を送っていた。

1293 **fulfil** [fulfíl]

The mayor **fulfilled** his promise to build a gymnasium.

動 を完全に実現させる，かなえる
≒realise 名 fulfilment 🇺🇸 fulfill
市長は体育館を建設する約束をかなえた。

1294 **drag** [dræg]

After she fell off her bike, she was **dragging** her leg.

動 を引きずる；をドラッグする 名 障害物
≒haul, pull, draw ⇔ push
自転車から落ちた後，彼女は脚を引きずっていた。

1295 **stir** [stəː]

The man slowly **stirred** his coffee with a spoon.

動 をかき回す，混ぜる 名 かき回すこと
≒mix, beat, agitate
男はスプーンでゆっくりとコーヒーをかき混ぜた。

1296 **lump** [lʌmp]

The artist turned the **lump** of clay into a beautiful vase.

名 (不定形の)塊 動 を一まとめにする
≒chunk, block, nugget
その芸術家は粘土の塊を美しい花瓶に変えた。

1297 **rating** [réɪtɪŋ]

The university's academic **rating** was extremely high.

名 格付け，等級；評価，評定
≒grade, class; evaluation
その大学の学術的格付けは極めて高かった。

1298 **advertisement** [ədvə́ːtɪsmənt]

The newspaper company refused to print the exaggerated **advertisement**.

名 広告
≒ad, advert 動 advertise
その新聞社はその誇大広告を載せるのを拒否した。

1299 **width** [wɪdθ]

The **width** of his new office was seven metres.

名 広さ，横の寸法，横幅
≒breadth 形 wide ⇔ length
彼の新しいオフィスの幅は７メートルだった。

1300 **accord** [əkɔ́ːd]

The two countries reached an **accord** over the frontiers.

名 合意，協定，条約 動 一致する
≒agreement, pact, treaty
両国は国境について合意に達した。

1301 **convey** [kənvéɪ] The manager asked his secretary to **convey** his apologies to the client.	動 を伝える；を運ぶ ≒communicate; carry 名 conveyance マネージャーは秘書に，その顧客に謝罪を伝えるよう頼んだ。
1302 **disadvantage** [dìsədvá:ntɪdʒ] ❗ The **disadvantage** of not speaking English held him back.	名 不利(な点)，デメリット；障害 ≒drawback, downside ⇔ advantage 英語を話せないという不利が彼の妨げになった。
1303 **drain** [dreɪn] It took an hour for the worker to **drain** all the water from the tank.	動 を流出させる；を使い果たす 名 排水路 ≒remove, discharge; exhaust 作業員がタンクから全ての水を排出するのに1時間かかった。
1304 **ignorance** [ígnərəns] The state governor was criticised for his **ignorance** of history.	名 無知，無学 形 ignorant ⇔ knowledge 州知事は歴史についての無知を批判された。
1305 **harvest** [há:vɪst] The grapes are almost ready for **harvest**.	名 収穫；収穫物[高] 動 を収穫する ≒picking, reaping ブドウは収穫間近だ。
1306 **tutor** [tjú:tə] A **tutor** is usually a graduate student who provides small group support to students.	名 個別指導教員 動 に個人指導をする ≒teacher, instructor 名 tutorial(個人指導) 個別指導教員はたいてい学生の小さなグループを支援する大学院生だ。
1307 **apparatus** [æpəréɪtəs] ❗ The teacher prepared the **apparatus** required for the experiment.	名 器具[装置](一式) ≒equipment, gear, device 先生は実験に必要な器具を用意した。
1308 **restrict** [rɪstríkt] The use of the fertiliser was **restricted** by the ministry.	動 を制限する；を妨げる ≒limit; hinder 名 restriction その肥料の使用は省により制限されていた。
1309 **critic** [krítɪk] The famous **critic** was also popular as a TV commentator.	名 批評家，評論家；批判者 ≒commentator, analyst 動 criticise その有名な評論家はテレビのコメンテーターとしても人気があった。
1310 **destination** [dèstɪnéɪʃən] Mt. Everest is a popular **destination** for climbers from all around the world.	名 目的地，行き先；送り先 ≒goal, terminus エベレストは世界中の登山者が目指す人気の目的地だ。

1311 **clue** [kluː] There was no **clue** as to why the rocket crashed.	名 鍵，手掛かり，糸口 ≒hint, lead, indication ロケットが墜落した理由に関する手掛かりはなかった。
1312 **evaluate** [ɪvǽljuèɪt] Independent experts **evaluated** the university's research record.	動 を評価する，査定する ≒assess, rate 名 evaluation 独立した専門家がその大学の研究記録を評価した。
1313 **poorly** [pɔ́ːli] The author's new novel was **poorly** written and not interesting.	副 下手に；みすぼらしく，不十分に ≒badly; shoddily, inadequately その著者の新しい小説は内容に乏しく面白くなかった。
1314 **sacrifice** [sǽkrɪfàɪs] In the rush for profit, the company **sacrificed** its reputation.	動 を犠牲にする 名 犠牲；いけにえ ≒abandon, relinquish 形 sacrificial 急いで利益を上げるため，その会社は評判を犠牲にした。
1315 **portion** [pɔ́ːʃən] Only a small **portion** of the contract was publicly announced.	名 一部，部分 ≒part, section, segment ⇔ whole 契約のほんの一部しか公表されなかった。
1316 **adjust** [ədʒʌ́st] The thermostat allowed the temperature to be **adjusted**.	動 を調節[調整]する；順応する ≒modify, alter 名 adjustment その温度調節器で温度を調節することができた。
1317 **curiosity** [kjʊ̀əriɔ́səti] **Curiosity** encouraged her to ask several questions in the meeting.	名 好奇心，詮索好き ≒inquisitiveness, nosiness 形 curious 彼女は好奇心に駆られて会議で幾つか質問をした。
1318 **mercy** [mə́ːsi] The consultants showed no **mercy** in proposing job cuts.	名 慈悲，寛大，哀れみ，情け ≒leniency, pity 形 merciful コンサルタントたちは人員削減の提案に何の慈悲も見せなかった。
1319 **halfway** [hàːfwéɪ] The climbers had gone **halfway** when they met a snowstorm.	副 中間で，中途で，半分だけ 形 中間の ≒midway 吹雪に遭ったとき，登山者たちは道半ばまで来ていた。
1320 **surrender** [səréndə] The criminals were ordered to **surrender** their weapons.	動 を引き渡す，譲り渡す 名 降伏 ≒relinquish, sacrifice, give up 犯人たちは武器を引き渡すよう命令された。

1回目 ／ 2回目 ／ 3回目 ／

1321 **hollow** [hɔ́lou] There are several kinds of birds that nest in **hollow** trees.	形 空洞の；くぼんだ 名 くぼみ；空洞 ≒empty, vacant, void 空洞の木に巣作りする鳥が何種類かいる。
1322 **gradual** [grǽdʒuəl] The manager noticed a **gradual** change in workplace attitudes.	形 徐々の，少しずつの，漸進的な ≒slow, steady ⇔sudden マネージャーは職場の人たちの態度が徐々に変化していることに気付いた。
1323 **expedition** [èkspədíʃən] The researchers went on an **expedition** to the jungles of Africa.	名 遠征，探検[調査]旅行；遠征隊 ≒journey, voyage, exploration 研究者たちはアフリカのジャングルへの調査旅行に出発した。
1324 **mist** [mɪst] The **mist** made it hard to see ahead.	名 かすみ，もや，霧 ≒haze, fog 形 misty もやのため見通しが利かなかった。
1325 **exceed** [ɪksíːd] When the temperature **exceeds** 80 degrees, an alarm sounds.	動 を超える，上回る ≒surpass, outstrip 名 excess(超過) 温度が 80 度を超えると警報が鳴る。
1326 **bitterly** [bítəli] He was **bitterly** disappointed that his contract was to be cancelled.	副 ひどく，激しく；苦々しそうに ≒severely, intensely 彼は契約が打ち切られることになりひどくがっかりした。
1327 **surgeon** [sə́ːdʒən] ⓘ A team of **surgeons** performed a heart transplant.	名 外科医 ≒doctor 名 surgery(外科手術) 外科医のチームが心臓移植を行った。
1328 **blade** [bleɪd] The **blade** had become blunt over time.	名 (刀・ナイフの)刃，刀身 ≒sword, cutting edge 時間がたって刃は切れ味が悪くなっていた。
1329 **genius** [dʒíːniəs] ⓘ Thomas Edison was an inventor of **genius**.	名 天賦の才，天性；天才 ≒talent, gift, brilliance トーマス・エジソンは天賦の才を持った発明家だった。
1330 **wicked** [wíkɪd] ⓘ The **wicked** rumour spread quickly through the company.	形 悪意のある；不道徳な ≒evil, vicious; immoral その悪意のあるうわさは瞬く間に会社内に広がった。

1331 **decay** [dɪkéɪ] Cedar wood is highly resistant to **decay**.	名 腐敗，腐朽　動 腐る，腐敗する ≒decomposition, rotting, deterioration スギ材は腐敗に非常に強い。
1332 **calculate** [kǽlkjulèɪt] The secretary **calculated** the manager's annual travel expenses.	動 (を)計算する，を算出する ≒compute　名 calculation 秘書はマネージャーの年間の旅費を計算した。
1333 **invention** [ɪnvénʃən] The Internet is arguably the modern world's most significant **invention**.	名 発明，考案，創案 ≒innovation, creation　形 inventive インターネットはおそらく現代の世界で最も重要な発明だ。
1334 **stimulate** [stímjulèɪt] The government is desperately trying to **stimulate** the economy.	動 を刺激する；を鼓舞する ≒encourage; inspire　名 stimulus 政府は必死に経済を刺激しようとしている。
1335 **imaginative** [ɪmǽdʒɪnətɪv] The researcher's response to the problem was **imaginative**.	形 想像力に富んだ，独創的な ≒creative, original, innovative その研究者のその問題に対する答えは独創的だった。
1336 **tidy** [táɪdi] Keep your room neat and **tidy**.	形 整然とした　動 を片付ける ≒orderly; clean up　⇔messy 自分の部屋をきちんと整理整頓された状態にしておきなさい。
1337 **interfere** [ìntəfíə] ⓘ The scientist claimed the government had **interfered** *with* his work.	動 (～に)干渉する；邪魔する ≒meddle, intervene; impede その科学者は，政府が仕事に干渉したと言い張った。
1338 **leap** [liːp] The woman **leaped** for joy at the news of her promotion.	動 跳ぶ，跳ねる，跳び上がる　名 跳躍 ≒jump, spring, hop その女性は昇進の知らせを聞いて喜びで跳びはねた。
1339 **cease** [siːs] ⓘ The engineers decided to **cease** work on the reactor.	動 をやめる，停止する；終わる ≒stop, end, halt　⇔start 技術者たちは原子炉の作業を停止することにした。
1340 **flame** [fleɪm] The firefighters fought with the strong **flames** of the fire.	名 炎，火炎 ≒fire, blaze 消防士たちは火事の強い炎と格闘した。

1341 **technically** [téknɪkəli] ☐☐☐ **Technically**, the war is over, but fighting still continues in some areas.	副 厳密に言えば；事実に即して ≒strictly 厳密に言えば，戦争は終わっているが，一部の地域では依然として戦いが続いている。
1342 **adapt** [ədǽpt] ☐☐☐ After moving house, the boy found it hard to **adapt** *to* his new school.	動 (～に)順応する；を適合させる ≒adjust 名 adaptation 引っ越した後，その少年は新しい学校に適応するのが難しいと感じた。
1343 **greenhouse** [grí:nhàʊs] ☐☐☐ Countries around the world are struggling to reduce **greenhouse** gas emissions.	名 温室 ≒hothouse, glasshouse, conservatory 世界各国は温室効果ガスの排出量を減らそうと苦労している。
1344 **spray** [spreɪ] ☐☐☐ The police **sprayed** the crowd *with* tear gas.	動 に(～を)吹き掛ける 名 噴霧液 ≒sprinkle, shower, scatter 警察は群衆に催涙ガスを噴射した。
1345 **mighty** [máɪti] ☐☐☐ People were surprised by the **mighty** power of the tornado.	形 力の強い，強力な，強大な ≒powerful, strong 名 might 人々は竜巻の強大な力に驚いた。
1346 **dominate** [dɔ́mɪnèɪt] ☐☐☐ The small country was **dominated** by its powerful neighbour.	動 を支配[統治]する；に君臨する ≒control, rule 形 dominant その小国は強大な隣国に支配された。
1347 **vivid** [vívɪd] ☐☐☐ The magazine carried **vivid** pictures of the festival.	形 鮮明な，生き生きとした；活発な ≒clear, graphic; lively その雑誌には祭りの生き生きとした写真が掲載されていた。
1348 **frost** [frɔ(:)st] ☐☐☐ Usually, the first **frost** comes in November.	名 霜 動 を霜で覆う ≒ice crystals 例年，初霜は 11 月に降りる。
1349 **squeeze** [skwi:z] ⓘ ☐☐☐ The machine was designed to **squeeze** the juice from lemons.	動 を圧搾する，締め付ける；割り込む ≒squash, compress その機械はレモンから果汁を圧搾するように作られていた。
1350 **unwilling** [ʌnwílɪŋ] ☐☐☐ Half the company employees were **unwilling** *to* work overtime.	形 (～することに)気が進まない ≒reluctant, hesitant ⇔ willing 会社の従業員の半数は残業を渋った。

1351 **emphasise** [émfəsàɪz]	動 を強調する，力説する
	≒stress 名 emphasis 🇺🇸 emphasize
The boss **emphasised** the need to meet deadlines.	上司は締め切りを守る必要性を強調した。
1352 **recruit** [rɪkrú:t]	動 を募る，募集[勧誘]する 名 新加入者
	≒enlist, employ 名 recruitment
The company decided to **recruit** an interpreter.	その会社は通訳を募集することにした。
1353 **vacuum** [vǽkju:m] ⚠	名 真空(状態)；真空度
	≒void, emptiness
Space is not a perfect **vacuum**.	宇宙は完全な真空ではない。
1354 **transform** [trænsfɔ́:m]	動 を(大きく)変える，変質させる
	≒convert, revolutionise 名 transformation
The advertising campaign **transformed** the company's image.	その広告キャンペーンは会社のイメージを大きく変えた。
1355 **declare** [dɪkléə]	動 を宣言する，布告する
	≒proclaim, announce 名 declaration
Two political parties **declared** their opposition to the law.	2つの政党がその法律への反対を宣言した。
1356 **fold** [fould]	動 を畳む，折り畳む 名 折り重ねた部分
	≒double ⇔unfold
The machine was designed to **fold** paper and cut it.	その機械は紙を折り畳んで裁断するように設計されていた。
1357 **dairy** [déəri] ⚠	名 乳製品加工所；乳業メーカー
	名 dairying(酪農業)
The fresh milk was brought to the **dairy**.	搾りたての牛乳は乳製品加工所に運ばれた。
1358 **scent** [sent] ⚠	名 (特に好ましい)香り，匂い
	≒fragrance, perfume, aroma
The flowers gave off a heavy **scent** at night.	その花は夜に濃厚な香りを放った。
1359 **admiration** [æ̀dməréɪʃən]	名 感嘆，称賛
	≒appreciation, acclaim 動 admire
Everyone felt **admiration** at his wonderful novel.	誰もが彼の素晴らしい小説に感嘆を覚えた。
1360 **assure** [əʃɔ́:]	動 に～だと保証する
	≒guarantee 名 assurance
The company **assured** the government that the factory was safe.	その企業は工場が安全だと政府に保証した。

1回目 ／ 2回目 ／ 3回目 ／

1361 **derive** [dɪráɪv] □□□ The theory was **derived** *from* observations of the sky.	動 を(～から)得る；由来する ≒obtain, gain 名 derivative(派生物) その理論は空の観察から得たものだ。
1362 **quantitative** [kwɔ́ntɪtətɪv] □□□ There was a **quantitative** jump in production at the factory.	形 量の，量的な；計量できる ≒quantifiable 動 quantify ⇔ qualitative その工場では生産量が急激に伸びた。
1363 **glow** [gloʊ] □□□ At last, the first **glow** of dawn could be seen.	名 白熱[赤熱](光) 動 光を放つ ≒radiance, light, incandescence ついに，夜明けの最初の光が見えた。
1364 **dense** [dens] □□□ It was hard to travel through the **dense** wood.	形 密集した；濃い；密度の高い ≒crowded; thick 名 density 樹木が密集した森を抜けるのは大変だった。
1365 **illusion** [ɪlúːʒən] □□□ It is an **illusion** that you can buy happiness with money.	名 錯覚，幻想；幻覚，幻影 ≒delusion, mirage; fantasy お金で幸福を買えるというのは幻想だ。
1366 **perceive** [pəsíːv] □□□ Dogs can **perceive** sounds that humans cannot hear.	動 を知覚する，に気付く ≒discern, recognise, note イヌは人間が聞こえない音を知覚することができる。
1367 **frontier** [frʌ́ntɪə] □□□ Guards stood all along the **frontier**.	名 国境；新しい領域，未開拓分野 ≒border, boundary 国境沿いにずっと見張りが立っていた。
1368 **barrel** [bǽrəl] □□□ The cellar contained **barrels** of dangerous chemicals.	名 (胴のふくれた)たる ≒tank, tub, vat その地下室は危険な化学薬品のたるを貯蔵していた。
1369 **appetite** [ǽpɪtàɪt] □□□ You need to control your **appetite** to lose weight.	名 食欲 ≒craving, hunger 体重を減らすために食欲を抑える必要があります。
1370 **locate** [loʊkéɪt] □□□ The engineers tried to **locate** the source of the problem.	動 を突き止める；を位置づける ≒find, discover; situate 技術者たちは問題の原因を突き止めようとした。

1371 **inferior** [ɪnfíəriə]

The company's products were considered cheap but **inferior**.

形 劣った，劣悪な
≒low-grade 名 inferiority ⇔ superior

その会社の製品は，安いが質が劣ると見なされていた。

1372 **peer** [pɪə] ⓘ

Every article was reviewed by **peers** in the field.

名 同等[対等]の者，仲間
≒equal, fellows

どの記事もその分野の同業者に批評された。

1373 **talented** [tǽləntɪd]

The new intake of students was highly **talented**.

形 才能[手腕]のある，有能な
≒gifted, accomplished, brilliant

新しく入学した学生たちは非常に才能があった。

1374 **container** [kəntéɪnə] ⓘ

The soil samples were kept in plastic **containers**.

名 容器，入れ物
≒vessel, receptacle, holder

土のサンプルはプラスチックの容器で保管された。

1375 **token** [tóʊkən]

The visitors brought a gift as a **token** of friendship.

名 しるし，象徴 形 しるしとしての
≒symbol, sign

訪問者たちは友情のしるしとして贈り物を持参した。

1376 **scrap** [skræp]

The plan was **scrapped** for financial reasons.

動 を捨てる，廃棄する 名 小片，断片
≒discard, dispose of, throw away

その計画は資金的理由から破棄された。

1377 **stall** [stɔːl]

The absence of funds **stalled** the project.

動 を頓挫させる 名 露店，売店
≒hamper, hinder ⇔ promote

資金の欠如により計画が頓挫した。

1378 **creativity** [krìːeɪtívəti]

Creativity is needed in both the arts and sciences.

名 創造性；創造力，独創力
≒ingenuity, inventiveness 形 creative

創造性は芸術と科学のいずれにも必要だ。

1379 **prompt** [prɔmpt]

The student's supervisor **prompted** him *to* publish his research.

動 を(～するよう)促す 形 即座の
≒induce, inspire ⇔ discourage

その学生の指導教官は，研究を発表するよう彼を促した。

1380 **harmful** [hάːmfəl]

The leaves of the plant are **harmful** *to* cats.

形 (～に)有害な
≒damaging, detrimental ⇔ harmless

その植物の葉はネコに有害だ。

1回目 / 2回目 / 3回目 /

1381 **sticky** [stíki] In the heat, the painted surface became **sticky**.	形 粘着性の，ねばねばの，べとつく ≒adhesive, viscous, gooey 塗装の表面は暑さでべとついた。
1382 **exhibit** [ɪgzíbɪt] ⚠ The archaeological team **exhibited** its finds.	動 を展示する，出品する 名 展示品 ≒display, show 名 exhibition（展覧会） 考古学のチームは発掘した物を展示した。
1383 **similarity** [sìməlǽrəti] Despite their **similarity**, the lizards belonged to different species.	名 似ていること，類似，相似 ≒resemblance 形 similar ⇔ difference それらのトカゲは似ているにもかかわらず，別々の種に属していた。
1384 **absorb** [əbzɔ́:b] This material **absorbs** sound very well.	動 を吸収する，吸い込む ≒soak up 名 absorption この素材はとてもよく音を吸収する。
1385 **deadly** [dédli] The investigation revealed a **deadly** error in the calculations.	形 致命的な；非常に危険[有害]な ≒fatal, lethal; dangerous 計算に致命的な誤りがあったことが調査で明らかになった。
1386 **graphic** [grǽfɪk] The movie contained **graphic** scenes of violence.	形（描写が）露骨な，生々しい ≒vivid, explicit その映画は暴力の生々しい場面を含んでいた。
1387 **humble** [hʌ́mbl] The famous scientist was **humble** about his achievements.	形 謙遜した，謙虚な 動 を謙虚にさせる ≒modest ⇔ proud その著名な科学者は自身の功績に関して謙虚だった。
1388 **radically** [rǽdɪkəli] AI will **radically** change the nature of work.	副 根本的に；徹底的に，全く ≒fundamentally; thoroughly AI は仕事の性質を根本的に変えるであろう。
1389 **organism** [ɔ́:gənìzm] Tiny **organisms** were discovered living in the ice.	名 有機体，生物；生体組織 ≒creature, living thing 形 organic 微小な生物がその氷の中に生息しているのが発見された。
1390 **install** [ɪnstɔ́:l] The university decided to **install** air conditioners in all of its classrooms.	動 を取り付ける，設置する ≒put, place 名 installation その大学は全教室にエアコンを設置することにした。

1391 **relieve** [rılíːv] An assistant was employed to **relieve** the employee's work burden.	動 を軽くする，和らげる；を紛らす ≒ease, alleviate 名 relief その従業員の仕事の負担を軽くするために助手が雇われた。
1392 **heap** [hiːp] A **heap** of old junk lay in the garden.	名 積み重ね，堆積 動 を積む ≒pile, stack, mountain 庭には古いがらくたが山積みされていた。
1393 **snap** [snæp] The nurse accidentally **snapped** the thermometer.	動 をぽきっと折る；ぽきっと折れる ≒break, fracture, crack その看護師はうっかり体温計をぽきっと折った。
1394 **destiny** [déstəni] It was the company's **destiny** to collapse.	名 運命，宿命，定め ≒fate, fortune 形 destined 崩壊することがその会社の運命であった。
1395 **scarce** [skeəs] ⓘ Essential metals are already **scarce** in some countries.	形 十分でない，乏しい ≒insufficient 名 scarcity ⇔ abundant 一部の国では必要不可欠な金属が既に乏しい。
1396 **envy** [énvi] He felt **envy** when his colleague won the award.	名 ねたみ，嫉妬 動 をうらやむ ≒jealousy 形 envious 同僚がその賞を勝ち取って彼は嫉妬を感じた。
1397 **modify** [mɔ́dıfàı] The engine had been **modified** to go faster.	動 を(部分的に)修正[変更]する ≒alter 名 modification そのエンジンはより速く走るように手を加えられていた。
1398 **slender** [sléndə] The main actor was a **slender** young man.	形 ほっそりした，すらりとした ≒slim, narrow ⇔ fat 主役の俳優はすらりとした若い男性だった。
1399 **tribe** [traıb] The **tribes** had been at war for years.	名 部族，種族 ≒clan, group 形 tribal それらの部族は何年も戦争状態にあった。
1400 **dumb** [dʌm] ⓘ For a moment his comment left her **dumb** with surprise.	形 (驚きで一時的に)口の利けない ≒speechless, tongue-tied 彼のコメントを聞いて，一瞬彼女は驚きで口を利けなかった。

重要語レベル1-⑤

1回目 ／　2回目 ／　3回目 ／

1401 **obey** [oʊbéɪ] □□□ Every soldier had to **obey** orders immediately.	動 に従う，を順守する；に服従する ≒follow 名 obedience ⇔ disobey 兵士は皆，直ちに命令に従わなければならなかった。
1402 **dip** [dɪp] □□□ The artist **dipped** his brush in the paint.	動 を(ちょっと)つける，浸す 名 浸し ≒immerse, submerge その画家は絵の具に筆を浸した。
1403 **elementary** [èlɪméntəri] □□□ A course in **elementary** statistics was required for first-year students.	形 初級の，初歩の，基本的な ≒rudimentary, basic ⇔ advanced 初級統計のコースが1年生には必須だった。
1404 **dusty** [dʌ́sti] □□□ The books were **dusty** with age.	形 ほこりっぽい，ほこりをかぶった ≒dust-covered 名 dust それらの本には長年のほこりが積もっていた。
1405 **honesty** [ɔ́nɪsti] □□□ The listeners were impressed by the **honesty** of his comments.	名 正直，誠実；率直 ≒integrity; frankness ⇔ dishonesty リスナーは彼の発言の正直さに感銘を受けた。
1406 **confront** [kənfrʌ́nt] □□□ The government needs to **confront** the financial crisis.	動 に立ち向かう，直面する ≒tackle, face 名 confrontation 政府は財政危機に立ち向かう必要がある。
1407 **rub** [rʌb] □□□ The engineer **rubbed** the surface of the lens.	動 をこする，摩擦する 名 こすること ≒scrape, stroke, scour そのエンジニアはレンズの表面をこすった。
1408 **upward** [ʌ́pwəd] □□□ The **upward** movement of the lift was very slow.	形 上向きの；増加傾向にある 副 上へ ≒rising, climbing ⇔ downward エレベーターの上への動きはとてもゆっくりだった。
1409 **assert** [əsə́:t] □□□ The scientist **asserted** that the earth was not getting warmer.	動 と断言する，主張する ≒declare, claim 名 assertion その科学者は，地球は温暖化していないと主張した。
1410 **particle** [pá:tɪkl] □□□ An air purifier removes dust **particles** from the air.	名 微粒子，小片；ごく少量 ≒bit, piece, speck 空気清浄機は空気からほこりの粒子を除去する。

1411 **triple** [trípl] A horror **triple** bill is playing at the cinema.	形 三重の，3 倍の　動 3 倍になる ≒threefold その映画館ではホラー映画の 3 本立てが上映中だ。
1412 **voyage** [vɔ́ɪɪdʒ] The **voyage** to the Antarctic was long and arduous.	名 旅，船旅，航海；空の旅 ≒journey, cruise 南極への航海は長く厳しいものだった。
1413 **scholar** [skɔ́lə] The woman was known as a **scholar** of medieval poetry.	名（特に人文系の）学者 ≒academic, intellectual　形 scholarly その女性は中世詩の学者として知られていた。
1414 **wilderness** [wíldənəs] The village was surrounded by a great area of **wilderness**.	名 荒地，荒野 ≒wasteland, wilds その村は広い荒野に囲まれていた。
1415 **jealousy** [dʒéləsi] She worked hard to overcome her **jealousy** towards her sister.	名 嫉妬，焼きもち，ねたみ ≒envy　形 jealous 彼女は妹への嫉妬を克服しようと努力した。
1416 **foam** [foum] A thick layer of **foam** lay on the water.	名 泡，あぶく；泡状のもの ≒froth, bubbles, lather 水に泡の厚い層が広がっていた。
1417 **herd** [həːd] **Herds** of bison roamed the plains.	名（ウシ・ヒツジなどの）群れ ≒group, droves, pack バイソンの群れが平野を歩き回った。
1418 **markedly** [máːkɪdli] Towards nightfall it became **markedly** colder.	副 著しく，目立って ≒noticeably, strikingly, remarkably 日暮れ近くになると著しく寒くなった。
1419 **flourish** [flʌ́rɪʃ] Several ancient civilisations **flourished** along the river in this area.	動 栄える，成功する，繁盛する ≒thrive, prosper, blossom この地域の川沿いに幾つかの古代文明が栄えた。
1420 **apt** [æpt] The computer *was* **apt** *to* break down from time to time.	形（～）しがちな，しやすい，しそうな ≒inclined, prone そのコンピューターは時折故障しがちだった。

1回目 / 2回目 / 3回目 /

1421 **globe** [gloub] □□□ Magellan was the first explorer to circle the **globe**.	名 地球；世界 ≒earth; world 形 global マゼランは地球を一周した最初の探検家だ。
1422 **deed** [di:d] □□□ The book described the **deeds** of great warriors.	名 (意図的な)行為，行い ≒act, action, activity その本は偉大な戦士たちの行いを描いた。
1423 **prescription** [prɪskrípʃən] □□□ The **prescription** of antibiotics is not recommended in this case.	名 処方；処方薬；処方箋；規定 ≒instruction; medicine 動 prescribe この症例では抗生物質の処方は勧められない。
1424 **meadow** [médou] ⚠ □□□ A few cows were grazing in the **meadow**.	名 牧草地，草地，草原 ≒field, pasture, grassland 何頭かのウシが牧草地で草をはんでいた。
1425 **headline** [hédlàɪn] □□□ The article had a misleading **headline**.	名 見出し，表題 ≒title, heading, header その記事には誤解を招く見出しが付いていた。
1426 **famine** [fǽmɪn] □□□ **Famines** are caused by many different factors.	名 ひどい食糧不足，飢饉(ききん) ≒hunger, starvation, scarcity 飢饉はさまざまな異なった要因により起こる。
1427 **gloomy** [glú:mi] □□□ Winters were usually wet and **gloomy** in the region.	形 暗い，薄暗い ≒dark, murky, dim その地域では冬はたいてい雨が降って薄暗かった。
1428 **reservation** [rèzəvéɪʃən] □□□ She *make a* **reservation** at a local restaurant.	名 予約，貸切；予約されたもの ≒booking, arrangement 動 reserve 彼女は地元のレストランに予約を入れた。
1429 **regulate** [régjulèɪt] □□□ The new government decided to **regulate** gambling.	動 を規制する，統制する ≒control 名 regulation ⇔ deregulate 新政府はギャンブルを規制することにした。
1430 **dive** [daɪv] □□□ The athlete's final **dive** won him the contest.	名 飛び込み；潜水；急降下 動 飛び込む ≒jump; submergence; plunge その選手は最後の飛び込みで競技会に優勝した。

1431 **limb** [lɪm]	名 腕，脚，肢；翼；ひれ足 ≒arm, leg, extremity; wing
The poisoned **limb** had to be removed.	毒に侵された脚は切除しなければならなかった。
1432 **disgust** [dɪsɡʌ́st]	名 嫌悪，反感　動 に嫌悪感を抱かせる ≒aversion, loathing　形 disgusted
Certain creatures such as rats arouse **disgust** in humans.	ネズミのようなある種の生き物は人間に嫌悪感を催させる。
1433 **earnest** [ə́ːnɪst]	形 真剣な，熱心な；本気の　名 本気 ≒serious, keen; determined
The policy was an **earnest** attempt to help the poor.	その政策は貧しい者を助けようとする真剣な試みだった。
1434 **conductor** [kəndʌ́ktə]	名 避雷針；伝導体；指揮者 ≒lightning rod
A lightning **conductor** was placed on the steeple.	尖塔に避雷針が設置された。
1435 **undergraduate** [ʌ̀ndəɡrǽdʒuət]	名 学部学生，大学生　形 学部学生の ≒university student
The textbook was too difficult for **undergraduates**.	その教科書は学部学生には難し過ぎた。
1436 **ripe** [raɪp]	形 熟した；熟成した；円熟した ≒mellow; mature　動 ripen
The tomatoes were **ripe** and soft.	そのトマトは熟していて柔らかかった。
1437 **civilisation** [sɪ̀vəlaɪzéɪʃən]	名 文明；文明化された状態 動 civilise ⇔ barbarism　米 civilization
The programme was about the **civilisation** of ancient Egypt.	その番組は古代エジプトの文明に関するものだった。
1438 **tomb** [tuːm]	名 墓，墓穴；墓石，墓碑 ≒grave
The **tombs** of the local lords lay in the church.	地元の貴族たちの墓がその教会にあった。
1439 **distribute** [dɪstríbjuːt]	動 を分配する，配布する ≒dispense, hand out　名 distribution
The teaching assistant **distributed** copies of the syllabus.	その教育助手は講義要綱のコピーを配布した。
1440 **muddy** [mʌ́di]	形 ぬかるみの，泥だらけの ≒boggy, swampy　名 mud
The waters of the river were dark and **muddy**.	その川の水は黒ずんで泥混じりだった。

1回目 / 2回目 / 3回目

1441 **circumstance** [sə́:kəmstæ̀ns] The **circumstances** made it hard for the negotiations to succeed.	名 〈通例 ~s〉（周囲の）状況，事情 ≒situation, condition その状況は交渉の成功を困難にさせた。
1442 **anchor** [ǽŋkə] My mother is the emotional **anchor** of our family.	名 頼りになるもの；いかり 動 をいかりで固定する ≒mainstay, cornerstone 私の母は家族の中で精神的な支えになる人である。
1443 **expose** [ɪkspóuz] You should avoid **exposing** your skin *to* too much sun.	動 を(~に)さらす；を露出する ≒subject; reveal, bare 肌を太陽にさらし過ぎるのは避けるべきだ。
1444 **govern** [gʌ́vən] It was hard to **govern** such a huge population.	動 を統治する，治める ≒rule, control 名 government そのような莫大な人口を治めるのは難しかった。
1445 **seize** [si:z] ⚠ The official **seized** the boy by the collar.	動 をぎゅっとつかむ；を奪い取る ≒grab, capture; snatch 名 seizure 役人はその少年の襟首をぎゅっとつかんだ。
1446 **sting** [stɪŋ] Being **stung** by a bee can be dangerous.	動 (動植物が)を刺す 名 刺すこと ≒prick, bite ハチに刺されると危険なことがある。
1447 **spark** [spɑ:k] The politician's absence **sparked** *off* rumours that he had resigned.	動 を引き起こす；を活気づける 名 火花 ≒cause, provoke; stimulate その政治家の不在は，彼が辞任したといううわさを引き起こした。
1448 **resemble** [rɪzémbl] The butterfly closely **resembles** a leaf.	動 に似ている，類似している ≒look like, be similar to 名 resemblance そのチョウは葉っぱにとても似ている。
1449 **hesitate** [hézɪtèɪt] The police **hesitated** to take on such a huge crowd.	動 ちゅうちょする，ためらう，迷う ≒waver, balk 形 hesitant 警察はそれほどの大群衆を相手にするのをためらった。
1450 **bloom** [blu:m] The botanist worked to produce new **blooms** for gardens.	名 (観賞用植物の)花 動 花が咲く ≒flower, blossom その植物学者は庭用の新種の花を作るために努力した。

1451 **sorrow** [sɔ́(:)roʊ] The poet expressed his **sorrow** at war.	名 (長く深い)悲しみ，悲哀；悲嘆 ≒grief, sadness; distress その詩人は戦争への悲しみを表現した。
1452 **multiply** [mʌ́ltɪplàɪ] ⓘ The rats rapidly **multiplied** and spread.	動 増殖する，繁殖する；を増やす ≒increase, proliferate, reproduce ネズミは急速に繁殖して広がった。
1453 **creep** [kri:p] The inflation rate **crept** *up* throughout the year.	動 (ゆっくりと着実に)増加する；はう ≒increase slowly; crawl 年間を通じてインフレ率が徐々に上昇した。
1454 **endure** [ɪndjʊ́ə] Many settlers found the Alaskan climate hard to **endure**.	動 に耐える，を我慢する；存続する ≒bear, stand 名 endurance 多くの移民はアラスカの気候を耐え難いと感じた。
1455 **physician** [fɪzɪ́ʃən] A committee of **physicians** drew up the ethical guidelines.	名 内科医，医師 ≒doctor 医師の委員会が倫理指針を作成した。
1456 **heal** [hi:l] The nurses did their best to **heal** the injured.	動 を癒やす，治す，治療する；癒える ≒alleviate, cure, remedy 看護師たちはけが人を治すために最善を尽くした。
1457 **fade** [feɪd] Over time, memories begin to **fade**.	動 (徐々に)消えていく；色あせる ≒weaken; pale, discolour 時とともに記憶は薄れ始める。
1458 **discourage** [dɪskʌ́rɪdʒ] His professor tried to **discourage** him *from* leaving university.	動 に(～を)思いとどまらせる ≒deter, dissuade 名 discouragement 彼の教授は，大学を辞めるのを彼に思いとどまらせようとした。
1459 **thrill** [θrɪl] The explorer said he loved the **thrill** of discovery.	名 ぞくぞくする感じ 動 をぞくぞくさせる ≒excitement, stimulation, sensation その探検家は，発見のスリルがたまらないと話した。
1460 **digest** [daɪdʒést / dáɪdʒest] Small children often find solid foods hard to **digest**.	動 を消化する 名 要約 ≒assimilate, absorb, ingest 形 digestive 小さな子どもには，固い食べ物を消化するのが難しいことがよくある。

1回目 ／ 2回目 ／ 3回目 ／

1461 **weed** [wiːd]	名 雑草，草　動 の雑草を取り除く ≒grass
The chemical was mainly used to kill **weeds**.	その化学薬品は主に雑草を枯らすために使われた。
1462 **suburb** [sʌ́bəːb] !	名 郊外(住宅地)，近郊 ≒outskirts, suburbia　形 suburban
As the **suburbs** grew, the centre of town became emptier.	郊外が拡大するにつれて，町の中心は空洞化した。
1463 **flee** [fliː]	動 (から)逃げる，逃避する ≒escape, run away　名 flight
The refugees attempted to **flee** from the war zone.	避難民たちは交戦地域から逃げようと試みた。
1464 **criticise** [krítɪsàɪz]	動 を非難する，批判する ≒find fault with　名 criticism　米 criticize
Many of the employees **criticised** the chairman's decision.	従業員の多くは会長の決定を非難した。
1465 **poisonous** [pɔ́ɪzənəs]	形 有毒な，毒性のある ≒venomous, toxic, noxious
Some **poisonous** mushrooms look edible to amateurs.	毒キノコの中には，素人には食べられそうに見えるものもある。
1466 **enclose** [ɪnklóuz]	動 を取り囲む；を同封する ≒surround; include　名 enclosure
Landowners **enclosed** their land with fences.	地主たちはフェンスで自分の土地を囲った。
1467 **depart** [dɪpɑ́ːt]	動 出発する ≒leave　名 departure　⇔ arrive
The trains rarely **departed** on time.	列車が定刻に出発することはめったになかった。
1468 **bud** [bʌd]	名 つぼみ；芽　動 芽を出す ≒sprout, shoot, outgrowth
When the temperature rises, the **buds** begin to open.	気温が上がるとつぼみが開き始める。
1469 **descend** [dɪsénd]	動 (を)降りる，下降する，下る ≒go down　名 descent　⇔ ascend
The aeroplane began to **descend** slowly.	飛行機はゆっくりと下降し始めた。
1470 **cheat** [tʃiːt]	動 をだます，欺く；カンニングする ≒deceive, trick, fool
The customer said the salesman had **cheated** her.	その販売員にだまされたと客は言った。

1471 **crawl** [krɔ:l]

The wounded soldier **crawled** to safety.

動 はう，はって進む 名 はうこと
≒creep, slither

その負傷兵は安全な場所まではって進んだ。

1472 **weaken** [wí:kən]

The flooding had **weakened** the building's foundations.

動 を弱める；を薄める；弱まる
≒enervate; dilute ⇔ strengthen

その洪水が建物の基礎を弱めていた。

1473 **decorate** [dékərèɪt] (!)

The restaurant was **decorated** in a Victorian style.

動 を飾る，装飾する
≒ornament, adorn 形 decorative

そのレストランはビクトリア調に装飾されていた。

1474 **inherit** [ɪnhérɪt]

She **inherited** the family business from her father.

動 を受け継ぐ，相続する
≒succeed 名 inheritance

彼女は父親から家業を受け継いだ。

1475 **athlete** [ǽθlì:t]

A group of **athletes** were training in the gym.

名 運動選手，アスリート
≒sportsman, sportswoman 形 athletic

運動選手のグループが体育館でトレーニングをしていた。

1476 **overlook** [òuvəlúk]

The historian had **overlooked** an important piece of evidence.

動 を見落とす，に気付かない
≒miss, neglect, forget

その歴史家は重要な証拠を1つ見落としていた。

1477 **explode** [ɪksplóud]

A terrorist bomb **exploded** in the marketplace.

動 爆発する，破裂する；を爆発させる
≒burst, blow up 名 explosion

市場でテロリストの爆弾が爆発した。

1478 **vain** [veɪn]

So far attempts to clone humans have been *in* **vain**.

形 無益な；無意味な；見えっ張りの
≒useless, futile 名 vanity

これまでのところ，クローン人間を作る試みは無駄だった。

1479 **instruct** [ɪnstrʌ́kt]

The schoolchildren were **instructed** *to* keep off the grass.

動 に(〜するよう)指示[命令]する
≒order, direct 名 instruction

児童たちは芝生に入らないよう指示された。

1480 **accuse** [əkjú:z]

Two of the students were **accused** *of* cheating.

動 を(〜であると)告訴[起訴]する
≒charge, indict 名 accusation

学生のうち2人がカンニングの罪に問われた。

1回目 / 2回目 / 3回目 /

1481 **postpone** [poustpóun] ⓘ The conference was **postponed** because of a diplomatic crisis.	動 を延期する，延ばす ≒delay, defer, put off その会議は外交危機のため延期された。
1482 **ancestor** [ǽnsèstə] One of his **ancestors** had been a prime minister.	名 先祖，祖先 ≒forebear, predecessor 形 ancestral 彼の先祖の1人は総理大臣だった。
1483 **tame** [teɪm] Human beings have **tamed** various mammals.	動 を飼い慣らす 形 飼い慣らされた ≒domesticate; domesticated 人間はさまざまな哺乳類を飼い慣らしてきた。
1484 **betray** [bɪtréɪ] The spy **betrayed** his country to the enemy.	動 を裏切る；に背く ≒backstab, sell out 名 betrayal そのスパイは祖国を裏切り敵に売り渡した。
1485 **weave** [wiːv] The machine was designed to **weave** carpets.	動 を織る，織って作る ≒knit, braid その機械はカーペットを織るように設計されていた。
1486 **scatter** [skǽtə] He **scattered** bread around the garden for the birds.	動 をまき散らす；散り散りになる ≒spread, disperse ⇔gather 彼は鳥たちのために庭中にパンをまいた。
1487 **vanish** [vǽnɪʃ] The car drove off and **vanished** into the distance.	動 急に見えなくなる，消える ≒disappear, fade ⇔appear その車は走り去り遠くへと消えた。
1488 **pronounce** [prənáuns] ⓘ I now **pronounce** you man and wife.	動 に宣告する；を発音する；を断言する ≒declare; say ここに2人を夫婦と宣する。
1489 **starve** [stɑːv] As the famine continued, many families **starved**.	動 餓死する；空腹である；を飢えさせる ≒die from lack of food 飢饉が続くにつれ，多くの家族が餓死した。
1490 **conquer** [kɔ́ŋkə] ⓘ England was **conquered** by the Normans in the 11th century.	動 を征服する；を打ち破る ≒seize; defeat 名 conquest イングランドは11世紀にノルマン人に征服された。

1491 **accomplish** [əkʌ́mplɪʃ] The space agency **accomplished** its aim of launching a rocket.	動 を成し遂げる，果たす ≒achieve, attain 名 accomplishment 宇宙局はロケットを発射するという目的を果たした。
1492 **imitate** [ímɪtèɪt] The comedian **imitated** the politician's voice.	動 をまねる，模倣する；を見習う ≒copy, mimic; emulate 名 imitation そのコメディアンはその政治家の声をまねた。
1493 **prolong** [prəlɔ́(ː)ŋ] The project was **prolonged** by six months.	動 を長引かせる，延長する ≒lengthen, extend ⇔ shorten そのプロジェクトは6か月間延長された。
1494 **amuse** [əmjúːz] The host **amused** everyone with funny stories.	動 を面白がらせる ≒entertain, please, delight 主人は面白い話で皆を楽しませた。
1495 **trash** [træʃ] The tourists left behind a lot of **trash**.	名 くず，がらくた，ごみ ≒rubbish, waste, garbage 観光客たちはたくさんのごみを残していった。
1496 **embarrass** [ɪmbǽrəs] Her husband **embarrassed** her by getting drunk at the party.	動 に恥ずかしい思いをさせる ≒shame, humiliate 名 embarrassment 彼女の夫はパーティーで酔っ払って彼女に恥ずかしい思いをさせた。
1497 **injure** [índʒə] A pedestrian was **injured** by a falling brick.	動 を傷つける，にけがをさせる ≒hurt, wound, harm 名 injury 歩行者が1人，落下したれんがでけがをした。
1498 **underlie** [ʌ̀ndəláɪ] A desire for peace **underlay** the president's foreign policy.	動 の基礎を成す，根底にある ≒underpin 形 underlying 平和への願いが大統領の外交政策の根底にあった。
1499 **disappoint** [dìsəpɔ́ɪnt] The students were **disappointed** by their low grades for the course.	動 を失望させる，がっかりさせる ≒dishearten, dispirit 名 disappointment 学生たちはその授業での成績の悪さにがっかりした。
1500 **fasten** [fáːsən] ! A thermometer was **fastened** to the side of the tank.	動 をしっかり留める；しっかり留まる ≒lock, secure タンクの側面に温度計が固定された。

Column
単語の覚え方①

ルール 1．1日80個の単語に「会う」

この単語集に収録されている3,500個の単語をできるだけ早く覚えるというミッションを与えられたと仮定してください。どんな方法が最も効率がいいでしょう？　仮に1日10個ずつ覚えると350日（約1年）かかり，その頃には最初の方で学習したものは忘れてしまっているでしょう。逆に1日で3,500個を覚えるのは常人には不可能です。では，どのくらいが適当でしょうか？

私の提案は，**❶当日分40個，❷前日分の復習40個**を合わせた**1日80個**を目標とすることです。**翌日に復習する**というのが重要なポイントです。それ以上に時間を空けてしまうと，忘却曲線の下りカーブが急激になり，ゼロからのやり直しに近くなってきてしまうのです。

仮に本書のレベル4までを目標とした場合，3,000単語ですので，このペースですと2か月半で1巡することになります。これを2回繰り返せば，5か月（IELTSのスコアを上げるためにはちょうどよい目安となる期間です）でそれぞれの単語を4回学習することになり，相当な語彙力がつくはずです。レベル5までしっかりやりたい人やもっとがんばれる人は❶当日分50個，❷前日分の復習50個を合わせた1日100個というペースを目標としてもいいでしょう。いずれにせよ，記憶に定着するかどうかを決定する最重要要因は，**忘れる前に復習する**ことなのです。

ルール 2．必ず正しい発音とともに覚える

IELTSの半分は音声によるテストです。発音をないがしろにした学習では，テストの半分を捨てているようなものです。本書でダウンロードしたネイティブスピーカーの音声を利用して，自分でも発音しながら覚える，という外国語学習の王道を歩んでください。また，重要語レベル1から5には例文があり，その音声も収録されていますので，是非例文も音読して，**音声を伴って，文脈の中で覚える**ことを実践してください。

ルール 3．手で書いて覚える

IELTSのリスニングでは単に選択肢を選ぶだけではなく，単語を書かなければならない問題があります。その際，綴りを間違えてしまうと不正解扱いになります。例えば，レベル3の2053 questionnaire（アンケート）は，知っていても綴りが書けない人が多い単語です。電車の中では無理だとしても，机に向かって学習している時には，❶目で見て，❷耳で聞いて，❸口を動かして発音するだけでなく，❹手を動かして書く，または入力するということも行って，できるだけ多くの感覚を動員することが記憶に定着させるのに有効です。

重要語2500

レベル2

No.1501～2000

目標バンドスコア

6.0

重要語レベル2 - ❶

1回目 ／　2回目 ／　3回目 ／

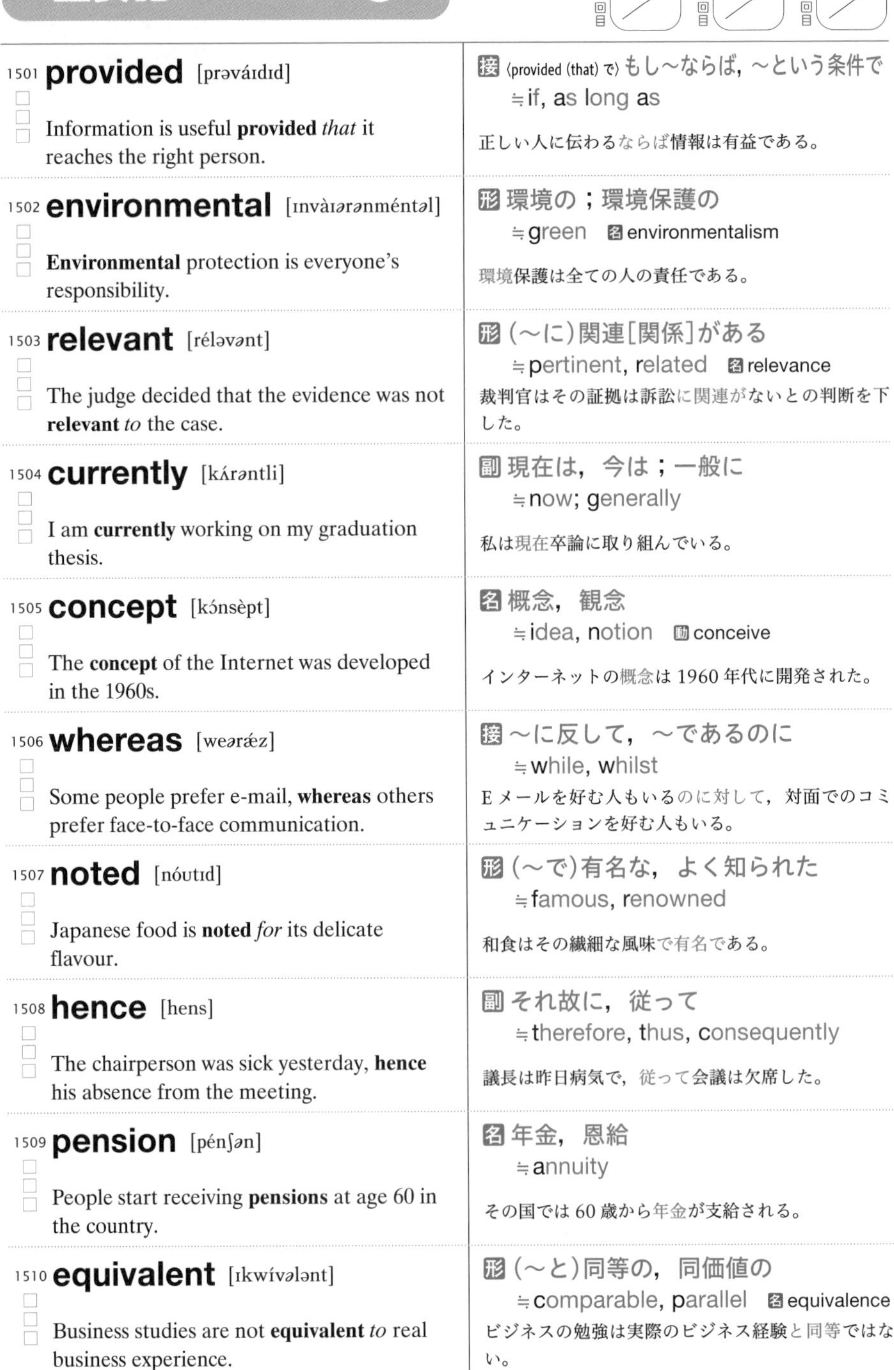

1501 **provided** [prəváɪdɪd]

□□□ Information is useful **provided** *that* it reaches the right person.

接 〈provided (that) で〉もし～ならば，～という条件で
≒if, as long as

正しい人に伝わるならば情報は有益である。

1502 **environmental** [ɪnvàɪərənméntəl]

□□□ **Environmental** protection is everyone's responsibility.

形 環境の；環境保護の
≒green　名 environmentalism

環境保護は全ての人の責任である。

1503 **relevant** [réləvənt]

□□□ The judge decided that the evidence was not **relevant** *to* the case.

形 (～に)関連[関係]がある
≒pertinent, related　名 relevance

裁判官はその証拠は訴訟に関連がないとの判断を下した。

1504 **currently** [kʌ́rəntli]

□□□ I am **currently** working on my graduation thesis.

副 現在は，今は；一般に
≒now; generally

私は現在卒論に取り組んでいる。

1505 **concept** [kɔ́nsèpt]

□□□ The **concept** of the Internet was developed in the 1960s.

名 概念，観念
≒idea, notion　動 conceive

インターネットの概念は 1960 年代に開発された。

1506 **whereas** [weəræ̀z]

□□□ Some people prefer e-mail, **whereas** others prefer face-to-face communication.

接 ～に反して，～であるのに
≒while, whilst

E メールを好む人もいるのに対して，対面でのコミュニケーションを好む人もいる。

1507 **noted** [nóutɪd]

□□□ Japanese food is **noted** *for* its delicate flavour.

形 (～で)有名な，よく知られた
≒famous, renowned

和食はその繊細な風味で有名である。

1508 **hence** [hens]

□□□ The chairperson was sick yesterday, **hence** his absence from the meeting.

副 それ故に，従って
≒therefore, thus, consequently

議長は昨日病気で，従って会議は欠席した。

1509 **pension** [pénʃən]

□□□ People start receiving **pensions** at age 60 in the country.

名 年金，恩給
≒annuity

その国では 60 歳から年金が支給される。

1510 **equivalent** [ɪkwívələnt]

□□□ Business studies are not **equivalent** *to* real business experience.

形 (～と)同等の，同価値の
≒comparable, parallel　名 equivalence

ビジネスの勉強は実際のビジネス経験と同等ではない。

1511 **virtually** [vә́ːtʃuәli]

副 実質的に，事実上；ほとんど
≒practically, effectively; almost

The war left the country **virtually** bankrupt.

戦争によってその国は実質的に破産した。

1512 **proceedings** [prәsíːdɪŋz]

名 一連の出来事，事件
≒events, activities

He began the **proceedings** with a brief speech.

彼は短いスピーチで進行を始めた。

1513 **sequence** [síːkwәns]

名 連続，つながり；順序，順番
≒succession, series; order

The team won a **sequence** of ten matches.

そのチームは 10 試合連続で勝利を収めた。

1514 **revenue** [révәnjùː]

名 歳入，税収入
≒income, earnings ⇔ expenditure

The government introduced several measures to increase tax **revenue**.

政府は税収を増やすために幾つかの政策を導入した。

1515 **voluntary** [vɔ́lәntәri]

形 自発的な，自由意志による
≒spontaneous ⇔ compulsory

The man's work at the homeless shelter was **voluntary**.

その男性のホームレス施設での作業は自発的なものだった。

1516 **informed** [ɪnfɔ́ːmd]

形 情報に基づく；情報に通じた
≒educated; knowledgeable

Make an **informed** decision about your career path.

あなたのキャリアパスに関して情報に基づく判断をしなさい。

1517 **lifespan** [láɪfspæ̀n]

名 寿命；耐用期間
≒life

Most cicadas have a **lifespan** of about a week.

ほとんどのセミの寿命は 1 週間ほどだ。

1518 **subsequently** [sʌ́bsɪkwәntli]

副 その後，続いて
≒later, afterwards 形 subsequent

The artist's house was **subsequently** turned into a memorial.

その芸術家の家はその後記念館になった。

1519 **initiative** [ɪníʃɪәtɪv]

名 主導権；自発性；新計画
≒leadership; enterprise; plan

The team leader *took the* **initiative** to resolve his team's problem.

チームリーダーは率先してチームの問題解決に当たった。

1520 **comprehensive** [kɔ̀mprɪhénsɪv]

形 包括的な，広範囲にわたる
≒complete, extensive, all-inclusive

The government is conducting a **comprehensive** review of the expenditure.

政府は支出の包括的な見直しを行っている。

1回目 ／ 2回目 ／ 3回目 ／

1521 **adequate** [ǽdɪkwət] ⓘ One difficulty was obtaining an **adequate** water supply.	形 十分な，適当な；適切な ≒sufficient, enough; acceptable 困難の１つは十分な給水量を確保することだった。
1522 **regime** [reɪʒíːm] ⓘ **Regime** change is not acceptable as a reason for war.	名 政権，政体，体制 ≒government, administration 体制転換は戦争を始める理由としては受け入れられない。
1523 **scope** [skoup] It is necessary to identify the **scope** of the problem.	名 範囲，領域 ≒range, extent, sphere 問題の範囲を特定することが必要である。
1524 **personnel** [pə̀ːsənél] The company is planning to increase its sales **personnel** by 15%.	名〈集合的に〉人員，職員，隊員 ≒staff, workforce, employees その会社は販売の人員を15％増やす予定だ。
1525 **respectively** [rɪspéktɪvli] The volunteers were aged 35 and 40 **respectively**.	副 それぞれ，めいめいに 形 respective 志願者はそれぞれ35歳と40歳だった。
1526 **alongside** [əlɔ̀ŋsáɪd] The American president stood **alongside** the Spanish King.	前 ～と並んで，～のそばに　副 並んで，そばに ≒beside, next to アメリカの大統領はスペイン国王と並んで立った。
1527 **presumably** [prɪzjúːməbli] The engine was fine, so the problem **presumably** lay elsewhere.	副 おそらく，たぶん ≒probably, most likely エンジンは大丈夫だったので，問題はおそらく別のところにあった。
1528 **earnings** [ə́ːnɪŋz] It is the taxpayer's duty to declare their total **earnings**.	名 所得，稼ぎ高，収入；収益 ≒income, revenue; proceeds 所得の総額を申告するのは納税者の義務だ。
1529 **statistics** [stətístɪks] **Statistics** show that more people are living alone than before.	名 統計；統計学 ≒data 統計によると，一人暮らしの人が以前より増えている。
1530 **ownership** [óunəʃɪp] The **ownership** of the bus company moved to a private company.	名 所有者であること，所有権 ≒proprietorship, possession そのバス会社の所有権は民間企業に移った。

1531 **primarily** [praɪmérəli]

副 主として，主に；本来
≒chiefly, mainly

In Japan, foreign language learning was **primarily** for taking examinations.

日本では外国語学習は主として試験を受けるためであった。

1532 **inevitably** [ɪnévɪtəbli]

副 必然的に，必ず
≒inescapably, necessarily

Fundamental differences in civilisations will **inevitably** result in a clash.

文明間の根本的相違が必然的に対立という結果になるであろう。

1533 **perspective** [pəspéktɪv]

名 観点，見方，考え方
≒viewpoint, standpoint, outlook

From the doctor's **perspective**, it was finally time to operate on the patient.

その医師の観点では，ついにその患者の手術をする時が来た。

1534 **clinical** [klínɪkəl]

形 臨床の
≒medical

The medicine was tested in a number of **clinical** trials.

その薬は幾つかの臨床試験でテストされた。

1535 **theoretical** [θìːərétɪkəl]

形 理論的な，理論上の
名 theory ⇔ practical

The professor conducted a **theoretical** analysis of the problem.

教授はその問題の理論的な分析を行った。

1536 **residential** [rèzɪdénʃəl]

形 住宅向きの；寄宿制の
≒housing 名 resident（住民）

It was the most expensive **residential** area in the town.

そこは町で最も高級な住宅地だった。

1537 **certificate** [sətífɪkət]

名 証明書，保証書
≒document, warrant 動 certify

A medical **certificate** is necessary for medical leave.

傷病休暇には医療証明書が必要だ。

1538 **turnover** [tə́ːnòuvə]

名 総売上高，総取引高
≒sales, yield

The company's **turnover** increased 10% in a year.

その企業の総売り上げは1年で10%増加した。

1539 **furthermore** [fə̀ːðəmɔ́ː]

副 さらに，その上
≒moreover, besides, in addition

The translation was late; **furthermore**, it was inaccurate.

その翻訳はできるのが遅く，その上不正確だった。

1540 **considerably** [kənsídərəbli]

副 相当に，かなり
≒significantly, substantially

The price of corn has gone up **considerably**.

穀物の価格がかなり上がった。

1回目 / 2回目 / 3回目 /

1541 ratio [réɪʃiòu]

In the company, men outnumber women by a 2:1 **ratio**.

名 比率，比，割合
≒proportion, percentage

その会社では2対1の割合で男性が女性より多い。

1542 variable [véəriəbl]

The scientific experiment involved many **variables**.

名 変動要因　形 変わりやすい
≒factor; changeable, unstable

その科学実験は多くの不確定要素を含んでいた。

1543 deliberately [dɪlíbərətli]

The salesperson made a **deliberately** low estimate to get the business.

副 故意に，わざと；慎重に
≒intentionally; carefully　形 deliberate

販売員はその仕事を得たいがためにわざと低い見積もりを作った。

1544 assess [əsés]

Inspectors were sent in to **assess** the financial status of the company.

動 を評価する；を査定する
≒evaluate, judge; rate　名 assessment

その会社の財務状況を評価するために検査官が派遣された。

1545 formula [fɔ́ːmjulə]

There is no magic **formula** *for* language learning.

名（～の）方法，解決策；公式
≒recipe, method

言語の学習には魔法のような解決策はない。

1546 expertise [èkspə(ː)tíːz]

Expertise in a specific field can be an advantage.

名 専門的知識
≒knowledge, skill, professionalism

特定の分野の専門知識は強みになり得る。

1547 collective [kəléktɪv]

The ministers took **collective** responsibility for their decision.

形 集団の；集積された
≒common; cumulative　⇔individual

大臣たちは自らの決定に対して集団責任を負った。

1548 binding [báɪndɪŋ]

The two countries signed a **binding** agreement.

形 拘束力のある　名（本の）表紙
≒compulsory, mandatory, obligatory

両国は拘束力のある協定に調印した。

1549 premier [prémiə]

The president stayed in the city's **premier** hotel.

形 最高の，第一位の，最重要な
≒foremost, leading, prime

大統領は市で最高のホテルに滞在した。

1550 equation [ɪkwéɪʒən]

We cannot leave the Global South out of the **equation**.

名 要因；等式，方程式；（化学）反応式
≒matter; calculation

私たちはグローバルサウスを問題から排してはならない。

1551 **sophisticated** [səfístɪkèɪtɪd]

形 洗練された；精巧な，高度な
≒refined; elaborate, advanced

The restaurant's Italian décor was very **sophisticated**.

そのレストランのイタリア風の室内装飾はとても洗練されていた。

1552 **sue** [sjuː]

動 を告訴する，訴える
≒charge

Those who are **sued** are called defendants.

告訴された人たちは被告と呼ばれる。

1553 **notably** [nóutəbli]

副 とりわけ；著しく，際立って
≒particularly, especially; remarkably

We have many projects in Asian countries, **notably** Vietnam and Thailand.

わが社はアジア諸国，とりわけベトナムとタイに多くのプロジェクトを抱えている。

1554 **deficit** [défəsɪt]

名 赤字，不足(額)；欠損
≒shortfall, shortage ⇔ surplus

The finance minister promised to control the government's **deficit**.

財務大臣は政府の赤字を抑えると約束した。

1555 **agenda** [ədʒéndə]

名 協議事項；議事日程
≒list; schedule

Food security is high on the **agenda** of many governments.

食糧安全保障は多くの政府の重要課題である。

1556 **indication** [ìndɪkéɪʃən]

名 しるし，表れ，兆候
≒sign, manifestation, symptom

There was no **indication** that the vice-president would quit the company.

副社長が会社を辞める兆候はなかった。

1557 **valid** [vǽlɪd]

形 (法的に)有効な；妥当な
≒legal, legitimate; reasonable

All participants must show **valid** identification before entering the conference room.

会議室に入る前に，参加者は皆有効な身分証明書を見せなければならない。

1558 **transaction** [trænsǽkʃən]

名 取引，売買，業務
≒deal, business

The stock market hosts millions of **transactions** each day.

その株式市場では毎日膨大な取引が行われている。

1559 **jury** [dʒúəri]

名 〈集合的に〉陪審(員団)；審判団
≒jurors; judges

Jury selection is a critical stage in a criminal trial.

刑事裁判において陪審団の選任は決定的に重要な段階である。

1560 **mortality** [mɔːtǽləti]

名 死亡率；死すべき運命
≒fatality rate 形 mortal

Infant **mortality** is a major issue in developing countries.

幼児死亡率は発展途上国では大きな課題だ。

2 - ❶

1回目 ／　2回目 ／　3回目 ／

1561 **liable** [láɪəbl] ⓘ The factory is **liable** for any injuries that occur there.	形 法的責任がある；(〜)しがちな ≒responsible; likely, inclined その工場で発生するいかなる傷害についても工場に法的責任がある。
1562 **gene** [dʒiːn] The condition is caused by a combination of **genes**.	名 遺伝子 形 genetic その病気は遺伝子のある組み合わせによって起こる。
1563 **coverage** [kʌ́vərɪdʒ] ⓘ The trial attracted wide media **coverage** at the time.	名 取材，報道 ≒reporting, reports その裁判は当時メディアによって広く報道された。
1564 **lease** [liːs] The **lease** on the building was for 10 years.	名 賃貸借契約　動 を賃借する ≒rental agreement そのビルの賃貸借契約は 10 年間だった。
1565 **reliable** [rɪláɪəbl] The magazine is a fairly **reliable** source of information about politics.	形 信頼できる，頼もしい ≒dependable, trustworthy　名 reliability その雑誌は政治に関するかなり信頼できる情報源だ。
1566 **rubbish** [rʌ́bɪʃ] The machine burns **rubbish** and in the process produces electricity.	名 くず，がらくた，ごみ，廃物 ≒refuse, garbage, waste その機械はごみを燃やし，その過程で電気を作る。
1567 **satisfactory** [sætɪsfǽktəri] The outcome of the negotiations was **satisfactory** to both sides.	形 満足のいく，喜ばしい，十分な ≒acceptable, adequate 交渉の結果は双方に満足のいくものだった。
1568 **identical** [aɪdéntɪkəl] The two experiments yielded **identical** results.	形 同一の，まさにその ≒the same, equal　⇔different 2 つの実験から同一の結果が出た。
1569 **distinctive** [dɪstíŋktɪv] The novelist's **distinctive** style was imitated by many younger writers.	形 独特の，特徴的な ≒unique, peculiar, characteristic その小説家の独特の文体は多くの若い作家によって模倣された。
1570 **fleet** [fliːt] The **fleet** of Spanish ships neared the English coast.	名 艦隊；全車両[航空機，船舶] ≒navy, naval force スペイン船の艦隊がイギリス沿岸に接近した。

1571 pregnant [prégnənt]
形 妊娠した，身ごもった
≒expectant, expecting 名 pregnancy
The president is six months **pregnant**.
社長は妊娠6か月だ。

1572 tackle [tǽkl]
動 に取り組む 名 タックル
≒address, deal with
The managers struggled to **tackle** their company's fundamental problems.
経営陣は会社の根本的問題に取り組もうと懸命に努力した。

1573 retail [rí:teɪl]
名 小売り；〈形容詞的に〉小売りの
⇔ wholesale
The rise of large supermarkets changed the **retail** business.
大型スーパーの台頭が小売業を一変させた。

1574 fabric [fǽbrɪk]
名 織物，布
≒cloth, textile
The folk costume was made of a very colourful **fabric**.
その民族衣装はとてもカラフルな織物でできていた。

1575 exclusive [ɪksklú:sɪv]
形 (～を)除外した；高級な
≒not including; high-class ⇔ inclusive
All the service charges are **exclusive** *of* taxes.
全てのサービス料は税を含まない。

1576 boost [bu:st]
動 を高める，押し上げる 名 押し上げること
≒raise, increase
The president made a speech to **boost** the morale of the employees.
社長は社員の士気を高めるためにスピーチをした。

1577 guardian [gá:diən]
名 保護者；管理者
≒custodian, protector; caretaker
The Supreme Court is the **guardian** of the constitution.
最高裁判所は憲法の守護者だ。

1578 reckon [rékən]
動 と思う，推測する
≒think, suppose, assume
I **reckon** that the situation will improve in the near future.
状況は近いうちに良くなると私は思う。

1579 asset [ǽsèt]
名 利点，長所；資産，財産
≒advantage, strength; property
A large vocabulary is a great **asset** for every student.
豊富な語彙はどんな学生にとっても大きな利点だ。

1580 sheer [ʃɪə]
形 完全な，全くの，真の
≒complete, total, pure
People can achieve many things through **sheer** hard work.
真の努力を通して人々は多くのことを達成できる。

2-❶

1回目 ／ 2回目 ／ 3回目

1581 **conviction** [kənvíkʃən] □□□ The Prime Minister was a woman of **conviction**.	名 確信，信念 ≒belief, faith 動 convince その首相は信念を持った女性だった。
1582 **backing** [bǽkɪŋ] □□□ The new project has the **backing** of several board members.	名 援助，支援；裏張り（材） ≒support, sponsorship 新プロジェクトは重役数名の支援を受けている。
1583 **institutional** [ìnstɪtjúːʃənəl] □□□ Many elderly people prefer home care to **institutional** care.	形 （公共）機関の，協会の，施設の ≒organisational 名 institution 多くの高齢者は施設での介護より在宅介護を好む。
1584 **tremendous** [trəméndəs] □□□ Language acquisition requires a **tremendous** amount of practice.	形 途方もない，とてつもない ≒huge, enormous, immense 語学の習得にはとてつもない量の練習が必要とされる。
1585 **thrust** [θrʌst] □□□ The independent film's unexpected success **thrust** the young actor *into* the spotlight.	動 を（～へと）ぐいと押す 名 強いひと押し ≒push, shove そのインディペンデント映画の予想外の成功によって，その若い俳優が注目を浴びることになった。
1586 **generate** [dʒénərèɪt] □□□ The new company president wants to **generate** extra business.	動 を生み出す，発生させる ≒produce, cause, bring about 新社長はさらなる事業を生み出したいと思っている。
1587 **heritage** [hérɪtɪdʒ] ⓘ □□□ Stonehenge became a World **Heritage** site in 1986.	名 遺産；伝統，継承物 ≒inheritance; tradition, legacy ストーンヘンジは 1986 年に世界遺産になった。
1588 **spectacular** [spektǽkjələ] □□□ The festival ended with a **spectacular** fireworks display.	形 壮観な，豪華な；劇的な ≒impressive, magnificent; striking 祭りは壮観な花火の打ち上げで幕を閉じた。
1589 **controversy** [kɔ́ntrəvə̀ːsi] □□□ There has been much **controversy** over immigration policies recently.	名 論争，論戦 ≒dispute, contention, argument 最近移民政策について多くの議論が交わされている。
1590 **comparable** [kɔ́mpərəbl] ⓘ □□□ Some of his best paintings are **comparable** *to* Picasso's.	形 （～に）匹敵する，ほぼ同等の ≒equivalent 副 comparably 彼の最良の絵の幾つかはピカソに匹敵する。

1591 **successive** [səksésɪv]

形 引き続く，連続する，連続的な
≒consecutive 名 succession

It rained for five **successive** days during the festival.

祭りの期間中５日連続で雨が降った。

1592 **continental** [kɑ̀ntɪnéntəl]

形 大陸の，大陸的な
名 continent

Natural gas was discovered on the **continental** shelf.

その大陸棚で天然ガスが発見された。

1593 **foster** [fɔ́stə]

動 を促進[助長]する；を養育する
≒encourage, promote; rear

The exhibition's aim was to **foster** an understanding of modern sculpture.

その展示会の目的は現代彫刻への理解を促進することだった。

1594 **circular** [sə́:kjulə]

形 循環の；円形の
≒circling; round

A **circular** argument is an argument that goes round and round.

循環論法とはぐるぐる巡るだけの主張である。

1595 **gathering** [gǽðərɪŋ]

名 集まり，集会，会合；群集
≒assembly, meeting; crowd

Social **gatherings** provide networking opportunities for businesspeople.

社交的集まりはビジネスパーソンに人脈作りの機会を与える。

1596 **duration** [djuəréɪʃən]

名 継続，持続
≒span, stretch, spell

The child slept for the entire **duration** of the film.

その子どもは映画が続いている間ずっと寝ていた。

1597 **terminal** [tə́:mɪnəl]

形 末期の；最後の
≒incurable; final, last

It was a ward for patients with **terminal** cancer.

そこは末期がん患者の病棟だった。

1598 **genetic** [dʒənétɪk]

形 遺伝の；遺伝子の
≒inherited 名 genetics ⇔ acquired

The patient wondered whether his disease was **genetic**.

その患者は，自分の病気は遺伝によるものだろうかと思った。

1599 **forum** [fɔ́:rəm]

名 公開討論会
≒symposium, conference

The politicians held a **forum** on international relations.

その政治家たちは国際関係に関する公開討論会を開いた。

1600 **fraud** [frɔ:d] ⓘ

名 詐欺，詐欺行為
≒deception, cheating 形 fraudulent

The gold dealer was suspected of mass **fraud**.

その金のディーラーに集団詐欺の嫌疑がかかった。

重要語レベル 2 - ❷

1601	**intensive** [ɪnténsɪv] Many students took part in the **intensive** English course.	形 集中的な；集約的な ≒concentrated; thorough 多くの生徒がその英語の集中授業を受講した。
1602	**terrace** [térəs] The young couple bought a small **terrace** house in a fashionable area.	名 連続住宅，テラスハウス；テラス ≒row house 若い夫婦はおしゃれな地区に小さなテラスハウスを購入した。
1603	**decent** [dí:sənt] ❗ Those living in poverty cannot afford **decent** housing.	形 まあまあの，一応満足のいく ≒satisfactory, acceptable 貧困に暮らす人たちはまともな住宅に住むこともかなわない。
1604	**subtle** [sʌ́tl] ❗ The editor made a few **subtle** changes to the article.	形 かすかな，ほのかな；微妙な ≒slight; delicate 名 subtlety 編集者はその記事に数か所わずかな変更を加えた。
1605	**preliminary** [prɪlímɪnəri] Researchers have already released some **preliminary** results of the study.	形 予備的な，準備的な 名 予備段階；予選 ≒preparatory, initial 研究者たちは既に幾つかの予備的研究結果を発表している。
1606	**subsidiary** [səbsídiəri] The distribution company was a **subsidiary** of a trading company.	名 子会社；補助となるもの 形 補助的な ≒division, branch ⇔ parent company その流通会社はある貿易会社の子会社だった。
1607	**commonwealth** [kɔ́mənwèlθ] The British King is also Head of *the* **Commonwealth** of Nations.	名 連邦，〈the C-〉英連邦 ≒federation イギリスの国王は英連邦の元首でもある。
1608	**simultaneously** [sìməltéɪniəsli] The press conference was broadcast **simultaneously** by four TV stations.	副 同時に；一斉に ≒concurrently; together 形 simultaneous その記者会見は4つのテレビ局から同時に放送された。
1609	**exceptional** [ɪksépʃənəl] In this area, such hot weather is **exceptional** for November.	形 例外的な，異常な，まれな ≒extraordinary, unusual, rare この地域では，11月でこんなに暑い天気はまれだ。
1610	**enquiry** [ɪnkwáɪəri] The waiting time for telephone **enquiries** is too long.	名 質問，問い合わせ，照会 ≒question, query 動 enquire 米 inquiry 電話問い合わせの待ち時間は長過ぎる。

1611 diagnosis [dàɪəgnóusɪs]

Early **diagnosis** of a disease is important for effective treatment.

名 診断
≒identification, judgement 複 diagnoses
病気の早期診断は効果的な治療のために重要だ。

1612 theft [θeft]

Theft is common on crowded trains.

名 盗み，窃盗；窃盗罪
≒stealing; larceny 名 thief（泥棒）
混雑している電車では窃盗は日常的なものだ。

1613 compulsory [kəmpʌ́lsəri]

English is a **compulsory** subject in many countries.

形 必修の；義務的な
≒required; obligatory 名 compulsion
多くの国で英語は必修科目である。

1614 remainder [rɪméɪndə]

Save or invest the **remainder** of your salary for retirement.

名 残り，残りのもの
≒rest, remnant 動 remain
退職後のためにあなたの給与の残りを貯金か投資しなさい。

1615 supervision [sù:pəvíʒən]

Students can only carry out experiments under the **supervision** of a teacher.

名 監督，管理，統率，指揮
≒superintendence, management
生徒は教師の監督下でのみ実験を行うことができる。

1616 narrative [nǽrətɪv] !

Many stories in the Bible are regarded as historical **narratives**.

名 物語；話 形 物語の
≒story, tale; account
聖書の中の多くの話は歴史的物語と見なされている。

1617 domain [douméɪn]

It is the leading journal in the **domain** of astrophysics.

名 範囲，分野，領域；領土
≒area, field; realm
それは天体物理学の分野でトップの専門誌だ。

1618 prior [práɪə] !

The dean decided to retire **prior** *to* the next election.

形〈prior to で〉～より前に，～に先立って
≒preceding 名 priority（優先）
学部長は次の選挙の前に引退する決心をした。

1619 metropolitan [mètrəpɔ́lɪtən]

The **metropolitan** area of London includes five international airports.

形 大都市の，首都の；都会的な
≒big-city; urban 名 metropolis
ロンドンの大都市圏には5つの国際空港がある。

1620 dose [dous]

The doctor ordered him to take a proper **dose** of medicine.

名（薬の1回の）服用量
≒amount, quantity, portion
医師は適切な薬の量を服用するよう彼に命じた。

重要語レベル2

1回目 ／ 2回目 ／ 3回目 ／

1621 **monopoly** [mənɔ́pəli] Train companies often have **monopolies** over their routes.	名 独占(権)，専売(権) ≒complete control 動 monopolise 鉄道会社はしばしば路線を独占している。
1622 **fluid** [flúːɪd] The doctors decided to test his body **fluids** for poison.	名 流動体，流体；液体；水分 ≒liquid 名 fluidity ⇔ solid 医師たちは彼の体液に毒物がないか検査することにした。
1623 **hypothesis** [haɪpɔ́θəsɪs] To be scientifically useful, a **hypothesis** must be testable.	名 仮説，仮定 ≒assumption 複 hypotheses 科学的に有用であるためには，仮説は検証可能でなければならない。
1624 **accessible** [əksésəbl] The professor is very **accessible** and open-minded.	形 近づきやすい；入手できる ≒reachable, approachable; available 教授はとても親しみやすく柔軟な考えの持ち主だ。
1625 **hostile** [hɔ́staɪl] It is difficult for animals to survive in such a **hostile** environment.	形 適さない，不都合な；敵意のある ≒alien, adverse; antagonistic 動物がそのような厳しい環境で生存するのは難しい。
1626 **prey** [preɪ] Meat-eating plants catch their **prey** in four ways.	名 餌食，獲物 動 捕食する ≒victim, quarry 肉食植物は 4 通りの方法で獲物を捕らえる。
1627 **dimension** [daɪménʃən] The **dimensions** of the rectangle are 4×6 centimetres.	名 寸法，サイズ；大きさ，容積 ≒measurements, size; volume その長方形の寸法は 4×6 センチだ。
1628 **worship** [wə́ːʃɪp] (!) It has been said that the Japanese **worship** nature.	動 をあがめる；を崇拝する ≒venerate; revere 日本人は自然をあがめると言われてきた。
1629 **forthcoming** [fɔ̀ːθkʌ́mɪŋ] All the students felt nervous about their **forthcoming** examinations.	形 来たるべき，今度の ≒upcoming, imminent, impending 生徒は皆，間近に迫った試験に不安を感じていた。
1630 **elaborate** [ɪlǽbərət / ɪlǽbərèɪt] The novel had an **elaborate** plot concerning an attempted murder.	形 精巧な；入念な 動 を精巧に作る ≒complicated, detailed; painstaking その小説の殺人未遂に関する筋立ては精巧だった。

1631 **fitness** [fítnəs] Studies have shown that **fitness** is more important than weight.	名 健康 ≒health, physical strength 体重より健康が重要だということを研究が明らかにしている。
1632 **probability** [prɔ̀bəbíləti] There is a high **probability** that the company will go bankrupt.	名 ありそうなこと，見込み，公算 ≒likelihood, chance, odds その会社が倒産する公算が大きい。
1633 **magnetic** [mægnétɪk] The earth's **magnetic** field protects it from solar radiation.	形 磁石の；人を引き付ける 名 magnetism（磁力） 地球の磁場が地球を太陽放射から守っている。
1634 **verbal** [və́:bəl] The teacher repeatedly emphasised the importance of **verbal** communication.	形 言葉の ≒oral, spoken ⇔ non-verbal 先生は言葉のコミュニケーションの大切さを繰り返し強調した。
1635 **awkward** [ɔ́:kwəd] Penguins are **awkward** on land but elegant in water.	形 不格好な；ぎこちない；気まずい ≒ungainly; clumsy; embarrassing ペンギンは陸では不格好だが水中では優雅だ。
1636 **circulation** [sə̀:kjuléɪʃən] Yoga increases blood **circulation** throughout the body.	名 循環；流布；流通；発行部数 ≒flow; dissemination; distribution ヨガは体中の血液の循環を高める。
1637 **virus** [váɪərəs] (!) The **virus** rapidly spread throughout Asia.	名 ウイルス，病原体，病菌 ≒pathogen, germ 形 viral そのウイルスは急速にアジア全体に拡大した。
1638 **fraction** [frækʃən] The businessman's son inherited only a **fraction** of his father's estate.	名 ほんの少し，わずか；部分，断片 ≒bit; part, fragment その実業家の息子は父親の地所のほんの一部を相続しただけだった。
1639 **extract** [ɪkstrækt / ékstrækt] Minerals are **extracted** from rocks and used for creating things.	動 を取り出す，抽出する 名 抽出物 ≒remove, derive, distil 鉱物は岩から採取され，物を作るために使われる。
1640 **tourism** [túərìzm] Falling travel costs have made **tourism** possible for more people.	名 観光旅行；観光事業 ≒travelling 旅費が安くなって，より多くの人が観光旅行をできるようになった。

1641 **acknowledge** [əknɔ́lɪdʒ] ❗ The employee **acknowledged** her mistake and apologised.	動 を認める ≒admit, concede 名 acknowledgement その従業員は間違いを認め謝罪した。
1642 **worthwhile** [wə̀ːθwáɪl] The company is debating whether restructuring would be **worthwhile**.	形 時間と労力をかける価値がある ≒useful, meaningful ⇔ pointless 事業再編はするだけの価値があるかどうか，その会社は討議している。
1643 **distress** [dɪstrés] Losing one's job can be a huge source of **distress**.	名 苦悩，心痛，悲嘆 動 を悩ませる ≒suffering, anguish 失業は心痛の大きな原因になり得る。
1644 **stimulus** [stímjuləs] Books provide a **stimulus** to children's imagination.	名 刺激(になるもの)，激励 ≒incentive, impetus 動 stimulate 本は子どもの想像力に刺激を与える。
1645 **ritual** [rítʃuəl] The small village still performs many traditional **rituals**.	名 儀式，式典 形 儀式の ≒ceremony, rite その小さな村ではいまだに多くの伝統儀式が行われている。
1646 **supplement** [sʌ́plɪmènt / sʌ́plɪmənt] ❗ At times it is necessary to **supplement** your diet with vitamins.	動 を補う，補足する 名 補足 ≒complement 形 supplementary 時にはビタミン剤で食事を補うことも必要だ。
1647 **fortnight** [fɔ́ːtnàɪt] The festival lasted for an entire **fortnight**.	名 2 週間 ≒two weeks 祭りは丸 2 週間続いた。
1648 **enhance** [ɪnhάːns] You can **enhance** your chances of success by being prepared.	動 を増す，高める，向上させる ≒increase, heighten, improve 準備をすることで成功の可能性を高めることができる。
1649 **profound** [prəfáund] The new theory has **profound** implications for human biology.	形 深い，大きな，重大な；深遠な ≒deep; insightful その新しい理論は人類生物学に大きな影響を与えている。
1650 **rigid** [rídʒɪd] ❗ The teacher was very **rigid** in his interpretation of the rules.	形 厳格な，厳正な，厳密な ≒strict, rigorous, stern その教師は規則の解釈がとても厳格だった。

1651 **insight** [ínsàɪt] Teachers must have an **insight** into how children develop.	名 洞察力，眼識，識見，明察 ≒understanding, acumen 形 insightful 教師には子どもがどのように成長するかを洞察する力がなければならない。
1652 **bias** [báɪəs] The manager showed a **bias** against men when hiring staff.	名 先入観，偏向，偏見 動 を偏らせる ≒prejudice, partiality 部長はスタッフを雇う際，男性への偏見を示した。
1653 **beneficial** [bènɪfíʃəl] The young engineer felt extra training would be **beneficial** for him.	形 有益な，有利な，役に立つ ≒profitable, advantageous, useful その若いエンジニアは，追加の訓練を受ければ有益だろうと感じた。
1654 **proposition** [prɔ̀pəzíʃən] In science a **proposition** is just a theory until proven.	名 陳述，主張；命題 ≒statement, argument; theorem 科学においては，主張は証明されるまではただの仮説だ。
1655 **accommodate** [əkɔ́mədèɪt] The national stadium can **accommodate** up to 68,000 people.	動 を収容できる；を宿泊させる ≒hold, seat; house 国立競技場は最大 6 万 8 千人収容可能である。
1656 **divine** [dɪváɪn] Faced with defeat, the army prayed for **divine** intervention.	形 神の；神に関する；神性の ≒sacred, holy 名 divinity（神） 敗北に直面して，軍隊は神の介在を祈った。
1657 **isle** [aɪl] ⓘ We took the ferry to the **Isle** of Man.	名 島，小島 ≒island, islet 私たちはそのフェリーでマン島に行った。
1658 **neighbouring** [néɪbərɪŋ] The EU promotes cooperation between **neighbouring** European countries.	形 近くの，隣の，近隣の ≒nearby, adjacent 🇺🇸 neighboring EU は隣り合うヨーロッパ諸国の協力を推進する。
1659 **applicant** [ǽplɪkənt] The job advertisement attracted fifty **applicants**.	名 応募者，志願者 ≒candidate その求人広告は 50 人の応募者を集めた。
1660 **certainty** [sə́ːtənti] The test result could not be predicted with **certainty**.	名 確実性，必然性；確信 ≒inevitability; confidence, conviction 試験結果を確実性を持って予測することはできなかった。

1回目 2回目 3回目

1661 **crude** [kruːd] Always be polite, and do not use **crude** language.	形 粗野な；粗雑な，粗削りの ≒vulgar; rough, unpolished いつも行儀良くして，粗野な言葉を使わないこと。
1662 **prospective** [prəspéktɪv] Universities try to attract **prospective** students by using social media.	形 見込みのある，有望な ≒potential, possible 大学はソーシャルメディアを使って入学の見込みのある生徒を集めようとする。
1663 **clash** [klæʃ] One person was injured in the armed **clash** between rival groups.	名 衝突；（意見などの）対立　動 衝突する ≒conflict; confrontation 対立するグループ間の武力衝突で1人がけがをした。
1664 **objection** [əbdʒékʃən] The attorney raised an **objection** in court.	名 反対，反対意見，異議，不服 ≒protest, opposition, dissent 弁護士は法廷で異議を申し立てた。
1665 **diverse** [daɪvə́ːs] London is a very **diverse** city with an international population.	形 多様な ≒various, assorted　名 diversity ロンドンは世界各地からの人が住むとても多様な都市だ。
1666 **criterion** [kraɪtíəriən] ⓘ Sales figures were the main **criterion** used to judge performance.	名 基準，標準，尺度 ≒standard, yardstick　複 criteria 売上金額は成果を判断するために使われる主要な尺度だった。
1667 **inherent** [ɪnhérənt] We tend to judge phenomena by standards **inherent** to our own culture.	形 本来備わっている，固有の ≒intrinsic, innate, natural われわれは自国の文化に固有の基準で現象を判断する傾向がある。
1668 **incentive** [ɪnséntɪv] Promotion can be an **incentive** to harder work.	名 刺激，誘因，動機づけ；報奨金 ≒impetus, inducement, motivation 昇進はもっと仕事をがんばるための動機づけになり得る。
1669 **selective** [səléktɪv] Customers for luxury goods tend to be very **selective**.	形 選択の厳格な，えり好みする ≒fastidious, particular, fussy ぜいたく品を求める客は非常にえり好みをする傾向がある。
1670 **nonetheless** [nʌ̀nðəlés] The committee had some criticisms but **nonetheless** approved the proposal.	副 それにもかかわらず ≒nevertheless, however 幾つか批判があったが，それにもかかわらず委員会はその提案を承認した。

1671 **ridge** [rɪdʒ] The hikers walked carefully along the mountain **ridge**.	名 山の背，尾根，稜線(りょうせん) ≒crest ⇔valley ハイカーたちは山の尾根沿いに慎重に歩いた。
1672 **counsel** [káunsəl] The career officer **counsels** students *on* how to find work.	動 に(～について)助言する 名 助言 ≒advise 就職課の職員は仕事の見つけ方を学生に助言する。
1673 **handicap** [hǽndikæ̀p] The applicant's lack of experience was a major **handicap**.	名 不利な条件；困難，障害 ≒disadvantage; impediment, obstacle その応募者の経験不足は大きなハンディキャップだった。
1674 **lasting** [lɑ́:stɪŋ] **Lasting** peace requires great efforts.	形 永続的な，永久に変わらぬ ≒enduring, permanent 恒久的な平和は多大な努力を必要とする。
1675 **continuity** [kɔ̀ntɪnjú:əti] Brand **continuity** is important for any business.	名 連続，継続性；連続体 ≒sequence, succession ⇔interruption ブランドの継続性はどんなビジネスにも重要だ。
1676 **diameter** [daɪǽmɪtə] The crater of the volcano has a **diameter** of 3.5 km.	名 直径，差し渡し ≒breadth, width, calibre その火山の火口は直径 3.5 キロだ。
1677 **faculty** [fǽkəlti] A **faculty** consists of several departments offering different fields of study.	名 学部；(精神的・身体的)機能，能力 ≒department; ability, capacity, facility 学部は異なる学問分野を提供する幾つかの学科から成る。
1678 **competent** [kɔ́mpɪtənt] ⓘ The new manager of the sales team is highly **competent**.	形 能力のある，有能な；適任の ≒able, capable; qualified 販売チームの新しいマネージャーは非常に有能だ。
1679 **persistent** [pəsístənt] The city's **persistent** efforts to host the Olympics finally paid off.	形 粘り強い，根気強い，執拗(しつよう)な ≒tenacious, persevering, determined オリンピック開催のためのその都市の粘り強い努力はついに実を結んだ。
1680 **probe** [proub] ⓘ Some birds use sticks to **probe** the ground for insects.	動 を(細長い道具で)探る；を調査する ≒examine, investigate ある種の鳥は虫を採るために棒を使って地面を探る。

1回目 / 2回目 / 3回目

1681 **gravity** [grǽvəti]

The law of **gravity** was Isaac Newton's greatest discovery.

名 重力；引力
≒attraction, pull

引力の法則はアイザック・ニュートンの最大の発見だ。

1682 **exploit** [ɪksplɔ́ɪt]

The company was accused of **exploiting** immigrant workers.

動 を不当に利用する，搾取する
≒take advantage of, abuse 名 exploitation

その会社は移民労働者を搾取したことで非難された。

1683 **obscure** [əbskjúə]

The reporters were frustrated by the politician's **obscure** answers.

形 不明瞭な；無名の 動 を不明瞭にする
≒vague, blurred; unknown

記者たちはその政治家の不明瞭な答えに失望した。

1684 **comparatively** [kəmpǽrətɪvli]

Earthquakes are **comparatively** rare in Europe.

副 比較的，割に
≒relatively

ヨーロッパでは地震は比較的まれである。

1685 **intimate** [íntɪmət] ⓘ

The two actors have had an **intimate** friendship for years.

形 親しい，親密な，懇意な
≒close, friendly 名 intimacy

2人の俳優は何年も親密な交友を続けている。

1686 **warrant** [wɔ́(:)rənt] ⓘ

The police showed the suspect the arrest **warrant**.

名 令状；召喚状 動 を正当化する
≒authorisation; summons

警察は容疑者に逮捕状を見せた。

1687 **motorway** [móutəwèɪ]

The **motorway** can get extremely crowded in the holiday season.

名 高速道路
🇺🇸 expressway

その高速道路は休暇の時期にはものすごく混むことがある。

1688 **blast** [blɑ:st]

As the children left the building, a **blast** of icy air hit them.

名 突風；爆発；爆風 動 を爆破する
≒gust, wind; explosion

子どもたちがそのビルを出ると，氷のように冷たい突風が吹き付けた。

1689 **ethical** [éθɪkəl]

The president felt trading with a dictatorship was not **ethical**.

形 倫理的な；倫理学上の
≒moral, righteous 名 ethics

独裁国家との貿易は倫理的ではないと大統領は感じた。

1690 **costly** [kɔ́stli]

The space rocket was considered too **costly** for development.

形 高価な，値段のはる
≒expensive, exorbitant ⇔ inexpensive

その宇宙ロケットは開発に費用がかかり過ぎると見なされた。

1691 **eliminate** [ɪlímɪnèɪt]	動 を取り除く，排除する
	≒remove, eradicate 名 elimination
The government's objective was to **eliminate** waste.	政府の目的は無駄を排除することだった。
1692 **reasoning** [rí:zənɪŋ]	名 推論，論理的な考え方；論法
	≒thinking, deduction
Logical **reasoning** is the basis of critical thinking.	論理的推論はクリティカルシンキングの土台である。
1693 **utility** [jutíləti]	名 有用性；〈通例 -ties〉公益事業
	≒usefulness, practicality
Public telephones are of little **utility** today.	公衆電話は今日ではほとんど有用性がない。
1694 **descent** [dɪsént]	名 家系；下降
	≒ancestry
Kazuo Ishiguro is an English novelist of Japanese **descent**.	カズオ・イシグロは日系英国人小説家である。
1695 **realm** [relm] !	名 領域，範囲，分野，部門
	≒domain, area, field
The scholar became famous in the **realm** of art history.	その学者は美術史の分野で有名になった。
1696 **hardy** [há:di]	形 頑健な，丈夫な
	≒robust, strong
Only the **hardiest** people can survive in Northern Canada.	カナダ北部地域では最も頑強な人のみが生きていける。
1697 **innovative** [ínəvèɪtɪv]	形 革新的な，刷新的な
	≒new, novel ⇔traditional
Many guests liked the **innovative** design of our new office.	多くの来客が当社の新しいオフィスの革新的なデザインを気に入ってくれた。
1698 **mould** [mould]	動 を型に入れて作る；を形成する
	≒shape, form, frame 🇺🇸 mold
The sculptor **moulded** wax into the form of a bird.	その彫刻家はろうを鳥の形に成型した。
1699 **foul** [faul] !	形 不潔な；ひどい 動 を汚す
	≒dirty; disgusting ⇔clean
Residents complained about the **foul** water in the lake.	住民は湖のひどく汚い水に不平を述べた。
1700 **queue** [kju:] !	名（順番を待つ）列
	≒line, row
There was a long **queue** at the ATM.	ATM には長い列ができていた。

1701 **patent** [péɪtənt] ⓘ The company secured a **patent** for its vacuum cleaner design.	名 特許 動 の特許を得る ≒right, licence その会社は掃除機のデザインの特許を取得した。
1702 **grammatical** [grəmǽtɪkəl] The report was filled with **grammatical** errors.	形 文法の；文法的に正しい ≒syntactic; correct その報告書は文法の間違いだらけだった。
1703 **motive** [móʊtɪv] ⓘ Not all human actions are based on selfish **motives**.	名 動機，誘因；目的 ≒reason; purpose 人間の行動が全て利己的動機に基づいているわけではない。
1704 **glimpse** [glɪmps] Unfortunately, I couldn't catch even a **glimpse** of the celebrity.	名 ひと目；かすかな兆し ≒glance; hint 残念ながら私はそのセレブをひと目見ることもできなかった。
1705 **constructive** [kənstrʌ́ktɪv] We welcome **constructive** criticism and comments.	形 建設的な，前向きな ≒helpful, useful ⇔ destructive 私たちは建設的な批判やコメントを歓迎します。
1706 **prestige** [prestíːʒ] ⓘ This literary award carries great **prestige**.	名 威信，威光，信望，名声 ≒status, standing, reputation この文学賞は大きな威信を伴う。
1707 **sideways** [sáɪdwèɪz] Thousands of crabs walked **sideways** along the beach.	副 横へ；斜めに 形 横への ≒laterally 何千ものカニが浜辺を横に歩いた。
1708 **nuisance** [njúːsəns] ⓘ Talking loudly on a mobile phone can be a real **nuisance**.	名 迷惑な人[行為，もの]；邪魔物 ≒annoyance, irritant, bother 携帯電話で大声で話すのは本当に迷惑な行為になり得る。
1709 **resign** [rɪzáɪn] ⓘ Only one US president has **resigned** *from* office.	動 (～を)辞任する，辞職する，退く ≒leave, quit 任期中に辞任したアメリカ大統領は今まで一人だけである。
1710 **vigorous** [vígərəs] The suspect was **vigorous** in her denial of the charges.	形 強力な，精力的な ≒powerful, strenuous, energetic 容疑者は嫌疑の否定に懸命だった。

1711 **outbreak** [áutbrèɪk] There was an **outbreak** of influenza in schools last week.	名 突発，勃発，発生 ≒beginning, eruption 先週複数の学校でインフルエンザが発生した。
1712 **electron** [ɪléktrɔn] Protons are positively charged but **electrons** are negatively charged.	名 電子 陽子は正に帯電するが電子は負に帯電する。
1713 **cluster** [klʌ́stə] A **cluster** of people gathered around the collapsed monument.	名 群れ，集団；房，束 動 群がる ≒crowd, group; bunch 人の群れが倒れた記念碑の周りに集まった。
1714 **fragment** [frǽgmənt] Small **fragments** of rock could be seen beneath the cliff.	名 断片，破片，かけら，一部分 ≒piece, bit, chip 崖の下に岩の小さな破片が見えた。
1715 **offspring** [ɔ́(:)fsprɪ̀ŋ] The released panda had several **offspring**.	名 子，子孫 ≒children, descendants 複 offspring 放されたパンダは何頭かの子孫を残した。
1716 **absurd** [əbsə́:d] It's **absurd** to learn swimming from someone who can't swim.	形 道理に合わない，ばかげた ≒preposterous, ridiculous 名 absurdity 泳げない人から水泳を習うのはばかげている。
1717 **bodily** [bɔ́dɪli] Young children are sometimes unable to control their **bodily** functions.	形 身体[肉体]上の；物質上の ≒physical, corporal ⇔mental 幼児は時に身体的な機能を制御できない。
1718 **infinite** [ínfɪnət] ⓘ Human greed is **infinite**; the earth is finite.	形 無限の，果てしない ≒endless, unlimited 人間の欲望は無限である。地球は有限である。
1719 **capability** [kèɪpəbíləti] This machine has the **capability** to work with different fuels.	名 能力，才能，腕前 ≒ability, capacity, competence この機械は複数の異なる燃料で動く能力がある。
1720 **commodity** [kəmɔ́dəti] Personal computers and flat-screen TVs are mere **commodities** nowadays.	名 商品，日用品，産物 ≒goods, merchandise, products パソコンと薄型テレビは今日では単なる日用品だ。

1回目 / 2回目 / 3回目

1721 **instrumental** [ìnstrəméntəl] The Internet has been **instrumental** *in* creating a global community.	形 (～の)助けとなる，(～に)役立つ ≒conducive, helpful インターネットはグローバルな共同社会を築くのに役立ってきた。
1722 **lone** [loʊn] The **lone** opponent of the proposal was ignored by the others.	形 独りきりの，唯一の ≒solitary, single その提案の唯一の反対者は他の人たちに無視された。
1723 **burial** [bériəl] A new study suggests that Stonehenge was a **burial** ground.	名 埋葬；葬式 ≒entombment; funeral ストーンヘンジは埋葬地だったと新しい研究が示唆している。
1724 **metaphor** [métəfɔ̀(ː)] The 'iron cage' in the novel is a **metaphor** for life.	名 隠喩，暗喩 ≒figurative expression 形 metaphorical その小説の中の「鉄のおり」は人生の暗喩だ。
1725 **fossil** [fɔ́səl] There were many rare **fossils** on display in the exhibition.	名 化石 ≒remains 動 fossilise その展覧会では珍しい化石が数多く展示されていた。
1726 **hospitality** [hɔ̀spɪtǽlətɪ] The Japanese are known for their **hospitality**.	名 親切にもてなすこと，歓待 ≒warm reception, welcome 日本人は親切なもてなしで有名である。
1727 **trivial** [tríviəl] The environment was considered a **trivial** issue until the 1960s.	形 ささいな，取るに足りない ≒insignificant, trifling 名 trivia 環境は1960年代までは取るに足りない問題と見なされていた。
1728 **astonish** [əstɔ́nɪʃ] Everyone was **astonished** by the president's sudden resignation.	動 を驚かす，びっくりさせる ≒amaze, astound, stun 社長の突然の辞任に誰もがびっくりした。
1729 **cargo** [kɑ́ːgoʊ] The ship was laden with **cargo** for export.	名 積み荷，貨物 ≒load, freight, shipment その船には輸出用の貨物が積載されていた。
1730 **vicious** [víʃəs] ⓘ He suspected his enemy of starting the **vicious** rumour.	形 邪悪な，悪意のある；激しい ≒wicked, malicious; violent 敵がその悪意のあるうわさを流したのではないかと彼は疑った。

1731 **footstep** [fútstèp]

名 〈通例 ～s〉 足跡；足取り
≒footprint; tread

In my opinion, young people shouldn't *follow in* their parents' **footsteps**.

私の意見では若者は親の足跡をたどるべきではない。

1732 **financially** [fənǽnʃəli]

副 財政的に，財政上
≒economically, fiscally 名 finance

Matters went from bad to worse **financially** during the recession.

不景気の間，事態は財政的にますます悪化した。

1733 **ethics** [éθɪks]

名 倫理，道徳；倫理学
≒morals

Researchers must comply with the university's research **ethics**.

研究者は大学の研究倫理に従わなければならない。

1734 **ally** [ǽlàɪ / əláɪ] ❗

名 同盟国，盟邦 動 を同盟させる
≒partner 名 alliance

Japan and the United States are close **allies** today.

日本とアメリカは今日緊密な同盟国である。

1735 **incapable** [ɪnkéɪpəbl]

形 (～が)できない，能力がない；無力の
≒unable, incompetent

I am **incapable** *of* understanding his reasoning.

私には彼の論理が理解できない。

1736 **quest** [kwest]

名 (～の)探求，追求 動 探し求める
≒pursuit, search, hunt

Many people come to big cities *in* **quest** *of* employment.

多くの人が就職先を求めて大都会にやって来る。

1737 **noticeable** [nóutɪsəbl] ❗

形 目立つ，人目を引く，顕著な
≒perceptible, appreciable

There was a **noticeable** improvement in team performance.

チームの成績は目に見えて改善された。

1738 **solitary** [sɔ́lətəri]

形 ひとりの；孤独を好む
≒lonely; secluded

More people lead **solitary** lives than in the past.

昔より多くの人が孤独な生活を送っている。

1739 **enormously** [ɪnɔ́:məsli]

副 大いに，莫大(ばくだい)に，はなはだしく
≒extremely 名 enormity(重大さ)

Sales of cars have increased **enormously** this year.

今年自動車の売り上げは大幅に増えた。

1740 **manuscript** [mǽnjuskrìpt]

名 原稿，草稿；手書き本
≒handwritten version, document

Unfortunately, there are no **manuscripts** of Shakespeare's plays.

残念ながらシェークスピア劇の原稿は現存していない。

1回目 ／ 2回目 ／ 3回目 ／

1741 **ample** [ǽmpl] □□□ There is **ample** time to recruit new staff.	形 十分以上の，豊富な；広い ≒plentiful, abundant; spacious 新しいスタッフを募集する時間は十二分にある。
1742 **vacant** [véɪkənt] ⓘ □□□ Priority seats are mostly **vacant** even on a crowded train.	形 空いている；うつろな ≒empty; blank 混雑した車内でも優先席はたいてい空いている。
1743 **explosive** [ɪksplóusɪv] □□□ **Explosive** chemicals must be handled very carefully.	形 爆発しやすい，爆発(性)の ≒volatile 動 explode 爆発性の化学薬品はとても慎重に扱わなければならない。
1744 **crisp** [krɪsp] □□□ The bakery is famous for its **crisp** and delicious pastries.	形 かりかり[ぱりぱり，さくさく]した ≒crispy, crunchy そのパン屋はかりかりしておいしいペストリーで有名だ。
1745 **correspond** [kɔ̀(:)rəspɔ́nd] □□□ MI6 in the UK **corresponds** *to* the CIA in the US.	動 (～に)対応する；一致する ≒be equivalent; match イギリスのMI6はアメリカのCIAに相当する。
1746 **molecule** [mɔ́lɪkjù:l] ⓘ □□□ A water **molecule** is one oxygen and two hydrogen atoms.	名 分子 形 molecular 水の分子は酸素原子1個と水素原子2個である。
1747 **counterpart** [káuntəpà:t] □□□ The Japanese prime minister and his British **counterpart** agreed.	名 対応[相当]するもの ≒equivalent, equal 日本の首相とイギリスの首相は合意した。
1748 **diploma** [dɪplóumə] □□□ Being awarded a **diploma** means that you dedicated many hours to learning.	名 学位証明書，修了証書 ≒certificate 修了証書を授与されることは，あなたが多くの時間を学ぶことに捧げたことを意味する。
1749 **scenario** [sənɑ́:riòu] □□□ We must prepare ourselves for the worst case **scenario**.	名 予定の計画，予想事態，思惑 ≒plan, plot, course われわれは最悪の場合のシナリオに備えなければならない。
1750 **cemetery** [sémətəri] □□□ So many US soldiers are buried in **cemeteries** around the world.	名 共同墓地，霊園 ≒graveyard 非常に多くの米兵が世界中の共同墓地に埋葬されている。

1751 **insert** [ɪnsə́ːt] The author **inserted** some extra words into his final manuscript.	動 を挿入する，差し込む，入れる ≒put, introduce 名 insertion 著者は最終稿に幾つか追加の言葉を挿入した。
1752 **anticipate** [æntísɪpèɪt] Nobody was able to **anticipate** the recent world economic collapse.	動 を予期[予想，予知]する ≒expect, predict, foresee 誰も最近の世界経済崩壊を予測することはできなかった。
1753 **disguise** [dɪsgáɪz] ! The police officer **disguised** himself *as* a shop clerk.	動 を(～に)変装させる 名 変装 ≒camouflage 警官は店員に変装した。
1754 **span** [spæn] Four earthquakes occurred within a **span** of five hours.	名 継続時間，期間 動 にわたる，及ぶ ≒period, duration, time 5時間に4つの地震が起きた。
1755 **nobility** [noubíləti] The highest ranking member of the English **nobility** is the monarch.	名 〈集合的に〉貴族(階級) ≒aristocracy, aristocrats 形 noble イギリスの貴族階級の最高位は君主だ。
1756 **attribute** [ətríbjùːt / ǽtrɪbjùːt] Success is often **attributed** *to* both luck and genes.	動 を(～の)せいと考える 名 特質，属性 ≒ascribe, accredit 成功はしばしば運と遺伝子の両方によると考えられる。
1757 **transparent** [trænspǽrənt] **Transparent** containers allow you to see what is inside.	形 透明な，透き通った ≒clear, see-through 名 transparency 透明な容器だと中に何が入っているか見ることができる。
1758 **render** [réndə] The block of flats was **rendered** unsafe to live in after the gas explosion.	動 を(ある状態に)する，変える ≒make ガス爆発でその1棟のアパートは安全に住めなくなった。
1759 **dump** [dʌmp] The company **dumped** chemical waste in the river.	動 を投棄する 名 ごみ捨て場 ≒discharge, dispose of その企業はその川に化学廃棄物を投棄した。
1760 **orbit** [ɔ́ːbɪt] The astronomer measured the **orbit** of the moon.	名 軌道 動 の周りを回る ≒path, course, track その天文学者は月の軌道を測定した。

1回目 2回目 3回目

1761 **preferable** [préfərəbl] Many men surveyed found working **preferable** *to* staying at home.	形 (～より)望ましい，好ましい ≒better 調査を受けた男性の多くは，仕事の方が自宅にいるより好ましいと考えていた。
1762 **grove** [grouv] The park contained a pleasant **grove** of elm trees.	名 木立，小さい林 ≒wood, thicket その公園には心地良いニレの木立があった。
1763 **armchair** [á:mtʃèə] It is easy to be **armchair** critics.	形 机上の空論の　名 肘掛け椅子 ≒impractical, inexperienced 実情を知らずに批判するのは簡単だ。
1764 **endeavour** [ɪndévə] (!) His **endeavours** to enter the university were in vain.	名 努力，試み，企て　動 努力する ≒effort, attempt　米 endeavor その大学に入るための彼の努力は報われなかった。
1765 **stack** [stæk] A **stack** of books stood on his desk.	名 積み重ね，堆積　動 を積み重ねる ≒pile, heap 彼の机に本が積み重ねてあった。
1766 **hardship** [há:dʃìp] The expedition suffered many **hardships** in the jungle.	名 苦難，困窮，窮乏 ≒difficulty, suffering, adversity 探検隊はジャングルで多くの困難に遭った。
1767 **disclose** [dɪsklóuz] In the past, information was not **disclosed** *to* patients.	動 を(～に)明らかにする；を暴く ≒reveal　名 disclosure 昔は患者に情報が明らかにされなかった。
1768 **odour** [óudə] (!) The chemical releases a powerful **odour**.	名 匂い，臭気，悪臭 ≒smell, stink　米 odor その化学薬品は強烈な悪臭を放つ。
1769 **beforehand** [bɪfɔ́:hænd] The dean wrote his speech **beforehand**.	副 前もって，あらかじめ ≒in advance　⇔afterwards 学部長は事前にスピーチを書いた。
1770 **paradox** [pǽrədɔ̀ks] The philosopher loved to discuss **paradoxes**.	名 逆説；矛盾 ≒contradiction　形 paradoxical その哲学者は逆説について議論するのが好きだった。

1771 **conceal** [kənsíːl]

動 を隠す；を隠しておく
≒hide, cover

A concealer is used to **conceal** dark spots.

コンシーラーはシミを隠すために使われる。

1772 **overtime** [óuvətàɪm]

副 (規定)時間外に　名 残業
≒extra

The staff *worked* **overtime** the whole week.

スタッフはその週はずっと残業した。

1773 **correction** [kərékʃən]

名 訂正，修正，添削
≒revision, amendment

The student's essay was covered with **corrections**.

その学生の論文は添削だらけだった。

1774 **startling** [stáːtlɪŋ]

形 驚くべき，ショッキングな
≒surprising, astonishing

The gap between prices in Japan and other countries was **startling**.

日本と諸外国の価格の差は驚くべきものであった。

1775 **inspect** [ɪnspékt]

動 を点検[検査，検閲]する
≒examine, investigate　名 inspection

Tyres should be **inspected** regularly for wear.

タイヤは摩耗していないか定期的に点検するべきだ。

1776 **oval** [óuvəl]

形 楕円形の　名 楕円形
≒egg-shaped, elliptical

Shortsighted people often have eyes that are **oval** in shape.

近視の人は楕円形の眼球を持っていることが多い。

1777 **obstacle** [ɔ́bstəkl]

名 障害(物)，邪魔(物)
≒barrier, impediment, hindrance

Lack of evidence is the greatest **obstacle** to historical research.

証拠の欠如は歴史研究の最大の障害だ。

1778 **coarse** [kɔːs]

形 粗い，ざらざらした；粗野な
≒rough; crude, vulgar

The **coarse** surface of the rock allowed plants to grow.

その岩の粗い表面では植物が成長できた。

1779 **countless** [káuntləs]

形 数え切れないほどの，無数の
≒innumerable, incalculable, myriad

Countless difficulties lay ahead of the scientists.

科学者たちの行く手には無数の困難が待ち受けていた。

1780 **interruption** [ìntərʌ́pʃən]

名 中断；妨害，邪魔(物)
≒suspension; disruption, interference

The teacher was angry at the **interruption** of the lesson.

先生は授業が中断されて怒った。

1781 **tolerate** [tɔ́lərèɪt] His colleagues **tolerated** his rudeness.	動 を許容[容認]する，我慢する ≒allow, endure, stand 彼の同僚は彼のぶしつけな態度を我慢した。
1782 **reproduce** [rìːprədjúːs] The zoo's staff were relieved when the pandas began to **reproduce**.	動 生殖する，繁殖する；を複製する ≒breed, multiply, propagate パンダが繁殖し始めてその動物園のスタッフはほっとした。
1783 **restless** [réstləs] **Restless** people tend to make more impulsive decisions.	形 落ち着きのない；変化を求める ≒restive, fidgety 落ち着きのない人の方が衝動的な判断をしがちである。
1784 **undergo** [ʌ̀ndəgóu] He **underwent** many difficulties while travelling in India.	動 を経験する，経る，受ける ≒experience, go through 彼はインドを旅行中にたくさんの困難を経験した。
1785 **squash** [skwɔʃ] The peasants **squashed** the grapes with their feet to make wine.	動 を押しつぶす，踏みつぶす ≒crush, trample down 小作農民たちはワインを作るために足でブドウを踏みつぶした。
1786 **gateway** [géɪtwèɪ] IELTS is the **gateway** *to* many dreams.	名 (～への)(出)入口；道；手段 ≒entrance; passport IELTS は多くの夢への入口である。
1787 **alley** [ǽli] The shop was in a small **alley**.	名 小道，横道，路地 ≒lane, backstreet その店は小さな路地にあった。
1788 **cooperative** [kouɔ́pərətɪv] The workforce was **cooperative** and well-educated.	形 協力的な，協同の 名 協同組合 ≒helpful, collaborative, united 全従業員が協力的でよく教育されていた。
1789 **corrupt** [kərʌ́pt] There may be more **corrupt** politicians than clean ones.	形 汚職の，悪徳の ≒crooked, unethical 高潔な政治家よりも汚職まみれの政治家の方が多いかもしれない。
1790 **pasture** [pɑ́ːstʃə] The fields provided **pasture** for the local cattle.	名 牧草地，牧場，放牧場 ≒grassland, meadow その野原は地元のウシの牧草地となっていた。

1791 **outskirts** [áutskə̀:ts]

名 郊外，外れ；周辺，外辺
≒suburbs; edges, fringes

The factory was on the **outskirts** of the town.

その工場は町の郊外にあった。

1792 **abundant** [əbʌ́ndənt]

形 豊富な，有り余るほどの
≒plentiful, ample, copious

The region has an **abundant** supply of high-quality wood.

その地域では良質の木材が豊富に採れる。

1793 **fertile** [fə́:taɪl] ❗

形 肥沃（ひよく）な；多産の；実り多い
≒rich; productive ⇔ infertile

The land is naturally **fertile**.

その土地は元来肥沃だ。

1794 **indifferent** [ɪndífərənt]

形 (〜に)無関心な，無頓着な，冷淡な
≒not interested, unconcerned

In my opinion, too many people are **indifferent** *to* politics.

私の意見ではあまりにも多くの人が政治に無関心である。

1795 **disturb** [dɪstə́:b]

動 を邪魔する，妨害する
≒interrupt, interfere with

The noise of the jets **disturbed** residents' sleep.

ジェット機の騒音は住民の睡眠を妨害した。

1796 **tick** [tɪk]

動 に点検済みの印をつける
≒mark, indicate

Tick the box that best describes your experience.

あなたの経験を最もよく描写しているものの欄に印を付けてください。

1797 **devote** [dɪvóut]

動 を(〜に)ささげる，充てる，向ける
≒dedicate, commit, allocate

The retired businessman **devoted** himself *to* charity work.

引退したその実業家は慈善事業に身をささげた。

1798 **dispose** [dɪspóuz]

動 (〜を)処分する；を配置する
≒discard, throw away

The problem was how to **dispose** *of* the spent uranium.

問題はどのように使用済みウランを処分するかだった。

1799 **ingredient** [ɪngrí:diənt]

名 材料，成分
≒element, component, constituent

The **ingredients** of the new drug were top secret.

新しい薬の成分は極秘だった。

1800 **erect** [ɪrékt]

動 を建てる，組み立てる 形 直立した
≒build, construct; upright

The men **erected** a large tent in the field.

男たちは野原に大きなテントを建てた。

重要語レベル2

1801 **offender** [əféndə] The **offender** was sent to prison for his crime.	名 犯罪者，違反者 ≒criminal, convict その犯罪者は犯した罪のために刑務所に送られた。
1802 **devise** [dɪváɪz] The scientist **devised** an experiment to test his theory.	動 を考案する，工夫する，計画する ≒invent, contrive, think up その科学者は持論を検証するためにある実験を考案した。
1803 **maiden** [méɪdən] A woman's **maiden** name is her father's last name.	形 未婚の；初めての ≒unmarried; first 女性の旧姓は，その女性の父親の名字である。
1804 **stride** [straɪd] The tall athletes walked with great **strides**.	名 大股の１歩；大股での足取り ≒step 長身のアスリートたちは非常に大股で歩いた。
1805 **participant** [pɑːtísɪpənt] All the seminar **participants** were famous engineers.	名 参加者，出場者 ≒entrant, competitor セミナーの参加者は皆有名なエンジニアだった。
1806 **boredom** [bɔ́ːdəm] There was an air of **boredom** in the class.	名 退屈，倦怠（けんたい） ≒tedium, weariness, monotony 教室には倦怠感が漂っていた。
1807 **plague** [pleɪg] ⓘ Frequent wars and **plagues** devastated the country.	名 疫病，悪疫，伝染病　動 を苦しめる ≒disease, infection, contagion たびたび起こる戦争と伝染病がその国を荒廃させた。
1808 **reckless** [rékləs] **Reckless** driving can cause accidents.	形 無謀な，向こう見ずの ≒thoughtless, daredevil　⇔cautious 無謀な運転は事故のもとだ。
1809 **fake** [feɪk] We need digital media literacy to combat **fake** news.	形 にせの，偽造の ≒false, sham 偽情報と戦うために私たちはデジタルメディアリテラシーが必要である。
1810 **abolish** [əbɔ́lɪʃ] Citizens called for the government to **abolish** the tax.	動 を廃止する，なくす ≒eradicate, do away with 国民はその税を廃止するよう政府に求めた。

1811 **steer** [stɪə] !	動 を操縦する，のかじを取る ≒navigate, manoeuvre
The captain managed to **steer** the boat to safety.	船長は何とか船を操縦して安全な所までたどり着いた。
1812 **dwelling** [dwélɪŋ]	名 住居，住宅；居住 ≒residence, accommodation 動 dwell
The archaeologist discovered the remains of primitive **dwellings**.	その考古学者は原始時代の住居の遺跡を発見した。
1813 **arithmetic** [əríθmətɪk]	名 算数，算術；演算 ≒calculation, computation
The mathematician wrote a textbook on **arithmetic**.	その数学者は算数の教科書を執筆した。
1814 **plunge** [plʌndʒ]	動 急落する；飛び込む 名 急落；飛び込み ≒plummet, drop; dive
The value of the shares **plunged** on the news.	そのニュースを受けてその株の価格が急落した。
1815 **suppress** [səprés]	動 を抑圧する，鎮圧する ≒repress, crush
It was impossible to **suppress** the rebellion.	その反乱を鎮圧するのは不可能だった。
1816 **initiate** [ɪníʃièɪt] !	動 を新たに始める，創始する ≒launch, commence, inaugurate
The publisher **initiated** a series of books on linguistics.	その出版社は言語学に関する本のシリーズを新たに始めた。
1817 **banner** [bǽnə]	名 横断幕，のぼり，垂れ幕 ≒placard, sign, poster
A **banner** was put up to welcome the athletes home.	帰国する選手たちを迎える横断幕が掲げられた。
1818 **exhaust** [ɪgzɔ́:st] !	動 を疲れ果てさせる；を使い尽くす ≒wear out; deplete
The graduate students **exhausted** themselves by working all night on their experiment.	大学院生たちは徹夜で実験に取り組んで疲れ果てた。
1819 **leak** [li:k]	動 を漏らす 名 漏れること ≒reveal, disclose
The secret plans were **leaked** to a newspaper.	その秘密計画は新聞に漏れた。
1820 **striped** [straɪpt]	形 しまの入った，ストライプ入りの ≒banded, lined
The club members wore the same **striped** tie.	クラブの会員は同じしま模様のネクタイを締めていた。

1回目 2回目 3回目

1821 **penetrate** [pénətrèɪt] His music has the power to **penetrate** cultural and language barriers.	動 (を)貫く；(に)浸透する ≒pierce; infiltrate, permeate 彼の音楽は文化や言語の壁を貫く力を持っている。
1822 **accidentally** [æ̀ksɪdéntəli] Species can be introduced either **accidentally** or intentionally.	副 偶然に，思いがけなく ≒by accident, inadvertently 生物種が偶然または意図的に持ち込まれることがある。
1823 **revive** [rɪváɪv] The historian **revived** the old theory that Napoleon was poisoned.	動 を復活させる，回復させる；生き返る ≒revitalise, reinvigorate, restore その歴史家は，ナポレオンは毒殺されたという古い説を復活させた。
1824 **consume** [kənsjúːm] Developed countries **consume** most of the world's resources.	動 を消費する；を完全に破壊する ≒eat, use up; destroy 先進国が世界のほとんどの資源を消費する。
1825 **stray** [streɪ] Somehow the tourists had **strayed** *into* a secret military camp.	動 (～に)迷い込む 形 迷い出た ≒wander, drift, deviate どういうわけか，旅行者たちは秘密の軍事キャンプに迷い込んでいた。
1826 **curse** [kəːs] The man let out a **curse** of anger.	名 悪態，ののしりの言葉 動 ののしる ≒swearword, dirty word 男は怒ってののしりの言葉を吐いた。
1827 **renew** [rɪnjúː] The student wanted to **renew** his books at the library.	動 を更新[延長]する；を修復する ≒extend, prolong, continue with その学生は図書館で借りている本を延長したかった。
1828 **advertise** [ǽdvətàɪz] The college **advertised** the new job.	動 (を)宣伝する，広告する ≒publicise, promote 名 advertisement 大学はその新しい仕事の広告を出した。
1829 **nutrition** [njutríʃən] The bats gain their **nutrition** from beetle larvae.	名 栄養(物)；栄養成分；栄養補給 ≒nourishment, nutrients 形 nutritious そのコウモリはカブトムシの幼虫から栄養を取る。
1830 **inclination** [ìnklɪnéɪʃən] Children have a natural **inclination** to be inquisitive.	名 傾向，性癖；好み，愛好 ≒tendency; liking, penchant 子どもは生まれつきいろいろなことを知りたがる傾向がある。

1831 **cartoon** [kɑːtúːn] There was a political **cartoon** on the front page.	名 風刺漫画，時事漫画 ≒caricature, comic 1面に政治風刺漫画が載っていた。
1832 **ascent** [əsént] Toynbee described the **ascent** and descent of civilisations.	名 上昇，浮上；上り坂 ≒rise; slope ⇔descent トインビーは文明の上昇（成長）と下降（衰退）を説明した。
1833 **bounce** [bauns] The researcher measured how high the ball **bounced**.	動 跳ね返る，弾む 名 バウンド ≒rebound, leap, bound その研究者はどれくらい高くボールが弾んだか測った。
1834 **economical** [ìːkənɔ́mɪkəl] The chemist found a more **economical** way to make the medicine.	形 経済的な；無駄遣いしない ≒inexpensive; thrifty その化学者はその薬をもっと経済的に作る方法を発見した。
1835 **confuse** [kənfjúːz] The teacher's explanation **confused** the students.	動 を混乱させる；を混同する ≒puzzle, bewilder, baffle 先生の説明は生徒を混乱させた。
1836 **frown** [fraun] The librarian **frowned** *at* the noisy children.	動 （～に）眉をひそめる 名 眉をひそめること ≒scowl 図書館員は騒がしい子どもたちに眉をひそめた。
1837 **plough** [plau] The agricultural museum contained many old **ploughs**.	名 （農耕用の）すき 動 をすきで耕す 🇺🇸 plow その農業博物館はたくさんの古いすきを所蔵していた。
1838 **fatigue** [fətíːg] The headaches were caused by **fatigue**.	名 疲労，疲れ 動 を疲れさせる ≒exhaustion, weariness ⇔vigour その頭痛は疲労が原因だった。
1839 **stain** [steɪn] The inventor developed a chemical to remove **stains**.	名 染み，汚れ 動 を汚す ≒smear, smudge, spot その発明家は染みを除去する化学薬品を開発した。
1840 **compliment** [kɔ́mplɪmənt / kɔ́mplɪmènt] The author regarded the review as a **compliment**.	名 賛辞，褒め言葉，お世辞 動 を褒める ≒praise, acclaim, flattery 著者はその書評を賛辞と捉えた。

1回目 / 2回目 / 3回目

1841 **abrupt** [əbrʌ́pt] The train came to an **abrupt** halt.	形 突然の，予期しない，唐突な ≒sudden, unexpected 列車が急停車した。
1842 **evolve** [ɪvɔ́lv] AI has **evolved** *into* a powerful tool in many aspects of society.	動 (～に)進化する；発展する ≒progress; develop, advance AI は社会の多くの側面で強力なツールに進化した。
1843 **admirable** [ǽdmərəbl] Japan's postwar development was an **admirable** success story.	形 称賛に値する；見事な，素晴らしい ≒praiseworthy, commendable 日本の戦後の発展は見事なサクセスストーリーだった。
1844 **condemn** [kəndém] ⚠ Newspapers **condemned** the government's action.	動 を激しく非難する，糾弾する ≒criticise, denounce, censure 新聞は政府の行動を糾弾した。
1845 **spectator** [spektéɪtə] Tennis **spectators** are expected to remain quiet during play.	名 観客，観衆，見物人 ≒observer, onlooker テニスの観客はプレー中は静粛にしていることが求められている。
1846 **multitude** [mʌ́ltɪtjùːd] *A* **multitude** *of* people gathered to watch the solar eclipse.	名 多数(の～) ≒host, mass ⇔handful 大勢の人が日食を見に集まった。
1847 **pillar** [pílə] The temple was dated by the shape of the **pillars**.	名 柱，支柱 ≒column, post, support その寺院は柱の形で年代を特定された。
1848 **prevail** [prɪvéɪl] ⚠ Darwin's theory of evolution eventually **prevailed**.	動 支配的である；勝る ≒predominate; win 形 prevalent ダーウィンの進化論が最終的に支配的になった。
1849 **diminish** [dɪmínɪʃ] Some errors **diminished** the value of the textbook.	動 を小さくする，減らす；減少する ≒decrease, reduce, lessen 幾つかの間違いがその教科書の価値を下げた。
1850 **tuck** [tʌk] He **tucked** his shirt into his trousers.	動 の端を押し込む 名 タック ≒push 彼はズボンにシャツの裾を押し込んだ。

1851 **geometry** [dʒiɔ́mətri] **Geometry** is the foundation of architecture.	名 幾何学 ≒mathematical branch 幾何学は建築の土台である。
1852 **attain** [ətéɪn] The biologists **attained** their goal of cloning a sheep.	動 を達成する，遂げる；を獲得する ≒achieve, accomplish; obtain 生物学者たちはヒツジのクローンを作るという目的を達成した。
1853 **slippery** [slípəri] The snow made the roads **slippery**.	形 滑りやすい，つるつるした ≒slithery, greasy ⇔rough 雪で道路が滑りやすくなった。
1854 **conceive** [kənsí:v] The physicist **conceived** his theory on holiday.	動 を抱く，思い付く；想像する ≒think up 名 concept（概念） その物理学者は休日に彼の理論を思い付いた。
1855 **spit** [spɪt] The man **spat** on the ground.	動 唾を吐く；軽蔑する；を吐く ≒expectorate 男は地面に唾を吐いた。
1856 **thorn** [θɔ:n] Many rose bushes have sharp **thorns**.	名（植物の）とげ，針 ≒prickle, spine 形 thorny 多くのバラの木には鋭いとげがある。
1857 **commence** [kəméns] The airline has announced it will **commence** international flights next year.	動 を開始する，始める；始まる ≒begin, start, initiate その航空会社は来年から国際線の運航を開始すると発表した。
1858 **cue** [kju:] The music was the **cue** for the play to begin.	名 合図，きっかけ；手掛かり ≒signal, prompt; hint その音楽が上演開始の合図だった。
1859 **dye** [daɪ] Hair **dyes** often contain chemicals that harm the skin.	名 染料，染色液 動 を染める ≒colorant, colouring, pigment 頭髪の染料は皮膚に害を与える化学薬品を含むことが多い。
1860 **coordinate** [kouɔ́:dɪnèɪt / kouɔ́:dɪnət] ❗ The two scientists **coordinated** their research.	動 を調整する，組織する 形 同等の；等位の ≒harmonise, organise 2 人の科学者は互いの研究を調整した。

1回目 2回目 3回目

1861 **graceful** [gréɪsfəl] Everyone loved the ballet dancer's **graceful** movements.	形 優雅な，上品な，しとやかな ≒elegant, refined, sophisticated 皆がそのバレエダンサーの優雅な身のこなしを愛した。
1862 **bump** [bʌmp] The little boy **bumped** into a teacher in the corridor.	動 どすんとぶつかる[衝突する] 名 衝突 ≒hit, knock 名 bumper(バンパー) 少年は廊下で先生にどすんとぶつかった。
1863 **feeble** [fíːbl] As the days passed, the patient became more **feeble**.	形 弱々しい，体力の弱った ≒weak, frail, decrepit 日がたつにつれて，その患者はより弱々しくなった。
1864 **suspend** [səspénd] The police **suspended** the search for the missing woman.	動 を一時的に中止する，延期する ≒adjourn, defer, postpone 警察は行方不明の女性の捜索を一時的に中止した。
1865 **dissolve** [dɪzɔ́lv] ⓘ Sugar **dissolves** quickly in hot water.	動 溶ける，溶解する；を溶かす 名 dissolution ⇔ condense 砂糖は熱湯にすぐ溶ける。
1866 **assemble** [əsémbl] It was hard to **assemble** all the engine parts needed.	動 を集める；を組み立てる；集まる ≒collect, gather 名 assembly 必要なエンジンの部品全部を集めるのは難しかった。
1867 **troublesome** [trʌ́blsəm] The experiment involved many **troublesome** preparations.	形 面倒な，厄介な，手のかかる ≒bothersome, annoying その実験は面倒な準備が多かった。
1868 **aisle** [aɪl] ⓘ The passenger asked for a seat by the **aisle**.	名 (座席・棚などの間の)通路 ≒passage, corridor その乗客は通路側の席を求めた。
1869 **formality** [fɔːmǽləti] The interview for the job was just a **formality**.	名 形式的な行為；形式の尊重 ≒ceremony, convention 仕事の面接は単に形式だけのものだった。
1870 **plentiful** [pléntɪfəl] **Plentiful** information about tigers was included in the book.	形 豊富な，十分な，たくさんの ≒abundant, ample, copious トラについての豊富な情報がその本には載っていた。

1871 **immature** [ìmətjúə] Sadly, we may be a politically **immature** nation.	形 未熟な，幼稚な；未完成の ≒green, childish 悲しいことに私たちは政治的に未成熟な国民であるかもしれない。
1872 **isolate** [áɪsəlèɪt] The hospital **isolated** patients with the disease.	動 を分離する，孤立させる，隔離する ≒separate, detach, segregate 病院はその病気の患者を隔離した。
1873 **esteem** [ɪstíːm] The new worker quickly won his colleagues' **esteem**.	名 尊敬，尊重　動 を尊重[尊敬]する ≒respect, admiration, regard その新入社員はすぐに同僚の尊敬を勝ち取った。
1874 **waterproof** [wɔ́ːtəprùːf] The equipment was protected by a **waterproof** surface.	形 防水[耐水]の，水を通さない ≒watertight, impermeable, impervious その機材は防水の表面で保護されていた。
1875 **unavoidable** [ʌ̀nəvɔ́ɪdəbl] It is **unavoidable** or even necessary for language learners to make errors.	形 避けられない，不可避の ≒inevitable, inescapable ⇔avoidable 外国語学習者が間違えることは避けられないどころかむしろ必要なことである。
1876 **agreeable** [əgríːəbl] The hotel was located in an **agreeable** area.	形 感じの良い，愛想の良い ≒pleasant, amiable, friendly そのホテルは感じの良い地域に建っていた。
1877 **cosmetic** [kɔzmétɪk] The actress was said to have had **cosmetic** surgery.	形 美容の，化粧の；表面的な ≒make-up; superficial その女優は美容整形を受けたと言われていた。
1878 **excursion** [ɪkskə́ːʃən] School **excursions** are the most memorable part of high school.	名 小旅行，遠足；観光旅行 ≒trip, outing 修学旅行は高校生活で最も記憶に残る部分である。
1879 **volcano** [vɔlkéɪnou] ! An active **volcano** stood in the middle of the island.	名 火山，噴火口 形 volcanic 島の中央に活火山が位置していた。
1880 **assign** [əsáɪn] ! The assistant was **assigned** the task of feeding the rats.	動 に(仕事など)を割り当てる ≒allocate, allot　名 assignment その助手はネズミに餌をやる仕事を割り当てられた。

1回目 / 2回目 / 3回目 /

1881 **pessimistic** [pèsəmístɪk] The expert was **pessimistic** about the economy.	形 悲観的な；厭世(えんせい)的な ≒gloomy 名 pessimism ⇔ optimistic その専門家は景気について悲観的だった。
1882 **dizzy** [dízi] People without enough red blood cells may feel **dizzy**.	形 めまいがする；当惑した ≒light-headed 十分な赤血球がない人はめまいを感じる可能性がある。
1883 **accumulate** [əkjúːmjulèɪt] The scholar had **accumulated** many books on his field.	動 を(長期的に)蓄積する；積もる ≒build up, amass 名 accumulation その学者は専門分野のたくさんの本を集めていた。
1884 **postage** [póustɪdʒ] **Postage** used to be collected when receiving a letter.	名 郵便料金，郵送料 ≒sending fee 郵便料金はかつて手紙を受け取る際に徴収されていた。
1885 **scramble** [skrǽmbl] The spy **scrambled** the words in the message.	動 をごちゃごちゃにする；よじ登る ≒jumble, shuffle, mix up スパイはそのメッセージの単語をごちゃごちゃに入れ替えた。
1886 **shrink** [ʃrɪŋk] As it dried, the sponge **shrank** in size.	動 縮む；を縮ませる；を減らす ≒contract, diminish 名 shrinkage スポンジは乾くと大きさが縮んだ。
1887 **sway** [sweɪ] The huge tree **swayed** in the wind.	動 揺れる，揺れ動く；を揺する ≒swing, shake, rock その巨木は風に揺れた。
1888 **revise** [rɪváɪz] The editor's job was to **revise** the book.	動 を変更[修正，改訂]する ≒amend, alter, edit 名 revision その編集者の仕事はその本を改訂することだった。
1889 **bug** [bʌg] It turned out that the software was full of **bugs**.	名 欠陥，不具合；虫，昆虫 ≒fault, defect; insect そのソフトウェアにはたくさんの不具合があることが分かった。
1890 **cradle** [kréɪdl] The baby was fast asleep in her **cradle**.	名 揺りかご，小児用ベッド ≒cot, crib 赤ちゃんはゆりかごでぐっすり眠っていた。

1891 **haunt** [hɔːnt] A ghost was said to **haunt** the castle.	動 (幽霊が)に出没する 名 たまり場 ≒appear in 形 haunted その城には幽霊が出ると言われていた。
1892 **thankful** [θǽŋkfəl] The young man was **thankful** *for* the teacher's advice.	形 (～に)感謝して，ありがたく思って ≒grateful, appreciative ⇔ unthankful 若者は先生のアドバイスをありがたく思った。
1893 **premise** [prémɪs] ⓘ The theory was based on a false **premise**.	名 (論理の)前提；〈～s〉敷地 ≒assumption, postulate; property その理論は誤った前提に基づいていた。
1894 **fluent** [flúːənt] Many of the younger staff were **fluent** *in* English.	形 (～が)流ちょうな，滑らかな ≒fluid, smooth 名 fluency 若いスタッフの多くは英語に堪能だった。
1895 **housekeeping** [háuskìːpɪŋ] **Housekeeping** should be shared by both partners.	名 家事，家政 ≒housework, domestic work 家事はパートナーの双方が分担すべきだ。
1896 **tablet** [tǽblət] The doctor gave him some **tablets** for his stomach.	名 錠剤；平板 ≒pill; plate, plaque 医師は胃に効く錠剤を彼に渡した。
1897 **comprehend** [kɔ̀mprɪhénd] The book's arguments were difficult to **comprehend**.	動 を理解する ≒understand, grasp 名 comprehension その本の論点は理解するのが難しかった。
1898 **scrape** [skreɪp] I **scraped** the gum off the bottom of my shoe.	動 をこする，こすって滑らかにする ≒scratch, scour, rub 私は靴の裏のガムをこすって取った。
1899 **classify** [klǽsɪfàɪ] The assistant's job was to **classify** the new books.	動 を分類する；を等級分けする ≒categorise, group; rank その助手の仕事は新しい本を分類することだった。
1900 **deprive** [dɪpráɪv] The violent youth was **deprived** *of* love as a child.	動 から(～を)奪う，剥奪する ≒strip, rob, bereave その暴力的な青年は子どものとき愛を奪われていた。

重要語レベル2-⑤

1回目 ／　2回目 ／　3回目 ／

1901 **inexpensive** [ìnɪkspénsɪv] The architect used **inexpensive** materials for the building.	形 手ごろな値段の，安い ≒reasonable, economical, cheap その建築家はその建物に安価な材料を使った。
1902 **ounce** [auns] ❗ The chemist measured out an **ounce** of powder.	名 オンス；少量 その化学者は1オンスの粉を量って分けた。
1903 **inflict** [ɪnflíkt] Fire had **inflicted** great damage *on* the building.	動 を(～に)与える，負わせる ≒impose, deliver, wreak 火事がそのビルに多大な損傷を与えていた。
1904 **hail** [heɪl] The ripe crops were damaged by the **hail**.	名 あられ，ひょう ≒hailstones 実った作物はそのあられの被害を受けた。
1905 **hum** [hʌm] Bees were **humming** around the flowers.	動 ぶんぶんいう；鼻歌を歌う　名 鼻歌 ≒buzz ハチが花の周りをぶんぶん飛んでいた。
1906 **sow** [sou] ❗ The farmer **sowed** the seeds across the field.	動 をまく；に植える；種をまく ≒plant, seed, scatter 農夫は畑一面に種をまいた。
1907 **transmit** [trænsmít] The images were **transmitted** by satellite.	動 を送る，送信する；を放送する ≒send; broadcast　名 transmission その画像は衛星で送信された。
1908 **grind** [graɪnd] Every morning, he **ground** coffee for his breakfast.	動 を粉にひく，すりつぶす；を砕く ≒mill, pulverise; crush 彼は毎朝朝食にコーヒー豆をひいた。
1909 **reflective** [rɪfléktɪv] The poet was a quiet, **reflective** woman.	形 思慮深い，内省的な；反射する ≒thoughtful, contemplative その詩人は物静かで思慮深い女性だった。
1910 **blueprint** [blú:prìnt] The church was constructed according to the architect's **blueprint**.	名 青写真，設計図 ≒scheme, plan, design 教会はその建築家の青写真に従って建設された。

1911 **signify** [sígnɪfàɪ] ⚠ His remark was intended to **signify** his disgust.	動 を意味する，表す，示す ≒mean, indicate, show 彼の意見は嫌悪感を表すことを意図していた。
1912 **portray** [pɔːtréɪ] The novel **portrayed** various members of the literary world.	動 を描写する，描く，表現する ≒describe, depict 名 portrayal その小説は文学界のさまざまな人たちを描いた。
1913 **confine** [kənfáɪn] You must **confine** your paragraph *to* one definite topic.	動 を（〜に）限定する ≒limit, restrict 段落を1つの明確なトピックに限定しなければなりません。
1914 **swamp** [swɔmp] I'm **swamped** *with* work at the moment.	動 に押し寄せる 名 低湿地，沼地 ≒flood, overwhelm; marsh 私は今，仕事に忙殺されている。
1915 **groan** [groʊn] He let out a **groan** of pain.	名 うめき声；不平[不満]の声 動 うめく ≒moan; complaint 彼は苦痛のうめき声を上げた。
1916 **precaution** [prɪkɔ́ːʃən] He took the pills as a **precaution** against airsickness.	名 用心，警戒 ≒safeguard 形 precautionary 彼は飛行機酔いを警戒してその錠剤を飲んだ。
1917 **puff** [pʌf] A **puff** of smoke appeared from the chimney.	名（息・煙などの）一吹き 動 を吹き出す 煙突から一筋の煙が立った。
1918 **specialise** [spéʃəlàɪz] In his postgraduate studies, he **specialised** *in* botany.	動（〜を）専攻する，専門とする ≒major 名 speciality 🇺🇸 specialize 彼は大学院では植物学を専攻した。
1919 **perch** [pəːtʃ] ⚠ An owl flew down and **perched** on a branch.	動（鳥が）止まる 名 止まり木 ≒roost フクロウが舞い降りて枝に止まった。
1920 **dinosaur** [dáɪnəsɔ̀ː] The cause of the **dinosaurs'** extinction is hotly debated.	名 恐竜；時代遅れのもの 恐竜絶滅の原因については激しく議論されている。

1回目 ／　2回目 ／　3回目 ／

1921 **cite** [saɪt] Various earlier cases were **cited** by the lawyer.	動 を引用する ≒quote 名 citation さまざまな過去の判例がその弁護士によって引用された。
1922 **mammal** [mǽməl] ⚠ Some **mammals** live in the sea.	名 哺乳動物 形 mammalian 海にすむ哺乳動物もいる。
1923 **habitual** [həbítʃuəl] **Habitual** TV watchers tend to do less well in school exams.	形 習慣的な，いつもの，普段の ≒customary, usual 動 habituate 習慣的にテレビを見る人の方が学校の試験の成績が悪い傾向がある。
1924 **peril** [pérəl] The climber described the **perils** he had faced.	名 (重大な)危険，危難 ≒danger, risk 形 perilous その登山者は彼が直面した危険を説明した。
1925 **drip** [drɪp] **Drips** of water fell onto his head from the trees.	名 しずく，したたること 動 したたる ≒drop, trickle, dribble 彼の頭に木々から水のしずくが落ちた。
1926 **cultivate** [kʌ́ltɪvèɪt] The local people used traditional tools to **cultivate** the land.	動 を耕す；を栽培する；を育成する ≒plough; grow; foster 地元の人々は土地を耕すために伝統的な道具を用いた。
1927 **tempt** [tem*p*t] I was **tempted** *to* buy a bag in the sale.	動 を(～する)気にさせる，誘う ≒attract, entice, allure 私はセールでバッグを買いたい誘惑に駆られた。
1928 **oblige** [əbláɪdʒ] All the researchers were **obliged** *to* keep their work secret.	動 に(～するよう)義務づける ≒require, compel, obligate 研究者たちは全員，仕事を秘密にするよう義務づけられていた。
1929 **reap** [riːp] You will **reap** more than what you have invested.	動 を獲得する；を刈り入れる ≒receive; harvest あなたは投資した以上のものを得られるでしょう。
1930 **characterise** [kǽrəktəràɪz] The area is **characterised** by thick vegetation.	動 を特徴[特色]づける ≒distinguish, mark 米 characterize その一帯は豊かな植生によって特徴づけられる。

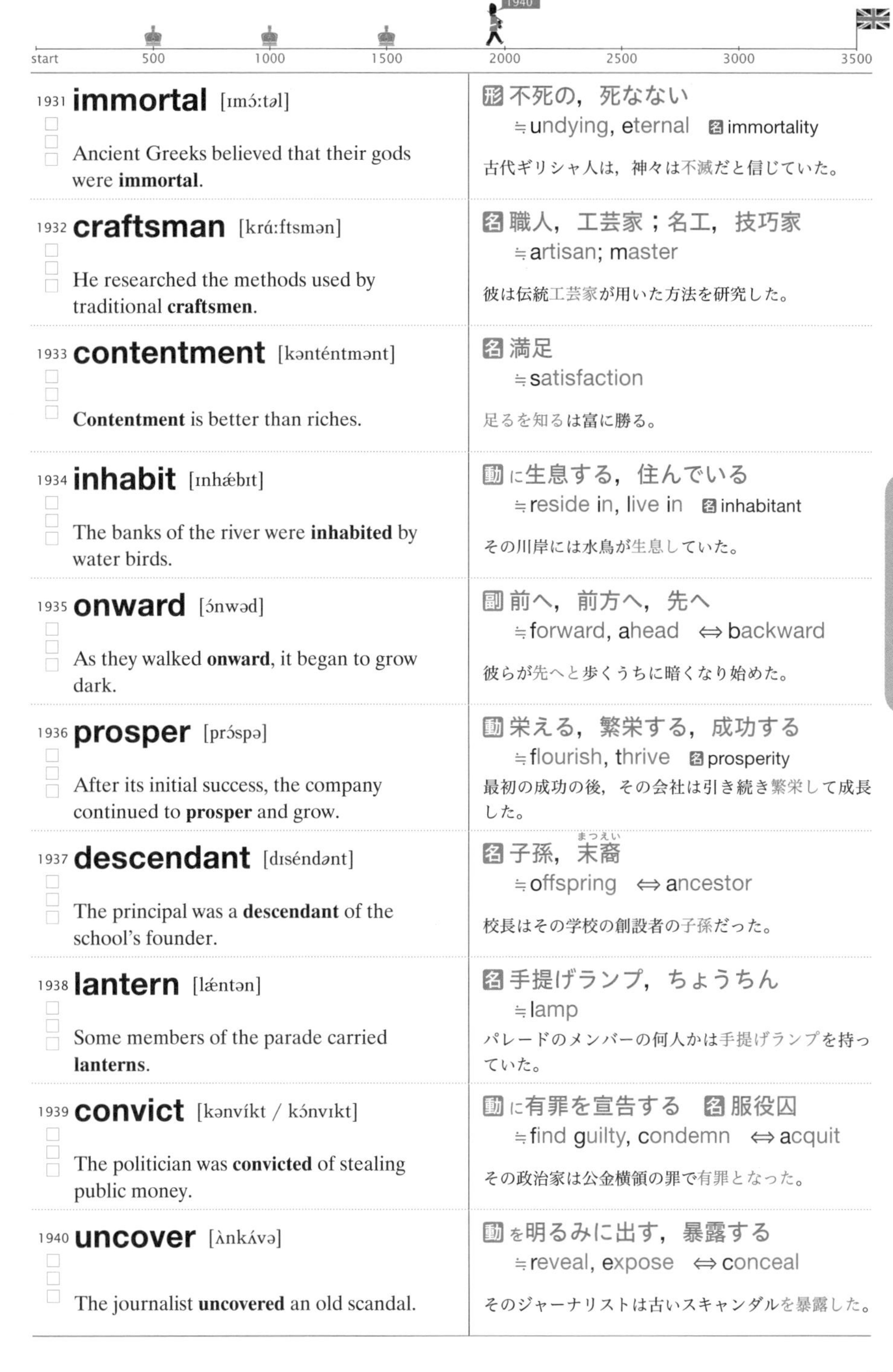

1931 **immortal** [ɪmɔ́:təl]

Ancient Greeks believed that their gods were **immortal**.

形 不死の，死なない
≒undying, eternal 名 immortality

古代ギリシャ人は，神々は不滅だと信じていた。

1932 **craftsman** [krɑ́:ftsmən]

He researched the methods used by traditional **craftsmen**.

名 職人，工芸家；名工，技巧家
≒artisan; master

彼は伝統工芸家が用いた方法を研究した。

1933 **contentment** [kənténtmənt]

Contentment is better than riches.

名 満足
≒satisfaction

足るを知るは富に勝る。

1934 **inhabit** [ɪnhǽbɪt]

The banks of the river were **inhabited** by water birds.

動 に生息する，住んでいる
≒reside in, live in 名 inhabitant

その川岸には水鳥が生息していた。

1935 **onward** [ɔ́nwəd]

As they walked **onward**, it began to grow dark.

副 前へ，前方へ，先へ
≒forward, ahead ⇔ backward

彼らが先へと歩くうちに暗くなり始めた。

1936 **prosper** [prɔ́spə]

After its initial success, the company continued to **prosper** and grow.

動 栄える，繁栄する，成功する
≒flourish, thrive 名 prosperity

最初の成功の後，その会社は引き続き繁栄して成長した。

1937 **descendant** [dɪséndənt]

The principal was a **descendant** of the school's founder.

名 子孫，末裔（まつえい）
≒offspring ⇔ ancestor

校長はその学校の創設者の子孫だった。

1938 **lantern** [lǽntən]

Some members of the parade carried **lanterns**.

名 手提げランプ，ちょうちん
≒lamp

パレードのメンバーの何人かは手提げランプを持っていた。

1939 **convict** [kənvíkt / kɔ́nvɪkt]

The politician was **convicted** of stealing public money.

動 に有罪を宣告する 名 服役囚
≒find guilty, condemn ⇔ acquit

その政治家は公金横領の罪で有罪となった。

1940 **uncover** [ʌ̀nkʌ́və]

The journalist **uncovered** an old scandal.

動 を明るみに出す，暴露する
≒reveal, expose ⇔ conceal

そのジャーナリストは古いスキャンダルを暴露した。

1回目 2回目 3回目

1941 **choke** [tʃoʊk] A newscaster **choked** *up* while announcing the death of the president.	動 (言葉などが)詰まる ≒almost cry, suffocate 大統領の死を発表する際にキャスターは言葉に詰まった。
1942 **equip** [ɪkwíp] The school **equipped** every desk *with* a computer.	動 に(必要なものを)装備する ≒furnish, provide 名 equipment 学校は全ての机にパソコンを設置した。
1943 **originate** [ərídʒənèɪt] Many Christian legends **originated** *in* the Middle Ages.	動 (〜に)生じる，起こる；を創始する ≒derive, arise, begin 名 origin 多くのキリスト教の伝説は中世に発祥した。
1944 **tease** [tiːz] The older boys **teased** him about his accent.	動 (を)からかう；をじらす ≒mock, deride, ridicule 年上の少年たちはなまりのことで彼をからかった。
1945 **exaggerate** [ɪɡzǽdʒərèɪt] Opponents of the plan **exaggerated** its expense.	動 (を)大げさに言う，誇張する ≒overstate, overplay 名 exaggeration 計画に反対する者たちは費用を誇張して言った。
1946 **compose** [kəmpóʊz] The team was **composed** *of* economists and mathematicians.	動 を構成する；を組み立てる ≒constitute, comprise, make up そのチームは経済学者と数学者で構成されていた。
1947 **motivate** [móʊtɪvèɪt] ❗ Good teachers know how to **motivate** students.	動 に動機[刺激，意欲]を与える ≒prompt, stimulate, inspire 良い教師はいかにして生徒に意欲を与えるかを知っている。
1948 **enlarge** [ɪnlɑ́ːdʒ] He **enlarged** the photograph to fill the page.	動 (を)拡大する，拡張する ≒expand, magnify 名 enlargement 彼はページいっぱいに写真を拡大した。
1949 **bribe** [braɪb] The corrupt factory owner tried to **bribe** the local officials.	動 を買収する，に賄賂を贈る 名 賄賂 ≒corrupt, buy off 名 bribery(贈収賄) 堕落した工場主は地元の役人を買収しようとした。
1950 **jerk** [dʒəːk] The machine gave a **jerk** when he turned it on.	名 急に動くこと 動 を急に動かす ≒pull, heave, yank 彼がスイッチを入れると機械はがたんと動いた。

1951 **overtake** [òuvətéɪk]

The company soon began to **overtake** its rivals.

動 を追い抜く，上回る；追い越す
≒outstrip, surpass; pass

その会社はすぐにライバル社を追い抜き始めた。

1952 **utilise** [júːtɪlàɪz]

The economist **utilised** official data to predict the level of growth.

動 を利用する，活用する
≒use 名 utilisation 米 utilize

その経済学者は成長レベルを予測するために公式データを利用した。

1953 **annoy** [ənɔ́ɪ]

The secretary's mistakes **annoyed** her boss.

動 を悩ます，いらいらさせる
≒bother, irritate 名 annoyance

秘書の間違いは上司をいらいらさせた。

1954 **soar** [sɔː] !

The rocket **soared** into the sky.

動 急上昇する，舞い上がる
≒climb, rise, spiral ⇔ plunge

ロケットは空へ急上昇した。

1955 **compel** [kəmpél]

The dictator **compelled** the scientists *to* work for him.

動 に強いて(～)させる
≒force, oblige, coerce

独裁者は自分のために働くよう科学者たちに強要した。

1956 **roam** [roum] !

There was a time when 25 million elephants **roamed** *around* Africa.

動 (～を)歩き回る；放浪する
≒wander; rove

2,500万頭のゾウがアフリカを歩き回っていた時代があった。

1957 **owing** [óuɪŋ]

India's economy will grow **owing** *to* its strong domestic demand.

形 〈owing to で〉～の理由で
≒because of

インド経済は強い国内需要のおかげで成長するであろう。

1958 **proclaim** [prəkléɪm] !

The group of writers **proclaimed** their opposition to censorship.

動 を宣言する，公式に表明する
≒announce, pronounce 名 proclamation

その作家グループは検閲への反対を公式に表明した。

1959 **authorise** [ɔ́ːθəràɪz]

The scientist was **authorised** to possess illegal drugs.

動 を認可する，に権限を与える
≒approve, sanction 米 authorize

その科学者は非合法の薬物の所持を認可されていた。

1960 **ape** [eɪp]

Humans are members of the **ape** family.

名 類人猿 動 を(ぎこちなく)まねる
≒primate

人間は類人猿の仲間だ。

1回目 / 2回目 / 3回目 /

1961 **priceless** [práɪsləs] □□□ Studying abroad is a **priceless** experience that offers countless benefits.	形 非常に貴重な，金で買えない ≒invaluable 留学は無数の恩恵をもたらす非常に貴重な経験である。
1962 **despise** [dɪspáɪz] □□□ Secretly the young researcher **despised** his colleagues.	動 を軽蔑する，ひどく嫌う ≒scorn, disdain 形 despicable（卑劣な） その若い研究者はひそかに同僚たちを軽蔑していた。
1963 **workman** [wə́:kmən] □□□ A gang of **workmen** were fixing the road.	名 （肉体）労働者，作業員 ≒labourer 作業員の一団が道路を修理していた。
1964 **hasten** [héɪsən] ⓘ □□□ A knee injury **hastened** his retirement from football.	動 を早める，促進する；急ぐ ≒expedite, accelerate, facilitate 膝のけがが彼のサッカーからの引退を早めた。
1965 **seaweed** [sí:wì:d] □□□ **Seaweed** serves the function of keeping seawater clean.	名 海草，海藻 ≒algae, kelp 海草は海水をきれいに保つ役割を果たす。
1966 **marvel** [mɑ́:vəl] □□□ The scientist described some of the **marvels** of modern medicine.	名 驚くべきこと，驚異，不思議　動 驚く ≒wonder, miracle 形 marvellous その科学者は現代医学の驚異の一部を説明した。
1967 **workmanship** [wə́:kmənʃìp] □□□ The carver's **workmanship** became famous.	名 （職人の）技量，手際，腕前 ≒craftsmanship, skill その彫刻家の腕前は有名になった。
1968 **stumble** [stʌ́mbl] □□□ The old man **stumbled** and fell.	動 つまずく，よろける ≒trip, falter, stagger 老人はつまずいて転んだ。
1969 **fuzzy** [fʌ́zi] □□□ Politicians often make **fuzzy** comments on purpose.	形 はっきりしない；毛羽だった ≒unclear, blurry; woolly 政治家はしばしば意図的に曖昧なコメントをする。
1970 **strait** [streɪt] □□□ The two islands were divided by a narrow **strait**.	名 海峡 ≒channel, sound, narrows ２つの島は細い海峡で隔てられていた。

1971 **secondhand** [sèkəndhǽnd]

□□□

Secondhand smartphones are more cost-effective than new ones.

形 中古の；また聞きの
≒used; indirect

中古のスマートフォンは新品よりも費用効果が高い。

1972 **mislead** [mìslíːd]

□□□

The customer was **misled** by the salesman's explanation.

動 を誤解させる，欺く
≒deceive, delude 形 misleading

その客は販売員の説明で誤った考えを抱いた。

1973 **deepen** [díːpən]

□□□

He wished to **deepen** his knowledge of the culture.

動 を深くする，深める；深まる
≒intensify

彼はその文化についての知識を深めたいと思った。

1974 **refine** [rɪfáɪn]

□□□

The factory was used to **refine** sugar.

動 を精製する；を洗練する
≒purify; polish 名 refinery（精製所）

その工場は砂糖を精製するために使用された。

1975 **perish** [pérɪʃ]

□□□

The explorer **perished** in the Arctic.

動 死ぬ；消え去る，滅びる；腐る
≒die; disappear; rot

その探検家は北極で亡くなった。

1976 **handout** [hǽndàut]

□□□

The teaching assistant copied **handouts** for the class.

名 配付資料，プリント
≒worksheet, pamphlet

教育助手はその授業のプリントをコピーした。

1977 **entitle** [ɪntáɪtl]

□□□

As a full-time professor, he was **entitled** *to* research funds.

動 に(～の)資格[権利]を与える
≒qualify, license 名 entitlement

専任教授として彼には研究資金を受け取る資格があった。

1978 **complicate** [kɔ́mplɪkèɪt]

□□□

The problem was **complicated** by the lack of time.

動 を複雑にする；を悪化させる
≒compound; aggravate ⇔ simplify

その問題は時間がないことで複雑化した。

1979 **firework** [fáɪəwə̀ːk]

□□□

Local festivals were famous for their **fireworks**.

名 花火，〈～s〉花火大会
≒pyrotechnics

地元の祭りは花火大会で有名だった。

1980 **overwhelm** [òuvəwélm]

□□□

At first, he was **overwhelmed** by his new duties.

動 を圧倒する，打ちのめす
≒overpower, devastate 形 overwhelming

最初，彼は新しい職務に圧倒された。

1回目 / 2回目 / 3回目

1981 **unfold** [ʌ̀nfóuld] As the war **unfolded**, food shortages occurred.	動 展開する；(を)開く ≒develop; open 戦争が展開するにつれて，食糧不足が発生した。
1982 **flatten** [flǽtən] They used a bulldozer to **flatten** the area.	動 を平らにする[延ばす]；平らになる ≒level, smooth ⇔roughen 彼らはその地域を平らにするためにブルドーザーを使った。
1983 **cashier** [kæʃíə] You can pay by smartphone at the **cashier**.	名 レジ係；銀行窓口係 ≒clerk; teller レジでスマートフォン払いができます。
1984 **depress** [dɪprés] His failure to get the job **depressed** him.	動 を意気消沈させる，憂鬱(ゆううつ)にする ≒distress, sadden 名 depression その仕事に就けなかったことが彼を憂鬱にさせた。
1985 **frustrate** [frʌstréɪt] The army managed to **frustrate** the enemy's attack.	動 を挫折させる，くじく ≒thwart, defeat 軍は何とか敵の攻撃をくじいた。
1986 **diligent** [dílɪdʒənt] **Diligent** people are more productive than their less **diligent** counterparts.	形 勤勉な，熱心に働く[勉強する]；入念な ≒industrious, hard-working; careful 勤勉な人たちはあまり勤勉でない人たちと比べてより生産性が高い。
1987 **industrious** [ɪndʌ́striəs] He owed his success to his **industrious** character.	形 勤勉な，よく働く ≒diligent, hard-working 名 industry(勤勉) 彼が成功したのは勤勉な性格のおかげだ。
1988 **whirl** [wəːl] ⓘ The wheel began to **whirl** more and more quickly.	動 ぐるぐる回る；渦を巻く 名 旋回，回転 ≒rotate, swirl, twirl 車輪はどんどん速く回転し始めた。
1989 **stagger** [stǽgə] The results of the experiment **staggered** the scientists.	動 を仰天させる；よろめく，ふらつく ≒amaze, astonish, stun 実験結果は科学者たちを仰天させた。
1990 **irritate** [írɪtèɪt] Small mistakes about dates **irritated** the historian intensely.	動 をいらいらさせる，怒らせる ≒annoy, bother 名 irritation 日付についての小さなミスがその歴史家をひどくいら立たせた。

1991 **revolve** [rɪvɔ́lv] The watermill continually **revolved**.	動 回る，回転する；を回転させる ≒rotate, circle, orbit 水車は絶えず回転した。
1992 **shatter** [ʃǽtə] The bomb blast **shattered** every window.	動 を粉々にする，粉砕する；粉々になる ≒smash, break, splinter 爆風は全ての窓を粉々にした。
1993 **infect** [ɪnfékt] The dirty water **infected** a number of swimmers.	動 に病原菌を感染[伝染]させる ≒contaminate 形 infectious(感染性の) 汚れた水は何人かのスイマーに感染を引き起こした。
1994 **dedicate** [dédɪkèɪt] The author **dedicated** the book *to* his wife.	動 を(～に)ささげる，充てる ≒devote 著者はその本を妻にささげた。
1995 **startle** [stɑ́:tl] A sudden noise **startled** the spectators.	動 をびっくりさせる，ぎくっとさせる ≒surprise, shock 形 startling 突然の騒音が観客をぎょっとさせた。
1996 **lumber** [lʌ́mbə] The noun '**lumber**' is American English for 'timber' in British English.	名 材木，木材 ≒timber lumber という名詞はイギリス英語の timber のアメリカ英語版である。
1997 **condense** [kəndéns] The archaeologist **condensed** his findings into one article.	動 を要約する；を濃縮する ≒abridge; concentrate 名 condensation その考古学者は研究結果を 1 つの記事に要約した。
1998 **fascinate** [fǽsɪnèɪt] Insects of all sorts **fascinated** the biologist.	動 を魅了する，うっとりさせる ≒captivate, enchant, enthral ありとあらゆる虫がその生物学者を魅了した。
1999 **terrify** [térəfàɪ] The aim of the bombing campaign was to **terrify** the public.	動 を恐れさせる，怖がらせる ≒frighten, scare, intimidate その爆撃作戦の狙いは民衆を怖がらせることだった。
2000 **skyscraper** [skáɪskrèɪpə] The first **skyscrapers** began to be built in the late 19th century.	名 超高層ビル，摩天楼 ≒high-rise 最初の摩天楼は 19 世紀後半に建てられ始めた。

Column
単語の覚え方②

類義語を覚えて語彙力を広げよう

IELTS 対策に限らず，外国語（あるいは母語も含めて言語全般）の学習における最重要基盤は語彙の習得です。今まで皆さんは英語（あるいはその他の外国語）の単語を覚える際にどのような方法を取ってきましたか？

おそらく最も一般的な方法は，「英単語＝日本語訳」という一対一の対応で覚えるというものでしょう。この方法の利点はとにかく分かりやすいということにあります。では，これを「英単語＝英語による定義」という方法と比べてみましょう。次の定義を読んで，何を意味するか考えてみてください。

"a tall tropical plant with hollow stems that is used for making furniture"
(Longman Dictionary of Contemporary English)

いかがでしょう？　この中の "hollow"（本書レベル 1 収録）という単語を知らなかったり，"tropical" という単語が入っているがゆえにかえって分からなくなりがちな定義ですが，正解は bamboo（竹）です。この場合，われわれは既に「竹」を知っているわけですから，「bamboo ＝竹」と覚えてしまう方がはるかに手っ取り早いと言えます。

しかしここで問題となるのが，IELTS では日本語訳は一切出てこないということです。語彙が最も重要なリーディングを例にとると，パッセージ中で用いられている単語が，正解の選択肢においてそのまま用いられていることは少なく，ほとんどの場合その類義語に置き換えられています。この**類義語の確認こそがIELTS リーディングの最大の鍵**と言っても過言ではありません。本書では，先ほどの bamboo の例のように日本語で覚えた方がよいものを除いて，ほとんどの単語に類義語が載せてあります。これらは実際に IELTS で出題されているものや，数ある類義語の中で最も重要なものです。日本語訳も覚えた方がいいのは当然ですが，**類義語を覚えることこそが真の試験対策**となります。

インプットした語はアウトプットで定着

類義語が必要なのはリーディングだけではありません。一般的日本人受験者に共通する弱点として，ライティングやスピーキングで同じ単語を繰り返し使い過ぎてしまう傾向があります。この理由としては，❶そもそも他の単語を知らない，というだけでなく，❷他の単語を使おうという発想がないという，より根本的な問題があります。語彙や表現の多様性はライティング・スピーキングの採点基準の 1 つです。本書に収録されている類義語は，単に分かるというインプットのレベルを超えて，是非アウトプットでもどんどん使ってください。その方が早く確実に覚えられるだけでなく，スコアアップにもつながります。

重要語2500

レベル3

No.2001～2500

目標バンドスコア

6.5

1回目 ／ 2回目 ／ 3回目

2001 **expenditure** [ɪkspéndɪtʃə] ☐☐☐ A deficit occurs when the government's **expenditure** exceeds its tax revenue.	名 支出，費用，経費；消耗 ≒spending, outlay, cost 政府の支出が税収を超えると赤字が生じる。
2002 **calling** [kɔ́:lɪŋ] ☐☐☐ She found her **calling** as a doctor.	名 天職，職業；(強い内的)衝動 ≒vocation, mission 彼女は医師としての天職を見つけた。
2003 **liability** [làɪəbílәti] ☐☐☐ Drivers bear **liability** *for* accidents caused by their dangerous behaviours.	名 (～に対する)法的責務；〈通例 -ties〉負債 ≒accountability, responsibility; debt ドライバーは自分の危険な行動によって生じた事故に対して法的責任を負う。
2004 **arise** [əráɪz] ☐☐☐ The majority of workplace accidents **arise** from carelessness.	動 生じる，起こる ≒occur 職場での事故のほとんどは不注意から起こる。
2005 **module** [mɔ́dju:l] ☐☐☐ The space station is made up of **modules** that were assembled in space.	名 構成単位[部品] ≒part 宇宙ステーションは宇宙空間で組み立てられた構成部品でできている。
2006 **breach** [bri:tʃ] ☐☐☐ The use of nuclear weapons is a **breach** of international law.	名 違反(行為)，不履行　動 を破る ≒violation, infringement; violate 核兵器の使用は国際法違反である。
2007 **linguistic** [lɪŋgwístɪk] ☐☐☐ The actor was blessed with considerable **linguistic** ability.	形 言語の；言語学の ≒verbal その俳優はかなりの言語能力に恵まれていた。
2008 **potentially** [pətén∫əli] ☐☐☐ The company removed a **potentially** dangerous additive from its products.	副 潜在的には；もしかすると ≒possibly その会社は製品から潜在的に危険な添加物を取り除いた。
2009 **vulnerable** [vʌ́lnərəbl] ☐☐☐ The patient will be especially **vulnerable** *to* infection after surgery.	形 (～に)弱い，かかりやすい ≒subject, susceptible　名 vulnerability その患者は手術後特に感染病にかかりやすいだろう。
2010 **audit** [ɔ́:dɪt] ☐☐☐ Companies must be **audited** by third-party auditors.	動 の会計検査をする　名 会計検査，監査 ≒inspect, examine; inspection 企業は第三者の監査人による会計検査を受けなければならない。

2011 **timber** [tímbə]

名 材木，木材；樹木
≒wood, logs

The **timber** was piled up inside the shed.
木材は倉庫の中に積み重ねられていた。

2012 **marginal** [mάːdʒɪnəl]

形 周辺的な，あまり重要でない
≒peripheral, insignificant ⇔central

The politician has only **marginal** influence in this matter.
その政治家はこの件についてあまり大きな影響力を持っていない。

2013 **straightforward** [strèɪtfɔ́ːwəd]

形 簡単な，単純な；率直な；直接的な
≒simple; honest, frank; direct

Shopping online on a mobile device is convenient and **straightforward**.
モバイルデバイスでのオンラインショッピングは便利で簡単である。

2014 **interface** [íntəfèɪs]

名 (～の間の)接点；境界面
≒connection; boundary, border

The keyboard acts as an **interface** *between* computer and user.
キーボードはコンピューターと利用者の接点の役割を果たす。

2015 **explicit** [ɪksplísɪt]

形 明白な，明確な
≒clear, obvious ⇔implicit

We had to revise the contract to make several things more **explicit**.
私たちは幾つかの事柄をより明確にするために契約書を修正しなければならなかった。

2016 **vertical** [vɔ́ːtɪkəl]

形 垂直の
≒upright, perpendicular ⇔horizontal

The **vertical** supports were strong enough to carry the weight.
その垂直の支柱は重みを支えるのに十分な強度があった。

2017 **liberation** [lìbəréɪʃən]

名 解放，釈放
≒release, emancipation 動 liberate

In 1862 President Abraham Lincoln announced the **liberation** of slaves.
1862年にアブラハム・リンカーン大統領は奴隷解放を宣言した。

2018 **lesser** [lésə]

形 より小さい方の；より劣る
≒minor, smaller; inferior

Sometimes we have to choose the **lesser** of two evils.
私たちは2つの害悪のうちましな方を選ばなければいけないときがある。

2019 **incidence** [ínsɪdəns]

名 (事件・病気などの)発生(率)
≒occurrence, rate, frequency

The **incidence** *of* cancers has been rising for decades.
がんの発生率が何十年間も上昇し続けている。

2020 **radiation** [rèɪdiéɪʃən]

名 放射能，放射線；放射
≒radioactivity; emission

High **radiation** levels were detected around the nuclear plant.
原子力発電所周辺で高い放射線量が検出された。

1回目 ／ 2回目 ／ 3回目 ／

2021 **substantially** [səbstǽnʃəli] □□□ The graph shows that the number of foreign students increased **substantially**.	副 かなり，相当 ≒considerably, significantly ⇔slightly そのグラフは留学生の数が相当増えたことを示している。
2022 **premium** [prí:miəm] ⓘ □□□ Some people pay a **premium** to buy 'green' products.	名 割増金；保険料 形 特別高級の ≒surcharge; insurance fee 環境に優しい製品を買うために割増金を払う人もいる。
2023 **hierarchy** [háɪərɑ̀:ki] ⓘ □□□ The new chairperson had begun at the bottom of the corporate **hierarchy**.	名 階層制 ≒class system 形 hierarchical 新会長は社内階層の一番下からスタートしていた。
2024 **equilibrium** [ì:kwɪlíbriəm] □□□ The election created a stable **equilibrium** between the political parties.	名 平衡，均衡，釣り合い ≒balance, symmetry ⇔imbalance その選挙は政党間に安定した均衡を築いた。
2025 **undertaking** [ʌ̀ndətéɪkɪŋ] □□□ Studying abroad is a significant **undertaking** but the benefits are numerous.	名 引き受けたこと，事業；保証，約束 ≒enterprise, venture; promise 留学は一大事業であるが，その恩恵は数多くある。
2026 **notable** [nóutəbl] □□□ It is **notable** that Japan's birthrate began to decline in the 1970s.	形 注目に値する；優れた，著名な ≒noteworthy, remarkable; outstanding 日本の出生率が1970年代に低下し始めたことは注目に値する。
2027 **legitimate** [lɪdʒítəmət] ⓘ □□□ A driving licence is a **legitimate** form of identification.	形 合法的な，法律にかなった ≒legal, lawful ⇔illegitimate 運転免許証は合法的な身分証明書である。
2028 **invariably** [ɪnvéəriəbli] □□□ The section head **invariably** comes late to meetings.	副 常に；変わることなく ≒always; constantly ⇔variably 部長は会議に常に遅れて来る。
2029 **correspondence** [kɔ̀(:)rəspɔ́ndəns] □□□ Business **correspondence** is expected to be fairly formal.	名 通信；書簡；一致；調和 ≒mail, communication; letters; correlation ビジネス通信文はかなり正式なものであることが求められている。
2030 **disability** [dìsəbíləti] □□□ The hotel offered a discount to people with **disabilities**.	名 身体障害；(一般に)欠陥，障害 ≒handicap; defect そのホテルは身体障害者に割引料金を提供した。

2031 **tribute** [tríbju:t] Americans pay **tribute** *to* war veterans on the 11th of November.	名 (～への)敬意，賛辞，尊敬のしるし ≒praise, accolade, homage アメリカ人は11月11日に退役軍人に敬意を表する。
2032 **directory** [dəréktəri] There is a **directory** of everything installed on your smartphone.	名 リスト，データブック，住所録 ≒list, phone book, record あなたのスマートフォンにインストールされている全てのもののリストがあります。
2033 **integrity** [ɪntégrəti] The mayor was known to be a man of **integrity**.	名 高潔，誠実，正直 ≒righteousness, honour 市長は高潔な人として知られていた。
2034 **comply** [kəmpláɪ] Many companies are struggling to **comply** *with* the new tax regulations.	動 (規則などに)従う，応じる ≒abide by, conform to 名 compliance 多くの企業が新税制に応じるのに苦慮している。
2035 **applicable** [əplíkəbl] The concept of human rights is **applicable** *to* all cultures.	形 (～に)適用[応用]できる，当てはまる ≒relevant, pertinent 人権の概念は全ての文化に適用できる。
2036 **correlation** [kɔ̀(:)rəléɪʃən] There is a clear **correlation** between body fat and heart disease.	名 相互[相関]関係，相関性 ≒connection, reciprocity 体脂肪と心臓病の間には明確な相関関係がある。
2037 **law enforcement** [lɔ́: ɪnfɔ̀:smənt] **Law enforcement** agencies arrested a key drug cartel member yesterday.	名 法の執行(機関) ≒the police 法執行機関は昨日，麻薬カルテルの主要メンバーを逮捕した。
2038 **linear** [líniə] The Western concept of time is described as **linear**.	形 直線的な；1次元の；直接的な ≒straight; one-dimensional; direct 西洋の時間の概念は直線的であると評される。
2039 **implication** [ìmplɪkéɪʃən] The budget cuts had **implications** for all universities.	名 〈通例 ～s〉影響，結果 ≒consequence, effect 予算削減は全ての大学に影響を及ぼした。
2040 **bureaucracy** [bjuərɔ́krəsi] Local politicians regularly complain about government **bureaucracy**.	名 官僚主義；官僚 形 bureaucratic 地元の政治家たちは政府の官僚主義に頻繁に不平を訴えている。

2041 **philosophical** [fìləsɔ́fɪkəl] The chairman was **philosophical** about his failed business plan.	形 達観した，冷静な；哲学的な ≒calm 会長は失敗した事業計画について冷静だった。
2042 **negligence** [néglɪdʒəns] Medical **negligence** can cause serious injuries or death to a patient.	名 過失；手抜かり，怠慢 ≒malpractice; slackness, carelessness 医療過失は患者に深刻な傷害や死をもたらし得る。
2043 **screening** [skríːnɪŋ] Eleven candidates successfully passed the **screening** stage.	名 ふるい分け，選別 ≒filtering 11 人の候補者が首尾良く選別過程を通過した。
2044 **thesis** [θíːsɪs] ⓘ The student finally completed his graduation **thesis**.	名 論文；主題 ≒dissertation, paper　複 theses その学生はようやく卒業論文を書き終えた。
2045 **mainstream** [méɪnstrìːm] **Mainstream** cinema is rarely controversial in its themes.	形 主流の　名 主流 ≒established, prevailing 主流の映画は物議を醸すテーマを扱うことはめったにない。
2046 **toxic** [tɔ́ksɪk] Safety equipment must be worn when working with **toxic** chemicals.	形 毒(素)の ≒poisonous, venomous 毒性の化学薬品を扱う際には防護服を着用しなければならない。
2047 **integral** [íntɪgrəl] Strong human resources were **integral** *to* the company's success.	形 (～に)必要な，不可欠な ≒essential, vital その企業の成功には強力な人材が不可欠だった。
2048 **intact** [ɪntǽkt] Amazingly, the house remained **intact** after the storm passed.	形 損なわれていない，無傷の ≒unharmed, unscathed　⇔damaged 驚いたことに，嵐が去った後その家は無傷だった。
2049 **fertility** [fə(ː)tíləti] The **fertility** rate in developed countries has been declining for decades.	名 (人口の)出生率；肥沃(ひよく)；多産 ≒birthrate; richness, fruitfulness 先進国の出生率は数十年の間低下し続けている。
2050 **redundant** [rɪdʌ́ndənt] Three hundred staff *were made* **redundant** after the merger.	形 余剰人員の；余分な ≒surplus; unnecessary　名 redundancy 合併後，300 人の社員が解雇された。

2051 decisive [dɪsáɪsɪv]

形 決定的な；決断力のある
≒critical, crucial; resolute

Money should not be regarded as the **decisive** factor for happiness.

お金は幸福の決定的な因子と見なされるべきではない。

2052 static [stǽtɪk]

形 静止状態の
≒stationary, still, motionless

Demand has remained **static** for the past several months.

この数か月間，需要が静止状態にある。

2053 questionnaire [kwèstʃənéə]

名 アンケート
≒enquiry, survey

Over 100 people filled in the **questionnaire**.

100人を超える人がアンケートに記入した。

2054 likelihood [láɪklihʊ̀d]

名 可能性，見込み
≒probability, chance, possibility

Scientists are trying to determine the **likelihood** of an earthquake.

科学者は地震の可能性を測定しようとしている。

2055 adverse [ædvə́ːs]

形 不利な，不都合な
≒unfavourable, bad, harmful

The prime minister always shows her best qualities under **adverse** circumstances.

首相は不利な条件下でも常に最良の資質を発揮する。

2056 entity [éntəti]

名 実在物，存在(物)
≒being, existence

A company and its subsidiaries are usually treated as a single **entity**.

会社とその子会社は通常1つの存在として扱われる。

2057 usage [júːsɪdʒ] !

名 使い方；使用
≒mode of use; use

The old car had been through years of rough **usage**.

その古い車は何年も荒っぽい使い方をされていた。

2058 corps [kɔː] !

名 軍団，部隊；団体
≒troop, division; group

The young American was a Peace **Corps** volunteer teaching English in Vietnam.

その若いアメリカ人はベトナムで英語を教える平和部隊のボランティアだった。

2059 compatible [kəmpǽtəbl]

形 (～と)両立できる，矛盾しない
≒consistent ⇔ incompatible

The project was not **compatible** *with* the philosophy of the company.

そのプロジェクトは会社の哲学と矛盾していた。

2060 intake [íntèɪk]

名 摂取量；取り入れ，吸い込み
≒consumption; absorption

The patient was asked to reduce his alcohol **intake**.

その患者はアルコール摂取量を減らすよう求められた。

1回目 / 2回目 / 3回目 /

2061 **implicit** [ɪmplísɪt] Readers need to understand both explicit and **implicit** meanings.	形 暗に示された，暗黙の；潜在する ≒implied, hinted; inherent ⇔explicit 読者は明示的な意味と暗示的な意味の両方を理解する必要がある。
2062 **aesthetic** [esθétɪk] His **aesthetic** sense as a photographer was influenced by his father.	形 美の，美学の 名 美術上の原理 ≒artistic 彼の写真家としての美的センスは父親から影響を受けていた。
2063 **array** [əréɪ] There was a vast **array** of products on display.	名 ずらりと並んだもの，勢ぞろい ≒collection, line-up おびただしい数の製品がずらりと並べられて展示されていた。
2064 **offset** [ɔ̀(:)fsét / ɔ́(:)fsèt] The construction company planted trees to **offset** carbon emissions.	動 を相殺する 名 相殺するもの ≒balance, compensate for その建設会社は二酸化炭素排出量を相殺するために植樹した。
2065 **anonymous** [ənɑ́nɪməs] The identity of an informer should be kept **anonymous**.	形 匿名の；作者不明の；特徴のない ≒unnamed; unidentified ⇔signed 情報提供者の身元は匿名にしておかれるべきである。
2066 **serial** [síəriəl] The author has been writing a **serial** novel for the magazine.	形 連載物[連続物]の 名 連載物 ≒sequential 著者はその雑誌に連載小説を書いている。
2067 **disastrous** [dɪzǽstrəs] We have never experienced such a **disastrous** tornado before.	形 災難を招く，破滅的な ≒catastrophic, devastating 私たちはこんな破滅的な竜巻をこれまでに経験したことがない。
2068 **incorporate** [ɪnkɔ́:pərèɪt] They were unable to **incorporate** all the workers into the new team.	動 を取り入れる，組み入れる ≒integrate, take in 彼らは全従業員を新しいチームに組み入れることはできなかった。
2069 **confidential** [kɑ̀nfɪdénʃəl] We guarantee that all patient information is kept strictly **confidential**.	形 秘密の，内密の，機密の；親密な ≒secret, classified; intimate 患者様に関する情報は全て極秘であることを保証いたします。
2070 **practitioner** [præktíʃənə] The old doctor was the only general **practitioner** in the village.	名 開業医，開業者，弁護士 ≒doctor その老医師は村で唯一の一般開業医だった。

2071 **sovereign** [sɔ́vrɪn] (!)

A nation has a **sovereign** right to protect its borders.

形 主権を有する　名 君主
≒independent, autonomous　名 sovereignty

国家は国境を守る主権を有する。

2072 **coherent** [kouhíərənt]

The professor's argument was very **coherent** and easy to understand.

形 筋の通った，首尾一貫した
≒logical, rational　名 coherence

教授の主張はとても筋が通っていて分かりやすかった。

2073 **arbitrary** [ɑ́:bɪtrəri]

The **arbitrary** decision-making of management angered the workers.

形 恣意(しい)的な，自由裁量による
≒random, haphazard

経営陣の恣意的な意思決定は労働者を怒らせた。

2074 **formidable** [fəmídəbl]

Climbing Mount Everest is a **formidable** challenge.

形 手ごわい；畏怖の念を与える
≒daunting; awesome

エベレスト登山は手ごわい挑戦だ。

2075 **fury** [fjúəri]

The company president hit the table in a **fury**.

名 激怒，憤慨
≒rage, wrath, exasperation

社長は激怒してテーブルをたたいた。

2076 **weird** [wɪəd] (!)

The rock group dressed in a **weird** way to attract attention.

形 異様な，気味の悪い；奇妙な
≒eerie; bizarre, odd

そのロックグループは注意を引こうと異様な格好をした。

2077 **legacy** [légəsi]

The **legacy** of Adam Smith continues to this day.

名 遺産
≒inheritance, heritage

アダム・スミスの遺産は今日まで続いている。

2078 **specimen** [spésəmɪn]

The biologist collected many animal **specimens**.

名 見本，実例
≒sample, example

その生物学者はたくさんの動物の標本を集めた。

2079 **axis** [ǽksɪs]

The earth rotates on its **axis**.

名 軸，軸線
≒pivot, centre line　複 axes

地球は地軸を中心に回転している。

2080 **incidentally** [ìnsɪdéntəli]

Incidentally, could you meet me for tea tomorrow?

副 ところで
≒by the way

ところで，明日お会いしてお茶でもいかがですか。

1回目 ／ 2回目 ／ 3回目 ／

2081 **spontaneous** [spɔntéɪniəs]

Examinees need to make a quick, **spontaneous** response.

形 自然(発生的)な，自発的な
≒natural, voluntary 名 spontaneity
受験者は素早くて自然な反応をする必要がある。

2082 **facilitate** [fəsílətèɪt]

The Internet has **facilitated** the establishment of international networks.

動 を容易にする，促進[助長]する
≒promote, expedite ⇔hinder
インターネットは国際的ネットワークの確立を容易にした。

2083 **enforce** [ɪnfɔ́ːs]

The school committee **enforced** the new rules.

動 を施行[実施]する，守らせる
≒implement, impose
学校の委員会は新しい規則を施行した。

2084 **intervene** [ìntəvíːn]

The manager was told not to **intervene** *in* other teams' work.

動 (～に)介入する，干渉する
≒interfere in 名 intervention
マネージャーは他のチームの仕事に干渉しないように言われた。

2085 **threshold** [θréʃ*h*oʊld]

A 1.5°C rise is considered the **threshold** for dangerous climate change.

名 境目，限界点；端緒，発端；敷居
≒borderline, verge, edge; beginning
1.5°Cの気温上昇が危険な気候変動の境界と見なされている。

2086 **versus** [vɔ́ːsəs]

Everybody is looking forward to the England **versus** Scotland match.

前 ～対，～に対して
≒against
皆がイングランド対スコットランドの試合を楽しみにしている。

2087 **habitat** [hǽbɪtæ̀t]

Clear-cutting forests has reduced the natural **habitats** of many species.

名 生息場所，生息環境
≒environment, home
森林皆伐は多くの種の自然の生息場所を減らしている。

2088 **aviation** [èɪviéɪʃən]

The pilot retired from the **aviation** industry in 1996.

名 飛行，航空；飛行術，航空学
≒flight; aeronautics
そのパイロットは1996年に航空業界から引退した。

2089 **freight** [freɪt] ⓘ

The train line was constructed purely for transportation of **freight**.

名 積み荷，貨物
≒cargo, load, shipment
その鉄道路線は貨物の輸送のためだけに建設された。

2090 **overlap** [óʊvəlæ̀p / òʊvəlǽp]

There is some **overlap** in content between the two websites.

名 部分的重複，重複部分 動 重複する
≒partial covering, duplication
2つのウェブサイトには幾つかの内容の部分的重複がある。

2091 **warehouse** [wéəhàus] The company has a lot of extra stock in its **warehouse**.	名 倉庫，収納庫 ≒storage, depository その会社は倉庫に余剰在庫を大量に抱えている。
2092 **rhetoric** [rétərɪk] Some politicians use dangerous **rhetoric** that stirs up hate.	名 修辞学，修辞法；話法，文章作法 ≒oratory 憎しみをかき立てる危険な修辞法を使う政治家もいる。
2093 **literacy** [lítərəsi] Improving child **literacy** is a key government target.	名 読み書きの能力 形 literate ⇔ illiteracy 児童の読み書き能力の向上は政府の主要目標だ。
2094 **riot** [ráɪət] ⓘ There were race **riots** in this area in the 1960s.	名 暴動，騒動 ≒turmoil, commotion 1960年代にこの地域では人種暴動があった。
2095 **embrace** [ɪmbréɪs] We must **embrace** new technologies, or we'll be left behind.	動 を受け入れる；を抱擁する 名 抱擁 ≒welcome, accept; hug われわれは新しい技術を受け入れなければならない。さもなければ置いていかれる。
2096 **brochure** [bróuʃə] ⓘ The holiday **brochure** was very glossy and impressive.	名 小冊子，パンフレット ≒booklet, leaflet, pamphlet その旅行パンフレットはとても光沢があって印象的だった。
2097 **fringe** [frɪndʒ] The factory is located on the eastern **fringe** of the city.	名 周辺，縁；非主流派 ≒border, edge, rim その工場は市の東の端に位置している。
2098 **texture** [tékstʃə] *Kimonos* have a delicate **texture** and are very comfortable to wear.	名 感触，手触り；食感；質感 ≒feel, touch; quality, character 着物は繊細な手触りで，着心地がとても良い。
2099 **supposedly** [səpóuzɪdli] ⓘ The man is **supposedly** the greatest footballer ever.	副 おそらく；推定では ≒presumably, allegedly その男はおそらく史上最高のサッカー選手だ。
2100 **clarify** [klǽrəfàɪ] The journalist asked the bureaucrat to **clarify** his remarks.	動 を明確にする ≒illuminate, elucidate 名 clarity その記者は，発言を明確にするようその官僚に求めた。

重要語レベル3

2101 **hemisphere** [hémɪsfìə]

The Southern **Hemisphere** has a relatively small population.

名 半球；脳半球
≒half; side

南半球の人口は比較的少ない。

2102 **clerical** [klérɪkəl]

The new employee was soon tired of her basic **clerical** duties.

形 事務の，書記の
≒secretarial 名 clerk(事務員)

その新入社員はすぐに初歩的な事務業務に飽きてしまった。

2103 **predecessor** [prí:dɪsèsə]

The new mayor is more conservative than her **predecessor**.

名 前任者；前身
≒forerunner; ancestor ⇔ successor

新市長は前任者より保守的だ。

2104 **municipal** [mju:nísɪpəl]

Municipal elections are held once every four years.

形 地方自治(体)の
≒local 名 municipality

地方自治体の選挙は4年ごとに行われる。

2105 **velocity** [vəlɔ́səti]

The object descended from space at high **velocity**.

名 (方向性を持つ)速度
≒speed

その物体は宇宙から高速で降下した。

2106 **pottery** [pɔ́təri]

The pieces of **pottery** were over 1,000 years old.

名 陶器類
≒china, ceramics

その陶器の破片は1,000年以上前のものだった。

2107 **reinforce** [rì:ɪnfɔ́:s] ❗

The wall was **reinforced** *with* extra concrete.

動 を(～で)強化する，補強する
≒strengthen, support 名 reinforcement

その壁は分量外のコンクリートで補強された。

2108 **pro** [prou] ❗

There are several **pros** when it comes to launching the product early.

名 賛成意見，賛成票 形 賛成の
⇔con

その製品を早期に売り出すことに関して幾つかの賛成意見がある。

2109 **strand** [strænd]

The bag was made from coloured **strands** of silk.

名 より糸；ひも；構成要素
≒thread; rope; element

そのバッグは色のついた絹のより糸でできていた。

2110 **nationwide** [nèɪʃənwáɪd]

The pop group has become a **nationwide** phenomenon.

形 全国的な，全国規模の 副 全国的に
≒national, countrywide

そのポップグループは全国的な大人気を博している。

2111 **trigger** [trígə]

The tensions between the countries might **trigger** war.

動 を引き起こす，誘発する　名 引き金
≒cause, prompt
それらの国の間の緊張は戦争を引き起こす可能性がある。

2112 **compensate** [kɔ́mpənsèɪt]

Hard work can **compensate** *for* lack of ability.

動 (～を)埋め合わせる，償う
≒make up (for)　名 compensation
努力は能力不足の埋め合わせをすることができる。

2113 **shaft** [ʃɑ:ft]

The carpenter carefully repaired the **shaft** of his saw.

名 柄，取っ手，シャフト
≒pole, stick, handle
大工は慎重にのこぎりの柄を修理した。

2114 **reliance** [rɪláɪəns]

Shouldn't the world increase its **reliance** *on* geothermal energy?

名 (～への)依存；信頼，信用
≒dependence; trust　動 rely
世界は地熱エネルギーへの依存を増やすべきではないのか？

2115 **complement** [kɔ́mplɪmènt / kɔ́mplɪmənt]

The team members **complemented** one another perfectly.

動 を補完する；を引き立てる　名 補完物
≒supplement; enhance　形 complementary
チームのメンバーは完璧にお互いを補完した。

2116 **advocate** [ǽdvəkèɪt / ǽdvəkət]

The sales director **advocated** entering the Chinese market.

動 を主張する　名 主張者
≒support, champion
営業部長は中国市場への参入を主張した。

2117 **gauge** [geɪdʒ] (!)

This instrument is used to **gauge** wind speed.

動 を測定する；を評価する　名 計器
≒measure; assess, evaluate
この道具は風速を測定するのに用いられる。

2118 **hazard** [hǽzəd]

Smoking in public places is a health **hazard**.

名 危険(なもの)
≒danger, risk, peril
公共の場での喫煙は健康に有害だ。

2119 **subordinate** [səbɔ́:dɪnət] (!)

Women are still **subordinate** *to* men under the law in some societies.

形 (～より)下位の，部下の　名 部下
≒lower, junior
一部の社会の法律では，女性はいまだに男性の下位にある。

2120 **fragile** [frǽdʒaɪl] (!)

The **fragile** cargo must be moved extremely carefully.

形 壊れやすい，もろい
≒frail, brittle　名 fragility
その壊れやすい貨物は極めて慎重に移動しなければならない。

1回目 / 2回目 / 3回目

2121 **quota** [kwóutə] ⓘ

名 割り当て，分担(分)
≒allocation, ration

The country decided to increase its annual refugee **quota**.

その国は年間に受け入れる難民の割り当てを増やすことに決めた。

2122 **optimism** [ɔ́ptımìzm]

名 楽観[楽天]主義
形 optimistic ⇔ pessimism

There is growing **optimism** that the conflict can be solved without violence.

その紛争は実力行使せずとも解決できるという楽観論が広がっている。

2123 **ambiguous** [æmbígjuəs]

形 両義[多義]の；曖昧な
≒equivocal; vague 名 ambiguity

The politician's remark was somewhat **ambiguous**.

その政治家の発言は幾分両義的だった。

2124 **authentic** [ɔ:θéntık]

形 本物の，真正の
≒genuine, real, actual

The art expert doubted that the painting was **authentic**.

その美術専門家は，その絵は本物ではないと思った。

2125 **bulletin** [búlətın]

名 告示，掲示，公報
≒announcement, notification

The city issued a **bulletin** asking residents to save water.

市は住民に節水を呼び掛ける告示を出した。

2126 **outfit** [áutfìt]

名 衣装一そろい；装備一式
≒costume, dress; kit, equipment

A *furisode* is a formal **outfit** usually worn for social occasions.

振り袖は通常社交行事の際に着る正式な衣装である。

2127 **customary** [kʌ́stəməri]

形 習慣的な，慣例の，通常の
≒conventional, traditional 副 customarily

It is **customary** to start a letter with 'Dear...'.

手紙は「親愛なる…」で始めるのが慣例だ。

2128 **toll** [toul] ⓘ

名 通行料金
≒charge, fee, payment

Electronic **toll** collection has made expressways in Japan more convenient.

電子料金徴収は日本の高速道路をより便利にした。

2129 **invaluable** [ınvæljuəbl]

形 計り知れない価値のある
≒priceless, precious ⇔ worthless

Today, the Internet is an **invaluable** source of information.

今日，インターネットは計り知れない価値のある情報源だ。

2130 **conform** [kənfɔ́:m]

動 (～に)従う，順応する；一致する
≒comply (with), abide by; correspond (to)

International students are expected to **conform** *to* local customs.

留学生は地域の習慣に従うことが求められる。

2131 **abnormal** [æbnɔ́:məl]

The doctor said the child's behaviour was **abnormal**.

形 異常な；病的な，変態の
≒unusual; deviant, eccentric

医師はその子どもの行動は異常だと言った。

2132 **utterance** [ʌ́tərəns]

It is advisable for politicians to be mindful of their **utterances**.

名 口に出すこと，発言
≒speech, remark 動 utter

政治家は発言に注意するのが賢明だ。

2133 **rotten** [rɔ́tən]

Food becomes **rotten** quickly in warm, humid climates.

形 腐った，朽ちた
≒decaying, decomposed 動 rot

暖かくて湿気の多い気候では食べ物が腐りやすい。

2134 **pragmatic** [prægmǽtɪk]

The politician was known as a **pragmatic** socialist.

形 実際的な，実利的な
≒practical, utilitarian

その政治家は実利的な社会主義者として知られていた。

2135 **attachment** [ətǽtʃmənt]

This hair dryer comes with two **attachments**.

名 付属(部)品；添付ファイル
≒accessory, adjunct

このヘアドライヤーには付属部品が2つ付いている。

2136 **superficial** [sù:pəfíʃəl]

The student's understanding of the topic was **superficial**.

形 表面的な，うわべだけの
≒surface, shallow ⇔profound

その学生のそのトピックに関する理解はうわべだけのものだった。

2137 **industrialise** [ɪndʌ́striəlàɪz]

As countries **industrialise**, living standards rise.

動 (を)産業化[工業化]する
名 industrialisation 米 industrialize

国が工業化するにつれて生活水準が向上する。

2138 **integrate** [íntɪgrèɪt]

The engineers could not **integrate** the two computer systems.

動 を統合する，統一する
≒consolidate 形 integral (不可欠な)

技術者たちはその2つのコンピューターシステムを統合することができなかった。

2139 **segment** [ségmənt / segmént]

The news **segment** of the show proved popular.

名 部分，区分，区切り 動 を分割する
≒part, portion, section

番組のニュース部門が好評だった。

2140 **conspicuous** [kənspíkjuəs]

The prime minister was **conspicuous** by his absence at the official dinner.

形 人目を引く，目立つ
≒noticeable, prominent ⇔obscure

晩餐会での首相の不在は人目を引いた。

1回目 / 2回目 / 3回目

2141 **casualty** [kǽʒuəlti] The bombing caused some damage, but no **casualties**.	名 死傷者，死者 ≒victim, fatality その爆撃で被害はあったが，死傷者は出なかった。
2142 **faction** [fǽkʃən] There are five major **factions** in the ruling party.	名 派閥，党派；派閥争い ≒group, clique 与党には 5 大派閥がある。
2143 **textile** [tékstaɪl] The shop was renowned for high-quality **textile** products.	名 織物，布地 ≒fabric, cloth その店は高品質の織物製品で有名だった。
2144 **notwithstanding** [nɔ̀twɪðstǽndɪŋ] The difficulty of the work **notwithstanding**, the intern performed well.	前 ～にもかかわらず　副 それにもかかわらず ≒despite, in spite of 仕事が難しかったにもかかわらず，その実習生は良い成績を上げた。
2145 **testimony** [téstɪməni] A high IELTS score is a **testimony** *of* your level of English.	名 (～の)証拠，あかし；証言，証明 ≒evidence, proof, testament; affidavit IELTS の高スコアはあなたの英語レベルのあかしである。
2146 **subsidy** [sʌ́bsədi] The farmers received a huge **subsidy** from the government.	名 補助金，助成金 ≒aid, grant　動 subsidise 農家の人々は政府から巨額の補助金を受け取った。
2147 **juvenile** [dʒúːvənàɪl] The rise in **juvenile** crime is causing concern.	形 未成年者の；少年少女向きの ≒young, adolescent　⇔adult 未成年者の犯罪の増加が懸念を呼んでいる。
2148 **contractor** [kəntrǽktə] General **contractors** are responsible for the construction of high-rise buildings.	名 (土木事業などの)請負業者，契約会社 ≒supplier, construction company 総合建設請負業者が高層ビルの建設を担う。
2149 **ironic** [aɪərɔ́nɪk] It is **ironic** that he became a writer as he hated reading as a child.	形 皮肉な；皮肉屋の ≒sarcastic　名 irony 子どものとき読書が大嫌いだった彼が作家になったとは皮肉だ。
2150 **litter** [lítə] **Litter** once prevented Mount Fuji from gaining World Heritage status.	名 (公共の場の)ごみ　動 を散らかす ≒rubbish; clutter ごみはかつて富士山の世界遺産の地位獲得を阻んだ。

2151 **con** [kɔn] There are a lot of opinions, pros and **cons**, regarding this issue.	名 反対；反対論，反対票　副 反対して ≒opposition ⇔pro この問題に関して賛否両論の多くの意見がある。
2152 **comprise** [kəmpráɪz] The United Kingdom **comprises** England, Scotland, Wales, and Northern Ireland.	動 で構成される，を含む ≒consist of, be composed of イギリスはイングランド，スコットランド，ウェールズ，北アイルランドで構成されている。
2153 **resistant** [rɪzístənt] Our newly developed materials are lightweight and heat-**resistant**.	形 抵抗力[耐性]のある，耐…の ≒immune　名 resistance われわれが新しく開発した素材は軽量で耐熱性がある。
2154 **descriptive** [dɪskríptɪv] The novel contained many **descriptive** passages.	形 記述的な，描写的な ≒explanatory　動 describe その小説には描写的な文章が多く含まれていた。
2155 **locality** [loʊkǽləti] There are several restaurants in the **locality** of the station.	名 地方，地域；場所 ≒area, region; site 駅のある地域に幾つか飲食店がある。
2156 **peg** [peg] The schoolchildren hung their coats on **pegs**.	名 掛けくぎ；くい ≒hook, pin, nail 児童たちはコートを掛けくぎに掛けた。
2157 **deficiency** [dɪfíʃənsi] Some diseases are the result of a nutritional **deficiency**.	名 不足，欠乏(状態) ≒lack, shortage ⇔sufficiency 栄養不足が引き起こす病気が幾つかある。
2158 **drastic** [drǽstɪk] **Drastic** measures were needed to reduce the company wage bill.	形 思い切った，徹底的な ≒radical ⇔mild 会社の賃金の支払いを減らすためには思い切った対策が必要だった。
2159 **tariff** [tǽrɪf] The **tariff** on oil imports was increased by 1% last week.	名 関税 ≒tax, duty 石油の輸入に掛かる関税が先週1%上がった。
2160 **mansion** [mǽnʃən] The rock star lived in a large country **mansion** near London.	名 豪邸，大邸宅 ≒residence, manor house そのロックスターはロンドン近郊の田舎にある大邸宅に住んでいた。

1回目 / 2回目 / 3回目

2161 **recipient** [rɪsípiənt] Around three quarters of welfare **recipients** in this area are families with children.	名 受取人，受領者 ≒beneficiary, receiver この地域の生活保護受給者のほぼ4分の3は子どものいる家庭だ。
2162 **manifest** [mǽnɪfèst] India has **manifested** its ambition to become a global leader.	動 をはっきりと示す 形 明らかな，明白な ≒demonstrate, show; obvious インドは世界のリーダーになるという野心を示している。
2163 **crust** [krʌst] Earthquake experts discussed the recent movement of the earth's **crust**.	名 地殻；パンの皮[耳] ≒outer layer ⇔core 地震専門家が最近の地殻の移動について討議した。
2164 **flush** [flʌʃ] Children in the nursery school sometimes forgot to **flush** the toilet.	動 をどっと流す，水洗する ≒clean, wash out 保育園の子どもたちは時々トイレを流し忘れた。
2165 **filthy** [fílθi] Some people in developing countries work in **filthy** conditions.	形 不潔な，汚物で汚れた，汚い；卑猥な ≒dirty, foul; obscene 発展途上国では不潔な状況で働いている人もいる。
2166 **coincide** [kòuɪnsáɪd] The demonstration was planned to **coincide** *with* the conference on global warming.	動 (～と)同時に起こる ≒concur, coexist 名 coincidence デモは地球温暖化に関する会議と同時に行われる計画だった。
2167 **safeguard** [séɪfgɑ̀ːd] Internet security software is your surest **safeguard** *against* threats.	名 (～に対する)保護手段 動 を保護する ≒protection, defence; protect, shield インターネットセキュリティソフトは，脅威に対して最も確実な保護手段である。
2168 **spacious** [spéɪʃəs] The new apartments were bright and **spacious**.	形 広々とした，ゆったりした ≒roomy, large ⇔cramped 新しいマンションは明るくて広々としていた。
2169 **disposition** [dìspəzíʃən] Many Japanese people have a **disposition** *to* be attentive to details.	名 (～する)性質，気質，傾向；配列 ≒temperament, nature, inclination 日本人の多くは細部に気を配る傾向がある。
2170 **cleanup** [klíːnʌ̀p] The company paid for the **cleanup** following the accident.	名 大掃除，片付け ≒cleaning, ordering その会社は事故後の片付けの費用を負担した。

2171 lonesome [lóunsəm]

形 寂しい，孤独感を抱いた
≒lonely, alone

It is entirely possible to feel **lonesome** even in a crowd.

群衆の中にいても孤独を感じることは十分にあり得る。

2172 tricky [tríki]

形 慎重な扱いを要する
≒difficult, delicate

Diplomats were able to negotiate a peaceful solution to a **tricky** situation.

外交官たちは慎重を要する状況の平和的解決を交渉でまとめることができた。

2173 skeleton [skélɪtən]

名 骨格，骸骨
≒bones

The scholar has been studying the muscles and **skeleton** of the dinosaur.

その学者は恐竜の筋肉と骨格を研究している。

2174 perplex [pəpléks]

動 を混乱[当惑]させる
≒confuse, puzzle, baffle

His statement **perplexed** his colleagues.

彼の声明は同僚たちを当惑させた。

2175 induce [ɪndjúːs]

動 を誘発する；に(〜)させる
≒cause, bring about

Skilful speech can sometimes **induce** concessions from opponents.

巧みな話し方は時に相手からの譲歩を引き出すことができる。

2176 slump [slʌmp]

動 急に落ち込む，暴落する 名 暴落
≒plunge, plummet ⇔soar

The value of real estate **slumped** during the recession.

不動産の価値は不景気の間に暴落した。

2177 spouse [spaus] ⓘ

名 配偶者
≒partner, husband, wife

Spouses and partners are welcome to attend the company Christmas party.

配偶者やパートナーの方もよろしければ会社のクリスマスパーティーにご参加ください。

2178 collision [kəlíʒən]

名 衝突；対立
≒crash; conflict 動 collide

The two cars were involved in a **collision**.

その2台の車は衝突事故を起こした。

2179 finite [fáɪnaɪt]

形 有限の
≒limited ⇔infinite

The earth's natural resources are **finite**.

地球の天然資源は有限だ。

2180 responsive [rɪspɑ́nsɪv]

形 (〜に)敏感な，よく反応する
≒sensitive, reactive

The doctor was **responsive** *to* his patients' needs.

その医師は患者の要求に敏感だった。

1回目 ／ 2回目 ／ 3回目 ／

2181 **outgoing** [àutgóuɪŋ] □□□ **Outgoing** mail is no longer screened by the police in the country.	形 発信用の；外向的な ≒departing; extroverted その国では差し出された郵便物が警察に検査されることはもはやない。
2182 **peninsula** [pənínsjulə] □□□ The Izu **peninsula** is renowned for its natural beauty.	名 半島 伊豆半島は美しい自然で有名だ。
2183 **query** [kwíəri] ⚠ □□□ The company website contained a **query** page for customers.	名 質問，問い合わせ ≒question, enquiry その企業のウェブサイトには顧客用の問い合わせページがあった。
2184 **cater** [kéɪtə] □□□ Our on-demand educational TV programmes **cater** *for* young viewers.	動 (～に)必要なものを提供する ≒provide for, serve 私たちのオンデマンド教育テレビ番組は若い視聴者に必要なものを提供している。
2185 **haul** [hɔːl] □□□ Several trucks were required to **haul** the equipment to the port.	動 を強く引っ張る 名 輸送距離 ≒drag, tow, tug 港までその機器をけん引するために何台かのトラックが必要だった。
2186 **prop** [prɔp] □□□ The man used a shoe to **prop** the door open.	動 を支える，に突っかい棒をする 名 支え ≒support, hold up 男は靴を使ってドアを支えて開けておいた。
2187 **rim** [rɪm] □□□ The auctioneer noticed a chip on the **rim** of the antique wine glass.	名 (特に円周の)縁，へり，端 ≒brim, lip, edge その競売人はアンティークのワイングラスの縁が欠けているのに気付いた。
2188 **projection** [prədʒékʃən] □□□ The economist's **projection** turned out to be embarrassingly wrong.	名 予測，見積もり ≒estimate, forecast, prediction 結局その経済学者の予測は恥ずかしいくらい外れた。
2189 **eccentric** [ɪkséntrɪk] □□□ The company's **eccentric** TV advert is well known.	形 風変わりな，常軌を逸した 名 変人 ≒odd, bizarre, weird その会社の風変わりなテレビコマーシャルはよく知られている。
2190 **compelling** [kəmpélɪŋ] □□□ There is **compelling** evidence that the earth is warming.	形 説得力のある，納得のいく；興味を引く ≒convincing, persuasive; fascinating 地球が温暖化しているという説得力のある証拠がある。

2191 **minimise** [mínɪmàɪz] The company was concerned with **minimising** risks.	動 を最小限にする ⇔ maximise 🇺🇸 minimize その企業はリスクを最小限にすることに関心を持っていた。
2192 **genre** [ʒɔ́nrə] Certain literary **genres**, such as tragedy, are very old.	名 ジャンル，範疇（はんちゅう），類型 ≒category, classification, type 悲劇のようなある種の文学ジャンルは非常に古くからある。
2193 **interact** [ìntərǽkt] Some drugs **interact** *with* each other and cause side effects.	動 (〜と)相互に作用する ≒act reciprocally 薬の中には相互に作用して副作用を起こすものがある。
2194 **elastic** [ɪlǽstɪk] Trousers with **elastic** waist bands are easy to put on and take off.	形 伸縮性[弾力性]のある；順応性のある ≒flexible, pliable; adaptable 伸縮性のあるウエストバンドのズボンは着脱が容易である。
2195 **stout** [staʊt] ❗ The people in the region tended to be short and **stout**.	形 ずんぐりした ≒fat, plump, stocky その地域の人々は背が低くずんぐりした傾向があった。
2196 **exert** [ɪgzə́ːt] ❗ The anti-nuclear weapons lobby **exerted** pressure on the government.	動 を働かせる，行使する ≒apply, exercise, use 核兵器反対の圧力団体は政府に圧力をかけた。
2197 **orderly** [ɔ́ːdəli] The craftsman's tools were in an **orderly** array on the desk.	形 整然とした，秩序立った ≒neat, tidy, well-organised その職人の道具は机の上に整然と並べられていた。
2198 **wreck** [rek] ❗ Most of the local shops were **wrecked** during the riots.	動 を破壊する；を難破させる 名 難破船 ≒demolish, destroy; strand 暴動の間にほとんどの地元の店は破壊された。
2199 **commonplace** [kɔ́mənplèɪs] Traceability has become **commonplace** in food supply chains.	形 日常の，当たり前の 名 日常茶飯事 ≒ordinary, everyday, mundane トレーサビリティー（追跡可能性）は食品流通網では当たり前になっている。
2200 **bait** [beɪt] The fisherman attached his **bait** to the hook.	名 (釣り針に付ける)餌 ≒lure, trap 漁師は釣り針に餌を付けた。

重要語レベル3 - ❸

1回目 ／　2回目 ／　3回目 ／

2201 **informative** [ɪnfɔ́:mətɪv] □□□ The participants found the seminar to be very **informative**.	形 情報[知識]を提供する ≒instructive, revealing そのセミナーはとても有用な情報を提供してくれると参加者は感じた。
2202 **burglary** [bə́:gləri] □□□ Thankfully, there are far fewer **burglaries** today than in the past.	名 住居侵入(罪)；強盗 ≒housebreaking, break-in ありがたいことに，昔と比べて今日では住居侵入がはるかに少ない。
2203 **engaging** [ɪngéɪdʒɪŋ] □□□ Most popular celebrities are known for their **engaging** smiles.	形 人を引き付けるような，魅力的な ≒charming, attractive, appealing ほとんどの人気セレブは魅力的な微笑みで知られている。
2204 **administer** [ədmínɪstə] □□□ Housing benefits in the UK are **administered** by local governments.	動 を管理する ≒manage, direct, supervise イギリスでは住宅手当は地方自治体によって管理されている。
2205 **epidemic** [èpɪdémɪk] □□□ Scientists are worried about the possibility of a flu **epidemic**.	名 流行，伝染病　形 伝染性の ≒plague, pandemic 科学者たちはインフルエンザが流行する可能性を懸念している。
2206 **crusade** [kru:séɪd] □□□ The mayor is leading the **crusade** against factory farming in the county.	名 改革[擁護]運動 ≒campaign, drive, movement 市長は州での工場式農場に反対する運動を指導している。
2207 **glare** [gleə] □□□ Protect your eyes from the **glare** of your computer screen.	名 ぎらぎらする光[輝き] ≒dazzle, beam, radiance コンピューター画面のぎらぎらする光から目を守りなさい。
2208 **trench** [trentʃ] □□□ It's important to dig a deeper **trench** to drain water away.	名 溝，堀，掘割 ≒ditch, channel, drain 排水するためにはもっと深い溝を掘ることが肝心だ。
2209 **ascertain** [æ̀sətéɪn] ⓘ □□□ The economist **ascertained** the real causes of the stock market crash.	動 を確かめる ≒confirm, determine, verify その経済学者は株式市場暴落の本当の原因を確かめた。
2210 **advisable** [ədváɪzəbl] □□□ In Japan, it is highly **advisable** to prepare for an earthquake.	形 賢明な，勧められる ≒wise, desirable, recommended 日本では地震に備えておくことが極めて賢明である。

2211 **merge** [məːdʒ]

The company **merged** *with* its long-term competitor.

動 (を)(～と)合併する
≒consolidate, unite, join

その会社は長年のライバル会社と合併した。

2212 **posture** [pɑ́stʃə]

At the school, the girls were taught good **posture**.

名 姿勢，(体の)構え
≒position, bearing, pose

学校で少女たちは良い姿勢を教わった。

2213 **suffice** [səfáɪs] (!)

No words can **suffice** *to* express my thankfulness to my parents.

動 (～のに)十分である，足りる
≒be enough 形 sufficient

私の両親に対する感謝を表現するのにどんな言葉も十分ではありません。

2214 **expressive** [ɪksprésɪv]

The painter's vibrant colours were a strong component of his **expressive** style.

形 表現[表情]に富む
≒eloquent ⇔ impassive

その画家の明るい色遣いは彼の表現に富んだスタイルの重要な要素だった。

2215 **tug** [tʌg]

Many small countries are caught in a **tug** of war between the world's superpowers.

名 引っ張ること；引き綱 動 を強く引く
≒pull, jerk; drag

多くの小国は世界の超大国間の綱引きに巻き込まれている。

2216 **prevalent** [prévələnt]

Generally, liberal ideas are more **prevalent** at urban universities.

形 普及[流行]している
≒widespread, popular 動 prevail

一般に，都市部の大学ではリベラルな考えの方が浸透している。

2217 **adolescent** [æ̀dəlésənt]

The author spent most of her **adolescent** years in Canada.

形 青春期の 名 青春期の人
≒teenage, juvenile, young

著者は青春期のほとんどをカナダで過ごした。

2218 **novelty** [nɑ́vəlti]

The **novelty** of new electronic gadgets wears off quickly.

名 (目)新しさ；目新しい物
≒originality, innovation 形 novel

新しい電子機器の目新しさはすぐに薄れる。

2219 **literal** [lítərəl]

It's hard to understand the true meaning from its **literal** translation.

形 文字通りの；正真正銘の
≒verbatim; true 副 literally

文字通りの翻訳から本当の意味を知ることは難しい。

2220 **tedious** [tíːdiəs] (!)

The elderly professor's lectures were **tedious**, to say the least.

形 (長くて)退屈な，冗長な
≒boring, dull, monotonous

その年配の教授の講義は控えめに言っても冗長だった。

1回目 / 2回目 / 3回目

2221 **pedestrian** [pədéstriən] The majority of traffic accidents involving a **pedestrian** occur in urban areas.	名 歩行者　形 歩行者用の；平凡な ≒walker; dull 歩行者が関わる交通事故の大半は都会の地域で起こる。
2222 **differentiate** [dìfərénʃièɪt] He showed me how to **differentiate** edible mushrooms *from* poisonous ones.	動 を(〜と)見分ける；区別する ≒distinguish, discriminate 食べられるキノコを毒キノコとどう見分けるかを彼は教えてくれた。
2223 **alternate** [ɔ́:ltənèɪt / ɔ:ltə́:nət] ⚠ Fortune and misfortune **alternate** in life without any visible reason.	動 (繰り返して)交替する　形 交互の ≒take turns; interchanging 人生における幸運と不運は目に見えるような理由なく交互に起こる。
2224 **menace** [ménəs] ⚠ The **menace** of terrorism can be felt across the globe.	名 脅威；脅迫 ≒danger, peril; threat テロの脅威は世界の至る所で感じられる。
2225 **apprentice** [əpréntɪs] The **apprentice** learned many useful techniques from his master.	名 見習い(工)，徒弟 ≒trainee, novice　⇔master その見習いは親方から役に立つ技術をたくさん学んだ。
2226 **reconcile** [rékənsàɪl] We need to **reconcile** development and the fight against climate change.	動 を両立させる，調和させる；を和解させる ≒harmonise, make compatible; reunite 私たちは開発と気候変動との闘いを両立させる必要がある。
2227 **altitude** [æltɪtjù:d] The hilltop stadium was at a very high **altitude**.	名 高度，海抜，標高 ≒elevation, height 丘の頂上のスタジアムはとても標高の高い所にあった。
2228 **clutch** [klʌtʃ] The man fed the bread to a **clutch** of hungry geese.	名 群れ，集団 ≒group 男性はそのパンを飢えたガンの群れにやった。
2229 **concede** [kənsí:d] After three failed election attempts, the candidate **conceded** defeat.	動 を(しぶしぶ)認める；譲歩する ≒admit, acknowledge　名 concession その候補者は選挙に 3 回失敗した後，負けを認めた。
2230 **perpetual** [pəpétʃuəl] It seems that the region is in a state of **perpetual** war.	形 永遠の，永続的な ≒everlasting, permanent その地域は永続的な戦争状態にあるようだ。

2231 formulate [fɔ́:mjəlèɪt]

動 を体系的に作り上げる
≒devise, develop

The government struggled to **formulate** its policies.

政府は政策を体系的に作り上げようと苦心した。

2232 meditation [mèdɪtéɪʃən]

名 (宗教的)瞑想(めいそう), 黙想
≒contemplation, reflection

Meditation is an important element of Buddhism.

瞑想は仏教の重要な要素だ。

2233 humanitarian [hjumæ̀nɪtéəriən]

形 人道主義の, 博愛主義の 名 人道主義者
≒charitable, philanthropic; philanthropist

Humanitarian aid is most needed in conflict zones.

紛争地域においては人道的支援が最も必要とされている。

2234 stroll [stroʊl]

名 ぶらぶら歩くこと, 散歩 動 ぶらぶら歩く
≒walk, amble; saunter

It is pleasant to take a **stroll** while viewing autumn leaves.

紅葉を眺めながらぶらぶら歩くのは気持ちがいい。

2235 amidst [əmídst]

前 ～の最中に, ～の間に
≒in the middle of, during

The novelist finished his speech **amidst** a storm of applause.

その小説家は割れんばかりの拍手のうちにスピーチを終えた。

2236 eminent [émɪnənt]

形 名声の高い, 高名な
≒prominent, distinguished, renowned

The speaker was one of the most **eminent** psychologists of the day.

講演者は現代の最も高名な心理学者の１人だった。

2237 friction [fríkʃən]

名 摩擦
≒abrasion, rubbing

Reducing air **friction** is a key concern of automobile designers.

空気摩擦を減らすことは自動車設計者の主要な関心事だ。

2238 pest [pest]

名 害虫, 害獣；厄介者
≒vermin; nuisance

The farmer's crops required extensive **pest** control.

その農家の作物は大規模な害虫駆除を必要とした。

2239 indulge [ɪndʌ́ldʒ]

動 (～に)夢中になる；を甘やかす
≒wallow, luxuriate

On weekends he enjoyed **indulging** *in* mindless web surfing.

彼は週末には頭を使わないネットサーフィンにふけるのを楽しんだ。

2240 inhibit [ɪnhíbɪt]

動 を抑制する, 抑える
≒hinder, impede 名 inhibition

The minister is wondering whether taxes **inhibit** business growth.

税金は事業の成長を抑制するだろうかと大臣は思っている。

1回目 / 2回目 / 3回目

2241 **vapour** [véɪpə] The hot spring gave off a thick **vapour**.	名 蒸気 ≒steam, mist 🇺🇸vapor その温泉は濃い蒸気を放った。
2242 **allocate** [ǽləkèɪt] It was difficult to **allocate** the money fairly.	動 を割り当てる，配分する ≒assign, allot, distribute 公平にそのお金を配分するのは難しかった。
2243 **dialect** [dáɪəlèkt] Some Italian **dialects** are disappearing quickly.	名 方言，地方語 ≒vernacular, local tongue 幾つかのイタリア語の方言が急速に消えつつある。
2244 **endorse** [ɪndɔ́:s] The prime minister **endorsed** the spokesperson's comments.	動 を是認する，支持する ≒approve, authorise, support 首相は報道官の発言を支持した。
2245 **supervise** [sú:pəvàɪz] One of the older boys **supervised** the children.	動 を監督する，管理する ≒oversee, manage, direct 年上の男の子の 1 人が子どもたちを監督した。
2246 **brisk** [brɪsk] The family took a **brisk** walk before dinner.	形 活発な，きびきびとした ≒energetic, lively, quick その家族は夕食前に早足で散歩した。
2247 **spur** [spə:] An increase in Internet users has **spurred** growth in e-commerce.	動 を駆り立てる，刺激する 名 拍車 ≒prompt, urge, stimulate; stimulus インターネット利用者の増加が電子商取引の成長を駆り立ててきた。
2248 **anatomy** [ənǽtəmi] Understanding the **anatomy** of a virus is crucial for effective defence.	名 (解剖学的)構造；解剖学 ≒structure, makeup; analysis ウィルスの構造を理解することは効果的な防御のために不可欠である。
2249 **relish** [rélɪʃ] She **relished** the thought of a holiday from work.	動 を楽しむ，好む 名 楽しみ，喜び ≒enjoy, love, adore 彼女は仕事を休める日のことを考えてわくわくした。
2250 **impersonal** [ɪmpə́:sənəl] Her reply to his letter was very **impersonal**.	形 人間味を欠いた；客観的な ≒cold; objective, detached 彼の手紙への彼女の返事はとても人間味を欠いたものだった。

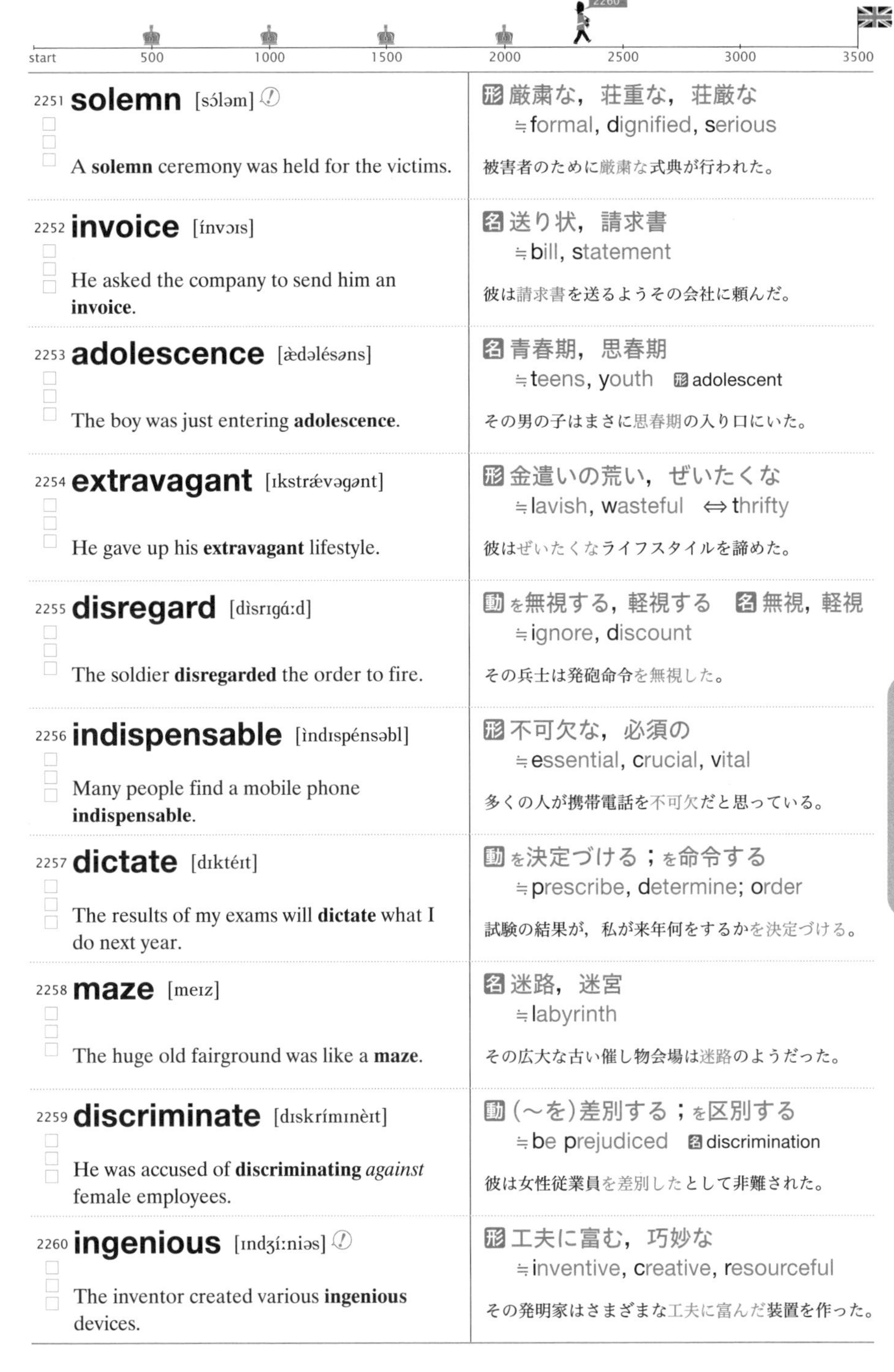

2251 **solemn** [sɔ́ləm] !	形 厳粛な，荘重な，荘厳な ≒formal, dignified, serious
A **solemn** ceremony was held for the victims.	被害者のために厳粛な式典が行われた。
2252 **invoice** [ínvɔɪs]	名 送り状，請求書 ≒bill, statement
He asked the company to send him an **invoice**.	彼は請求書を送るようその会社に頼んだ。
2253 **adolescence** [æ̀dəlésəns]	名 青春期，思春期 ≒teens, youth　形 adolescent
The boy was just entering **adolescence**.	その男の子はまさに思春期の入り口にいた。
2254 **extravagant** [ɪkstrǽvəgənt]	形 金遣いの荒い，ぜいたくな ≒lavish, wasteful　⇔ thrifty
He gave up his **extravagant** lifestyle.	彼はぜいたくなライフスタイルを諦めた。
2255 **disregard** [dìsrɪgɑ́ːd]	動 を無視する，軽視する　名 無視，軽視 ≒ignore, discount
The soldier **disregarded** the order to fire.	その兵士は発砲命令を無視した。
2256 **indispensable** [ìndɪspénsəbl]	形 不可欠な，必須の ≒essential, crucial, vital
Many people find a mobile phone **indispensable**.	多くの人が携帯電話を不可欠だと思っている。
2257 **dictate** [dɪktéɪt]	動 を決定づける；を命令する ≒prescribe, determine; order
The results of my exams will **dictate** what I do next year.	試験の結果が，私が来年何をするかを決定づける。
2258 **maze** [meɪz]	名 迷路，迷宮 ≒labyrinth
The huge old fairground was like a **maze**.	その広大な古い催し物会場は迷路のようだった。
2259 **discriminate** [dɪskrímɪnèɪt]	動 (〜を)差別する；を区別する ≒be prejudiced　名 discrimination
He was accused of **discriminating** *against* female employees.	彼は女性従業員を差別したとして非難された。
2260 **ingenious** [ɪndʒíːniəs] !	形 工夫に富む，巧妙な ≒inventive, creative, resourceful
The inventor created various **ingenious** devices.	その発明家はさまざまな工夫に富んだ装置を作った。

1回目 2回目 3回目

2261 **oppressive** [əprésɪv] People were tired of the general's **oppressive** rule.	形 圧制的な ≒repressive, tyrannical 人々は将軍の圧制的な支配にうんざりしていた。
2262 **shrewd** [ʃru:d] The student made a **shrewd** criticism of the article.	形 洞察力の鋭い；抜け目のない ≒acute; astute, clever その学生はその記事に対して洞察力の鋭い批判をした。
2263 **credible** [krédəbl] There is no **credible** evidence that there are aliens.	形 信用[信頼]できる，確かな ≒believable, plausible, reliable 宇宙人がいるという確かな証拠はない。
2264 **rash** [ræʃ] The **rash** became increasingly uncomfortable.	名 発疹，皮疹 ≒spots 発疹がますます不快になった。
2265 **scrub** [skrʌb] The soldier was ordered to **scrub** the floors.	動 をこする，磨く 名 こすること ≒scour, rub, polish その兵士は床を磨くように命令された。
2266 **cubic** [kjú:bɪk] The tank was twenty **cubic** metres in size.	形 立方体の，体積の ≒three-dimensional 名 cube そのタンクは大きさが 20 立方メートルだった。
2267 **infancy** [ínfənsi] He had been adopted in his **infancy**.	名 幼年時代，幼時 ≒babyhood 名 infant(幼児) 彼は幼少期に養子になっていた。
2268 **extinct** [ɪkstíŋkt] The bird became **extinct** a century ago.	形 絶滅した ≒all dead, vanished 名 extinction その鳥は 100 年前に絶滅した。
2269 **landmark** [lǽndmɑ̀:k] The study was considered a **landmark** in its field.	名 画期的な出来事；陸標 ≒milestone; marker その研究はその分野における画期的な出来事と見なされた。
2270 **speculate** [spékjulèɪt] The president refused to **speculate** about the company's future.	動 (と)推測する；投機する ≒conjecture 社長は会社の将来について推測することを拒んだ。

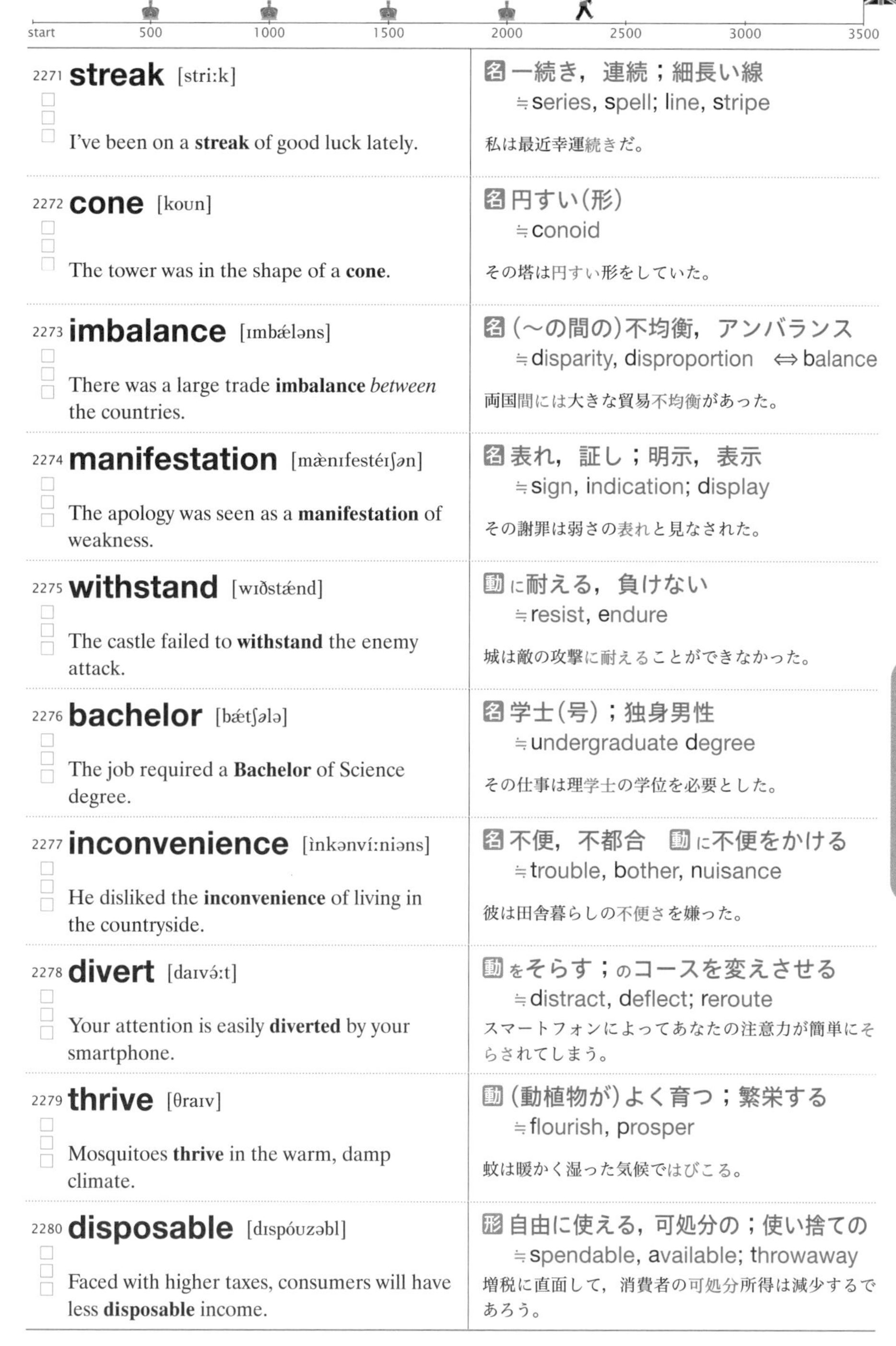

2271 **streak** [stri:k] I've been on a **streak** of good luck lately.	名 一続き，連続；細長い線 ≒series, spell; line, stripe 私は最近幸運続きだ。
2272 **cone** [koʊn] The tower was in the shape of a **cone**.	名 円すい(形) ≒conoid その塔は円すい形をしていた。
2273 **imbalance** [ɪmbǽləns] There was a large trade **imbalance** *between* the countries.	名 (～の間の)不均衡，アンバランス ≒disparity, disproportion ⇔balance 両国間には大きな貿易不均衡があった。
2274 **manifestation** [mæ̀nɪfestéɪʃən] The apology was seen as a **manifestation** of weakness.	名 表れ，証し；明示，表示 ≒sign, indication; display その謝罪は弱さの表れと見なされた。
2275 **withstand** [wɪðstǽnd] The castle failed to **withstand** the enemy attack.	動 に耐える，負けない ≒resist, endure 城は敵の攻撃に耐えることができなかった。
2276 **bachelor** [bǽtʃələ] The job required a **Bachelor** of Science degree.	名 学士(号)；独身男性 ≒undergraduate degree その仕事は理学士の学位を必要とした。
2277 **inconvenience** [ìnkənvíːniəns] He disliked the **inconvenience** of living in the countryside.	名 不便，不都合　動 に不便をかける ≒trouble, bother, nuisance 彼は田舎暮らしの不便さを嫌った。
2278 **divert** [daɪvə́ːt] Your attention is easily **diverted** by your smartphone.	動 をそらす；のコースを変えさせる ≒distract, deflect; reroute スマートフォンによってあなたの注意力が簡単にそらされてしまう。
2279 **thrive** [θraɪv] Mosquitoes **thrive** in the warm, damp climate.	動 (動植物が)よく育つ；繁栄する ≒flourish, prosper 蚊は暖かく湿った気候ではびこる。
2280 **disposable** [dɪspóʊzəbl] Faced with higher taxes, consumers will have less **disposable** income.	形 自由に使える，可処分の；使い捨ての ≒spendable, available; throwaway 増税に直面して，消費者の可処分所得は減少するであろう。

1回目 / 2回目 / 3回目

2281 **decidedly** [dɪsáɪdɪdli] The company's new smartphone is **decidedly** superior to their previous models.	副 断然，明らかに ≒definitely, clearly, absolutely その会社の新しいスマートフォンは，以前のモデルより明らかに優れている。
2282 **intrusion** [ɪntrúːʒən] He criticised the report as an **intrusion** of privacy.	名 邪魔，侵害；押し付け ≒interruption, interference 彼はその報道をプライバシーの侵害と批判した。
2283 **intuition** [ìntjuíʃən] Even scientists frequently rely on **intuition**.	名 直観(力)，直感 ≒instinct, hunch 形 intuitive 科学者でさえしばしば直感に頼る。
2284 **accelerate** [əksélərèɪt] As they **accelerated** the engine, it became more noisy.	動 を加速する；を促進する；早くなる ≒speed up; expedite ⇔ decelerate 彼らがエンジンを加速するにつれて，エンジンはよりうるさくなった。
2285 **dismal** [dízməl] (!) The UK is unfortunately known for its **dismal** weather.	形 陰気な，憂鬱(ゆううつ)な，暗い；お粗末な ≒gloomy, melancholy, dark; dreadful 英国は残念なことにその陰鬱な天気で知られている。
2286 **innate** [ìnéɪt] She had an **innate** gift for learning languages.	形 生得的な；固有の，本質的な ≒inborn, inherent ⇔ acquired 彼女には言語を習得する生まれつきの才能があった。
2287 **mar** [mɑː] His thesis was **marred** by a number of errors.	動 を傷つける，損なう ≒ruin, spoil, impair 彼の論文は幾つかの間違いで台無しだった。
2288 **eternity** [ɪtə́ːnəti] They promised to love each other for all **eternity**.	名 永遠，悠久；(死後の)永遠の世界 ≒infinite time, perpetuity; afterlife 彼らは永遠の愛を誓った。
2289 **brink** [brɪŋk] The department store was *on the* **brink** *of* financial collapse.	名 間際，寸前；(崖などの)縁 ≒edge, verge そのデパートは経営破綻の瀬戸際にあった。
2290 **tow** [toʊ] The smaller boats **towed** the large one.	動 をけん引する 名 けん引 ≒drag, haul, tug 何隻かの小さな船が大きな船をけん引した。

2291 **aquatic** [əkwǽtɪk] Many **aquatic** creatures are being affected by pollution.	形 水の，水中の，水上の ⇔ terrestrial 多くの水中の生き物が汚染の影響を受けている。
2292 **barren** [bǽrən] The traveller looked over the **barren** plain.	形 不毛の，作物のできない ≒ infertile, desolate ⇔ fertile 旅行者は不毛の平野を見渡した。
2293 **embark** [ɪmbɑ́ːk] Before **embarking** *on* his new novel, he took a holiday.	動 (～に)着手する，乗り出す ≒ undertake, launch, commence 新しい小説に取り掛かる前に，彼は休暇を取った。
2294 **temperate** [témpərət] Most human beings live in the world's **temperate** zones.	形 穏やかな，温和な，温帯の ≒ mild, moderate ほとんどの人間は世界の温帯地域に住んでいる。
2295 **captive** [kǽptɪv] The **captive** soldiers were quickly put to work.	形 捕虜になった，捕らわれた ≒ captured, confined 名 captivity 捕虜になった兵士はすぐさま働かされた。
2296 **dice** [daɪs] Life is not a throw of the **dice.**	名 さいころ 動 をさいの目に切る ≒ cube 人生はさいころ転がしではない。
2297 **stationary** [stéɪʃənəri] The policeman approached the **stationary** car.	形 静止した，動かない ≒ motionless, still, static 警官はその止まっている車に近づいた。
2298 **mastery** [mɑ́ːstəri] The invader quickly achieved **mastery** over the country.	名 支配，統御，征服；熟達 ≒ control, command; proficiency 侵略者はすぐにその国を支配した。
2299 **catastrophe** [kətǽstrəfi] The ecologist said we would face an environmental **catastrophe**.	名 大災害，大変動 ≒ disaster, calamity 形 catastrophic われわれは環境の大変動に直面するだろうとその生態学者は語った。
2300 **cling** [klɪŋ] His T-shirt was drenched with sweat and **clung** *to* his body.	動 (～に)ぴったりくっ付く，こびり付く ≒ stick, attach, adhere 彼のＴシャツは汗でびっしょりで，体に張り付いていた。

2301 **tramp** [træmp] The soldiers **tramped** along the town's main street.	動 どしんどしんと歩く；踏み付ける ≒trample, tread 兵士たちは町の大通りをどしんどしんと歩いた。
2302 **contend** [kənténd] The politician **contended** that he had been misunderstood.	動 と(強く)主張する；戦う，争う ≒argue, assert, maintain その政治家は自分は誤解されていると主張した。
2303 **unfit** [ʌ̀nfít] He was declared **unfit** *for* public office.	形 (～に)不適当な，不適格な ≒unsuitable, inappropriate, inadequate 彼は公職には不適格だと言い渡された。
2304 **masterpiece** [mɑ́:stəpì:s] His last book is considered his **masterpiece**.	名 傑作，名作，代表作 ≒classic 彼の最後の本は彼の最高傑作と見なされている。
2305 **confer** [kənfə́:] The university **conferred** an honorary degree on him.	動 を授与する，授ける；相談する ≒grant, award, present 大学は彼に名誉学位を授与した。
2306 **symbolism** [símbəlìzm] The guide explained the **symbolism** of the carvings.	名 象徴的表現，象徴的意味 ガイドはそれらの彫刻の象徴的意味を説明した。
2307 **foe** [foʊ] The journalist was a well-known **foe** of the administration.	名 敵，かたき；敵軍 ≒enemy, opponent, adversary その記者は政府に敵対する人物としてよく知られていた。
2308 **prehistoric** [prì:hɪstɔ́(:)rɪk] Humans have been creating art since **prehistoric** times.	形 有史以前の，先史の ≒primitive, primordial ⇔historic 人間は先史時代から芸術を作り続けてきた。
2309 **refrain** [rɪfréɪn] Visitors were asked to **refrain** *from* smoking.	動 (～を)控える，慎む ≒abstain, avoid 来場者は喫煙を控えるように求められた。
2310 **underestimate** [ʌ̀ndəéstɪmèɪt] ! The general had **underestimated** the strength of the enemy.	動 を過小評価する ≒underrate, belittle ⇔overestimate 将軍は敵の力を過小評価していた。

2311 **hind** [haɪnd]
形 後ろの，後部の；後方の
≒back, rear
In many marsupials, the **hind** legs are noticeably larger than the forelegs.
多くの有袋類においては後ろ足の方が前足よりも目立って大きい。

2312 **treacherous** [trétʃərəs]
形 危険な；不安定な；不誠実な，裏切りの
≒dangerous; unfaithful, traitorous
Mount Fuji can be **treacherous** to climb once autumn arrives.
富士山は秋が到来すると登るのには危険になり得る。

2313 **advantageous** [æ̀dvəntéɪdʒəs]
形 有利な，好都合な；有益な
≒beneficial, convenient; useful
The political scandal was **advantageous** to the opposition.
その政治スキャンダルは相手側に有利なものだった。

2314 **disrupt** [dɪsrʌ́pt]
動 を混乱[中断]させる，妨害する
≒disturb, interrupt
The demonstrators tried to **disrupt** the meeting.
デモの参加者たちはその会議を妨害しようとした。

2315 **literate** [lítərət]
形 読み書きのできる
≒lettered 名 literacy ⇔ illiterate
The number of **literate** citizens increased significantly.
読み書きのできる国民が相当数増えた。

2316 **durable** [djúərəbl]
形 耐久力のある，長持ちする
≒long-lasting, enduring
He wanted a **durable** case for his mobile phone.
彼は携帯電話用の丈夫なケースが欲しかった。

2317 **mentality** [mentǽləti]
名 ものの考え方，心的傾向，性格
≒mindset, outlook, personality
The quality of one's **mentality** determines the quality of one's destiny.
人のものの考え方の質がその人の運命の質を決める。

2318 **recollection** [rèkəlékʃən]
名 記憶，記憶力
≒memory, remembrance, reminiscence
The woman had no **recollection** of the event.
女性はその出来事の記憶がなかった。

2319 **brew** [bruː]
動 起ころうとしている；を醸造する
≒start, develop
Discontent was **brewing** among the workers.
労働者たちの間に不満が湧き起ころうとしていた。

2320 **bully** [búli]
動 をいじめる，脅す 名 いじめっ子
≒torment, intimidate 名 bullying
The bigger boys often **bullied** the new pupils.
大きな男子たちはよく新入生をいじめた。

1回目 / 2回目 / 3回目 /

2321 **avail** [əvéɪl] Many citizens opposed their country's involvement in the war but *to no* **avail.**	名 効用，効き目，利益　動 に役立つ ≒use, benefit, advantage 多くの市民が自国が戦争に関わることに反対したが，無益であった。
2322 **moody** [múːdi] Many teenagers go through **moody** phases.	形 憂鬱(ゆううつ)な；気分屋の ≒gloomy, depressed; capricious 多くの 10 代の若者は憂鬱な段階を経験する。
2323 **staple** [stéɪpl] The price of local **staples** such as rice increased.	名 主要産物，特産品　形 主要な ≒main product コメなど地産の主要産物の価格が上がった。
2324 **willow** [wílou] **Willows** are often found along the banks of rivers.	名 ヤナギ ヤナギは川の土手沿いによく見られる。
2325 **messy** [mési] A **messy** room is a sign of a **messy** mind.	形 散らかった；解決の難しい，厄介な ≒disorderly, untidy, cluttered 散らかった部屋は頭の中が散らかっていることの表れである。
2326 **knowledgeable** [nɔ́lɪdʒəbl] The tour guide was **knowledgeable** *about* local history.	形 (～を)よく知っている，物知りの ≒learned, well-informed　⇔ ignorant そのツアーガイドは地元の歴史に詳しかった。
2327 **unfavourable** [ʌ̀nféɪvərəbl] A weak national currency is **unfavourable** for students going abroad.	形 好ましくない，不利な；批判的な ≒adverse, disadvantageous; critical 自国の通貨安は海外に行く留学生にとって好ましくない。
2328 **exhaustive** [ɪgzɔ́ːstɪv] After an **exhaustive** search, the boy was found.	形 徹底的な，完全な ≒thorough, complete, comprehensive 徹底的な捜索の後，その男の子は見つかった。
2329 **simplify** [símplɪfàɪ] The children's book explained science in a **simplified** way.	動 を簡単にする，単純化する ⇔ complicate その児童書は科学を単純化して説明していた。
2330 **chatter** [tʃǽtə] Some students were **chattering** outside the library.	動 おしゃべりする　名 おしゃべり ≒chat, chit-chat 何人かの学生が図書館の外でおしゃべりしていた。

2331 **migrate** [maɪgréɪt] Many former slaves **migrated** to northern cities.	動 移住する；渡る ≒relocate, move; travel かつての奴隷の多くは北部の都市に移住した。
2332 **tilt** [tɪlt] The Tower of Pisa began **tilting** during construction.	動 傾く，かしぐ 名 傾き ≒lean, slant, tip ピサの斜塔は建設中に傾き始めた。
2333 **shove** [ʃʌv] ! The man **shoved** the boy out of his way.	動 を(手荒く)押す，突く 名 一押し ≒push, thrust, jostle 男は少年を押しのけて進んだ。
2334 **blur** [bləː] ! He **blurred** the photograph to hide the woman's identity.	動 をぼかす，曇らす；ぼやける ≒obscure, cloud 形 blurry 彼は女性の身元を隠すために写真をぼかした。
2335 **campaigner** [kæmpéɪnə] The writer was also a **campaigner** for human rights.	名 (社会・政治などの)運動家 ≒crusader, champion, advocate その作家は人権運動家でもあった。
2336 **scoop** [skuːp] He **scooped** some ice cream onto a plate.	動 をすくう，すくい上げる 名 一すくい ≒hollow out 彼は皿にアイスクリームをすくって盛った。
2337 **conserve** [kənsə́ːv] The town worked hard to **conserve** its old buildings.	動 を保存[保護]する；を節約する ≒preserve, protect; save その町は古い建物を保護するために努力した。
2338 **keenly** [kíːnli] Consumers are **keenly** aware of rising energy costs.	副 痛烈に，鋭く；熱心に ≒sharply; eagerly, enthusiastically 消費者はエネルギーコスト上昇を痛感している。
2339 **shipment** [ʃípmənt] Every day, more **shipments** of books arrived.	名 積み荷，貨物 ≒consignment, freight 毎日次々と本の積み荷が届いた。
2340 **arouse** [əráuz] ! The history lecture **aroused** interest among the students.	動 を刺激する，引き起こす ≒stimulate, induce, prompt 歴史の講義は生徒たちの興味をかき立てた。

1回目 ／　2回目 ／　3回目 ／

2341 **broaden** [brɔ́ːdən] □□□ His experiences overseas have **broadened** his viewpoint.	動 を広くする，広げる ≒widen, expand ⇔ narrow 海外での経験は彼の視野を広げた。
2342 **circulate** [sə́ːkjulèɪt] □□□ Blood is pumped by the heart and **circulates** throughout the body.	動 循環する；を循環させる ≒flow, move round 血液は心臓に押し出されて体中を循環する。
2343 **shudder** [ʃʌ́də] □□□ She felt a **shudder** of fear at the thought.	名 身震い，戦慄（せんりつ） 動 身震いする ≒shiver, tremble, quiver 彼女はその考えに恐怖で身震いを感じた。
2344 **transcript** [trǽnskrɪ̀pt] □□□ The lawyer studied a **transcript** of the interview.	名（音声の）書き起こし，文字にしたもの 弁護士は取り調べの書き起こしをじっくり読んだ。
2345 **raft** [rɑːft] □□□ The boys made a **raft** out of branches.	名 いかだ；ゴムボート ≒float 少年たちは枝でいかだを作った。
2346 **tranquil** [trǽŋkwɪl] ⓘ □□□ The **tranquil** scene was disturbed by shouting.	形 穏やかな；平静な ≒calm, serene; peaceful 穏やかな場は叫び声にかき乱された。
2347 **sniff** [snɪf] □□□ Dogs **sniff** people to gather more information about them.	動 の匂いをかぐ；かぐ ≒smell イヌは人間に関してより多くの情報を得るために匂いをかぐ。
2348 **trait** [treɪt] □□□ The local speech had various unusual **traits**.	名 特徴，特色，特性 ≒characteristic, feature, attribute その方言にはいろいろ珍しい特徴があった。
2349 **dispense** [dɪspéns] □□□ The nurse **dispensed** medicines to the patients.	動 を分配する，施す ≒distribute, allocate ⇔ collect 看護師は患者に薬を配った。
2350 **aspiration** [æ̀spəréɪʃən] □□□ She finally achieved her **aspiration** to be an actress.	名 熱望，切望，野心 ≒desire, longing, ambition 彼女はついに女優になるという野心をかなえた。

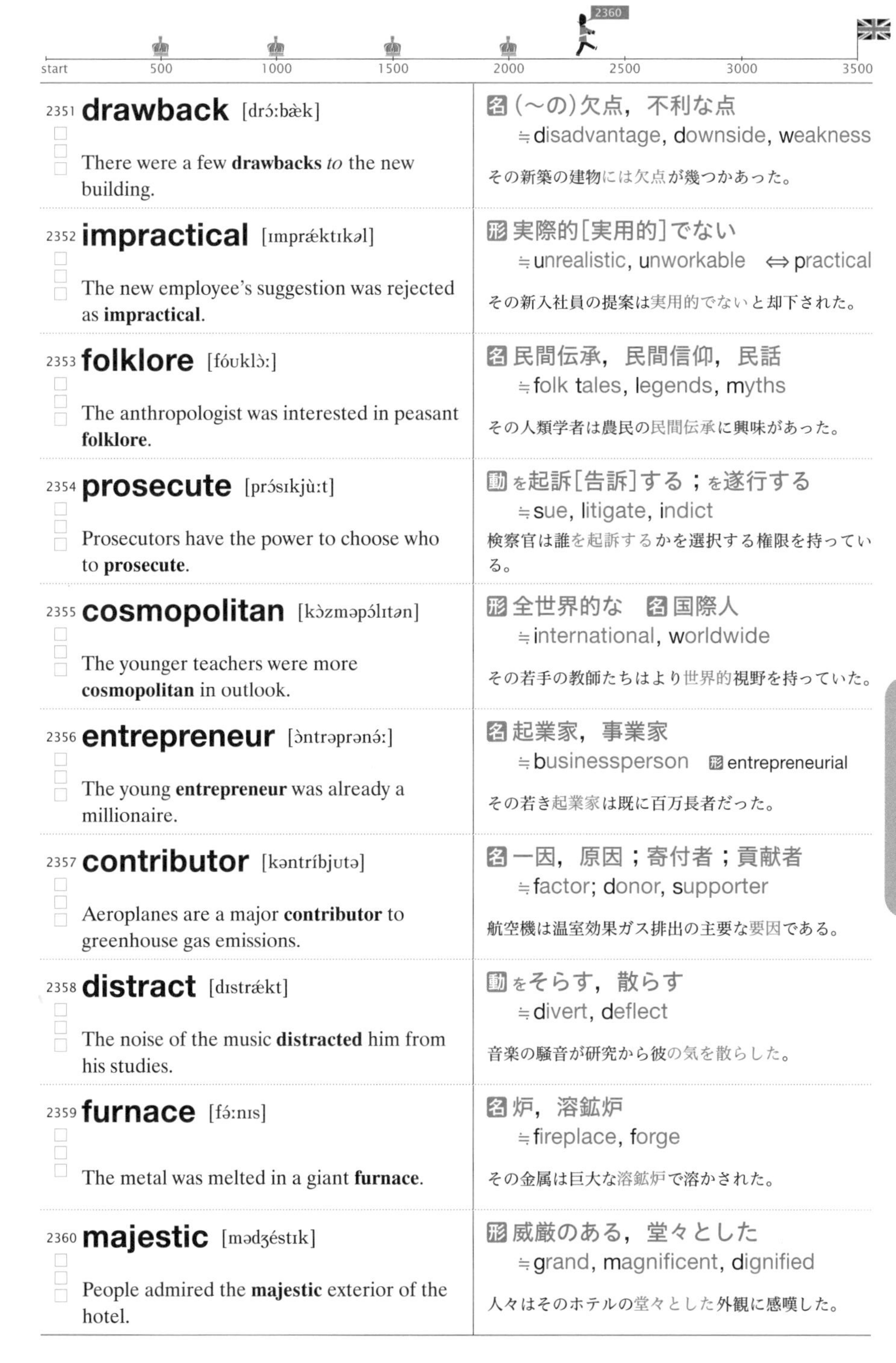

2351 **drawback** [drɔ́ːbæ̀k]

There were a few **drawbacks** *to* the new building.

名 (～の)欠点，不利な点
≒disadvantage, downside, weakness

その新築の建物には欠点が幾つかあった。

2352 **impractical** [ɪmprǽktɪkəl]

The new employee's suggestion was rejected as **impractical**.

形 実際的[実用的]でない
≒unrealistic, unworkable ⇔practical

その新入社員の提案は実用的でないと却下された。

2353 **folklore** [fóʊklɔ̀ː]

The anthropologist was interested in peasant **folklore**.

名 民間伝承，民間信仰，民話
≒folk tales, legends, myths

その人類学者は農民の民間伝承に興味があった。

2354 **prosecute** [prɑ́sɪkjùːt]

Prosecutors have the power to choose who to **prosecute**.

動 を起訴[告訴]する；を遂行する
≒sue, litigate, indict

検察官は誰を起訴するかを選択する権限を持っている。

2355 **cosmopolitan** [kɑ̀zməpɑ́lɪtən]

The younger teachers were more **cosmopolitan** in outlook.

形 全世界的な 名 国際人
≒international, worldwide

その若手の教師たちはより世界的視野を持っていた。

2356 **entrepreneur** [ɑ̀ntrəprənə́ː]

The young **entrepreneur** was already a millionaire.

名 起業家，事業家
≒businessperson 形 entrepreneurial

その若き起業家は既に百万長者だった。

2357 **contributor** [kəntríbjutə]

Aeroplanes are a major **contributor** to greenhouse gas emissions.

名 一因，原因；寄付者；貢献者
≒factor; donor, supporter

航空機は温室効果ガス排出の主要な要因である。

2358 **distract** [dɪstrǽkt]

The noise of the music **distracted** him from his studies.

動 をそらす，散らす
≒divert, deflect

音楽の騒音が研究から彼の気を散らした。

2359 **furnace** [fə́ːnɪs]

The metal was melted in a giant **furnace**.

名 炉，溶鉱炉
≒fireplace, forge

その金属は巨大な溶鉱炉で溶かされた。

2360 **majestic** [mədʒéstɪk]

People admired the **majestic** exterior of the hotel.

形 威厳のある，堂々とした
≒grand, magnificent, dignified

人々はそのホテルの堂々とした外観に感嘆した。

2361 **prescribe** [prɪskráɪb] ☐☐☐ The doctor **prescribed** a course of antibiotics.	動 を処方する；を規定する ≒order, specify; stipulate 医師は一定回数分の抗生物質を処方した。
2362 **distort** [dɪstɔ́:t] ☐☐☐ The article **distorted** the facts of the case.	動 をゆがめる，歪曲(わいきょく)する ≒twist, misrepresent 形 distorted その記事は事件の事実をゆがめた。
2363 **livelihood** [láɪvlihʊ̀d] ⓘ ☐☐☐ He made his **livelihood** drawing political cartoons.	名 生計，暮らし，生活手段 ≒subsistence, living, means 彼は政治漫画を描いて生計を立てた。
2364 **tyranny** [tírəni] ⓘ ☐☐☐ It cannot be denied that there are many **tyrannies** in the world.	名 専制政治，独裁政治国；圧制，暴虐 ≒dictatorship, despotism 世界には多くの独裁政治国があるということは否定できない。
2365 **abound** [əbáʊnd] ☐☐☐ The forest **abounded** *in* wildlife.	動 (～が)豊富にある[いる] ≒teem, be full of その森には野生生物がたくさんいた。
2366 **brute** [bru:t] ☐☐☐ The government used **brute** force to crush the rebels.	形 非情な；獣じみた 名 残忍な人 ≒savage, cruel 政府は反逆者を弾圧するために非情な武力を行使した。
2367 **contradict** [kɔ̀ntrədíkt] ☐☐☐ No one dared **contradict** the company CEO.	動 に反論する；を否定する；と矛盾する ≒challenge, oppose; deny あえて会社の CEO に反論する人はいなかった。
2368 **foresee** [fɔ:sí:] ☐☐☐ He **foresaw** a time when people would live much longer.	動 を予知する，見越す ≒anticipate, predict, expect 彼は人がもっと長生きする時代を予知した。
2369 **comrade** [kɔ́mrèɪd] ⓘ ☐☐☐ The former **comrades** enjoyed talking about the past.	名 (同じ経験を共有した)仲間 ≒companion, friend, ally かつての仲間たちは昔話に花を咲かせた。
2370 **inject** [ɪndʒékt] ☐☐☐ The doctor **injected** a painkiller *into* the victim.	動 を(～に)注射する，注入する ≒administer, infuse 医師は被害者に鎮痛剤を注射した。

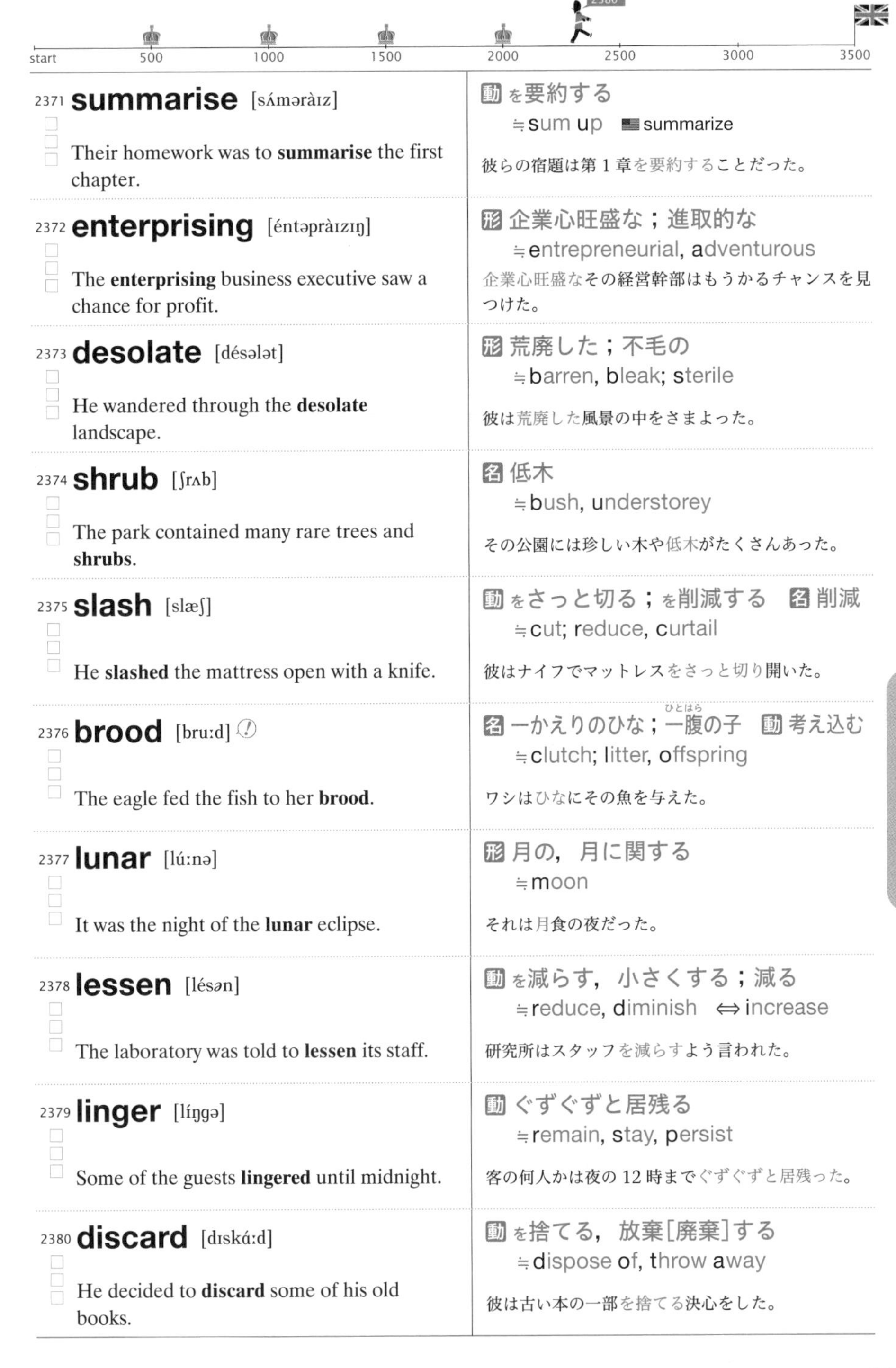

2371 **summarise** [sʌ́mərὰɪz] □□□ Their homework was to **summarise** the first chapter.	動 を要約する ≒sum up 🇺🇸summarize 彼らの宿題は第 1 章を要約することだった。
2372 **enterprising** [éntəprὰɪzɪŋ] □□□ The **enterprising** business executive saw a chance for profit.	形 企業心旺盛な；進取的な ≒entrepreneurial, adventurous 企業心旺盛なその経営幹部はもうかるチャンスを見つけた。
2373 **desolate** [désələt] □□□ He wandered through the **desolate** landscape.	形 荒廃した；不毛の ≒barren, bleak; sterile 彼は荒廃した風景の中をさまよった。
2374 **shrub** [ʃrʌb] □□□ The park contained many rare trees and **shrubs**.	名 低木 ≒bush, understorey その公園には珍しい木や低木がたくさんあった。
2375 **slash** [slæʃ] □□□ He **slashed** the mattress open with a knife.	動 をさっと切る；を削減する 名 削減 ≒cut; reduce, curtail 彼はナイフでマットレスをさっと切り開いた。
2376 **brood** [bru:d] ⓘ □□□ The eagle fed the fish to her **brood**.	名 一かえりのひな；一腹(ひとはら)の子 動 考え込む ≒clutch; litter, offspring ワシはひなにその魚を与えた。
2377 **lunar** [lú:nə] □□□ It was the night of the **lunar** eclipse.	形 月の，月に関する ≒moon それは月食の夜だった。
2378 **lessen** [lésən] □□□ The laboratory was told to **lessen** its staff.	動 を減らす，小さくする；減る ≒reduce, diminish ⇔increase 研究所はスタッフを減らすよう言われた。
2379 **linger** [líŋgə] □□□ Some of the guests **lingered** until midnight.	動 ぐずぐずと居残る ≒remain, stay, persist 客の何人かは夜の 12 時までぐずぐずと居残った。
2380 **discard** [dɪskɑ́:d] □□□ He decided to **discard** some of his old books.	動 を捨てる，放棄[廃棄]する ≒dispose of, throw away 彼は古い本の一部を捨てる決心をした。

1回目 / 2回目 / 3回目 /

2381 **latitude** [lǽtɪtjùːd] The areas in the higher **latitudes** are frozen.	名 緯度 ≒parallel ⇔ longitude 緯度の高い地域は極寒地帯だ。
2382 **merchandise** [mə́ːtʃəndàɪz] The shop sold a variety of sporting **merchandise**.	名 商品 ≒goods, commodities その店はさまざまなスポーツ用品を販売していた。
2383 **ridicule** [rídɪkjùːl] The candidate was greeted with **ridicule** by the crowd.	名 あざけり，嘲笑 動 をあざける ≒mockery, derision その候補者は群衆からあざけりで迎えられた。
2384 **lunatic** [lúːnətɪk] His proposal was dismissed as **lunatic** by critics.	形 全くばかげた，常軌を逸した 名 変人 ≒crazy, insane, irrational 彼の提案は常軌を逸しているとして批評家から却下された。
2385 **compile** [kəmpáɪl] The scholar **compiled** an anthology of contemporary poetry.	動 を収集してまとめる，編集する ≒assemble, collect 名 compilation その学者は現代詩選集を編集した。
2386 **likeness** [láɪknəs] European languages have so many **likenesses** to one another.	名 似ていること，類似；似顔絵，肖像画 ≒resemblance, similarity; portrait ヨーロッパの言語はお互いに似ている点が非常に多い。
2387 **anti** [ǽnti] The **anti**-globalisation movement has been growing in recent years.	前 ～に反対する 名 反対(論)者 ≒against ⇔ pro 近年反グローバル化の運動が勢いを増している。
2388 **disdain** [dɪsdéɪn] The politician showed her **disdain** *for* the reporters.	名 (～への)軽蔑，さげすみ 動 を軽蔑する ≒contempt, scorn ⇔ respect その政治家は記者たちへの軽蔑を顔に出した。
2389 **dodge** [dɔdʒ] Don't **dodge** questions from the press when a crisis occurs.	動 を巧みにかわす，はぐらかす ≒avoid, elude, evade 危機が起きたときには報道機関からの質問をはぐらかしてはいけない。
2390 **traverse** [trəvə́ːs / trǽvəːs] The desert was hard to **traverse** by car.	動 を横切る，通過する 名 横切ること ≒cross, transit 車でその砂漠を横断するのは難しかった。

2391 **excel** [ɪksél]
動 秀でている，卓越する
≒shine 形 excellent
The girl **excelled** at maths and music.
その少女は数学と音楽に秀でていた。

2392 **ripple** [rípl]
名 さざ波，小波 動 さざ波が立つ
≒wavelet, wave
The stone caused **ripples** in the pond.
その石は池にさざ波を作った。

2393 **buckle** [bʌ́kl]
動 バックルで留まる[締まる]
≒fasten, clasp ⇔ unbuckle
These sandals **buckle** at the ankle.
このサンダルは足首のところでバックルで留まる。

2394 **regrettable** [rɪgrétəbl]
形 遺憾な，残念な；悔やむべき
≒disappointing, unfortunate, too bad
It was **regrettable** that I couldn't get a 6.0 in writing.
ライティングで6.0が取れなかったことは残念だった。

2395 **expire** [ɪkspáɪə]
動 期限が切れる，満期になる，終了する
≒end, lapse, terminate
Most countries forbid entry if your passport **expires** within 6 months.
パスポートが6か月以内に切れてしまう場合，ほとんどの国が入国を禁じる。

2396 **glacier** [glǽsiə]
名 氷河
Climate change is affecting the **glaciers**.
気候変動は氷河に影響を与えている。

2397 **hive** [haɪv]
名 ミツバチの巣，巣箱
≒beehive
The farmer kept a number of **hives**.
その農夫はハチの巣箱を幾つか持っていた。

2398 **rotate** [routéɪt]
動 回転する；自転する；を回転させる
≒revolve, turn, spin 名 rotation
The engine slowly began to **rotate**.
エンジンはゆっくりと回転し始めた。

2399 **flip** [flɪp]
動 を(ぱっと)裏返す；をめくる
≒overturn; leaf through
The zoologist **flipped** the tortoise onto its back.
動物学者はカメを裏返しにした。

2400 **pronoun** [próunàun]
名 代名詞
A **pronoun** is used in place of a noun.
代名詞は名詞の代わりに使われる。

重要語レベル3

重要語レベル3 - ⑤

2401 **depict** [dɪpíkt] The film **depicted** the struggle against slavery.	動 を描写する，描く ≒portray, represent 名 depiction その映画は奴隷制度との闘いを描いた。
2402 **illiterate** [ɪlítərət] Many of the local peasants were **illiterate**.	形 読み書きのできない ≒unlettered 名 illiteracy ⇔ literate 地元の小作農民の多くは読み書きができなかった。
2403 **thaw** [θɔː] The farmers were all waiting for the **thaw**.	名 溶けること，雪解け 動 溶ける ≒melting, melt 農民たちは皆雪解けを待っていた。
2404 **ancestry** [ǽnsèstri] The aristocrat was proud of his famous **ancestry**.	名 家系；〈集合的に〉祖先 ≒lineage, descent; ancestors その貴族は名高い家系に誇りを持っていた。
2405 **intersection** [ìntəsékʃən] Nearly 40% of car accidents occur at an **intersection**.	名 交差点；交差，横断 ≒junction, crossroads 40%近くの自動車事故は交差点で発生する。
2406 **recreate** [rìːkriéɪt] The museum tried to **recreate** a Victorian interior.	動 を再現する；を作り直す ≒reproduce その美術館はビクトリア調の内装を再現しようとした。
2407 **illuminate** [ɪlúːmɪnèɪt] (!) Lights **illuminated** the outside of the cathedral.	動 を照らす；を明らかにする ≒light up; clarify 名 illumination 照明が大聖堂の外側を照らした。
2408 **precede** [prɪsíːd] The students were very busy in the months **preceding** their exams.	動 に先立つ；に優先する ≒antedate; take precedence over 学生たちは試験に先立つ月はとても忙しかった。
2409 **monotonous** [mənɔ́tənəs] (!) The professor lectured in a **monotonous** voice.	形 単調な，一本調子の ≒tedious 名 monotony その教授は一本調子な声で講義を行った。
2410 **blink** [blɪŋk] The cat vanished in a **blink** of the eye.	名 まばたき；一瞬時 動 まばたきをする ≒wink; instant ネコはまばたきする間もなく消えた。

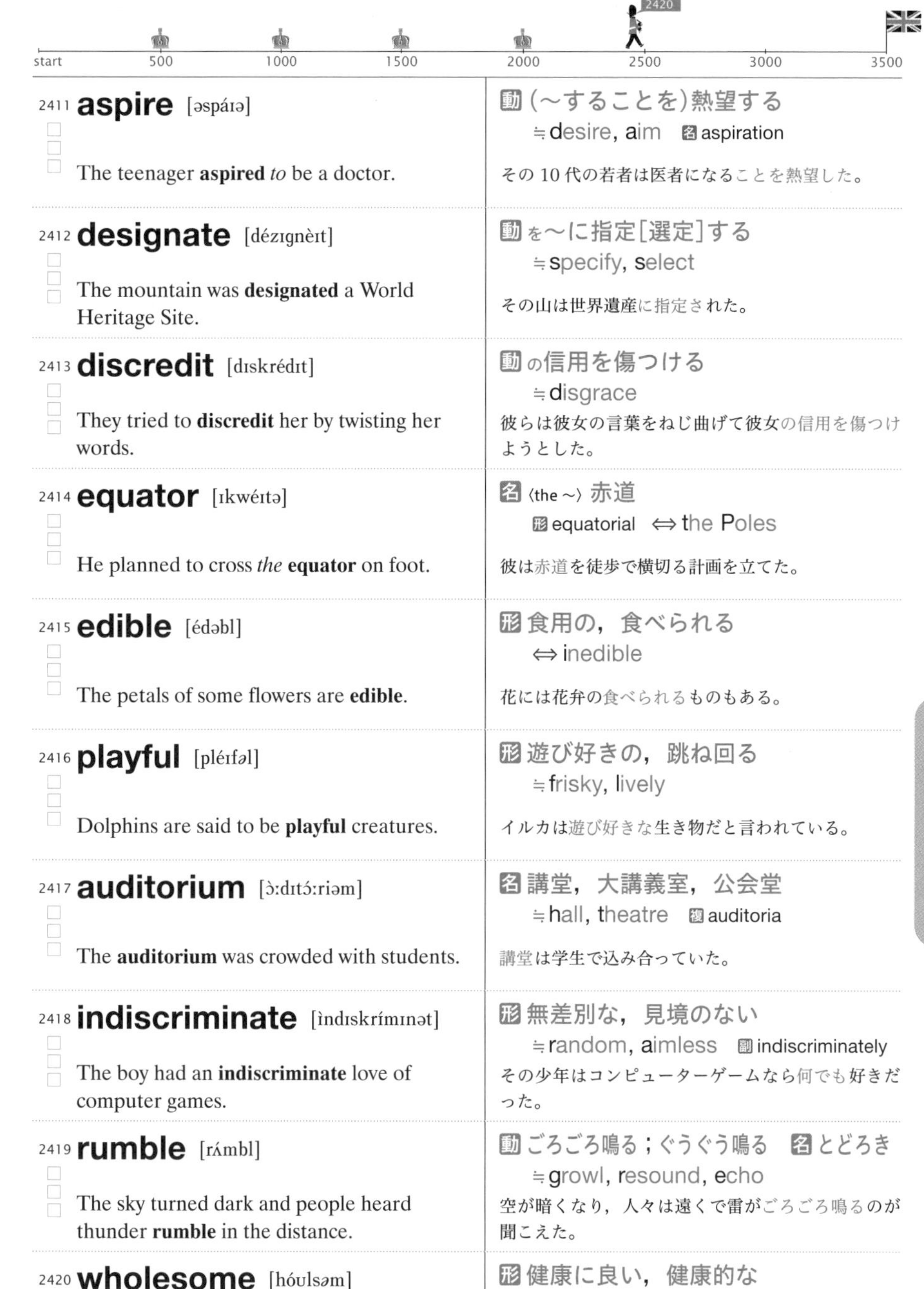

2411 **aspire** [əspáɪə] The teenager **aspired** *to* be a doctor.	動 (～することを)熱望する ≒desire, aim 名 aspiration その10代の若者は医者になることを熱望した。
2412 **designate** [dézɪgnèɪt] The mountain was **designated** a World Heritage Site.	動 を～に指定[選定]する ≒specify, select その山は世界遺産に指定された。
2413 **discredit** [dɪskrédɪt] They tried to **discredit** her by twisting her words.	動 の信用を傷つける ≒disgrace 彼らは彼女の言葉をねじ曲げて彼女の信用を傷つけようとした。
2414 **equator** [ɪkwéɪtə] He planned to cross *the* **equator** on foot.	名 〈the ～〉赤道 形 equatorial ⇔the Poles 彼は赤道を徒歩で横切る計画を立てた。
2415 **edible** [édəbl] The petals of some flowers are **edible**.	形 食用の，食べられる ⇔inedible 花には花弁の食べられるものもある。
2416 **playful** [pléɪfəl] Dolphins are said to be **playful** creatures.	形 遊び好きの，跳ね回る ≒frisky, lively イルカは遊び好きな生き物だと言われている。
2417 **auditorium** [ɔ̀:dɪtɔ́:riəm] The **auditorium** was crowded with students.	名 講堂，大講義室，公会堂 ≒hall, theatre 複 auditoria 講堂は学生で込み合っていた。
2418 **indiscriminate** [ìndɪskrímɪnət] The boy had an **indiscriminate** love of computer games.	形 無差別な，見境のない ≒random, aimless 副 indiscriminately その少年はコンピューターゲームなら何でも好きだった。
2419 **rumble** [rʌ́mbl] The sky turned dark and people heard thunder **rumble** in the distance.	動 ごろごろ鳴る；ぐうぐう鳴る 名 とどろき ≒growl, resound, echo 空が暗くなり，人々は遠くで雷がごろごろ鳴るのが聞こえた。
2420 **wholesome** [hóʊlsəm] She gave her children a **wholesome** diet.	形 健康に良い，健康的な ≒healthy, salubrious ⇔unwholesome 彼女は子どもたちに健康に良い食事を与えた。

重要語レベル3

1回目 ／ 2回目 ／ 3回目 ／

2421 **relic** [rélɪk]
名 遺物，残存物，残骸；遺跡
≒remains, remnant, vestige
The painting was a **relic** of his former wealth.
その絵は彼のかつての富の遺物だった。

2422 **periodical** [pìəriɔ́dɪkəl]
名 定期刊行物，雑誌 形 周期的な
≒journal, magazine
The article was published in a learned **periodical**.
その記事は学術雑誌に発表された。

2423 **emit** [ɪmít]
動 を発する，出す，放射する
≒release, discharge, radiate
The engine began to **emit** strange noises.
エンジンが変な音を出し始めた。

2424 **disagreeable** [dìsəgríːəbl]
形 不愉快な，不快な，嫌な
≒unpleasant, obnoxious ⇔ agreeable
The taste of the sauce was **disagreeable** to the visitor.
そのソースの味は客の口には不快だった。

2425 **materialise** [mətíəriəlàɪz]
動 現実に起こる，具体化する
≒occur 米 materialize
The planned library never **materialised**.
計画されていた図書館が実現することはなかった。

2426 **interchangeable** [ìntətʃéɪndʒəbl]
形 (～と)交換できる，置き換えられる
≒exchangeable, replaceable
The parts were **interchangeable** *with* each other.
その部品は互いに交換できるものだった。

2427 **marketable** [mɑ́ːkɪtəbl]
形 売り物になる，需要のある
≒saleable, sought-after
His job was to look for ideas for new **marketable** goods.
彼の仕事はよく売れる新商品のアイデアを探すことだった。

2428 **endanger** [ɪndéɪndʒə]
動 を危険にさらす，危険に陥れる
≒threaten, imperil, jeopardise
Illegal hunting is **endangering** the future of tigers.
違法な狩猟はトラの将来を危険にさらしている。

2429 **stabilise** [stéɪbəlàɪz]
動 を安定させる；安定する
≒steady 名 stability 米 stabilize
The national bank managed to **stabilise** the currency.
国立銀行は何とか通貨を安定させた。

2430 **displace** [dɪspléɪs]
動 に取って代わる
≒replace, supplant, supersede
Local products were **displaced** by cheap imports.
地元の産物は安い輸入品に取って代わられた。

2431 **rouse** [rauz] ⓘ He tried to **rouse** his sleeping son.	動 の目を覚まさせる；を刺激する ≒awaken; stimulate, provoke 彼は寝ている息子の目を覚まさせようとした。
2432 **toil** [tɔɪl] The chef **toiled** all day preparing for the banquet.	動 精を出して働く 名 骨折り，苦労 ≒labour, struggle シェフは宴会の準備に一日中精を出して働いた。
2433 **idealistic** [aɪdìəlístɪk] The politician was criticised for his **idealistic** views.	形 理想主義的な ≒Utopian ⇔realistic その政治家は理想主義的な考え方を批判された。
2434 **unconcerned** [ʌ̀nkənsə́:nd] The man seemed **unconcerned** by the bad news.	形 心配していない；無関心な ≒carefree; indifferent ⇔concerned その男は悪い知らせを気にしていない様子だった。
2435 **nurture** [nə́:tʃə] The scientists carefully **nurtured** the baby panda.	動 を養育する，育てる 名 養育 ≒foster, raise, rear 科学者たちは慎重に赤ちゃんパンダを育てた。
2436 **glaze** [gleɪz] The vase was covered with a thick **glaze**.	名 上薬；上塗り 動 に上薬を掛ける ≒varnish; coating その花瓶は厚い上薬で覆われていた。
2437 **contagious** [kəntéɪdʒəs] The new disease was highly **contagious**.	形 (接触)感染性の；人から人に移りやすい ≒infectious, catching その新しい病気は非常に感染力が強かった。
2438 **enrich** [ɪnrítʃ] The company was greatly **enriched** by the merger.	動 の価値を高める，を豊富にする ≒enhance, improve, boost その会社は合併により非常に価値が高まった。
2439 **hindrance** [híndrəns] The biggest **hindrance** to his plans was lack of money.	名 妨害，邪魔，障害物 ≒obstacle, impediment 動 hinder 彼の計画の最大の障害は資金不足だった。
2440 **twig** [twɪg] The birds use **twigs** to build their nests.	名 小枝，細枝 ≒branch, offshoot その鳥は小枝を使って巣を作る。

1回目 / 2回目 / 3回目

2441 **cripple** [krípl] The worker was **crippled** in the accident.	動 の肢体を不自由にする ≒disable, maim, paralyse その作業員はその事故で肢体が不自由になった。
2442 **halve** [hɑːv] The millionaire **halved** his fortune between his two sons.	動 を2等分する；半減する ≒bisect その百万長者は2人の息子に財産を2等分した。
2443 **intrude** [ɪntrúːd] The media often **intrudes** *into* the lives of celebrities.	動 (～に)立ち入る，邪魔をする ≒encroach, infringe メディアはしばしば有名人の生活に立ち入る。
2444 **batter** [bǽtə] He was arrested for **battering** his wife.	動 を繰り返し殴る 名 (揚げ物の)衣 ≒beat, hit 彼は妻を繰り返し殴ったことで逮捕された。
2445 **generalisation** [dʒènərəlaɪzéɪʃən] Her teacher said the essay contained too many **generalisations**.	名 一般論；一般化 ⇔specifics 🇺🇸generalization そのレポートは一般論が多過ぎると彼女の先生は言った。
2446 **tickle** [tíkl] She hated her father **tickling** her.	動 をくすぐる 名 くすぐり 彼女は父親が自分をくすぐるのが大嫌いだった。
2447 **detach** [dɪtǽtʃ] He **detached** the back of the TV to look inside.	動 を分離する，取り外す ≒separate, disjoin ⇔attach 彼はテレビの内側を見ようとして裏の部分を取り外した。
2448 **shellfish** [ʃélfɪʃ] Some of the local **shellfish** contained mercury.	名 貝類；甲殻類 ≒bivalve; crustacean 地元の貝類には水銀を含むものがあった。
2449 **cram** [kræm] **Cramming** all night for a test is not a good idea.	動 詰め込み勉強をする；を詰め込む，押し込む ≒bone up; stuff, pack 試験のために一夜漬けの勉強をすることは賢明な考え方ではない。
2450 **slant** [slɑːnt] Italic writing **slants** to the right.	動 傾斜する；を斜めにする，傾ける ≒tilt, tip, incline イタリック体は右に傾いている。

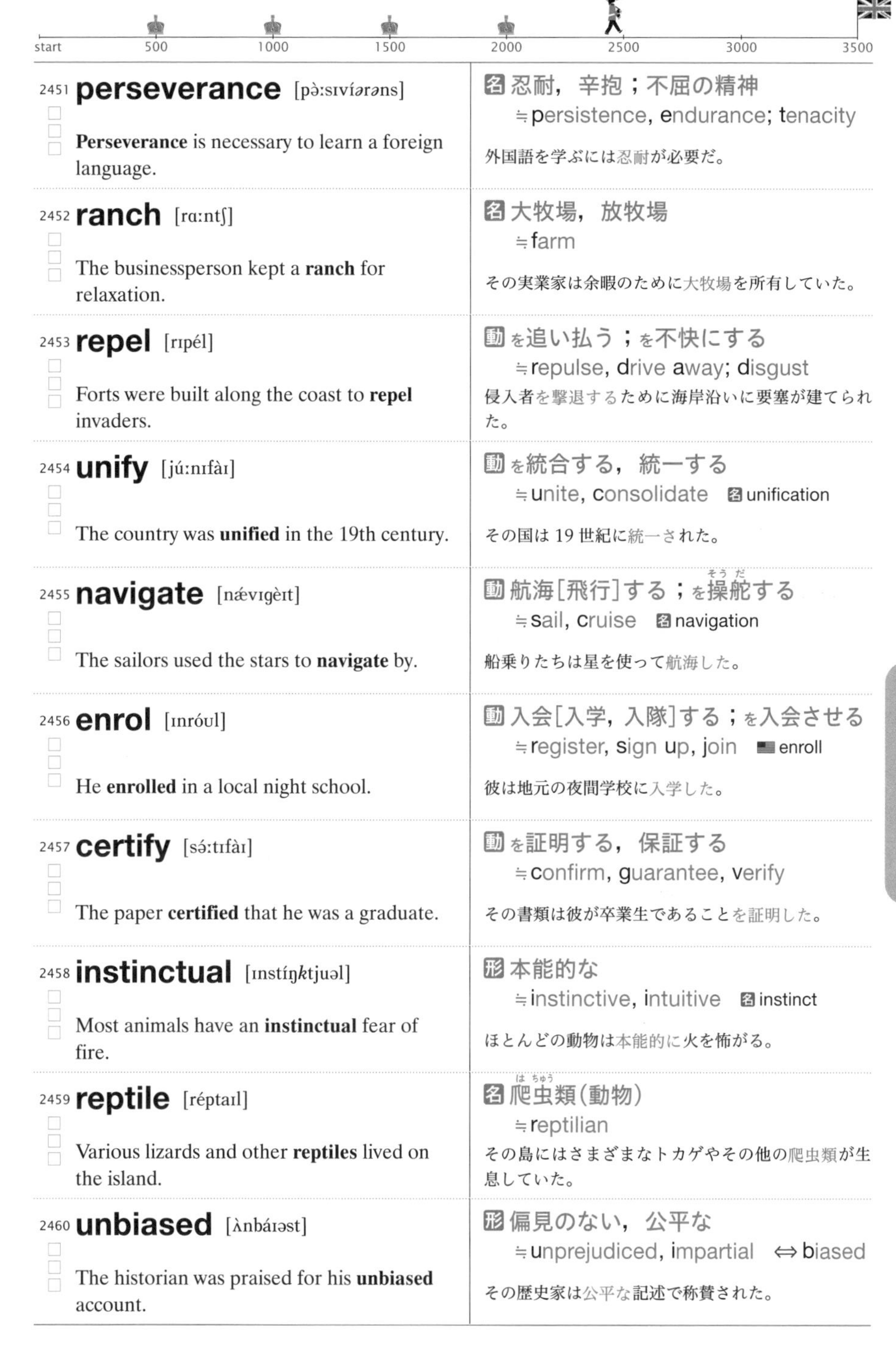

2451 **perseverance** [pə̀:sɪvíərəns]

名 忍耐，辛抱；不屈の精神
≒persistence, endurance; tenacity

Perseverance is necessary to learn a foreign language.

外国語を学ぶには忍耐が必要だ。

2452 **ranch** [rɑ:ntʃ]

名 大牧場，放牧場
≒farm

The businessperson kept a **ranch** for relaxation.

その実業家は余暇のために大牧場を所有していた。

2453 **repel** [rɪpél]

動 を追い払う；を不快にする
≒repulse, drive away; disgust

Forts were built along the coast to **repel** invaders.

侵入者を撃退するために海岸沿いに要塞が建てられた。

2454 **unify** [jú:nɪfàɪ]

動 を統合する，統一する
≒unite, consolidate 名 unification

The country was **unified** in the 19th century.

その国は 19 世紀に統一された。

2455 **navigate** [nǽvɪgèɪt]

動 航海[飛行]する；を操舵(そうだ)する
≒sail, cruise 名 navigation

The sailors used the stars to **navigate** by.

船乗りたちは星を使って航海した。

2456 **enrol** [ɪnróʊl]

動 入会[入学，入隊]する；を入会させる
≒register, sign up, join 米 enroll

He **enrolled** in a local night school.

彼は地元の夜間学校に入学した。

2457 **certify** [sə́:tɪfàɪ]

動 を証明する，保証する
≒confirm, guarantee, verify

The paper **certified** that he was a graduate.

その書類は彼が卒業生であることを証明した。

2458 **instinctual** [ɪnstíŋktjuəl]

形 本能的な
≒instinctive, intuitive 名 instinct

Most animals have an **instinctual** fear of fire.

ほとんどの動物は本能的に火を怖がる。

2459 **reptile** [réptaɪl]

名 爬虫類(はちゅうるい)(動物)
≒reptilian

Various lizards and other **reptiles** lived on the island.

その島にはさまざまなトカゲやその他の爬虫類が生息していた。

2460 **unbiased** [ʌ̀nbáɪəst]

形 偏見のない，公平な
≒unprejudiced, impartial ⇔biased

The historian was praised for his **unbiased** account.

その歴史家は公平な記述で称賛された。

1回目 ／ 2回目 ／ 3回目 ／

2461 **pharmacist** [fɑ́ːməsɪst] She trained to be a **pharmacist**.	名 薬剤師；薬屋 ≒chemist 形 pharmaceutical 彼女は薬剤師になる訓練を受けた。
2462 **allege** [əlédʒ] The suspect **alleged** police brutality.	動 を主張する，断言する ≒claim, assert, maintain 容疑者は警察の蛮行を申し立てた。
2463 **dazzle** [dǽzl] The pedestrian was **dazzled** by the headlights.	動 の目をくらませる 名 まぶしさ ≒blind, daze その歩行者はヘッドライトで目がくらんだ。
2464 **deem** [diːm] He **deemed** her reply an insult.	動 を～だと見なす，考える ≒consider, regard 彼は彼女の返答を侮辱と受け止めた。
2465 **heighten** [háɪtən] The announcement **heightened** the fans' excitement.	動 を高める；を増大させる；高まる ≒raise; enhance, intensify その発表はファンの興奮を高めた。
2466 **pave** [peɪv] The road was **paved** *with* old tiles.	動 を(～で)舗装する ≒surface 名 pavement その道は古いタイルで舗装されていた。
2467 **compute** [kəmpjúːt] He rapidly **computed** the cost of the equipment.	動 (を)計算する，査定する ≒calculate 名 computation 彼はすぐさま備品の費用を計算した。
2468 **disillusion** [dìsɪlúːʒən] The voters felt a degree of **disillusion** with the government.	名 幻滅(感)；覚醒 ≒disenchantment, disappointment 有権者たちは政府にある程度の幻滅を感じた。
2469 **ascribe** [əskráɪb] She **ascribed** her husband's bad temper *to* work pressure.	動 を(～に)帰する，(～の)せいにする ≒attribute 彼女は夫の不機嫌を仕事のプレッシャーのせいにした。
2470 **pollute** [pəljúːt] Over many years, the factory **polluted** the river.	動 を汚す，汚染する ≒contaminate, foul 名 pollution 長年にわたってその工場は川を汚染した。

2471 **beverage** [bévərɪdʒ] ⓘ He worked for a manufacturer of bottled **beverages**.	名 飲み物，飲料 ≒drink 彼はボトル飲料の製造会社で働いた。
2472 **escalate** [éskəlèɪt] The conflict **escalated** into a civil war.	動 段階的に拡大する；を段階的に拡大させる ≒develop, intensify 名 escalation 争いは内戦へと段階的に拡大した。
2473 **elevate** [élɪvèɪt] The project aimed to **elevate** local living standards.	動 を高める，向上させる；の心を浮き立たせる ≒raise, boost, promote そのプロジェクトは地元の生活水準を高めることを目指した。
2474 **compress** [kəmprés] The gas has been **compressed** into a small container.	動 を圧縮する，詰め込む ≒squeeze, press, cram ガスは小さな容器の中に圧縮されている。
2475 **devour** [dɪváʊə] ⓘ The wolves **devoured** the meat in an instant.	動 をむさぼり食う，がつがつ食う ≒eat, consume, gorge オオカミたちは瞬く間に肉をむさぼり食った。
2476 **jingle** [dʒíŋgl] She heard the **jingle** of the doorbell.	名 ちりんちりん(と鳴る音) ≒clink, tinkle 彼女は玄関の呼び鈴がちりんと鳴る音を聞いた。
2477 **propel** [prəpél] The engine **propelled** the car forward.	動 を推進する，進ませる ≒drive, thrust, push エンジンは車を前に進ませた。
2478 **hurl** [həːl] A boy **hurled** a stone at the window.	動 を強く投げ付ける ≒throw, fling 名 hurler(投手) 少年が窓に向かって石を強く投げ付けた。
2479 **bestow** [bɪstóʊ] The first Nobel Prize was **bestowed** *on* six recipients in 1901.	動 を(〜に)授ける，与える ≒confer, award, give 最初のノーベル賞は1901年に6人の受賞者に授与された。
2480 **wag** [wæg] The dog **wagged** its tail when its owner appeared.	動 を振る，動かす，揺らす 名 一振り ≒wave, swing, shake イヌは飼い主が現れるとしっぽを振った。

1回目 ／ 2回目 ／ 3回目 ／

2481 **existent** [ɪgzístənt] □□□ None of the **existent** records mentions the event.	形 現存する，実在する，既存の ≒existing, remaining ⇔non-existent 現存する記録でその出来事に触れているものはない。
2482 **sprawl** [sprɔ:l] □□□ There was a **sprawl** of housing on the side of the hill.	名 不規則な広がり 動 不規則に広がる ≒untidy expanse 丘の中腹には住宅が不規則に広がっていた。
2483 **adorn** [ədɔ́:n] □□□ She **adorned** her hair *with* wild flowers.	動 を(～で)飾る，装飾する ≒decorate, ornament, embellish 彼女は野の花で髪を飾った。
2484 **nourish** [nʌ́rɪʃ] □□□ He **nourished** the abandoned puppy with milk.	動 に滋養物を与える；を養う ≒feed; nurture 名 nourishment 彼はその捨てられた子イヌに牛乳で栄養を与えた。
2485 **commute** [kəmjú:t] □□□ Many of the workers **commuted** from the suburbs.	動 通勤[通学]する，通う 名 通勤 名 commuter 労働者の多くは郊外から通勤した。
2486 **expend** [ɪkspénd] □□□ The school **expended** a large amount of money *on* publicity.	動 を(～に)費やす，かける ≒spend, consume 名 expenditure（支出） その学校は宣伝に多額の費用をかけた。
2487 **harmonise** [há:mənàɪz] □□□ The country **harmonised** its policies *with* those of its ally.	動 を(～と)調和[一致]させる ≒coordinate, match 🇺🇸 harmonize その国は政策を同盟国の政策と調和させた。
2488 **wring** [rɪŋ] □□□ She **wrung** the water from the wet handkerchief.	動 を絞る ≒twist, squeeze, wrench 彼女はぬれたハンカチから水を絞った。
2489 **contrive** [kəntráɪv] □□□ The committee managed to **contrive** a compromise plan.	動 を考え出す；を発明する ≒devise, design; invent 委員会は何とか妥協案を考え出した。
2490 **surpass** [səpá:s] □□□ The athlete managed to **surpass** the previous record.	動 に勝る，をしのぐ ≒exceed, outstrip そのアスリートは何とか以前の記録を超えることができた。

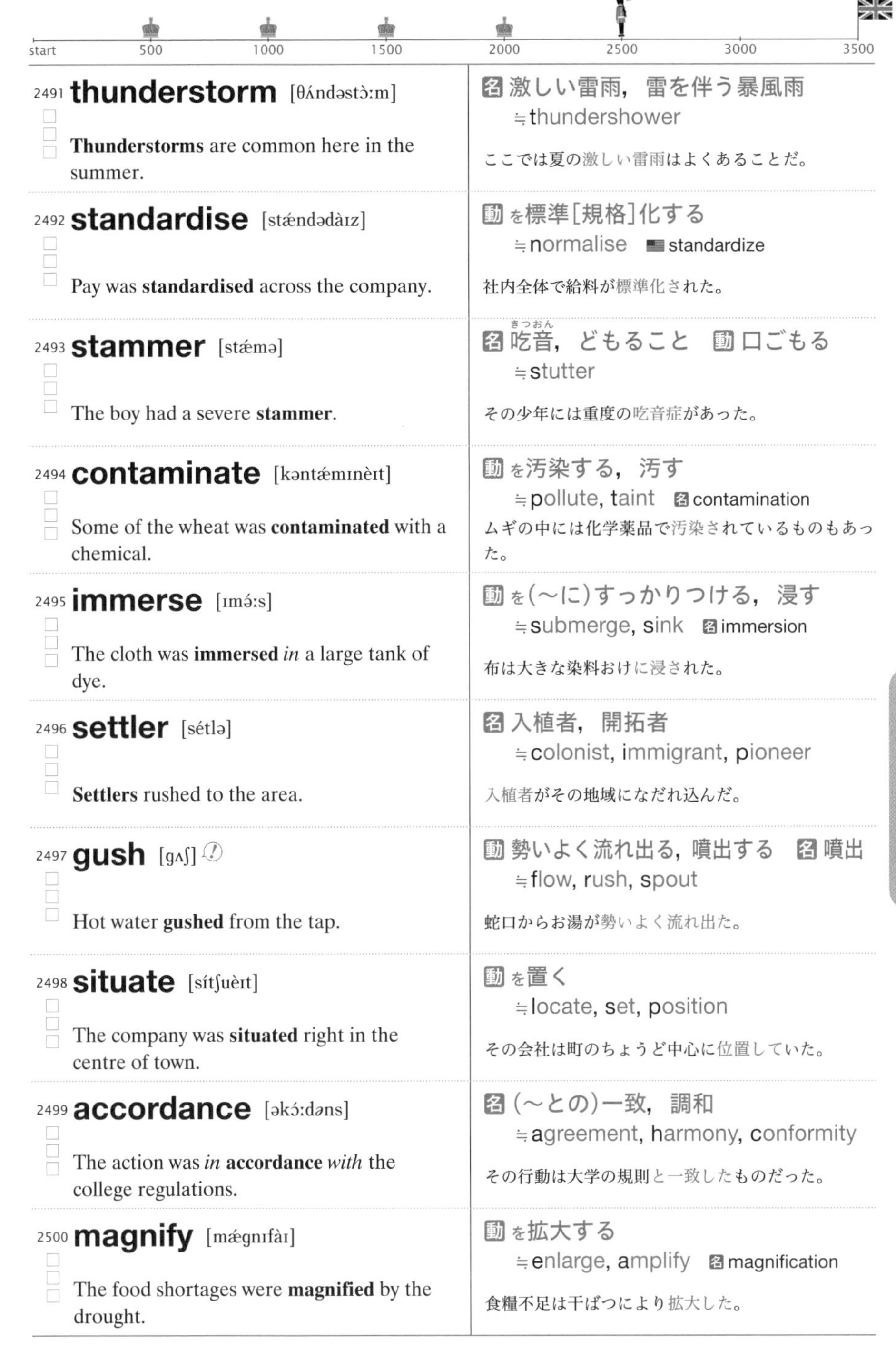

2491 **thunderstorm** [θʌ́ndəstɔ̀:m] **Thunderstorms** are common here in the summer.	名 激しい雷雨，雷を伴う暴風雨 ≒thundershower ここでは夏の激しい雷雨はよくあることだ。
2492 **standardise** [stǽndədàɪz] Pay was **standardised** across the company.	動 を標準[規格]化する ≒normalise 🇺🇸 standardize 社内全体で給料が標準化された。
2493 **stammer** [stǽmə] The boy had a severe **stammer**.	名 吃音(きつおん)，どもること 動 口ごもる ≒stutter その少年には重度の吃音症があった。
2494 **contaminate** [kəntǽmɪnèɪt] Some of the wheat was **contaminated** with a chemical.	動 を汚染する，汚す ≒pollute, taint 名 contamination ムギの中には化学薬品で汚染されているものもあった。
2495 **immerse** [ɪmə́:s] The cloth was **immersed** *in* a large tank of dye.	動 を(～に)すっかりつける，浸す ≒submerge, sink 名 immersion 布は大きな染料おけに浸された。
2496 **settler** [sétlə] **Settlers** rushed to the area.	名 入植者，開拓者 ≒colonist, immigrant, pioneer 入植者がその地域になだれ込んだ。
2497 **gush** [gʌʃ] ⓘ Hot water **gushed** from the tap.	動 勢いよく流れ出る，噴出する 名 噴出 ≒flow, rush, spout 蛇口からお湯が勢いよく流れ出た。
2498 **situate** [sítʃuèɪt] The company was **situated** right in the centre of town.	動 を置く ≒locate, set, position その会社は町のちょうど中心に位置していた。
2499 **accordance** [əkɔ́:dəns] The action was *in* **accordance** *with* the college regulations.	名 (～との)一致，調和 ≒agreement, harmony, conformity その行動は大学の規則と一致したものだった。
2500 **magnify** [mǽgnɪfàɪ] The food shortages were **magnified** by the drought.	動 を拡大する ≒enlarge, amplify 名 magnification 食糧不足は干ばつにより拡大した。

Column
単語の覚え方③

語源の知識を身につけよう

皆さんは新しい単語を覚える際に，語源を活用していますか？　今まであまり考えたことがなかったという方は，かなり損をしていると言わざるをえません。語源が理解でき始めると，単語を覚えるのが加速度的に容易になるだけでなく，既習の単語もより深く理解できるようになります。

英単語を構成している接頭辞，語根，接尾辞と言われる部分は，いわば漢字の「部首」のようなものです。例えば，英語において漢字の「さんずい（氵）」に相当するのは“aqua-”や“aqui-”というラテン語に由来する「接頭辞」（単語の最初の部分につける「部首」のようなもの）です。本書にも 2291 aquatic（レベル 3），3276 aquaculture，3354 aquifer（レベル 5）といった単語が収録してあります。

より複雑な「接頭辞＋語根＋接尾辞」の組み合わせで構成されている単語の例を見てみましょう。レベル 4 の 2546 unprecedented（前例のない）という単語は un-（否定），pre-（先），cede（行く），-ed（受け身）という部分の組み合わせでできています。このようにラテン語由来の単語の多くは複数の「部品」の組み合わせでできているので，語源が分かっている方がはるかに覚えやすいのは当然のことです。さらに，この学習方法が非常に効率が良い理由は，1 つの「部品」が多くの単語に当てはまるということです。

では語源を利用した学習が有効な単語はどのくらいの比率を占めるのでしょうか？　英語の中でラテン語・ギリシャ語に由来する単語の割合は一般的には 60％以上と言われています。しかもその割合は IELTS の問題のようなアカデミックな英語においてはより高くなります。

語源をいかした学習法

本書は語源をテーマにしたものではなく，またスペースも限られているため，残念ながら語源情報は載せていません。それでは一体どうやって語源を利用した学習をすればよいのか，ご提案しますので参考にしてください。

1. **辞書を引いたら，語源の解説を一読する**（語源情報は宝の山）
2. **本書に収録されている単語は，語源が分かったら手書きでメモを書き込む**（見ているだけでなく，自分で手を動かすというのがポイント）
3. **いろいろな単語に登場する「部品」に気がついたら，どんな意味を表すのか自分なりの仮説を立てた上で，辞書で引いて意味を確認する**

語源別にまとめた単語集を買うのも一案ですが，不要な単語や，語源があまり参考にならない単語も多いので，必須ではありません。今後遭遇する単語に関して語源を理解しながら覚えていく，という方針が良いでしょう。

重要語2500

レベル4

No.2501～3000

目標バンドスコア

7.0

重要語レベル4 - ❶

2501 **thereby** [ðèəbáɪ] The player dropped the ball, **thereby** losing the match.	副 それによって，その結果 ≒by that means, in that way その選手はボールを落とし，その結果試合に負けた。
2502 **hide** [haɪd] Leather is made from animal **hides** through a process called tanning.	名 (特に大きい獣の)皮，皮革 ≒pelt, leather 革は皮なめしと呼ばれる工程を経て動物の皮から作られる。
2503 **chronic** [krɔ́nɪk] The old man suffered from **chronic** lung disease.	形 (病気が)慢性の；長期にわたる ≒persistent; long-term その老人は慢性の肺病を患っていた。
2504 **spectrum** [spéktrəm] Politics often produces a broad **spectrum** of opinion.	名 変動範囲；スペクトル ≒range, scope 複 spectra 政治はしばしば幅広いさまざまな意見を生み出す。
2505 **empirical** [ɪmpírɪkəl] Much **empirical** evidence suggests global warming is a man-made problem.	形 観察[実験]に基づく ≒observed, factual 多くの実証的証拠が，地球温暖化は人間が作り出した問題だと示唆している。
2506 **referendum** [rèfəréndəm] In 2016, the UK held a **referendum** on whether to leave or stay in the EU.	名 国民投票 ≒plebiscite 複 referenda イギリスでは2016年に，EU離脱か残留かに関する国民投票が行われた。
2507 **carbon dioxide** [kɑ̀:bən daɪɔ́ksaɪd] Levels of **carbon dioxide** have increased dramatically in developing countries.	名 二酸化炭素 ≒CO_2 発展途上国では二酸化炭素量が劇的に増えた。
2508 **life expectancy** [làɪf ɪkspéktənsi] The **life expectancy** of women is longer than that of men.	名 平均寿命 ≒average lifespan 女性の平均寿命は男性よりも長い。
2509 **minimal** [mínɪməl] The new strategies will boost sales with **minimal** effort.	形 最小の，最小限度の ≒minimum, slightest 新戦略は最小限の努力で売り上げを伸ばすだろう。
2510 **eligible** [élɪdʒəbl] You must demonstrate English proficiency to be **eligible** *for* admission.	形 (～に)適格の，(～の)資格のある ≒qualified, entitled 名 eligibility 入学の資格を得るためには英語力があることを示さなければならない。

2511 **specification** [spèsəfıkéıʃən]

名 〈通例 ~s〉 製品仕様，仕様書；詳述
≒details, particulars

The engineer read the product **specifications** with interest.

その技術者は興味深くその製品仕様書を読んだ。

2512 **compliance** [kəmpláıəns]

名 (法令)順守，応諾，服従
≒observance, conformity ⇔ violation

Overseas tax **compliance** is a major issue for multinational companies.

多国籍企業にとって海外の税法を順守することは重要な問題である。

2513 **pronounced** [prənáunst]

形 はっきりした，明確な，目立つ
≒marked, noticeable

King George VI spoke with a very **pronounced** stammer.

国王ジョージ6世は非常に顕著な吃音を伴う話し方をした。

2514 **predominantly** [prıdɔ́mınəntli]

副 圧倒的に，主として，主に
≒mainly, largely

The company's success was **predominantly** due to skilful marketing.

その会社の成功は主に巧みなマーケティングによるものだった。

2515 **inappropriate** [ìnəpróupriət] ⓘ

形 (～に)不適当な，不似合いの
≒unsuitable, unfit ⇔ appropriate

The director thought the news was **inappropriate** *for* broadcast on TV.

ディレクターは，そのニュースはテレビ放送には不適切だと思った。

2516 **syndrome** [síndroum]

名 症候群，シンドローム
≒disorder, symptoms

The hospital specialised in research into metabolic **syndrome**.

その病院はメタボリック症候群の研究を専門としていた。

2517 **cognitive** [kɔ́gnətıv]

形 認識の，認知の
≒mental

The lawyer was surprised at the boy's low **cognitive** ability.

弁護士は少年の認知能力の低さに驚いた。

2518 **venue** [vénjuː]

名 開催地，会場
≒place, locale

Wembley Stadium in England is a famous live show **venue**.

イングランドのウェンブリースタジアムはライブショーの有名な会場だ。

2519 **willingness** [wílıŋnəs]

名 快く(～)すること
≒readiness 形 willing

The employee showed great **willingness** *to* learn new skills.

その社員は新しい技術を進んで習得しようという姿勢を見せた。

2520 **dual** [djúːəl]

形 二重の；両面性を持った
≒double, twofold ⇔ single

Many countries still do not recognise **dual** citizenship.

多くの国は二重国籍をまだ認めていない。

1回目 ／ 2回目 ／ 3回目 ／

2521 **gall** [gɔːl] Few employees *had the* **gall** *to* contradict their boss.	名 ずうずうしさ，厚かましさ ≒nerve, impudence 上司に反対意見を述べる厚かましさのある社員はほとんどいなかった。
2522 **grid** [grɪd] The roads of the city followed a **grid** system.	名 (道路の)碁盤の目；格子；焼き網 ≒matrix その市の道路は碁盤の目状になっていた。
2523 **autonomous** [ɔːtɑ́nəməs] Vatican City is **autonomous** from the Italian government.	形 自治の，自治権のある ≒independent, sovereign 名 autonomy バチカン市国はイタリア政府から独立して自治権を有する。
2524 **solidarity** [sɔ̀lɪdǽrəti] **Solidarity** is the foundation of the labour movement.	名 団結，結束，連帯 ≒unity, union 団結こそが労働運動の基盤である。
2525 **polish** [pɔ́lɪʃ] ⓘ **Polish** your pronunciation before you start practising speaking.	動 に磨きをかける，を洗練させる；を磨く ≒refine, improve; shine スピーキングの練習を始める前に発音に磨きをかけなさい。
2526 **adjacent** [ədʒéɪsənt] ⓘ The visitor car park is **adjacent** *to* the main building.	形 (～に)近接[隣接]した ≒adjoining, neighbouring 来客用の駐車場は本館に隣接している。
2527 **psychiatric** [sàɪkiǽtrɪk] ⓘ The judge ordered a **psychiatric** examination of the accused.	形 精神病学[治療]の ≒mental 裁判官は被告の精神鑑定を命じた。
2528 **configuration** [kənfìgjəréɪʃən] Washing machines are available in two **configurations**: top-loading and front-loading.	名 形状，外形；配列，構成 ≒form, shape; arrangement 洗濯機は縦型とドラム式の２つの形状が売られている。
2529 **vegetation** [vèdʒətéɪʃən] The area around the river was rich in **vegetation**.	名 (一地域の)植生 ≒plants, flora その川の周辺地域には豊かな植生があった。
2530 **bizarre** [bɪzɑ́ː] ⓘ Many critics found the costumes for the ballet **bizarre**.	形 奇怪な，異様な，風変わりな ≒strange, odd, weird 多くの批評家はそのバレエの衣装を風変わりだと思った。

2531 **infrastructure** [ínfrəstrʌ̀ktʃə] □□□ The city's **infrastructure** cannot support large housing projects.	名 (経済)基盤，インフラ ≒base, foundation その市のインフラでは大規模な住宅プロジェクトを支えられない。
2532 **outset** [áutsèt] □□□ The committee was dubious about the project *from the* **outset**.	名 最初，初め；(事業などの)着手 ≒start, beginning, inception 委員会は最初からそのプロジェクトについて懐疑的だった。
2533 **liaison** [liéɪzən] □□□ The International Student **Liaison** office supports and advises international students.	名 連絡(係)，協力関係；連結発音 ≒intermediary, mediator, cooperation 留学生連絡事務所は留学生をサポートし，アドバイスを提供する。
2534 **norm** [nɔːm] □□□ Wearing a white gown is the **norm** for brides.	名 規範，模範，(行動様式などの)典型 ≒convention, standard 花嫁は白いドレスを着るのが典型的である。
2535 **credibility** [krèdəbíləti] □□□ The lawyer carefully examined the **credibility** of the evidence.	名 信ぴょう性，信頼できること，信用 ≒reliability, plausibility 弁護士はその証拠の信ぴょう性を慎重に検証した。
2536 **immune** [ɪmjúːn] □□□ The defiant actor seemed **immune** *to* criticism.	形 (～に)免疫のある，免疫の ≒resistant 名 immunity その反抗的な俳優は批判に対して免疫があるようだった。
2537 **indigenous** [ɪndídʒənəs] □□□ This deer is **indigenous** *to* the western half of North America.	形 (ある土地に)固有の，原産の，土着の ≒native, aboriginal ⇔ foreign このシカは北米の西半分に固有のものだ。
2538 **viable** [váɪəbl] □□□ The proposal was not **viable** because of its expense.	形 実行可能な；発育[生存]可能な ≒feasible, possible その提案は費用の面から実行可能ではなかった。
2539 **morale** [mərɑ́ːl] □□□ **Morale** among the shop floor workers was low.	名 (組織の)士気；風紀 ≒confidence 店の売り場で働く人たちの士気は低かった。
2540 **momentum** [mouméntəm] □□□ The pro-democracy movement began to gain **momentum**.	名 勢い，弾み；(物を)動かす力，起動力 ≒impetus, force 民主化運動は勢いを増し始めた。

2541 **methodology** [mèθədɔ́lədʒi] The professor's research **methodology** was questionable.	名 方法論，研究方法 ≒methods, approach その教授の研究方法には疑問の余地があった。
2542 **constituent** [kənstítjuənt] Blood is made up of several different **constituents**.	名 構成要素，成分；有権者 形 構成要素の ≒component, ingredient; voter 血液は幾つかの異なった成分でできている。
2543 **peripheral** [pərífərəl] Only a few **peripheral** details remained to be decided.	形 末梢(まっしょう)的な，あまり重要でない；周囲の ≒secondary, marginal, minor あとはあまり重要でない細かい点を幾つか決めるだけだった。
2544 **optical** [ɔ́ptɪkəl] The oasis was nothing but an **optical** illusion.	形 視覚(上)の；光学(上)の ≒visual そのオアシスは視覚的錯覚にすぎなかった。
2545 **consortium** [kənsɔ́:tiəm] A Europe-based **consortium** bought out the struggling advertising agency.	名 共同企業体，合弁企業 ≒syndicate 複 consortia ヨーロッパを拠点とする合弁企業が不振にあえぐその広告代理店を買収した。
2546 **unprecedented** [ʌ̀nprésɪdèntɪd] The communists won an **unprecedented** number of votes.	形 前例のない，前代未聞の，空前の ≒unheard-of, unparalleled 共産党は空前の数の票を集めた。
2547 **nitrogen** [náɪtrədʒən] ⓘ Over 75% of the air that we breathe is **nitrogen**.	名 窒素 ≒the element N 私たちが呼吸する空気の75%以上は窒素だ。
2548 **notorious** [noutɔ́:riəs] The company was **notorious** *for* its poor quality control.	形 (～で)悪名高い ≒infamous, disreputable 名 notoriety その会社は品質管理が悪いことで悪名が高かった。
2549 **patronage** [pǽtrənɪdʒ] ⓘ The artist enjoyed the **patronage** of several wealthy businesspeople.	名 (芸術・事業などの)後援，保護，奨励 ≒sponsorship 名 patron(後援者) その芸術家は裕福な実業家何人かの後援を受けていた。
2550 **precedent** [présɪdənt] The court case set a legal **precedent**.	名 判例；先例，前例 ≒antecedent, instance その訴訟事件は法的判例を作った。

2551 **undermine** [ʌ̀ndərmáɪn]

Global warming is **undermining** the planet's health.

動 を徐々にむしばむ，ひそかに傷つける
≒weaken, erode
地球温暖化がこの惑星の健康を徐々にむしばんでいる。

2552 **livestock** [láɪvstɔ̀k]

The farmer's **livestock** were grazing on the hillside.

名〈集合的に〉家畜（類）
≒farm animals
その農夫の家畜は丘の斜面で牧草をはんでいた。

2553 **void** [vɔɪd]

The satellite was lost in the **void** of space.

名 何もない空間，虚空　形 空（から）の
≒empty space, vacuum
その衛星は宇宙の虚空で行方不明になった。

2554 **siege** [siːdʒ]

The country's capital was *under* **siege** by enemy forces.

名（軍隊・警察などによる）包囲（攻撃）
≒blockage, encirclement
その国の首都は敵軍によって包囲されていた。

2555 **complementary** [kɔ̀mplɪméntəri]

In some families, the husband and wife have **complementary** roles.

形 相補的な，補い合う；補って完全にする
≒supplemental, interdependent
夫と妻が相補的な役割を持つ家庭もある。

2556 **feasible** [fíːzəbl]

Many experts questioned whether the government's plan was **feasible**.

形 実現［実行］可能な，可能性のある
≒possible, viable　名 feasibility
政府の計画が実行可能かどうか多くの専門家が疑った。

2557 **stark** [stɑːk]

There is a **stark** difference between the two countries.

形 くっきりした；荒涼たる，厳しい
≒distinct, clear; bleak
両国には際立った違いがある。

2558 **conversely** [kɔ́nvəːsli]

The rich get richer. **Conversely**, the poor get poorer.

副 逆に；逆に言えば
≒on the other hand
富裕層はさらに富み，逆に貧困層はさらに貧しくなる。

2559 **onset** [ɔ́nsèt]

Please take this medicine *at the first* **onset** *of* a cold.

名（特に望ましくないことの）始まり，開始
≒outset, inception　⇔end
この薬は風邪のひき始めに飲んでください。

2560 **premature** [prémətʃə]

The couple's baby was three weeks **premature**.

形 早過ぎる，時期尚早の，早産の
≒untimely, early　⇔overdue
その夫婦の赤ちゃんは3週間早産だった。

1回目 ／ 2回目 ／ 3回目 ／

2561 **imminent** [ímɪnənt] □□□ The species is facing an **imminent** danger of extinction.	形 今にも起こりそうな，差し迫った ≒impending, approaching ⇔remote その種は差し迫った絶滅の危機に瀕している。
2562 **advent** [ǽdvènt] □□□ The Internet marked *the* **advent** of a new age.	名 〈the ～〉出現，到来 ≒arrival, coming, emergence インターネットは新しい時代の到来を告げた。
2563 **plausible** [plɔ́ːzəbl] □□□ The student gave a **plausible** reason for arriving late.	形 理にかなっている，もっともらしい ≒believable, credible ⇔implausible その生徒は遅刻のもっともらしい理由を述べた。
2564 **prone** [proʊn] □□□ The delicate child was **prone** *to* catch colds.	形（～する）傾向がある ≒liable, inclined, apt その病弱な子どもは風邪をひきやすかった。
2565 **wary** [wéəri] ⓘ □□□ The old lady was instructed to be **wary** *of* theft.	形（～に）用心深い，注意深い ≒cautious, alert ⇔careless その老婦人は泥棒に気を付けるよう教えられた。
2566 **surge** [səːdʒ] □□□ He felt a **surge** of joy when he heard his family were safe.	名（感情の）込み上げ，高まり 動 押し寄せる ≒outburst, upsurge 家族が無事だと聞いて彼は喜びが込み上げるのを感じた。
2567 **hygiene** [háɪdʒiːn] □□□ Restaurant **hygiene** is an important issue for public health.	名 衛生（状態［管理］）；清潔 ≒cleanliness, sanitation 形 hygienic 飲食店の衛生管理は人々の健康にとって重要な課題だ。
2568 **sewage** [súːɪdʒ] ⓘ □□□ Some of London's **sewage** system is over 100 years old.	名 下水，汚水 ≒waste water ロンドンの下水道の一部は100年以上前に作られたものだ。
2569 **potent** [póʊtənt] ⓘ □□□ The vaccine remains **potent** for several years.	形（薬などが）よく効く；勢力のある，有力な ≒effective; strong, powerful そのワクチンは何年か効果が持続する。
2570 **surveillance** [səvéɪləns] □□□ **Surveillance** cameras line the streets of London.	名 監視，見張り，査察 ≒observation, scrutiny ロンドンの通りには監視カメラが並んでいる。

2571 **naive** [naɪíːv]

The professor found the students' essays rather **naive**.

形 単純な，無知な，世慣れない
≒unsophisticated ⇔experienced

学生たちの論文はかなり単純だと教授は感じた。

2572 **sceptical** [sképtɪkəl]

The public were **sceptical** *of* the official news media.

形 (～に)懐疑的な，疑い深い
≒dubious, doubtful 🇺🇸skeptical

大衆は公式のニュースメディアに疑いを持っていた。

2573 **reservoir** [rézəvwàː]

The **reservoir** ran completely dry during the dry weather.

名 貯水池，ため池，貯水槽
≒pond

そのため池は乾燥した天気の間に完全に干上がった。

2574 **debris** [débriː]

The amount of **debris** from the collapsed building was immense.

名 残骸，がれき
≒remains, rubble

倒壊したビルのがれきの量は膨大だった。

2575 **synthetic** [sɪnθétɪk]

This fabric is made of **synthetic** silk.

形 合成の；総合の，統合の
≒artificial 名synthesis ⇔natural

この布は合成の絹でできている。

2576 **cynical** [sínɪkəl]

The comedian's **cynical** remarks drew much laughter.

形 皮肉な，冷笑的な；ひねくれた
≒sarcastic, sardonic

そのコメディアンの皮肉な発言は多くの笑いを呼んだ。

2577 **defective** [dɪféktɪv]

The car accident was caused by **defective** brakes.

形 欠点[欠陥]のある，不完全な
≒flawed, faulty ⇔perfect

その自動車事故は欠陥のあるブレーキによって引き起こされた。

2578 **demographic** [dèməgrǽfɪk]

Major **demographic** changes occurred due to immigration reform.

形 人口統計(学)の
名demographics

移民法の改革により人口統計上の大きな変化が起きた。

2579 **consecutive** [kənsékjutɪv]

The football team registered seven **consecutive** wins.

形 連続した
≒successive, uninterrupted

そのサッカーチームは7連勝を記録した。

2580 **opt** [ɔpt]

The professor decided to **opt** *for* early retirement.

動 (～を)選ぶ，(～に)決める
≒choose, select 名option(選択)

その教授は早期退職を選ぶことにした。

2581 **outright** [áutràɪt / àutráɪt] □□□ Some people tell **outright** lies to support their positions.	形 全くの；率直な 副 完全に；率直に ≒absolute, complete 自分の立場を維持しようとあからさまなうそをつく人たちがいる。
2582 **corpus** [kɔ́ːpəs] □□□ We can learn a lot about vocabulary from a **corpus**.	名 言語資料，コーパス 複 corpora われわれは言語資料から語彙についてたくさんのことを学べる。
2583 **severity** [sɪvérəti] □□□ The government tried to hide the **severity** of the economic crisis.	名 厳しさ，激しさ，深刻さ，重大さ ≒harshness, intensity, seriousness 政府は経済危機の深刻さを隠そうとした。
2584 **maternal** [mətə́ːnəl] □□□ Not all psychologists believe that there is a **maternal** instinct.	形 母の；母らしい ≒motherly 名 maternity ⇔ paternal 全ての心理学者が母性本能があると信じているわけではない。
2585 **communal** [kɔ́mjunəl] □□□ The **communal** facilities in the building were low-quality.	形 共同の，共有の；共同社会の ≒public, shared ⇔ private その建物の共同施設は質が良くなかった。
2586 **admittedly** [ədmítɪdli] □□□ **Admittedly**, wars are still happening in many parts of the world.	副 誰もが認めるように，確かに，なるほど ≒undeniably, certainly 確かに，世界の多くの場所でいまだに戦争が起きている。
2587 **plight** [plaɪt] □□□ Rising sea levels will worsen the **plight** of Pacific islanders.	名 (悪い)状態，苦境，窮状 ≒predicament, difficulty, trouble 海面上昇が太平洋の島国に住む人々の苦境を悪化させるであろう。
2588 **cumulative** [kjúːmjulətɪv] □□□ Doctors blamed the illness on **cumulative** exposure to chemicals.	形 累積的な，累加的な ≒accumulative, accumulated 医師たちは，その病気は化学薬品への露出が累積したことが原因だとした。
2589 **dubious** [djúːbiəs] □□□ The report was based on **dubious** information from an unknown source.	形 疑わしい，いかがわしい；半信半疑で ≒suspicious; doubtful ⇔ trustworthy その報告書は出所不明の疑わしい情報に基づいていた。
2590 **exempt** [ɪgzémpt] ⓘ □□□ Overseas students are **exempt** *from* paying tax.	形 (～を)免除された 動 に(義務などを)免じる ≒free, immune 留学生は税金の支払いを免除されている。

2591 robust [roubʌ́st]

形 強健な，がっしりした，たくましい
≒strong, tough, sturdy

Despite being over 80, he was still very **robust**.

80歳を超えているにもかかわらず，彼はまだとても強健だった。

2592 archive [ά:kàɪv] ⓘ

名 公文書，古記録，アーカイブ
≒records, documents

It is possible to read part of these newspaper **archives** online.

この新聞アーカイブの一部はオンラインで読むことが可能だ。

2593 demise [dɪmáɪz]

名 終わり，終焉（しゅうえん），廃止；死去
≒end, fall; death

The **demise** of the CD is in the near future.

CDの終焉は近い将来のことである。

2594 contention [kənténʃən]

名 主張，論点；論争
≒argument, claim; dispute

It was the environmentalist's **contention** that global warming was irreversible.

地球温暖化を元に戻すことはできないというのがその環境保護論者の主張だった。

2595 contingent [kəntíndʒənt]

形（～に）依存する，左右される
≒dependent, conditional

The success of the fireworks party was **contingent** *on* the weather.

花火大会の成功は天気にかかっていた。

2596 prototype [próutətàɪp]

名 原型，試作品
≒archetype, original

The **prototype** of the product was designed last year.

その製品の試作品は去年デザインされた。

2597 dementia [dɪménʃə]

名 認知症
≒Alzheimer's

This facility specialises in the treatment of *senile* **dementia**.

この施設は老人性認知症の治療を専門としている。

2598 susceptible [səséptəbl] ⓘ

形（～に）影響を受けやすい，感染しやすい
≒vulnerable, subject ⇔immune

Children are especially **susceptible** *to* colds this time of year.

子どもはこの時期特に風邪に感染しやすい。

2599 sinister [sínɪstə]

形 邪悪な，よこしまな，陰険な
≒evil, malignant ⇔innocent

The police uncovered a **sinister** plot to overthrow the government.

警察は政府を転覆しようとする邪悪な計画を暴いた。

2600 renowned [rɪnáund]

形（～で）名高い，有名な，名声のある
≒famous, eminent, distinguished

Japan is **renowned** *for* its convenient and punctual train service.

日本は便利で時間が正確な鉄道運行で有名である。

2601 **proximity** [prɔksíməti]

Her family all live *in close* **proximity** *to* each other.

名 (～に)近いこと，近接，接近
≒closeness, vicinity

彼女の家族は皆お互いにすぐ近くに住んでいる。

2602 **acoustic** [əkú:stɪk] ⓘ

The accident affected the **acoustic** ability of one of his ears.

形 聴覚の；音響(学)の
≒auditory

その事故は彼の片耳の聴覚能力に影響を与えた。

2603 **poised** [pɔɪzd]

The local football team *is* **poised** to win the championship.

形 用意ができている；身構えて
≒ready, prepared

地元のサッカーチームは決勝戦に勝つ態勢が整っている。

2604 **rigorous** [ríɡərəs]

All medicines are subjected to **rigorous** tests before approval.

形 厳密な，正確な，緻密な
≒thorough, meticulous

全ての薬は承認前に厳格な試験を受ける。

2605 **diabetes** [dàɪəbí:ti:z]

It is true that many overweight people suffer from **diabetes**.

名 糖尿病

多くの体重過多の人が糖尿病に苦しんでいるのは事実だ。

2606 **asthma** [ǽsmə]

Asthma causes many people to have severe breathing difficulties.

名 ぜんそく
≒breathing disorder

ぜんそくは多くの人に重い呼吸困難をもたらす。

2607 **haven** [héɪvən]

The Cayman Islands is a well-known offshore tax **haven**.

名 避難所，安息地，保護区
≒sanctuary, refuge

ケイマン諸島は有名な海外の租税回避地である。

2608 **impetus** [ímpɪtəs]

The failure provided the **impetus** for a new approach.

名 弾み，刺激；推進力，起動力
≒incentive; momentum, force

その失敗は新しい取り組みへの刺激となった。

2609 **lethal** [lí:θəl]

Drinking and driving is a **lethal** combination.

形 致命的な，致死(性)の；破壊的な
≒fatal, deadly

飲酒と車の運転は致命的な組み合わせである。

2610 **radius** [réɪdiəs] ⓘ

The circle has a **radius** of 15 centimetres.

名 半径
複 radii

その円は半径15センチである。

2611 **obsession** [əbséʃən] People who have an **obsession** to wash their hands ruin their skin.	名 強迫観念；取りつかれること ≒fixation, compulsion, neurosis 手を洗う強迫観念を持った人は皮膚を傷めてしまう。
2612 **intrinsic** [ɪntrínsɪk] Language is **intrinsic** *to* human beings.	形 (〜に)固有の，本来備わっている ≒inherent, innate, inborn 言語は人間に本来備わっている。
2613 **swap** [swɔp] The players **swapped** their uniforms *with* their opponents.	動 (を)(〜と)交換する ≒exchange, trade 選手たちは相手チームの選手とユニフォームを交換した。
2614 **drought** [draʊt] ⓘ The summer **drought** lasted for several weeks this year.	名 干ばつ，日照り続き；渇水 ≒dryness, aridity 今年は夏季の干ばつが数週間続いた。
2615 **militant** [mílɪtənt] The union members gradually became more **militant**.	形 攻撃的な，戦闘的な 名 戦闘的な人 ≒aggressive, belligerent 組合員たちは徐々により攻撃的になっていった。
2616 **incompatible** [ìnkəmpǽtəbl] Freedom of information is sometimes **incompatible** *with* the right to privacy.	形 (〜と)相いれない，両立しない ≒contradictory ⇔compatible 情報の自由はプライバシーの権利と相いれないことがある。
2617 **mandate** [mǽndeɪt] The rule **mandates** that test takers present a valid passport.	動 と命じる，を義務づける ≒order, dictate 規則は受験者が有効なパスポートを提示することを義務づけている。
2618 **elusive** [ɪlúːsɪv] Dark matter is the most **elusive** substance of all in the universe.	形 理解[定義]しにくい；捕まえにくい ≒inaccessible 暗黒物質は宇宙の全ての物質の中で最も理解しにくいものだ。
2619 **sensory** [sénsəri] The brain interprets **sensory** information to perceive reality.	形 感覚[知覚]の，感覚上の ≒visual, auditory, olfactory 脳は感覚情報を解釈して現実を知覚する。
2620 **glossy** [glɔ́si] The company created a **glossy** brochure for publicity purposes.	形 艶のある，光沢滑面の ≒shiny, lustrous その会社は広報目的で光沢のあるパンフレットを製作した。

1回目 / 2回目 / 3回目

2621 **corporal** [kɔ́:pərəl] Many countries have banned **corporal** punishment in schools.	形 身体の，肉体の ≒bodily, physical, fleshly 多くの国では学校での体罰は禁止されている。
2622 **generic** [dʒənérɪk] Cheddar is a **generic** term for a number of cheeses.	形 一般的な，包括的な；商標登録されていない ≒general, collective; unbranded チェダーは幾つかのチーズを表す一般用語だ。
2623 **articulate** [ɑ:tíkjulèɪt / ɑ:tíkjulət] ⓘ It is important to **articulate** your ideas clearly and concisely.	動 をはっきり表現する 形 理路整然とした ≒express, enunciate; eloquent あなたの考えを明確に簡潔に表現することが重要である。
2624 **muscular** [mʌ́skjulə] The **muscular** actor became the governor of California.	形 筋骨隆々とした；筋肉の ≒sinewy, robust その筋肉質の俳優はカリフォルニア州知事になった。
2625 **outrageous** [autréɪdʒəs] Many people were surprised by his **outrageous** behaviour.	形 途方もない，法外な；無法な ≒shocking, exorbitant; scandalous 多くの人が彼のとんでもない行動に驚いた。
2626 **foremost** [fɔ́:mòust] The number of page views is the **foremost** indicator of popularity.	形 一流の，主要な；真っ先の，一番先の ≒leading, principal; first サイト閲覧数が人気の主要な指標である。
2627 **legion** [lí:dʒən] This football team has **legions** *of* supporters.	名 多数(の～)，大群；軍団 形 多数の ≒multitude, host; army このサッカーチームにはサポーターが大勢いる。
2628 **paramount** [pǽrəmàunt] Freedom of speech is of **paramount** importance in the country.	形 最高の，主要な，卓越した ≒supreme, foremost, preeminent その国では言論の自由が最も重要である。
2629 **terrain** [təréɪn] The **terrain** of Hokkaido is more hilly than mountainous.	名 地形，地勢 ≒land, topography 北海道の地形は山岳的というよりは丘陵的である。
2630 **tangible** [tǽndʒəbl] The project was dissolved without producing any **tangible** results.	形 触れることのできる，有形の；明白な ≒material, physical; concrete そのプロジェクトは目に見える結果が出ないまま解散した。

2631 **definitive** [dɪfínətɪv]

形 最終的な，決定的な
≒conclusive, ultimate

The judge issued a **definitive** ruling on the case.

裁判官はその訴訟に最終的な裁定を下した。

2632 **parameter** [pəræ̀mɪtə] ⓘ

名 要因；〈通例 ~s〉限界，範囲
≒variable; limit, boundary

Various **parameters** determined the outcome of the policy.

いろいろな要因がその政策の成果を決定した。

2633 **imperative** [ɪmpérətɪv]

形 絶対必要な，必須の 名 命令(法)
≒vital, crucial, critical

It is **imperative** that all workers refrain from smoking here.

ここでは全ての従業員が喫煙を控えることが絶対に必要だ。

2634 **fatty** [fǽti]

形 脂肪分の多い，脂っこい
≒greasy, oily ⇔lean

The cook cut off the **fatty** meat before cooking the chicken.

その料理人は鶏肉を調理する前に脂肪の多い肉を取り除いた。

2635 **underway** [ʌ̀ndəwéɪ]

形 進行中で
≒in progress, ongoing

The construction of the motorway is **underway**.

その幹線道路の建設が進行中だ。

2636 **predator** [prédətə]

名 捕食動物
≒carnivore ⇔prey

Most **predators** prefer to eat living prey.

ほとんどの捕食動物は生きた獲物を食べることを好む。

2637 **rectangular** [rektǽŋgjʊlə]

形 長方形の；直角の，直交する
≒oblong

The diamond ring was placed in a **rectangular** gift box.

そのダイヤの指輪は長方形のギフトボックスに入っていた。

2638 **curb** [kəːb]

動 を抑制する，制御する 名 抑制，制御
≒restrain, inhibit; restraint, limit

There is a debate over whether to promote or **curb** immigration.

移民を促進すべきか抑制すべきかに関して論争がある。

2639 **temporal** [témpərəl]

形 時の，時間の；この世の，俗世の
≒time-related; secular

Spatial and **temporal** concepts are learned by different mechanisms.

空間の概念と時間の概念は異なる仕組みで学習される。

2640 **rig** [rɪg]

動 を不正に操る
≒manipulate, interfere with, fix

Electronic voting may make it easier to **rig** an election.

電子投票は選挙を不正に操作することを容易にしてしまうかもしれない。

1回目 ／ 2回目 ／ 3回目 ／

2641 **paradigm** [pǽrədàɪm] □□□ The government's radical policies brought about a **paradigm** *shift*.	名 理論的枠組み，パラダイム；例，典型 ≒framework; model, pattern 政府の急進的な政策はパラダイムシフトをもたらした。
2642 **deter** [dɪtə́ː] ⓘ □□□ The stormy weather did not **deter** us *from* going out.	動 に(～を)思いとどまらせる ≒discourage, inhibit, prevent 天候が荒れてもわれわれが外出を思いとどまることはなかった。
2643 **manipulate** [mənípjulèɪt] □□□ The police were accused of **manipulating** the witness.	動 を操る；を操作する ≒manoeuvre, control; operate 警察は証人を操ったことを非難された。
2644 **pointless** [pɔ́ɪntləs] □□□ It is **pointless** to keep fighting when you know you can't win.	形 無意味な，効果のない；要領を得ない ≒senseless, futile 勝てないと分かっていて戦い続けるのは無意味だ。
2645 **consolation** [kɔ̀nsəléɪʃən] □□□ The widow's children were a great **consolation** to her.	名 慰め，慰謝，慰めとなるもの ≒comfort, solace 動 console その未亡人にとって子どもたちが大きな慰めになった。
2646 **versatile** [və́ːsətàɪl] □□□ This new plastic is very **versatile**.	形 用途の広い；多才な，多芸な ≒all-round, multipurpose 名 versatility この新しいプラスチックは非常に多目的に使える。
2647 **discreet** [dɪskríːt] □□□ People should be more **discreet** when criticising other people.	形 思慮分別のある，(言動が)慎重な ≒judicious, prudent, cautious 他人を批判するときはより慎重になるべきだ。
2648 **focal** [fóʊkəl] □□□ *The* **focal** *point* of graduate study is the thesis.	形 焦点となる，中心的な；焦点の ≒central ⇔ peripheral 名 focus 大学院での学問の中心は論文である。
2649 **intricate** [íntrɪkət] ⓘ □□□ The clock had an **intricate** mechanism.	形 複雑な，錯綜した，手の込んだ ≒complex, complicated, elaborate その時計の仕組みは複雑だった。
2650 **analogous** [ənǽləgəs] □□□ Teaching can be viewed as **analogous** *to* acting.	形 (～に)似ている，類似の，相似の ≒similar, parallel 名 analogy 教えることは演じることに似ていると見なすことができる。

2651 **reciprocal** [rɪsíprəkəl] The relationship between humans and the environment is **reciprocal**.	形 相互の；互恵の；返礼の ≒mutual, give-and-take, complementary 人間と環境は相互に影響する関係にある。
2652 **harness** [há:nɪs] Solar panels are used to **harness** the sun's energy.	動 を(制御して)利用する 名 馬具 ≒exploit, utilise ソーラーパネルは太陽のエネルギーを利用するのに用いられる。
2653 **lucrative** [lú:krətɪv] Some fields of study are more **lucrative** than others.	形 もうかる，利益のあがる ≒profitable, gainful, rewarding 一部の学問分野の方が他の学問分野よりももうかる。
2654 **volatile** [vɔ́lətàɪl] It is dangerous to invest in stocks under **volatile** political conditions.	形 (状況などが)不安定な，波乱含みの ≒unpredictable ⇔stable 不安定な政治状況下において株に投資するのは危険だ。
2655 **respiratory** [rɪspírətəri] As his weight increased, so did his **respiratory** problems.	形 呼吸の(ための)，呼吸器に関する ≒breathing 体重増加に伴い，彼の呼吸器の問題も悪化した。
2656 **soaked** [soukt] I would be **soaked** *in* sweat without an air conditioner.	形 (～で)びしょぬれの；(～の)染み込んだ ≒wet, saturated, drenched 動 soak エアコンがなければ私は汗でびしょぬれになっているだろう。
2657 **sanction** [sǽŋkʃən] The United Nations imposed **sanctions** *against* South Africa in 1977.	名 (～に対する)制裁；認可 動 を認可する ≒penalty; authorisation 国連は1977年に南アフリカに対して制裁を科した。
2658 **plateau** [plǽtou] Every language learner experiences a **plateau** at some point.	名 高原[停滞]状態；台地，高原 ≒levelling off; upland, tableland 全ての語学学習者がどこかの段階で高原状態を経験する。
2659 **indefinitely** [ɪndéfənətli] The message "Your account will be suspended **indefinitely**" is usually a scam.	副 無期限に；曖昧に，漠然と ≒permanently; vaguely, obscurely 「あなたのアカウントは無期限で停止されます」というメッセージは通常詐欺である。
2660 **embryo** [émbriòu] Human **embryos** take eight weeks to develop into a foetus.	名 胚；(受胎後8週間以内の)胎児 ≒fertilised egg 人間の胚は8週間かけて胎児に成長する。

1回目 ／ 2回目 ／ 3回目 ／

2661 **gifted** [gíftɪd]

形 天分のある，優れた才能のある
≒talented

The mathematician had attended a school for **gifted** children.

その数学者は英才児のための学校に通っていた。

2662 **martial** [mɑ́:ʃəl]

形 戦争の；軍人の，軍隊の
≒military, army

Martial *arts* are part of the country's school curriculum.

武道はその国の学校カリキュラムの一部である。

2663 **authoritarian** [ɔ:θɔ̀rɪtéəriən]

形 権威主義の；独裁主義の
≒autocratic, dictatorial, totalitarian

NGOs claim that the number of **authoritarian** countries has been growing.

NGO は権威主義的な国の数が増えていると主張している。

2664 **beneficiary** [bènɪfíʃəri]

名 受益者；(遺産・保険金の)受取人
≒recipient; heir

The main **beneficiaries** of the government's economic reforms were small businesses.

政府の経済改革の主な受益者は中小企業だった。

2665 **metabolism** [mətǽbəlìzm]

名 新陳代謝，代謝作用
形 metabolic

As people age, their **metabolism** generally slows down.

加齢とともに新陳代謝は一般に低下する。

2666 **pharmaceutical** [fɑ̀:məsú:tɪkəl]

形 製薬の；薬剤の；薬学の
≒drug, medicinal

Pharmaceutical research requires both money and time.

製薬の研究は費用と時間の両方を必要とする。

2667 **maximise** [mǽksɪmàɪz]

動 を最大限に増やす[活用する]
⇔minimise 米 maximize

What is the best way to **maximise** one's happiness?

幸福を最大限にするための最良の方法は何だろうか。

2668 **curator** [kjuəréɪtə]

名 学芸員，キュレーター
≒conservator

The museum's **curators** were all specialists in art.

その美術館の学芸員は皆，美術の専門家だった。

2669 **recourse** [rɪkɔ́:s]

名 (～を)頼りにすること，(～に)力を借りること
≒resort

The students were unable to answer without **recourse** *to* dictionaries.

生徒たちは辞書に頼ることなしに解答することはできなかった。

2670 **untouched** [ʌ̀ntʌ́tʃt]

形 触れられていない；手[口]を付けていない
≒pristine, unaffected

Machu Picchu was left **untouched** for centuries.

マチュピチュは何世紀も誰にも触れられないままだった。

2671 **cohesion** [kouhíːʒən]

名 結合，結束，団結
≒unity, solidarity 形 cohesive

The policy was designed to promote social **cohesion**.
その政策は社会の結束を促進することを意図したものだった。

2672 **sturdy** [stə́ːdi] !

形 頑丈な，丈夫な；たくましい
≒robust, strong; well-built

In Japan, buildings must be **sturdy** enough to survive earthquakes.
日本において，建物は地震に耐えることができるように十分に頑丈でなければならない。

2673 **sizeable** [sáɪzəbl]

形 かなり大きい，相当の，かなりの
≒considerable, substantial

A **sizeable** majority voted in favour of the motion.
相当な多数がその動議に賛成票を投じた。

2674 **forge** [fɔːdʒ]

動 着実に前進する；どんどん進む
≒advance, move

The country has **forged** *ahead* with its reforms and development.
その国は改革と発展の道を着実に前進してきた。

2675 **tuition** [tjuíʃən]

名 指導，授業
≒instruction, lessons

Tuition fees at private universities are usually very high.
私立大学の授業料は普通，非常に高い。

2676 **upbringing** [ʌ́pbrìŋɪŋ]

名（子どもの）養育，教育，しつけ
≒rearing

Our **upbringing** affects the way we view our world.
親のしつけが私たちの世界観に影響する。

2677 **congestion** [kəndʒéstʃən]

名 密集，混雑
≒jams 形 congested

Traffic **congestion** is a major issue in big cities.
大都市では交通渋滞は重大な問題だ。

2678 **repetitive** [rɪpétətɪv]

形 繰り返しの（多い），反復的な
≒repetitious, recurrent

Many factory workers were bored by their **repetitive** jobs.
多くの工場労働者は反復的な仕事にうんざりしていた。

2679 **abstraction** [æbstrǽkʃən]

名 抽象概念
≒concept, notion

In textbooks, concrete examples are usually preferable to **abstractions**.
教科書では，抽象概念よりも具体的な例の方が通常好ましい。

2680 **brittle** [brítl]

形 堅くてもろい，砕けやすい
≒fragile, frail

Metal is more **brittle** when it is cold.
金属は冷たいとよりもろくなる。

1回目 ／ 2回目 ／ 3回目 ／

2681 **rift** [rɪft] □□□ The stars were visible through a **rift** in the clouds.	名 裂け目，割れ目 動 を裂く，割る ≒crack, fracture, fissure 雲の切れ目から星が見えた。
2682 **intuitive** [ɪntjúːətɪv] □□□ The young entrepreneur had an **intuitive** understanding of business.	形 直観による，直観的な；勘の鋭い ≒instinctive その若い起業家はビジネスが何であるかを直観的に理解していた。
2683 **pneumonia** [njumóuniə] ① □□□ **Pneumonia** is especially dangerous to elderly people.	名 肺炎 ≒lung inflammation 肺炎は特に高齢者にとって危険だ。
2684 **perimeter** [pərímɪtə] □□□ There was a tall fence surrounding the **perimeter** of the prison ground.	名 周囲；周囲の長さ ≒circumference その刑務所の敷地の周囲は高いフェンスに囲まれていた。
2685 **airborne** [éəbɔ̀ːn] □□□ Flying fish can remain **airborne** for over 40 seconds.	形 飛んでいる；風媒の；空挺（くうてい）の ≒flying, in flight トビウオは 40 秒以上空中にとどまることができる。
2686 **shortcomings** [ʃɔ́ːtkʌ̀mɪŋz] □□□ He had many **shortcomings** as a father.	名 短所，欠点，至らない点 ≒fault, defect, flaw 彼には父親として至らない点が多くあった。
2687 **wade** [weɪd] □□□ You don't need to **wade** *through* a user manual.	動 (～を)苦労して進む；(水の中を)歩く ≒plough through; paddle ユーザーマニュアルを苦労して読み進める必要はありません。
2688 **barrage** [bǽrὰːʒ] □□□ The soldiers fired a **barrage** of shots at their enemies.	名 集中砲火 動 に集中砲火を浴びせる ≒bombardment 兵士たちは敵に射撃の集中砲火を浴びせた。
2689 **ludicrous** [lúːdɪkrəs] □□□ It is **ludicrous** to take the examination without any preparation.	形 滑稽な，ばかげた ≒absurd, ridiculous ⇔ sensible 全く準備しないでその試験を受けるのはばかげている。
2690 **mundane** [mʌ̀ndéɪn] □□□ Bear in mind that most jobs have their **mundane** aspects.	形 ありきたりの，日常の；世俗的な ≒ordinary, routine, commonplace ほとんどの仕事にはありきたりな側面があることを肝に銘じなさい。

2691 **backdrop** [bǽkdrɔ̀p] Sales increased *against the* **backdrop** *of* an economic recovery.	名 (事件などの)背景 ≒background 景気の回復を背景に売り上げが伸びた。
2692 **cuisine** [kwɪzíːn] Japanese **cuisine** is increasingly popular all over the world.	名 料理；料理法，調理法 ≒food; cooking 和食は世界中でますます人気になっている。
2693 **niche** [niːʃ] ⓘ Success comes to those who find a **niche** to fill.	名 市場の隙間，ニッチ；最適の場所 ≒slot 成功は埋めるべき隙間市場を見つけた者のもとにやってくる。
2694 **retrieve** [rɪtríːv] The police **retrieved** a weapon from the pond.	動 を取り戻す，回収する ≒recover, regain 警察はその池から凶器を回収した。
2695 **transient** [trǽnziənt] The current market conditions are **transient** and will change soon.	形 一時的な，つかの間の，その場限りの ≒temporary, brief, passing 現在の市況は一時的なものですぐに変わるだろう。
2696 **envisage** [ɪnvízɪdʒ] ⓘ The actual building was different from what the architect **envisaged**.	動 を心に描く，想像する；を予想する ≒imagine; foresee, predict 実際の建物は，その建築家が想像していたものとは違っていた。
2697 **continuum** [kəntínjuəm] The process of language acquisition is a **continuum**.	名 連続(体) 複 continua 言語習得の方法は途切れなく続けることだ。
2698 **perverse** [pəvə́ːs] The radical philosopher was accused of using a **perverse** logic.	形 道理から外れた，倒錯した ≒illogical, irrational その過激な哲学者は倒錯した論理を用いたと非難された。
2699 **residue** [rézɪdjùː] After the floods, a **residue** of mud lay in the streets.	名 残り(物)，残余 ≒remainder, remains, remnant 洪水の後，通りには泥が残っていた。
2700 **exodus** [éksədəs] The great earthquake caused an **exodus** of people from the area.	名 大移動；大量出国 ≒migration; departure 巨大地震はその地域からの人々の大移動を引き起こした。

2701 **wedge** [wedʒ] **Wedge**-shaped letters are among the earliest forms of writing.	名 くさび 動 にくさびを打ち込む くさび形文字は最も初期の文字の1つだ。
2702 **meagre** [míːgə] The caretaker's salary was a **meagre** £100 per week.	形 乏しい，貧弱な，少な過ぎる ≒inadequate, scanty 🇺🇸 meager その管理人の給料は週給わずか100ポンドであった。
2703 **deduction** [dɪdʌ́kʃən] **Deduction** is the application of the general to the particular.	名 演繹(えんえき)(法)，推論；控除(額) ≒inference, hypothesis; reduction 演繹とは一般論を個別の命題に適用することである。
2704 **bout** [baʊt] ⓘ The winter began with a **bout** of freezing weather.	名 (活動・仕事などの)一期間 ≒period, spell, stint その冬の始まりは凍える天候がしばらく続いた。
2705 **fuse** [fjuːz] The band's music **fuses** blues with rock.	動 を融合させる；融合する；溶解する ≒combine, blend; melt そのバンドの音楽はブルースとロックを融合している。
2706 **entail** [ɪntéɪl] Studying abroad **entails** enduring a bit of culture shock.	動 を(必然的に)伴う ≒involve, require, necessitate 留学は少々のカルチャーショックに耐えることを伴う。
2707 **fracture** [frǽktʃə] **Fractures** in tectonic plates can cause earthquakes.	名 割れ目，裂け目；骨折 ≒crack, fissure; break 構造プレートの割れ目が地震を引き起こすことがある。
2708 **populate** [pɔ́pjulèɪt] Settlers rapidly **populated** the area.	動 に住み着く；に植民する ≒inhabit; colonise, settle 入植者が急速にその地域に住み着いた。
2709 **flicker** [flíkə] Stars appear to **flicker** because of the atmosphere.	動 明滅する，ちらちらする ≒glimmer, blink 星がちらちらするように見えるのは大気のせいである。
2710 **submerge** [səbmə́ːdʒ] The captain ordered his men to **submerge** the submarine.	動 を沈める；を水浸しにする；沈む ≒immerse, dip 艦長は部下に潜水艦を潜水させるよう命令した。

2711 **devoid** [dɪvɔ́ɪd] Knowledge **devoid** *of* action is actually ignorance.	形 (〜が)ない，(〜を)欠いている ≒lacking, without, free (from) 行動の伴わない知識は実は無知である。
2712 **leisurely** [léʒəli] The research continued at a **leisurely** pace.	形 のんびりとした　副 のんびりと ≒relaxed, unhurried, easy-going 研究はのんびりしたペースで続いた。
2713 **vogue** [voʊg] Fashion trends are greatly influenced by what is *in* **vogue**.	名 (一時的な)流行，はやり；人気 ≒fashion, trend, fad ファッションのトレンドははやりのものに大きく影響される。
2714 **manageable** [mǽnɪdʒəbl] Environmental problems must be addressed while they are still **manageable**.	形 処理しやすい；管理できる；扱いやすい ≒doable, practicable, feasible 環境問題はまだ対処可能なうちに取り組まなければならない。
2715 **discrepancy** [dɪskrépənsi] There was a **discrepancy** *between* the suspect's and victim's accounts.	名 (〜の間の)不一致，相違，矛盾 ≒inconsistency, disparity　形 discrepant 容疑者の説明と被害者の説明の間には相違があった。
2716 **vaccine** [væksiːn] ! Many elderly people receive a flu **vaccine** in winter.	名 ワクチン 多くの高齢者は冬にインフルエンザワクチンの接種を受ける。
2717 **feat** [fiːt] His athletic **feats** were truly remarkable.	名 偉業，功績，手柄；離れ業 ≒achievement, accomplishment 彼のスポーツにおける偉業は本当に素晴らしかった。
2718 **distaste** [dɪstéɪst] The comedian's racial jokes aroused **distaste** in the audience.	名 (軽い)嫌悪 ≒dislike, aversion, loathing そのコメディアンの人種差別的なジョークは観客の嫌悪感を招いた。
2719 **pervasive** [pəvéɪsɪv] Fake news is **pervasive** and easily spreads through social media.	形 普及力のある；浸透する；充満する ≒prevalent, ubiquitous, omnipresent 偽情報は普及力があり，ソーシャルメディアで簡単に広まる。
2720 **agitate** [ǽdʒɪtèɪt] He tried to **agitate** his fellow workers to strike.	動 を扇動する ≒stir, inflame 彼はストライキをするよう同僚たちを扇動しようとした。

1回目 / 2回目 / 3回目

2721 **placebo** [pləsí:bou] Many vitamin drinks produce a **placebo** *effect*.	名 偽薬 ≒inactive drug 多くのビタミンドリンクには偽薬効果がある。
2722 **kindle** [kíndl] He tried to **kindle** the driftwood into a fire.	動 に火をつける；をかき立てる ≒light, ignite; arouse 彼はその流木で火をおこそうとした。
2723 **womb** [wu:m] ⚠ The ultrasound scan showed the baby in the **womb**.	名 子宮 ≒uterus 超音波スキャンが子宮内の赤ん坊を映した。
2724 **monumental** [mɑ̀njuméntəl] The huge dictionary was hailed as a **monumental** achievement.	形 不朽[不滅]の；記念碑的な ≒historic, epoch-making その大部の辞書は不朽の業績とたたえられた。
2725 **calibre** [kǽləbə] The company recruited many employees of high **calibre**.	名 器量，力量，優秀さ ≒quality, ability 米 caliber その企業は能力の高い従業員を数多く採用した。
2726 **entangle** [ɪntǽŋgl] He **entangled** his legs in the rope and fell over.	動 をもつれさせる ≒intertwine, entwine ⇔ disentangle 彼はロープに脚が絡まって転倒した。
2727 **alight** [əláɪt] The gardener *set* the pile of dry leaves **alight**.	形 燃えて ≒burning, ablaze 庭師は枯葉の山に火をつけた。
2728 **relentless** [rɪléntləs] The media was **relentless** in criticising the prime minister.	形 情け容赦ない，手厳しい；執拗(しつよう)な ≒ruthless, harsh; persistent メディアは容赦なく首相を批判した。
2729 **reflex** [rí:fleks] ⚠ The player showed off his lightning fast **reflexes**.	名 反射作用，〈~es〉反射神経 ≒unconscious reaction その選手は電光石火の素早い反射神経を見せつけた。
2730 **catalyst** [kǽtəlɪst] Food shortages were a major **catalyst** in the revolution.	名 触媒，触発するもの ≒stimulus, trigger 食糧不足がその革命を主に触発するものとなった。

2731 **irrigate** [írɪgèɪt] □□□ They used the river to **irrigate** their fields.	動 に水を引く，をかんがいする ≒water 彼らは畑をかんがいするためにその川を利用した。
2732 **antiquity** [æntíkwəti] □□□ The museum had many priceless scrolls from **antiquity**.	名 古代 ≒ancient times その博物館は古代の極めて貴重な巻物を多数所蔵していた。
2733 **courier** [kúəriə] □□□ The parcel was delivered quickly by **courier**.	名 運搬人，急送便会社[業者] ≒messenger, carrier その小包は宅配便ですぐに配達された。
2734 **revert** [rɪvə́ːt] □□□ The student **reverted** *to* her bad habits.	動 (元の状態に)戻る，返る ≒return, regress その学生は悪い癖に戻ってしまった。
2735 **resonance** [rézənəns] □□□ The word 'home' has a special **resonance** in English.	名 反響，響き，余韻 ≒reverberation 動 resonate home という語は英語では特別な響きがある。
2736 **proxy** [prɔ́ksi] □□□ The vice-president *acted as a* **proxy** *for* his chief.	名 代わりとなるもの，代理 ≒substitute, deputy 副社長は上司の代わりを務めた。
2737 **inaugurate** [ɪnɔ́ːgjərèɪt] □□□ He was **inaugurated** as the first president of the country.	動 を就任させる；を開始する ≒install; launch, initiate 彼はその国の初代大統領に就任した。
2738 **porcelain** [pɔ́ːsəlɪn] (!) □□□ The fine **porcelain** mugs shattered when they hit the floor.	名 磁器，〈集合的に〉磁器製品 ≒china, earthenware その見事な磁器のマグカップは床に落ちて粉々になった。
2739 **precarious** [prɪkéəriəs] □□□ Many part-time jobs are **precarious**.	形 不安定な，心もとない，当てにならない ≒insecure, unstable, unreliable パートの仕事の多くは不安定である。
2740 **victimise** [víktɪmàɪz] □□□ The immigrants were **victimised** by the police.	動 を迫害する，不当に扱う ≒persecute 🇺🇸 victimize 移民たちは警察に不当に扱われた。

1回目 / 2回目 / 3回目 /

2741 **benevolent** [bənévələnt] The businessman was a **benevolent** man, donating millions of pounds to charity.	形 慈悲深い，善意のある ≒benign ⇔malevolent その実業家は慈悲深い人で，慈善事業に何百万ポンドも寄付した。
2742 **ingenuity** [ìndʒənjú:əti] ! **Ingenuity** is key to the development of new technology.	名 創意工夫の才，独創性 ≒inventiveness, originality 独創性が新技術開発の鍵となる。
2743 **sporadic** [spərǽdɪk] There were reports of **sporadic** fighting throughout the city.	形 散発的な，時々起こる ≒occasional, intermittent 市内全域で散発的な戦闘が起きているという報告があった。
2744 **refund** [rɪfʌ́nd / rí:fʌnd] If you cancel, your deposit will not be **refunded**.	動 を払い戻す，返金する 名 払戻金，返金 ≒repay, reimburse; reimbursement キャンセルの場合，預かり金は返金されません。
2745 **diffuse** [dɪfjú:z] ! The spray bottle **diffused** deodorant particles into the air.	動 を散らす，発散する；散る ≒spread, scatter, disperse そのスプレー缶は空気中に防臭剤の粒子を放った。
2746 **vibrant** [váɪbrənt] The actor has a low and **vibrant** voice.	形 響き渡る，反響する；震える ≒resonant, resounding その俳優は低くてよく響く声の持ち主だ。
2747 **aroma** [əróumə] Most people enjoy the **aroma** of fresh coffee.	名 芳香，香り ≒fragrance, scent, perfume ほとんどの人は入れたてのコーヒーの香りが好きだ。
2748 **havoc** [hǽvək] The enormous earthquake caused **havoc** across the area.	名 大破壊，荒廃，大損害 ≒devastation, destruction, damage その巨大地震は地域全体に大きな被害をもたらした。
2749 **renewable** [rɪnjú:əbl] It is necessary to switch to **renewable** energy sources urgently.	形 再生可能な；更新[延長]できる ≒sustainable, inexhaustible 動 renew 緊急に再生可能エネルギー源に移行することが必要である。
2750 **insecure** [ìnsɪkjúə] Many middle-aged workers feel **insecure** *about* their pension.	形 (～について)不安な，心配な ≒unconfident, anxious, precarious 中年労働者の多くは年金に不安を感じている。

2751	**lag** [læg]	動 遅れる，立ち遅れる 名 (時間の)ずれ ≒delay, fall behind
	The African continent continues to **lag** *behind* in economic growth.	アフリカ大陸は今なお経済成長において立ち遅れている。
2752	**pedigree** [pédɪgrìː]	名 家系，血筋；(動物の)血統 ≒ancestry, descent; breed
	The politician's family was of good **pedigree**.	その政治家の一家は良い家系だった。
2753	**oblivious** [əblíviəs]	形 (～に)気付いていない；忘れっぽい ≒unaware, unconscious; forgetful
	People are **oblivious** *of* how they learned their own language.	人は自分が母語をどのようにして身につけたのかに気付いていない。
2754	**emulate** [émjulèɪt]	動 を見習う，手本にする ≒imitate, copy
	He tried hard to **emulate** his father's success.	彼は一生懸命に父の成功を見習おうとした。
2755	**burrow** [bʌ́roʊ]	名 巣穴 動 穴を掘る ≒hole, tunnel; dig
	The rabbits escaped into their **burrow**.	ウサギたちは巣穴に逃げ込んだ。
2756	**freshwater** [fréʃwɔ̀ːtə]	形 真水の，淡水の，淡水にすむ ⇔saltwater, briny
	Freshwater dolphins are nearly extinct.	淡水に生息するイルカはほとんど絶滅状態である。
2757	**fidelity** [fɪdéləti]	名 忠実であること，忠誠；迫真性，正確さ ≒faithfulness, loyalty; accuracy
	Fidelity does not mean **fidelity** to whatever one's country is doing.	忠誠とは母国がなすこと全てに対する忠誠を意味するわけではない。
2758	**duplicate** [djúːplɪkèɪt / djúːplɪkət]	動 を複写[複製]する 形 複製の ≒copy, replicate
	No software may be **duplicated** without permission from the author.	いかなるソフトウエアも作者の許可なしに複製されてはならない。
2759	**encompass** [ɪnkʌ́mpəs]	動 を含む，包含する；を取り囲む ≒embrace, incorporate; surround
	The atlas **encompassed** maps of most countries.	その地図帳にはほとんどの国の地図が含まれていた。
2760	**adhesive** [ədhíːsɪv]	名 接着剤 形 粘着性の ≒glue; sticky
	The carpenter used a strong **adhesive** to fix the chair.	大工はその椅子の修理に強い接着剤を使った。

重要語レベル4

1回目 / 2回目 / 3回目

2761 **complimentary** [kɔ̀mplɪméntəri] Those who register will receive a **complimentary** PDF copy.	形 (好意により)無料の；称賛[敬意]を表す ≒free; flattering 登録していただいた方には無料の PDF ファイルを差し上げます。
2762 **ornate** [ɔ:néɪt] Toshogu is an **ornate** shrine dedicated to Tokugawa Ieyasu.	形 細かい装飾が施された；華麗な，凝った ≒elaborate, decorated, embellished 東照宮は徳川家康を祭って細かい装飾が施された神社である。
2763 **parasite** [pǽrəsàɪt] The animal was covered with **parasites**.	名 寄生虫，寄生動物；寄生植物 ⇔host(宿主) その動物は体中に寄生虫が付いていた。
2764 **phenomenal** [fənɔ́mɪnəl] The musical was a **phenomenal** hit.	形 驚異的な，並外れた ⇔ordinary そのミュージカルは驚異的なヒットとなった。
2765 **vernacular** [vənǽkjulə] The global spread of English threatens many **vernacular** languages.	形 (言葉が)地方固有の　名 土地言葉 ≒local, native, indigenous 英語の世界的な広がりが多くの土着の言語を脅かしている。
2766 **elasticity** [ì:læstísəti] Human skin has excellent **elasticity**, allowing it to lengthen and shorten.	名 伸縮性，弾力性；順応性 ≒flexibility, suppleness; adaptability 人間の皮膚は弾力性に富み，伸びたり縮んだりすることを可能にしている。
2767 **evoke** [ɪvóuk] The photograph **evoked** memories of his childhood.	動 を呼び起こす，喚起する ≒arouse, cause, elicit その写真は彼の子どものころの記憶を呼び起こした。
2768 **opaque** [oupéɪk] ⓘ Somebody was moving behind the **opaque** window.	形 不透明な，光を通さない ≒cloudy ⇔transparent すりガラス窓の向こうで誰かが動いていた。
2769 **activate** [ǽktɪvèɪt] The book **activated** his interest in local history.	動 を活発にする；を作動させる ≒stimulate; start その本は地域の歴史に対する彼の興味をかき立てた。
2770 **beacon** [bí:kən] **Beacons** were lit to celebrate the arrival of peace.	名 信号(灯)；(交通の)標識灯 ≒signal 平和の到来を祝う信号灯がともされた。

2771 **chic** [ʃiːk] They ate at a **chic** little restaurant.	形 上品な，粋な，シックな ≒stylish, smart, elegant 彼らは上品なこぢんまりしたレストランで食事をした。
2772 **perennial** [pərénial] Some **perennial** plants live for many years.	形 多年生の 名 多年草 ⇔ annual ある種の多年生の植物は何年も生きる。
2773 **abide** [əbáɪd] The child refused to **abide** *by* the rules.	動 〈abide by で〉に従う，を守る ≒comply, conform その子どもは規則に従うことを拒否した。
2774 **onslaught** [ɔ́nslɔ̀ːt] Just before dawn, the enemy **onslaught** began.	名 猛攻撃，強襲 ≒assault, attack 夜明け直前に敵の猛攻撃が始まった。
2775 **foreground** [fɔ́ːgràʊnd] We must keep climate change in the **foreground** of people's attention.	名 重要な[最も目立つ]位置；前景 ≒forefront, vanguard; front 私たちは気候変動を人々の関心の最前線に保たなければならない。
2776 **repeal** [rɪpíːl] In 1866, Japan **repealed** the ban on its citizens leaving the country.	動 を廃止する，無効にする ≒revoke, rescind, cancel 1866 年に日本は国民の海外渡航禁止を廃止した。
2777 **oversee** [òʊvəsíː] The man's job was to **oversee** the factory workers.	動 を監督する，取り締まる ≒supervise, superintend その男性の仕事は工場労働者を監督することだった。
2778 **genetics** [dʒənétɪks] Only 30% of leadership ability is determined by **genetics.**	名 遺伝的特徴；遺伝学 ≒heredity; study of heredity リーダーシップ能力のわずか 30% だけが遺伝的特徴によって決まる。
2779 **smear** [smɪə] The artist **smeared** paint on the canvas.	動 を塗り付ける 名 汚れ，染み ≒apply; smudge その画家はキャンバスに絵の具を塗り付けた。
2780 **hype** [haɪp] The advertisement was little more than **hype**.	名 誇大宣伝 動 を誇大に宣伝する ≒publicity, advertising, promotion その広告はほとんど誇大宣伝でしかなかった。

1回目 / 2回目 / 3回目

2781 **villain** [vílən] ⓘ Some **villains** are not fully evil. Nothing is black and white.	名 悪人，悪者；悪役；張本人，元凶 ≒wicked person, criminal, offender 悪人の中には完全に非道とは言えない者もいる。何事も単純ではない。
2782 **pesticide** [péstɪsàɪd] The use of **pesticides** caused terrible pollution.	名 殺虫剤，除草剤 ≒insecticide, herbicide 殺虫剤の使用がひどい汚染を引き起こした。
2783 **disparate** [díspərət] The board members have **disparate** views on how to handle the problem.	形 異質の，本質的に異なる ≒different, dissimilar 取締役たちはその問題の対処法について異なる考えを持っている。
2784 **fluorescent** [flɔːrésənt] **Fluorescent** *lights* lit up the kitchen.	形 蛍光を発する，蛍光性の ≒glowing 蛍光灯がキッチンを照らした。
2785 **eerie** [íəri] Children scare their neighbours with **eerie** costumes on Halloween night.	形 不気味な，薄気味悪い ≒uncanny, sinister, mysterious ハロウィーンの晩には子どもたちは不気味な衣装を着て隣人を怖がらせる。
2786 **fungus** [fʌ́ŋgəs] There are many edible kinds of **fungus**.	名 菌類；キノコ，カビ 複 fungi 食用に適した菌類には多くの種類がある。
2787 **degenerate** [dɪdʒénərèɪt] The elderly woman's health began to **degenerate** rapidly after the operation.	動 低下する，悪化する ≒decline, deteriorate その高齢女性の健康状態は手術後急速に悪化し始めた。
2788 **uncompromising** [ʌ̀nkɔ́mprəmàɪzɪŋ] His wife admired his **uncompromising** attitude.	形 妥協しない，強硬な，断固とした ≒unyielding, hard-line, resolute 彼の妻は彼の妥協しない姿勢に感心した。
2789 **drab** [dræb] The walls were painted a **drab** brown.	形 (色が)くすんだ，地味な ≒dull, dingy ⇔bright その壁はくすんだ茶色に塗られた。
2790 **incarnation** [ìnkɑːnéɪʃən] Perhaps he was a fish *in a previous* **incarnation**.	名 一時期の姿，前世；化身，権化 ≒manifestation; embodiment, epitome もしかすると彼の前世は魚だったかもしれない。

2791 **invoke** [ɪnvóuk] The lawyer **invoked** a little known law.	動 を引き合いに出す；を生じさせる ≒cite; induce, cause 弁護士はほとんど知られていない法律を引き合いに出した。
2792 **besiege** [bɪsíːdʒ] ⓘ He was **besieged** with requests for his autograph.	動 に押し寄せる；を包囲攻撃する ≒overwhelm; surround サインを欲しいという依頼が彼に殺到した。
2793 **prowess** [práuəs] The other boys admired his **prowess** at rugby.	名 立派な腕前，優れた能力；武勇 ≒skill, ability; valour 他の少年たちは彼の優れたラグビーの能力に感心した。
2794 **nip** [nɪp] Some birds can make tools by **nipping** and cutting.	動 (を)つまむ，(軽く)かむ ≒pinch, tweak, nibble つまんだり切ったりして道具を作ることができる鳥もいる。
2795 **patriotism** [pǽtriətìzm] Full of **patriotism**, the crowd cheered the soldiers.	名 愛国心 ≒nationalism 愛国心にあふれた群衆は兵士たちに喝采した。
2796 **apathy** [ǽpəθi] **Apathy** toward politics leads to low voter turnout.	名 無関心，冷淡；無感動 ≒indifference, unconcern, lethargy 政治に対する無関心が低い投票率につながる。
2797 **ambivalent** [æmbívələnt] He felt deeply **ambivalent** *towards* his father.	形 (～に)相反する感情を抱く ≒mixed 彼は父親に対して非常に相反する感情を抱いていた。
2798 **barbed** [bɑːbd] The camp was surrounded by **barbed** *wire*.	形 先端が鋭く曲がった ≒prickly, spiked 収容所は有刺鉄線で囲まれていた。
2799 **denote** [dɪnóut] Italics are often used to **denote** foreign words.	動 を示す，の印である；を意味する ≒designate, indicate 外国語の単語を示すためにしばしば斜字体が用いられる。
2800 **amenity** [əmíːnəti] The campus has many **amenities**.	名 生活を快適にするもの［施設，環境］ ≒facility, convenience そのキャンパスにはアメニティー施設がたくさんある。

1回目 2回目 3回目

2801 dilute [daɪlúːt]

This lemon juice should be **diluted** *with* water.

動 を(～で)薄める，希釈する
≒weaken, thin out ⇔condense

このレモンジュースは水で薄めた方がいい。

2802 fragrant [fréɪgrənt]

The **fragrant** smell of roses filled the house.

形 香りの良い，芳香性の
≒aromatic ⇔smelly, stinking

バラのかぐわしい香りが家を満たした。

2803 flimsy [flímzi]

She wore a **flimsy** dress of silk.

形 薄くて軽い，薄っぺらの；壊れやすい
≒thin, light; fragile

彼女は薄くて軽い絹のドレスを着ていた。

2804 idiosyncratic [ìdiəsɪŋkrǽtɪk]

Many readers liked his **idiosyncratic** style.

形 独特な，一風変わった
≒peculiar, eccentric 名 idiosyncrasy

読者の多くは彼の独特のスタイルが好きだった。

2805 pore [pɔː]

She **pored** *over* the old newspapers looking for the article.

動 (～を)熟読する，注意深く調べる
≒read, study

彼女はその記事を探して古い新聞をじっくり読んだ。

2806 courtship [kɔ́ːtʃìp]

Courtship rituals vary according to cultural norms.

名 求愛行動；交際(期間)
≒wooing

求愛の儀式は文化的規範によってさまざまである。

2807 empathy [émpəθi]

Moved by **empathy**, she gave her sister a hug.

名 共感，感情移入
≒sympathy

感情移入して彼女は妹を抱きしめた。

2808 counteract [kàuntərǽkt]

To **counteract** labour shortages, some countries encouraged immigration.

動 を和らげる；を阻止する，妨げる
≒offset, counterbalance; prevent

労働力不足を緩和するために移民を促進した国もあった。

2809 bolster [bóulstə]

His high marks **bolstered** his confidence.

動 を高める，強化する 名 長枕
≒boost, strengthen ⇔undermine

良い点を取ったことが彼の自信を高めた。

2810 adept [ədépt]

Businesses must be **adept** *at* dealing with frequent changes and uncertainty.

形 (～に)熟練した，熟達した
≒proficient, accomplished, skilful

企業は頻繁な変化や不確実性に対処することに熟達していなければならない。

2811 converse [kɔ́nvəːs]

名 〈the ～〉反対，逆
≒opposite, reverse

Diligent students tend to achieve academic success and *the* **converse** is also true.

勤勉な学生は学問的成功を収める傾向があり，逆もまた真である。

2812 backlash [bǽklæʃ]

名 (～に対する)激しい反発
≒counteraction, retaliation

There has been a **backlash** *against* liberalism in the country recently.

最近その国ではリベラリズムに対する激しい反発が起きている。

2813 assortment [əsɔ́ːtmənt]

名 (～の)詰め合わせ；寄せ集め
≒variety, collection, array

The box contained an **assortment** *of* cakes.

その箱の中身は各種ケーキの詰め合わせだった。

2814 phantom [fǽntəm]

名 幽霊，お化け 形 幻影の，幽霊の
≒ghost, spectre

Various people claimed to have seen the **phantom**.

さまざまな人がその幽霊を見たと言い張った。

2815 acclaim [əkléɪm]

動 を称賛する，に喝采する 名 称賛，喝采
≒praise, applaud; applause, ovation

The country has been **acclaimed** as a model of an economic miracle.

その国は経済（発展）の奇跡のモデルとして称賛されてきた。

2816 nomadic [noumǽdɪk]

形 遊牧(民)の；流浪の，放浪の
≒wandering, roaming

He belonged to a **nomadic** tribe of herdsmen.

彼は動物の群れを飼う遊牧民の部族の一員だった。

2817 shuffle [ʃʌ́fl]

動 をごちゃ混ぜにする，移し替える
≒mix, jumble

The team was forced to **shuffle** its line-up due to injuries.

そのチームはけが人が出たため出場選手を入れ替えることを余儀なくされた。

2818 evade [ɪvéɪd]

動 を回避する；の網をくぐる；をはぐらかす
≒elude, avoid, dodge

The rich can relocate to **evade** paying high taxes.

富裕層は重税の支払いを回避するために移住することもできる。

2819 mentor [méntɔː]

名 良き指導者[助言者]
≒adviser

Older students act as **mentors** to younger ones.

年上の生徒は後輩に対して良き助言者の役目を務める。

2820 disfigure [dɪsfígjə]

動 の美観を損なう，を醜くする
≒mar, deface ⇔beautify

An ugly modern building **disfigured** the old square.

醜い現代的な建物が古い広場の美観を損なった。

1回目 ／ 2回目 ／ 3回目 ／

2821 **camouflage** [kǽməflɑ̀:ʒ] They **camouflaged** the trench *with* branches.	動 に(〜で)偽装[迷彩]を施す 名 偽装 ≒disguise 彼らは枝で堀に偽装を施した。
2822 **pleasurable** [pléʒərəbl] My stay at the hotel was a very **pleasurable** experience.	形 楽しい，愉快な，満足感を与える ≒enjoyable, pleasant ⇔disagreeable そのホテルでの滞在はとても満足のいく経験だった。
2823 **intrigue** [ɪntrí:g] The handsome stranger **intrigued** her.	動 の好奇心をそそる，に興味を起こさせる ≒interest, fascinate ⇔bore そのハンサムな見知らぬ男は彼女の好奇心をそそった。
2824 **astronomical** [æ̀strənɔ́mɪkəl] The country's unemployment rate has reached an **astronomical** level.	形 天文学的な；天文学(上)の ≒huge, enormous; celestial その国の失業率は天文学的なレベルに達している。
2825 **deteriorate** [dɪtíəriərèɪt] The patient's condition began to **deteriorate**.	動 悪化する ≒worsen, degenerate ⇔improve 患者の症状が悪化し始めた。
2826 **flex** [fleks] The runners **flexed** their legs before the race.	動 を曲げる，屈伸する ≒bend ⇔straighten ランナーたちはレース前に脚の屈伸をした。
2827 **facade** [fəsɑ́:d] ⓘ The building had a beautiful Renaissance **facade**.	名 (建物の)正面，ファサード；外見 ≒front, face; exterior その建物は美しいルネサンス様式のファサードを持っていた。
2828 **utilitarian** [jutɪ̀lɪtéəriən] The kitchen space should be not only **utilitarian** but also beautiful.	形 実用の，実用的な；実利的な，功利的な ≒practical, pragmatic, functional 台所の空間は実用的であるだけでなく美しくあるべきである。
2829 **verify** [vérɪfàɪ] The physicist could not **verify** his claims.	動 の正しさを証明[立証]する ≒confirm, prove, substantiate その物理学者は自分の主張が正しいと証明することができなかった。
2830 **flaw** [flɔ:] ⓘ There was a small **flaw** in the lens of the camera.	名 傷，ひび，割れ目；欠点 ≒crack; defect, blemish カメラのレンズに小さな傷があった。

2831 **eradicate** [ɪrǽdɪkèɪt]

動 を根絶する，撲滅する
≒eliminate, exterminate

Certain diseases have been **eradicated** by science.

ある種の病気は科学により根絶されてきた。

2832 **mimic** [mímɪk]

動 をまねる，の物まねをする
≒imitate, impersonate

The boy could **mimic** his teachers perfectly.

その男の子は本物そっくりに先生のまねをすることができた。

2833 **tenuous** [ténjuəs]

形 (関係・根拠などが)希薄な，薄弱な
≒slight, weak ⇔strong

His argument seemed rather **tenuous**.

彼の論拠はずいぶん薄弱に思えた。

2834 **antibiotic** [æ̀ntibaɪɑ́tɪk]

名 〈通例 ～s〉抗生物質
≒antibacterial agent

Antibiotics can upset the natural balance of gut bacteria.

抗生物質は腸内菌の自然なバランスを乱す可能性がある。

2835 **disperse** [dɪspə́ːs]

動 を分散させる，追い散らす
≒scatter, diffuse ⇔gather

Chemicals were used to **disperse** the oil.

油を分散させるために化学薬品が使われた。

2836 **outweigh** [àutwéɪ]

動 より重要である，価値がある；より重い
≒exceed, prevail over

The advantages of driverless vehicles **outweigh** the disadvantages.

無人運転車の長所の方が短所よりも重要である。

2837 **psyche** [sáɪki]

名 精神，心，魂
≒soul, spirit ⇔body

Freud explored the depths of the human **psyche**.

フロイトは人間の精神の深淵を探求した。

2838 **arduous** [ɑ́ːdjuəs]

形 骨の折れる，難儀な，つらい
≒laborious, onerous, hard

They began the **arduous** task of cleaning up.

彼らは大掃除という骨の折れる作業を始めた。

2839 **elicit** [ɪlísɪt]

動 を引き出す；を喚起する
≒obtain, evoke, cause

The detectives tried to **elicit** a confession from the man.

刑事たちは男から自白を引き出そうと試みた。

2840 **whim** [wɪm]

名 気まぐれな考え，思い付き
≒impulse, caprice

On a **whim**, she entered the museum.

彼女は思い付きでその美術館に入った。

1回目 / 2回目 / 3回目

2841 **heyday** [héɪdèɪ] In its **heyday**, the British Empire spanned approximately 11 million square miles.	名 全盛期，絶頂，盛り ≒prime, peak, height 全盛期には，大英帝国はおよそ 1,100 万平方マイルに及んだ。
2842 **disproportionately** [dìsprəpɔ́:ʃənətli] Their spending on rent was **disproportionately** large.	副 不釣り合いに ≒excessively, inordinately 彼らの賃貸料の支出は不釣り合いなまでに大きかった。
2843 **superfluous** [supə́:fluəs] Cash is becoming **superfluous** as we move closer to a cashless society.	形 不必要な，無駄な；余分な，過剰の ≒unnecessary; redundant, surplus キャッシュレス社会に向かうにつれて現金が不必要になりつつある。
2844 **colossal** [kəlɔ́səl] A **colossal** statue of the leader was put up.	形 巨大な ≒huge, massive, enormous その指導者の巨大な像が建てられた。
2845 **erroneous** [ɪróuniəs] (!) People have many **erroneous** beliefs about science.	形 間違った，誤った，正しくない ≒mistaken, incorrect ⇔correct 人々は科学についてたくさんの間違った考えを持っている。
2846 **usher** [ʌ́ʃə] (!) The discovery **ushered** *in* a new age of technology.	動 〈usher in で〉の到来を告げる ≒herald, signal その発見はテクノロジーの新時代の到来を告げた。
2847 **rectify** [réktɪfàɪ] To achieve equality, we must **rectify** the gap in educational opportunities.	動 を修正[改正]する；を調整する ≒correct, amend, revise 平等を達成するために私たちは教育の機会不平等を修正しなければならない。
2848 **iceberg** [áɪsbə̀:g] Consciousness is the tip of the **iceberg** of mental processes.	名 氷山 ≒berg 意識は精神機能の氷山の一角にすぎない。
2849 **murky** [mə́:ki] The weather forecast says that the weather will be **murky**.	形 暗い，陰気な；濁った ≒dark, gloomy ⇔bright 天気予報はどんよりした天気になると言っている。
2850 **instantaneous** [ìnstəntéɪniəs] The effects of the medicine were **instantaneous**.	形 瞬時の，瞬間的な；即時の ≒immediate, prompt その薬は瞬時に効いた。

2851 **reclaim** [rìːkléɪm]

They announced a project to **reclaim** land from the sea.

動 を埋め立てる，干拓して作る
≒drain 名 reclamation

彼らは海を埋め立てて陸地にする計画を発表した。

2852 **footage** [fútɪdʒ]

The teacher showed some **footage** from an old news film.

名 (映画の)一場面，シーン
≒film, shot

先生は古いニュース映画の場面を幾つか見せた。

2853 **allergy** [ǽlədʒi] ⓘ

The girl had an **allergy** *to* peanuts.

名 (～に対する)アレルギー
≒hypersensitivity

その女の子はピーナッツにアレルギーがあった。

2854 **foetus** [fíːtəs]

Alcohol can cause harm to a **foetus**.

名 胎児
≒embryo 🇺🇸 fetus

アルコールは胎児に害を及ぼすことがある。

2855 **resilience** [rɪzíliəns]

Resilience against illness decreases with age.

名 回復力，復元力；弾力(性)
≒buoyancy; flexibility

病気からの回復力は年齢とともに衰える。

2856 **deduce** [dɪdjúːs]

He **deduced** the height of the intruder from the footprints.

動 を推論する，演繹(えんえき)する
≒infer

彼は足跡から侵入者の身長を推測した。

2857 **deceptive** [dɪséptɪv]

Deceptive videos can be created by using artificial intelligence.

形 欺瞞(ぎまん)的な，人を惑わすような；紛らわしい
≒deceitful, fraudulent; misleading

人工知能を使って人をだますようなビデオを作ることができる。

2858 **infrared** [ìnfrəréd]

They used **infrared** light to see in the dark.

形 赤外線の
⇔ultraviolet

彼らは暗闇でも見えるように赤外線ライトを用いた。

2859 **uncanny** [ʌ̀nkǽni]

He had an **uncanny** ability to guess people's thoughts.

形 不可思議な，奇怪な
≒weird, abnormal

彼には人の考えを当てる不可思議な能力があった。

2860 **retard** [rɪtáːd]

Government policies actually **retarded** economic development.

動 を遅らせる，遅くする；を阻害する
≒delay; hinder, impede

実際のところ政府の方針は経済の発展を遅らせた。

1回目 / 2回目 / 3回目 /

2861 **pendulum** [péndjuləm] The swing of the **pendulum** is regular; a business cycle is not.	名 振り子 ≒swinging weight 時計の振り子の揺れは規則正しいが，景気循環はそうではない。
2862 **stagnant** [stǽgnənt] The local economy has been **stagnant** for years.	形 停滞した；よどんだ ≒still, motionless; standing 地元経済は何年も停滞している。
2863 **collaborate** [kəlǽbərèɪt] The two countries **collaborated** to build the dam.	動 共同して働く；合作する ≒cooperate 両国はそのダムの建設のため協力した。
2864 **observatory** [əbzə́:vətəri] An **observatory** was built on the top of the mountain.	名 観測所，天文台，気象台 ≒observation facility その山の頂上に観測所が建設された。
2865 **hue** [hju:] The painter always used delicate **hues**.	名 色，色合い，色調 ≒colour, shade, tone, tint その画家はいつも繊細な色調を使った。
2866 **avert** [əvə́:t] We must do everything we can to **avert** World War III.	動 を回避する，防ぐ，よける；をそらす ≒avoid, prevent; turn aside 私たちは第３次世界大戦を回避するためにできることは何でもしなければならない。
2867 **boulevard** [bú:ləvɑ̀:d] Paris is famous for its beautiful **boulevards**.	名 広い並木通り ≒avenue, street パリは美しくて広い並木通りで有名だ。
2868 **deploy** [dɪplɔ́ɪ] The managers discussed how to **deploy** the salesmen.	動 を配置する，配備する ≒position, station 店長たちはどのように販売員を配置するか話し合った。
2869 **conjunction** [kəndʒʌ́ŋkʃən] Never begin sentences with a **conjunction** like ‘and’ and ‘but’.	名 接続詞；結合，連結 ≒connective; combination, union and や but のような接続詞で文を始めてはいけない。
2870 **treatise** [trí:tɪz] He wrote a famous **treatise** on ethics.	名（学術）論文 ≒paper, thesis, dissertation 彼は倫理学に関する有名な論文を書いた。

2871 **collateral** [kəlǽtərəl]

名 担保(物件)
≒security, guarantee

He used his house as **collateral** for the loan.
彼は自宅を借り入れの担保にした。

2872 **fodder** [fɔ́də]

名 飼料，飼い葉
≒feed, forage, food

The hay was stored as **fodder** for the cattle.
その干し草は畜牛の飼料として蓄えられた。

2873 **revulsion** [rɪvʌ́lʃən]

名 嫌悪，反感
≒disgust, loathing, aversion

The sight filled him with **revulsion**.
その光景を見て彼は嫌悪感でいっぱいになった。

2874 **sewer** [súːə]

名 下水道，下水溝
≒underground conduit

The Greeks invented **sewers**; the Romans invented a water system.
ギリシャ人は下水道を発明し，ローマ人は上水道を発明した。

2875 **conjecture** [kəndʒéktʃə]

名 推測，憶測 動 を推測する
≒guess, speculation ⇔ fact

The claim turned out to be mere **conjecture**.
その主張は結局ただの当て推量にすぎなかった。

2876 **heave** [hiːv]

動 を(力を込めて)持ち上げる，動かす
≒lift, raise

The men **heaved** the huge rock out of the way.
男たちはその巨大な岩を持ち上げてどかした。

2877 **mistrust** [mìstrʌ́st]

動 を信用しない，疑う 名 不信
≒distrust, doubt, question

Many people **mistrusted** the official media.
多くの人は公式メディアを信用していなかった。

2878 **flop** [flɔp]

動 どすんと座る[倒れる，落ちる]
≒slump, collapse

Tired out, he **flopped** onto the sofa.
疲れ切って，彼はソファにどすんと座り込んだ。

2879 **milestone** [máɪlstòun]

名 画期的[重要な]出来事，重要事件
≒breakthrough, landmark

Earning a college degree is a significant **milestone** in one's life.
大学の学位を得ることは人生において重要な出来事である。

2880 **paralysis** [pərǽləsɪs]

名 まひ(症)
≒numbness 複 paralyses

He suffered from **paralysis** of his right arm.
彼は右腕のまひを患った。

1回目 / 2回目 / 3回目

2881 **simulate** [símjulèɪt] The program was used to **simulate** the effect of flooding.	動 を模擬実験する，シミュレートする ≒replicate, reproduce 洪水の影響をシミュレートするためにそのプログラムが使われた。
2882 **disorderly** [dɪsɔ́:dəli] The children left their clothes in a **disorderly** pile on the floor.	形 無秩序な，混乱した，乱雑な ≒disorganised, messy 子どもたちは服を床に乱雑に積んだままにしていた。
2883 **foresight** [fɔ́:sàɪt] Those with **foresight** quickly sold their shares.	名 先見(の明)，洞察(力) ≒vision, forethought ⇔hindsight 先見の明のある者はさっさと株を売った。
2884 **painstaking** [péɪnztèɪkɪŋ] Despite his **painstaking** work, mistakes remained.	形 労を惜しまない，勤勉な；丹精込めた ≒laborious, meticulous 彼は労を惜しまず作業したが，間違いが残っていた。
2885 **recapture** [rì:kǽptʃə] After a fierce battle, the town was **recaptured**.	動 を取り戻す，奪い返す 名 奪還 ≒recover, reclaim 激しい戦闘の後に，その町は奪還された。
2886 **demolish** [dɪmɔ́lɪʃ] The city government ordered the house to be **demolished**.	動 を取り壊す；を粉砕する ≒tear down, destroy 市当局はその家を取り壊すよう命令した。
2887 **digit** [dídʒɪt] Most credit card numbers consist of 16 **digits**.	名 (数字の)桁(けた)；(アラビア)数字 ≒figure; numeral, number ほとんどのクレジットカード番号は16桁からなる。
2888 **overrun** [òuvərʌ́n] A nation must not be **overrun** by a foreign enemy.	動 を侵略する，占領する；にはびこる ≒invade, occupy; infest 国が外敵によって侵略されることがあってはならない。
2889 **fertilise** [fə́:təlàɪz] The flowers were **fertilised** by bees.	動 に受精[受粉]させる ≒inseminate, pollinate 米 fertilize その花はミツバチによって受粉された。
2890 **dismantle** [dɪsmǽntl] The boy **dismantled** his bike and cleaned it thoroughly.	動 を分解する ≒disassemble, take apart 少年は自転車を分解して徹底的に掃除した。

2891 nutrient [njúːtriənt]
☐☐☐

名 栄養分[素]，滋養 形 栄養に富む
≒nutrition; nourishing

Brown rice contains various important **nutrients**.

玄米はさまざまな重要な栄養素を含んでいる。

2892 culprit [kʌ́lprɪt]
☐☐☐

名 原因(となるもの)；犯人
≒cause; offender, criminal

Carbon dioxide emissions are considered one of the main **culprits** of global warming.

二酸化炭素の排出は地球温暖化の主な原因の１つと考えられている。

2893 spawn [spɔːn]
☐☐☐

動 (魚・カエルなどが卵)を産む
≒breed, generate

Fish return to the river to **spawn** eggs.

魚は卵を産むためにその川に戻る。

2894 aptitude [ǽptɪtjùːd]
☐☐☐

名 (～の)才能，素質
≒ability, capability, talent

His **aptitude** *for* chess appeared early.

彼のチェスの才能が芽を出すのは早かった。

2895 anecdote [ǽnɪkdòʊt]
☐☐☐

名 逸話，秘話，小話
≒story, tale

He entertained us with **anecdotes** from his school days.

彼は学生時代の逸話で私たちを楽しませた。

2896 publicise [pʌ́blɪsàɪz]
☐☐☐

動 を一般に知らせる，公にする
≒announce, reveal 🇺🇸 publicize

They spent a lot of money **publicising** the event.

彼らはその催しの広報活動をするために多額を費やした。

2897 longevity [lɔndʒévəti]
☐☐☐

名 長命，長生き；寿命
≒long life; lifespan

The old man said the secret to **longevity** is to laugh often.

長生きの秘訣はよく笑うことだと老人は言った。

2898 squeak [skwiːk] ⓘ
☐☐☐

動 甲高い声[音]を出す 名 金切り声
≒shrill, squeal

He could hear rats **squeaking** in the roof.

彼は天井でネズミがチューチュー鳴いているのが聞こえた。

2899 weighty [wéɪti]
☐☐☐

形 重大な，重要な；重い
≒significant, important; heavy

He had to solve many **weighty** problems.

彼はたくさんの重要な問題を解決しなければならなかった。

2900 remnant [rémnənt]
☐☐☐

名 〈しばしば ～s〉(わずかな)残り，余り
≒remains, remainder

Only **remnants** of his former home were left.

彼のかつての家はわずかな面影を残すばかりだった。

重要語レベル4

2901 **perpetuate** [pəpétjuèɪt] Clear strategies are essential to **perpetuate** the success of a company.	動 を永続させる；を不朽[不滅]にする ≒sustain, maintain; immortalise 企業の成功を永続させるためには明確な戦略が不可欠である。
2902 **assimilate** [əsíməlèɪt] Most of the immigrants have been **assimilated**.	動 を吸収同化する；を消化[吸収]する ≒absorb; digest, ingest ほとんどの移民は吸収同化されている。
2903 **carefree** [kéəfrìː] He loved her **carefree** attitude to life.	形 心配[苦労]のない，のんきな ≒easy-going, relaxed ⇔ anxious 彼女の人生に対するのんきな姿勢が彼は好きだった。
2904 **necessitate** [nəsésɪtèɪt] The financial crisis **necessitated** immediate action.	動 を必要とする ≒require, entail 金融危機は即座の対策を必要とした。
2905 **constrain** [kənstréɪn] Government spending was **constrained** by the recession.	動 を抑制する；を強いる ≒restrict, confine; compel 景気後退により政府の支出が抑えられた。
2906 **diversify** [daɪvə́ːsɪfàɪ] Companies worldwide need to **diversify** their workforce to remain competitive.	動 (を)多様化する；を多角化する ≒widen, vary 世界中の企業は競争力を維持するために，労働力を多様化する必要がある。
2907 **mediocre** [mìːdióʊkə] He was a good scholar but a **mediocre** teacher.	形 並の，平凡な，普通の ≒ordinary, average ⇔ exceptional 彼は学者としては優れていたが，教師としては並だった。
2908 **glossary** [glɔ́səri] The book contained a **glossary** of technical terms.	名 用語小辞典，用語集 ≒vocabulary, dictionary その本には専門用語の語彙集が含まれていた。
2909 **censure** [sénʃə] His behaviour was **censured** by his colleagues.	動 を非難する，酷評する 名 非難 ≒criticise, condemn, denounce 彼の行動は同僚たちから非難された。
2910 **avalanche** [ǽvəlɑ̀ːntʃ] The celebrity's comments sparked an **avalanche** *of* criticism on social media.	名 (～の)殺到，一度にどっと来るもの；雪崩 ≒flood, deluge; snowslide その有名人のコメントにはソーシャルメディア上で批判が殺到した。

2911 jolt [dʒoult]

名 急激な揺れ；驚き　動 を揺さぶる
≒shake; surprise

He received a **jolt** when the train stopped.

列車が止まって彼は急な揺さぶりを受けた。

2912 refute [rɪfjúːt]

動 の誤りを証明する，を論駁（ろんばく）する
≒disprove, discredit　⇔confirm

A hypothesis is **refuted** when evidence disagrees with it.

証拠が合致しない場合には仮説の間違いが証明される。

2913 deflect [dɪflékt]

動 をそらす，の方向を変える
≒divert, turn aside

The goalkeeper **deflected** the ball with one hand.

ゴールキーパーは片手でボールをそらした。

2914 germ [dʒəːm] ⓘ

名 微生物，細菌，病原菌；胚
≒microorganism, microbe, bacteria

Researchers identified the **germ** that caused the disease.

研究者たちはその病気の原因となる細菌を突き止めた。

2915 encyclopaedia [ɪnsàɪkləpíːdiə]

名 百科事典
🇺🇸 encyclopedia

There was no entry on the writer in the **encyclopaedia**.

百科事典にその作家の見出しはなかった。

2916 recalcitrant [rɪkǽlsɪtrənt]

形 反抗的な，手に負えない，強情な
≒defiant, rebellious, disobedient

The stricter he was, the more **recalcitrant** his son became.

彼が厳しくすればするほど息子は反抗的になった。

2917 adversity [ədvə́ːsəti]

名 逆境，不運
≒hardship, misfortune

The immigrant workers faced much **adversity**.

移民労働者は多くの逆境に直面した。

2918 astound [əstáund]

動 を仰天させる，がくぜんとさせる
≒amaze, astonish, surprise

He was **astounded** to find his wife in the bar.

彼はバーに妻がいるのを見てがくぜんとした。

2919 transcend [trænsénd]

動 を越える
≒surpass, exceed, outstrip

Environmental problems often **transcend** national borders.

環境問題はしばしば国境を越える。

2920 dub [dʌb]

動 に～とあだ名を付ける，を～と呼ぶ
≒nickname, call

His followers **dubbed** him ‘the Chief’.

弟子たちは彼を「かしら」と呼んだ。

1回目 ／ 2回目 ／ 3回目 ／

2921 **sibling** [síblɪŋ]
名 兄弟姉妹(の1人)
≒brother, sister
It is common for **siblings** to quarrel.
兄弟の仲たがいはよくあることだ。

2922 **obese** [oubí:s]
形 肥満した
≒fat, overweight 名 obesity
There are a growing number of **obese** children.
肥満の子どもが増えている。

2923 **affiliate** [əfílièɪt / əfílɪət] ⓘ
動 を(～と)提携させる 名 支部
≒associate, ally
The clinic is **affiliated** *with* a university hospital.
そのクリニックは大学病院と提携している。

2924 **additive** [ǽdətɪv]
名 (食品などの)添加物 形 付加的な
≒artificial ingredient
Excessive use of food **additives** can cause health problems.
食品添加物の過度な使用は健康上の問題を引き起こし得る。

2925 **unparalleled** [ʌ̀npǽrəlèld]
形 並ぶものがない，無比の
≒unequalled, exceptional ⇔ordinary
The exhibition attracted an **unparalleled** number of visitors.
その展示会は類を見ない数の来館者を集めた。

2926 **colonise** [kɔ́lənàɪz]
動 を植民地化する
≒settle, populate 🇺🇸 colonize
The British **colonised** the island.
イギリス人はその島を植民地化した。

2927 **impair** [ɪmpéə]
動 を弱める，害する，損なう
≒weaken, damage, harm
His tiredness **impaired** his ability to think logically.
彼は疲労で論理的思考力が損なわれた。

2928 **mystify** [místɪfàɪ]
動 を惑わす，けむに巻く
≒puzzle, baffle, bewilder
Everyone was **mystified** by the chairperson's statement.
会長の発言に皆が当惑した。

2929 **denounce** [dɪnáuns]
動 を非難する
≒condemn, censure ⇔praise
The opposition parties **denounced** the election as a fraud.
野党はその選挙を詐欺だと非難した。

2930 **loot** [lu:t]
動 を略奪する 名 略奪品
≒plunder, rob
The invading army **looted** the palace.
侵略軍は宮殿を略奪した。

2931 **detain** [dɪtéɪn]

In many countries, the national government **detains** peaceful protesters.

動 を拘留する，留置する；を引き留める
≒put into custody, confine

多くの国において政府が平和的抗議者を拘留する。

2932 **jeopardise** [dʒépədàɪz] ⓘ

The project was **jeopardised** by government budget cuts.

動 を危うくする，危機に陥れる
≒endanger, threaten 🇺🇸jeopardize

その計画は政府の予算削減により危機に陥った。

2933 **ensue** [ɪnsjúː]

Problem after problem **ensued**.

動 続いて起こる；結果として起こる
≒follow; result

次から次へと問題が起こった。

2934 **grimace** [gríməs]

He wore a **grimace** of pain on his face.

名 しかめっ面 動 しかめっ面をする
≒frown, scowl

彼は苦痛で顔をしかめていた。

2935 **submissive** [səbmísɪv]

Some people are naturally **submissive**, while others are naturally dominant.

形 従順な，素直な，おとなしい，服従する
≒obedient, compliant, docile

生まれつき従順な人もいれば，生まれつき支配的な人もいる。

2936 **evaporate** [ɪvǽpərèɪt]

The puddles quickly **evaporated** in the heat.

動 蒸気になる，蒸発する；を蒸発させる
≒vaporise ⇔condense

水たまりは暑さですぐに蒸発した。

2937 **obstruct** [əbstrʌ́kt]

His view of the race was **obstructed** by a tree.

動 を遮断する，ふさぐ，遮る
≒block, clog

木に遮られて彼はレースを見られなかった。

2938 **watertight** [wɔ́ːtətàɪt]

A **watertight** case will keep your valuables protected from damage.

形 水の漏れない，防水の；一分の隙もない
≒waterproof, impervious; unquestionable

防水ケースがあなたの貴重品を損傷から守ってくれるでしょう。

2939 **sprout** [spraʊt] ⓘ

Bean **sprouts**, or *moyashi*, are beans that have **sprouted**.

動 発芽する；急速に成長する 名 芽，新芽
≒germinate; burgeon; bud

もやしは発芽した大豆である。

2940 **entice** [ɪntáɪs]

Enticed by the smell of coffee, he entered the café.

動 を誘惑する，おびき寄せる
≒tempt, attract, allure

コーヒーの香りに誘われて彼はそのカフェに入った。

1回目 ／ 2回目 ／ 3回目 ／

2941 **infuse** [ɪnfjúːz] Laughing **infuses** all your body cells *with* a sense of happiness.	動 に(～を)注入する；を教え込む，吹き込む ≒fill, inject; instil, imbue 笑うことはあなたの体の細胞全てに幸福感を注入する。
2942 **resourceful** [rɪzɔ́ːsfəl] The **resourceful** boy used his handkerchief to bandage his injured leg.	形 臨機応変の(才のある) ≒ingenious, creative 臨機応変の才のあるその少年はハンカチを使ってけがをした自分の脚に包帯をした。
2943 **alienate** [éɪliənèɪt] Many teenagers feel **alienated** from society.	動 を疎外する ≒estrange, isolate ⇔unite 多くの10代の若者は社会から疎外されていると感じている。
2944 **unveil** [ʌ̀nvéɪl] The new statue was **unveiled** by the mayor.	動 のベール[覆い]を取る ≒reveal ⇔veil 市長は新しい像の除幕を行った。
2945 **erupt** [ɪrʌ́pt] Experts feared the volcano would **erupt**.	動 噴火する ≒explode, blow up 名 eruption 専門家はその火山が噴火することを恐れていた。
2946 **intolerant** [ɪntɔ́lərənt] The village was **intolerant** *of* outsiders.	形 (～に対して)不寛容な，狭量な ≒bigoted, narrow-minded その村はよそ者に対して不寛容だった。
2947 **misconception** [mìskənsépʃən] There was a **misconception** that he was from Cambridge University.	名 誤った考え[概念] ≒fallacy, delusion 彼がケンブリッジ大学出身だという誤解があった。
2948 **pane** [peɪn] The explosion shattered every **pane** of glass.	名 窓ガラス ≒sheet of glass その爆発で窓ガラスが全部粉々になった。
2949 **evacuate** [ɪvǽkjuèɪt] Those in tsunami hazard zones should **evacuate** as soon as possible.	動 避難する；を避難させる；を明け渡す ≒leave; remove; vacate 津波危険地区の人たちはできるだけ早く避難すべきである。
2950 **sustenance** [sʌ́stənəns] The escaped soldiers were given **sustenance** by the villagers.	名 生命を維持するもの，食物 ≒nourishment, food 動 sustain 脱走兵たちは村人から食べ物を与えられた。

2951 **parched** [pɑ:tʃt]	形 乾き切った ≒dry, arid, dehydrated
After the summer, the ground was **parched**.	夏が終わり，地面は乾き切っていた。
2952 **sift** [sɪft]	動 をふるいに掛ける，ふるう ≒filter, strain, sieve
The cook **sifted** the flour for a cake.	コックはケーキ作りのために小麦粉をふるった。
2953 **topple** [tɔ́pl]	動 を倒す；をぐらつかせる；倒れる ≒knock over, overthrow, upset
The army **toppled** the civilian government.	軍隊は文民統制の政府を倒した。
2954 **heredity** [hərédəti]	名 遺伝；遺伝形質 ≒genetics
Heredity cannot be changed but environmental factors can be.	遺伝は変えられないが，環境要因は変えられる。
2955 **concur** [kənkə́:]	動 (～に)賛成する，同意する ≒agree, approve
His parents **concurred** *with* his decision.	両親は彼の決心に賛成した。
2956 **pretender** [prɪténdə]	名 (～の)権利主張者，詐称者 ≒claimant
Pretenders *to* leadership always attract attention by highlighting problems.	指導者の地位を狙う者は常に問題を強調することで関心を集める。
2957 **overstate** [òuvəstéɪt]	動 を大げさに話す，誇張する ≒exaggerate, dramatise ⇔understate
Overstating one's case is rarely effective.	実情を誇張することが効果的であることはめったにない。
2958 **sear** [sɪə]	動 を焦がす，の表面を焼く ≒scorch, burn
He **seared** his hands fighting the fire.	彼は火事と格闘して両手にやけどを負った。
2959 **moisten** [mɔ́ɪsən] ⓘ	動 を湿らせる，潤す，少しぬらす ≒dampen, humidify, wet
She **moistened** the cloth and wiped the table.	彼女は布巾を湿らせてテーブルを拭いた。
2960 **erode** [ɪróud]	動 を浸食[腐食]する；浸食される ≒wear away, corrode 名 erosion
Wind and waves **eroded** the cliffs over a long period of time.	風と波が長い時間をかけてその崖を浸食した。

1回目 / 2回目 / 3回目

2961 **unyielding** [ʌ̀njíːldɪŋ]

He was an **unyielding** critic of the government.

形 不屈の，断固とした
≒resolute, adamant

彼は断固として政府を批判した。

2962 **enlighten** [ɪnláɪtən]

She did her best to **enlighten** people about the danger.

動 を啓発する，啓蒙（けいもう）する
≒educate, civilise

彼女はその危険について人々を啓蒙しようと最善を尽くした。

2963 **insulate** [ínsjulèɪt]

Insulating one's home can lead to lower fuel bills.

動 を遮断する，絶縁する
≒isolate

家を断熱すると燃料費を安くすることができる。

2964 **amplify** [ǽmplɪfàɪ]

The orchestral instruments were **amplified** through giant speakers.

動 を増幅する
≒expand, boost ⇔reduce

オーケストラの楽器は巨大なスピーカーを通して増幅された。

2965 **yolk** [jouk] ⓘ

The cake requires five egg **yolks**.

名 黄身，卵黄
⇔(egg) white (卵白)

そのケーキを作るには卵黄が5つ必要だ。

2966 **coexistence** [kòuɪgzístəns]

The statesman promoted the peaceful **coexistence** of nations.

名 共存
≒coincidence, concurrence

その政治家は諸国家の平和的共存を推し進めた。

2967 **demobilise** [dɪmóubəlàɪz]

Most non-regular soldiers were **demobilised** at the end of the war.

動 を除隊[復員]させる
≒discharge ⇔conscript 米 demobilize

ほとんどの非正規兵は戦争が終わると除隊した。

2968 **improvise** [ímprəvàɪz]

The comedian **improvised** a few jokes.

動 を即興で作る[演奏する]
≒devise, contrive 名 improvisation

そのコメディアンは幾つかのジョークを即興で言った。

2969 **aggravate** [ǽgrəvèɪt]

Overwork **aggravated** his health problems.

動 を悪化させる，深刻にする
≒worsen, exacerbate ⇔improve

働き過ぎが彼の健康問題を悪化させた。

2970 **smother** [smʌ́ðə] ⓘ

She **smothered** the strawberries *with* cream.

動 を(～で)厚く覆う；を窒息させる
≒cover; suffocate, choke

彼女はイチゴにクリームをたっぷりかけた。

2971 **tint** [tɪnt] The flower's petals contained a **tint** of purple.	名 色合い，色調 ≒shade, tone, hue その花の花弁は紫の色合いを帯びていた。
2972 **categorise** [kǽtɪɡəràɪz] He found it hard to **categorise** the book.	動 を類別する，分類する ≒classify, group　categorize 彼はその本を分類するのは難しいと感じた。
2973 **tome** [toʊm] Various heavy law **tomes** sat on his desk.	名 大型の分厚い本，大冊 ≒thick book 彼の机には重くて分厚い法律書がいろいろと積まれていた。
2974 **downside** [dáʊnsàɪd] *The* **downside** of the plan was its great expense.	名 〈the ~〉否定的側面，弱点 ≒disadvantage, drawback　⇔upside その企画のマイナス面はとても費用がかかることだった。
2975 **repute** [rɪpjúːt] He was known as a doctor of good **repute**.	名 評判，世評 ≒reputation, fame 彼は評判の良い医師として知られていた。
2976 **empower** [ɪmpáʊə] The school had a policy of **empowering** female students.	動 に力を与える；に能力を与える ≒emancipate; enable その学校は女子生徒を力強く支援するという方針を持っていた。
2977 **stun** [stʌn] She was **stunned** to hear that he had married.	動 をとても驚かす，ぼうぜんとさせる ≒startle, astound, astonish 彼女は彼が結婚したと聞いてぼうぜんとした。
2978 **unleash** [ʌ̀nlíːʃ] He **unleashed** his fury at his assistant.	動 を発散させる，爆発させる ≒release, discharge　⇔restrain 彼はアシスタントに怒りを爆発させた。
2979 **taper** [téɪpə] The long leaves **tapered** to a point.	動 先細になる；を先細にする ≒narrow その長い葉は先が細くなってとがっていた。
2980 **culminate** [kʌ́lmɪnèɪt] The novel **culminated** *in* a passionate love scene.	動 (～で)頂点に達する，終わる ≒climax, end up その小説は情熱的なラブシーンで頂点に達した。

1回目 ／ 2回目 ／ 3回目 ／

2981 **scrutinise** [skrúːtɪnàɪz]

動 を綿密[厳密]に検査[吟味]する
≒examine, inspect　🇺🇸scrutinize

Taking the passport, the official **scrutinised** it closely.
パスポートを手に取り，係官はそれを綿密に調べた。

2982 **frugal** [frúːgəl]

形 質素な，つましい
≒thrifty, sparing　⇔wasteful

The old couple lived a very **frugal** life.
その老夫婦はとても質素な生活を送った。

2983 **eject** [ɪdʒékt]

動 を噴出する；を追い出す
≒emit; evict

Ejecting clouds of steam, the locomotive set off.
蒸気の煙を吐き出して，機関車は出発した。

2984 **degrade** [dɪgréɪd]

動 の質を低下させる；の地位を落とす
≒debase; demote　⇔upgrade

Constant rainfall has **degraded** the sculpture.
絶え間ない雨がその彫刻を劣化させている。

2985 **proponent** [prəpóunənt]

名 支持者，擁護者；提案者
≒advocate, supporter, champion

It is natural that **proponents** of environmental protection tend to be younger.
環境保護の支持者は若い傾向があるのは自然なことである。

2986 **rehabilitate** [rìːhəbílɪtèɪt]

動 の名誉を回復させる；を修復する
≒reinstate; restore　名 rehabilitation

The dissident was **rehabilitated** by a court.
その反体制派の人は法廷で名誉を回復した。

2987 **invert** [ɪnvə́ːt]

動 を逆さまにする，ひっくり返す
≒overturn, reverse

He **inverted** the table in order to fix it.
彼は修理するためテーブルをひっくり返した。

2988 **fume** [fjuːm]

名 〈通例 ~s〉(悪臭のする)煙，蒸気，ガス
≒smoke, gas, exhaust

The garage was filled with exhaust **fumes**.
ガレージは排気ガスでいっぱいだった。

2989 **ailment** [éɪlmənt]

名 (軽いまたは慢性的な)病気
≒illness, disease, complaint

The herb was used to treat many different **ailments**.
その薬草は多くのさまざまな病気の治療に用いられた。

2990 **dwindle** [dwíndl]

動 だんだん減少[縮小]する，衰える
≒diminish, decline　⇔increase

As his income **dwindled**, he cut his spending.
収入が減少したので，彼は支出を抑えた。

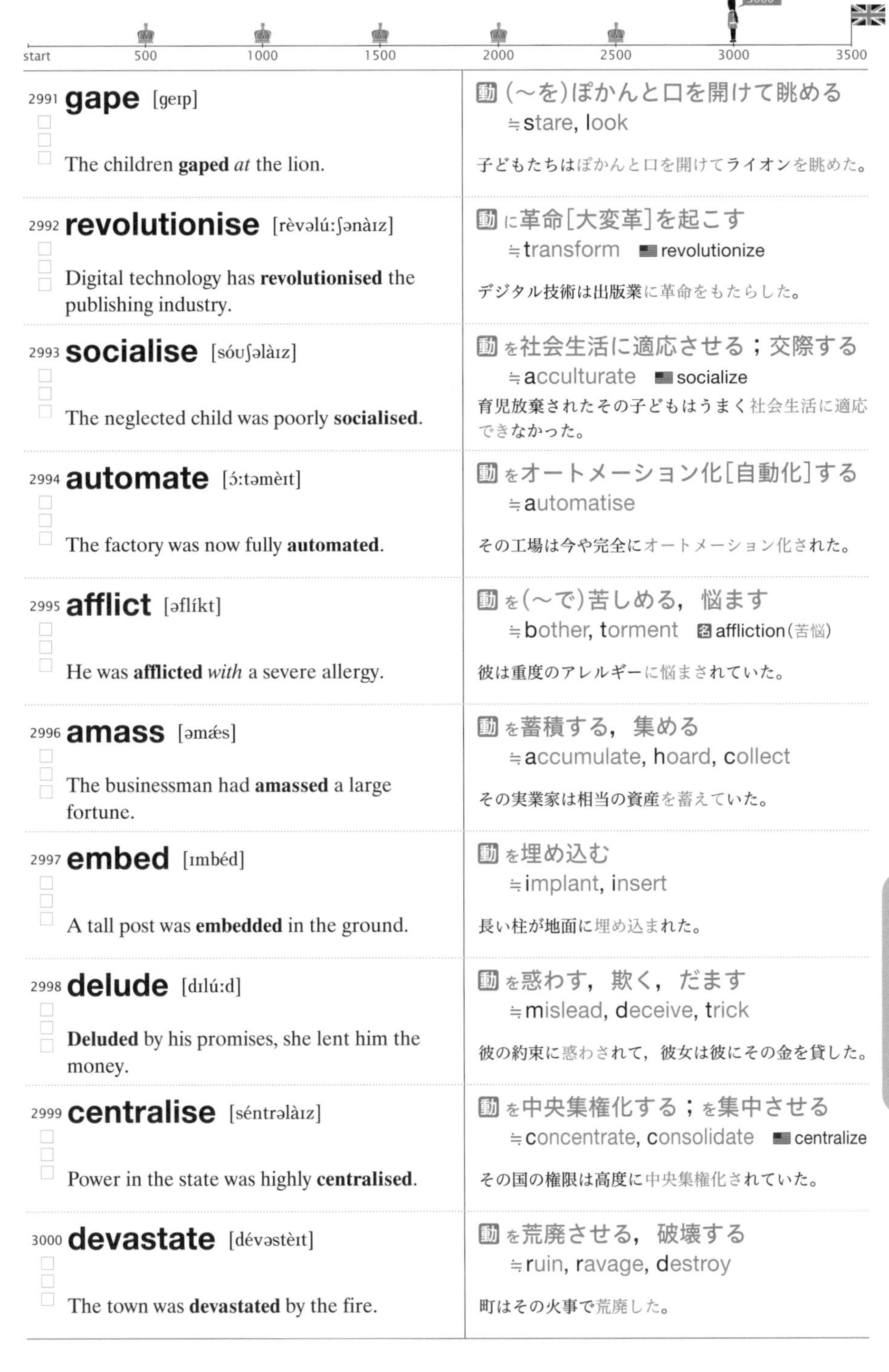

2991 **gape** [geɪp]

動 (～を)ぽかんと口を開けて眺める
≒stare, look

The children **gaped** *at* the lion.

子どもたちはぽかんと口を開けてライオンを眺めた。

2992 **revolutionise** [rèvəlú:ʃənàɪz]

動 に革命[大変革]を起こす
≒transform 🇺🇸revolutionize

Digital technology has **revolutionised** the publishing industry.

デジタル技術は出版業に革命をもたらした。

2993 **socialise** [sóuʃəlàɪz]

動 を社会生活に適応させる；交際する
≒acculturate 🇺🇸socialize

The neglected child was poorly **socialised**.

育児放棄されたその子どもはうまく社会生活に適応できなかった。

2994 **automate** [ɔ́:təmèɪt]

動 をオートメーション化[自動化]する
≒automatise

The factory was now fully **automated**.

その工場は今や完全にオートメーション化された。

2995 **afflict** [əflíkt]

動 を(～で)苦しめる，悩ます
≒bother, torment 名affliction(苦悩)

He was **afflicted** *with* a severe allergy.

彼は重度のアレルギーに悩まされていた。

2996 **amass** [əmǽs]

動 を蓄積する，集める
≒accumulate, hoard, collect

The businessman had **amassed** a large fortune.

その実業家は相当の資産を蓄えていた。

2997 **embed** [ɪmbéd]

動 を埋め込む
≒implant, insert

A tall post was **embedded** in the ground.

長い柱が地面に埋め込まれた。

2998 **delude** [dɪlú:d]

動 を惑わす，欺く，だます
≒mislead, deceive, trick

Deluded by his promises, she lent him the money.

彼の約束に惑わされて，彼女は彼にその金を貸した。

2999 **centralise** [séntrəlàɪz]

動 を中央集権化する；を集中させる
≒concentrate, consolidate 🇺🇸centralize

Power in the state was highly **centralised**.

その国の権限は高度に中央集権化されていた。

3000 **devastate** [dévəstèɪt]

動 を荒廃させる，破壊する
≒ruin, ravage, destroy

The town was **devastated** by the fire.

町はその火事で荒廃した。

Column
IELTS 体験記

Y・S さん（10代・大学生）
留学先（University of South Wales）
オーバーオール（6.5）
リーディング（7.0）　リスニング（7.5）　ライティング（6.0）　スピーキング（6.0）

留学について

私は University of South Wales の Football Coaching and Performance というコースに通っています。イギリスに留学した理由は，サッカーが好きだからです。イギリスにはサッカー関係のコースがある大学が幾つかあります。サッカーの指導者またはアナリストになるために必要な知識，またライセンスを授業内で獲得できるとてもユニークなコースがあります。

IELTS 目標スコア達成までの学習方法

私は英語の勉強があまり好きではないので，英語と自分の好きなものを掛け合わせて勉強しました。まずは基礎を身につけることが大切なので，高校までに習った文法を完璧に理解するまで教科書を読みました。リーディングは，自分の興味のある分野の記事を1日に最低2つ精読しました。リスニングは，映画やドラマ，ラジオを利用して，楽しみながら聞き取れるように複数回聞いたり，お気に入りの映画を英語字幕で見ながらシャドーイングしたりしました。スピーキングとライティングは，学習方法をうまく確立できませんでしたが，ライティングは回数をこなして添削を受けることが大切だと思います。
ほかにも，日常的に英語に触れる機会を増やす工夫をしました。スマートフォン本体の設定言語を英語に変え，英語に対応しているアプリは英語に変更しました。また，SNS は英語のアカウントをフォローするようにしました。これらに関しては，留学してから役に立っていると思います。

IELTS を受験する方々への応援メッセージ

IELTS を受験する方のほとんどが留学を目指されていると思います。私も1年前までは本当にスコアが取れるか，出願に間に合うか，など心配していました。そんな私でも目標スコアを取ることができましたし，幸運にも留学することができています。IELTS は定期試験などとは異なり，数か月単位の勉強がスコアに影響します。高い水準を自分で設定し，それに向けてコツコツ勉強を続けることが大切だと思います。くじけそうになったときは，目標を達成した自分をイメージしてみるとよいかもしれません。皆さんの成功を祈っています。

重要語2500

レベル5

No.3001～3500

目標バンドスコア
7.5以上

重要語レベル5 - ❶

3001 whilst [waɪlst]

Using a mobile phone **whilst** driving can cause serious accidents.

接 ～している間に；～だけれども
≒while; whereas
運転中に携帯電話を使用すると重大な事故につながり得る。

3002 workforce [wə́ːkfɔ̀ːs]

Japan's aging **workforce** will lead to problems for its economy.

名 労働人口，総従業員
≒personnel, staff
高齢化する日本の労働人口は国の経済にとって問題となる。

3003 albeit [ɔːlbíːɪt]

The prime minister's policies on education were effective, **albeit** costly.

接 ～とはいえ，たとえ～といえども
≒though, notwithstanding
首相の教育政策は費用がかかるとはいえ有効だった。

3004 semantic [səmǽntɪk]

Semantic confusion arises when terms are vague in meaning.

形 意味(論)の，語義(論)の
≒related to meaning
用語の意味が曖昧だと意味論的な混乱が生じる。

3005 lexical [léksɪkəl] ⓘ

Words with multiple meanings suffer from **lexical** ambiguity.

形 語彙(ごい)の
≒related to vocabulary
複数の意味を持つ語には語彙の曖昧さというマイナス面がある。

3006 mounting [máʊntɪŋ]

Too many Americans are struggling with **mounting** student loan debt.

形 増え続ける，悪化している
≒growing, increasing
あまりにも多くのアメリカ人が増え続ける学生ローンの借金と苦闘している。

3007 binary [báɪnəri]

The idea that sexes are **binary** has been contested by biologists.

形 2つから成る；2進法の；2元の
≒dual
性は(男女)2つから成るという考えは生物学者によって疑義を差し挟まれてきた。

3008 veterinary [vétərənəri]

Most **veterinary** clinics are ill-equipped to treat large animals.

形 獣医の[に関する]
≒animal care
ほとんどの動物病院では大型動物を治療する設備が十分ではない。

3009 vested [véstɪd]

China has a **vested** *interest* in the rare earth market.

形 既得の；所有の確定した
≒acquired; fixed
中国はレアアース市場に既得権益を持っている。

3010 bilateral [baɪlǽtərəl]

Australia is discussing **bilateral** trade agreements with African countries.

形 双方の，双方向の，2国間の
≒two-sided ⇔unilateral
オーストラリアはアフリカ諸国と2国間貿易協定について協議している。

3011 **optimal** [ɔ́ptɪməl] The **optimal** time for memorisation is before going to bed.	[形] 最適な，最善の ≒optimum, best, ideal 暗記に最適な時間は就寝前である。
3012 **foliage** [fóʊliɪdʒ] The tourists admired the colourful autumn **foliage**.	[名] 〈集合的に〉(草木の)葉(全部)，群葉 ≒leaves 観光客は色とりどりの紅葉に感嘆した。
3013 **excise** [ɪksáɪz] New technologies have improved the ability to **excise** tumours.	[動] を切除する，摘出する；を削除する ≒remove, extract; delete 新たな技術によって，腫瘍(しゅよう)を切除する能力が向上した。
3014 **terminology** [tə̀ːmɪnɔ́lədʒi] Postgraduate students should be familiar with the **terminology** used on this course.	[名] 術語，(専門)用語 ≒terms, parlance 大学院生はこの講座で使用される専門用語をよく知っているべきだ。
3015 **lateral** [lǽtərəl] He trimmed the **lateral** branches of the tree.	[形] 横(へ)の，側面の ≒sideways 彼はその木の側枝を切り取った。
3016 **arguably** [áːgjuəbli] Sharks are **arguably** the most feared creatures in the world.	[副] ほぼ間違いなく，おそらく ≒probably, very possibly サメはおそらく世界で最も恐れられている生き物だ。
3017 **optimum** [ɔ́ptɪməm] Scientists are undecided on the **optimum** temperature for quality sleep.	[形] 最適の，最善の ≒optimal, best, ideal 科学者は質の良い睡眠を取るための最適温度を決めかねている。
3018 **canteen** [kæntíːn] Most employees disliked the food served in the company **canteen**.	[名] (工場・学校などの)食堂；売店 ≒cafeteria; snack bar ほとんどの従業員は社員食堂で出される食事を嫌った。
3019 **qualitative** [kwɔ́lɪtətɪv] The appreciation of art involves making **qualitative** judgements.	[形] (性)質上の，質的な [副] qualitatively ⇔ quantitative 芸術鑑賞は質的評価を伴う。
3020 **equitable** [ékwɪtəbl] The manager found an **equitable** solution to the employees' disagreement.	[形] 公平な，公正な，正当な ≒fair, just [名] equity マネージャーは従業員間の争いに公平な解決法を見いだした。

1回目 ／ 2回目 ／ 3回目 ／

3021 **genesis** [dʒénəsɪs] There are still mysteries surrounding the **genesis** of the universe.	名 起源，始まり，創始，発生 ≒origin, source, root, beginning 宇宙の起源にまつわる謎がまだ残っている。
3022 **algae** [ǽldʒiː] **Algae** are becoming increasingly important to scientific research.	名 藻，藻類（そうるい） 単 alga 藻類は科学の研究にますます重要になってきている。
3023 **manoeuvre** [mənúːvə] ❗ The mayor was elected as a result of political **manoeuvres**.	名 巧妙な手段，策略 動 を巧みに操る ≒scheme, operation 米 maneuver 市長は政治的策略の結果選出された。
3024 **sediment** [sédɪmənt] The researcher found a rare fossil in the ocean floor **sediment**.	名 堆積物，沈殿物 ≒deposit その研究者は海底の堆積物に希少な化石を発見した。
3025 **vicinity** [vəsínəti] There are many restaurants *in the* **vicinity** *of* the Eiffel Tower.	名 近隣，近辺，付近 ≒neighbourhood, proximity エッフェル塔の付近にはたくさんのレストランがある。
3026 **derelict** [dérəlìkt] The **derelict** building was once a vibrant shopping centre.	形 荒廃した，見捨てられた，遺棄された ≒dilapidated, ruined, run-down その荒廃した建物はかつては活気あるショッピングセンターだった。
3027 **undue** [ʌ̀ndjúː] Even successful policies can receive **undue** media criticism.	形 必要以上の，過度の ≒excessive, inordinate ⇔ appropriate 成功している政策でさえもメディアから過度の批判を受けることがある。
3028 **discrete** [dɪskríːt] The stages of research were divided into three **discrete** categories.	形 分離した，別々の；不連続の ≒separate, distinct ⇔ connected 研究の段階は３つの別々の部門に分かれていた。
3029 **homogeneous** [hòumədʒíːniəs] In a **homogeneous** society, people share similar cultural backgrounds.	形 同種の，同質の，均質の ≒uniform, consistent ⇔ heterogeneous 均質的な社会では，人々は似た文化的背景を共有している。
3030 **irresistible** [ìrɪzístəbl] The new student found the social pressure to drink **irresistible**.	形 抵抗できない，抑えられない ≒overwhelming, uncontrollable その新入生は飲酒への社会的圧力には抵抗できないと感じた。

3031 **remuneration** [rɪmjù:nəréɪʃən] Chief executives are often criticised for their excessive **remuneration**.	名 報酬，報償；給料 ≒payment, reward 最高経営責任者たちはしばしば過度な報酬を批判される。
3032 **dire** [dáɪə] The economic outlook remains **dire**.	形 悲惨な，不吉な ≒dreadful, disastrous 経済の見通しはなおも暗い。
3033 **lava** [lá:və] The village was buried in **lava** from the volcano.	名 溶岩 ≒molten rock その村は火山からの溶岩に埋もれた。
3034 **subsistence** [səbsístəns] Unemployment benefits are only enough to provide a bare **subsistence**.	名 ぎりぎりの生計 ≒livelihood 失業手当はかろうじてぎりぎりの生活をするのに間に合うだけだ。
3035 **homage** [hɔ́mɪdʒ] Indians *pay* **homage** *to* their freedom fighters on Independence Day.	名 (権威あるものに対する)敬意 ≒respect, reverence, admiration インド人は国の独立記念日に自由のために戦った人々に敬意を表する。
3036 **floral** [flɔ́:rəl] The designer was famous for her **floral** patterns.	形 花の(ような)；植物群の ≒of flowers そのデザイナーは花柄で有名だった。
3037 **arable** [ǽrəbl] The English countryside boasts a large amount of **arable** land.	形 耕作に適した[使用される] ≒cultivatable, fertile ⇔barren イギリスの田舎は耕作に適した土地が多いことが誇りだ。
3038 **calve** [kɑ:v] It was the season when the cows **calved**.	動 (ウシなどが)子を産む；(氷塊が)分離する ≒give birth to; separate 雌ウシが子を産む季節だった。
3039 **hindsight** [háɪndsàɪt] With the benefit of **hindsight**, I shouldn't have done so.	名 後知恵 ≒retrospect, afterthought ⇔foresight 後知恵でわかることだが，私はそうすべきではなかった。
3040 **lush** [lʌʃ] In rural Japan, **lush** rice fields stretched to the horizon.	形 青々と茂った，繁茂した；豪勢な ≒luxuriant, dense; luxurious 日本の田舎では，青々と茂った田んぼが地平線まで広がっていた。

1回目 ／ 2回目 ／ 3回目 ／

3041 **payroll** [péɪròul] The number of people on the **payroll** has been increasing.	名（給与一覧付き）従業員名簿 従業員名簿に載っている人の数（＝就業者数）が増えている。
3042 **inscribe** [ɪnskráɪb] The author **inscribed** his name in the book.	動 を書く，記す，刻む ≒carve, engrave　名 inscription（碑文） 著者はその本に名前を記した。
3043 **respite** [réspaɪt] The prices of various items have been on the rise without **respite**.	名 一時的中断，小休止，小康 ≒rest, break, lull さまざまな商品の価格が休むことなく上がり続けている。
3044 **suffrage** [sʌ́frɪdʒ] Democracies are based on the principle of universal **suffrage**.	名 選挙権，参政権 ≒franchise, voting rights 民主主義国家は普遍的な参政権の原理に基づいている。
3045 **formative** [fɔ́ːmətɪv] Entrepreneurs must work hard during their companies' **formative** *period*.	形 形成［発達］（期）の ≒developmental 起業家は会社の形成期には一生懸命働かなければならない。
3046 **precedence** [présɪdəns] Speed takes **precedence** *over* quality in some projects.	名（～に対する）優先；先行 ≒priority　名 precedent（前例） スピードが質より優先されるプロジェクトもある。
3047 **bereavement** [bɪríːvmənt] The president was absent from work due to a family **bereavement**.	名 死別，先立たれること ≒loss, death 社長は家族に不幸があったため仕事を休んだ。
3048 **detrimental** [dètrɪméntəl] Smoking has been proven to be **detrimental** to health.	形 有害な，不利益の ≒harmful, adverse, deleterious 喫煙は健康に有害であると証明されている。
3049 **ubiquitous** [jubíkwɪtəs] ⓘ Convenience stores are **ubiquitous** and open around the clock.	形 同時に至る所に存在する，偏在する ≒omnipresent, prevalent コンビニはどこにでもあり，24時間開いている。
3050 **uptake** [ʌ́ptèɪk] Students *quick on the* **uptake** soon spotted the contradiction.	名 理解力，のみ込み ≒understanding, comprehension のみ込みの早い学生はすぐに矛盾を見つけた。

3051 **alleviate** [əlíːvièɪt]

動 を和らげる，緩和する；を軽減する
≒reduce, ease, relieve

There are ways to **alleviate** the burden on the poor.

貧困層の負担を軽減するための方法は存在する。

3052 **embankment** [ɪmbǽŋkmənt]

名 堤防，土手，盛り土
≒bank, mound

On Sundays local children played on the **embankment**.

毎週日曜日には地元の子どもたちはその土手で遊んだ。

3053 **prerequisite** [priːrékwəzɪt]

名 前提科目；必要条件　形 あらかじめ必要な
≒precondition, requirement; compulsory

An introductory course is a **prerequisite** for more advanced courses.

入門コースはより上級コースの前提科目である。

3054 **intermittent** [ìntəmítənt]

形 断続する，間欠的な
≒periodic, sporadic

British bands have enjoyed **intermittent** success in the US music market.

イギリスのバンドはアメリカの音楽市場で断続的な成功を収めてきた。

3055 **ominous** [ɔ́mɪnəs]

形 不吉な，縁起の悪い；険悪な，不穏な
≒foreboding, menacing　⇔ auspicious

Some see black cats as **ominous**; others connect them with good luck.

黒猫を不吉とみなす人もいれば，幸運と結び付けて見る人もいる。

3056 **vandalism** [vǽndəlìzm]

名 公共物の破壊(行為)，蛮行
≒malicious destruction

Peaceful protest should not lead to **vandalism** and violence.

平和な抗議活動が破壊行為や暴力につながるべきではない。

3057 **laden** [léɪdən]

形 荷を積んだ，(～を)満載した
≒loaded　⇔ unladen

The cart was **laden** *with* fruit for the market.

カートには市場に出す果物が満載されていた。

3058 **impoverish** [ɪmpɔ́vərɪʃ]

動 を貧しくする；の質を低下させる
形 impoverished (貧困に陥った)

The depression **impoverished** many families.

不況はたくさんの家族を貧しくした。

3059 **arid** [ǽrɪd]

形 (気候・土地が)異常に乾燥した
≒dry, thirsty, parched

Australia is an **arid** continent with increasing rates of bushfires.

オーストラリアは非常に乾燥した大陸であり，森林火災の発生率が高まっている。

3060 **salient** [séɪliənt]

形 顕著な，目立った；突き出した，突起した
≒outstanding, prominent, notable

The most **salient** factor in cancer deaths is smoking.

がんによる死亡の最も顕著な要因は喫煙である。

1回目 / 2回目 / 3回目

3061 **lineage** [láɪnɪdʒ] President Obama was America's first president with African **lineage**.	名 血統，血筋；家系，家柄 ≒ancestry, descent; pedigree オバマ大統領はアフリカの血筋を引く最初の米国大統領であった。
3062 **physiology** [fìziɔ́lədʒi] The research was done by a biologist specialising in **physiology**.	名 生理学；生理機能 その研究は生理学を専門とする生物学者によってなされた。
3063 **chronological** [krɔ̀nəlɔ́dʒɪkəl] History textbooks present historical events in **chronological** order.	形 年代順の；年代学的な ≒sequential, time-ordered 歴史の教科書は歴史上の出来事を年代順に提示する。
3064 **soluble** [sɔ́ljubl] **Soluble** substances will dissolve in certain liquids.	形 溶解できる，可溶性の ≒easily dissolved 可溶性の物質はある特定の液体に溶ける。
3065 **sleek** [sliːk] European-style furniture often features **sleek** finishes and elegant shapes.	形 滑らかでつやつやした；優美な，格好のよい ≒smooth, glossy; elegant, graceful ヨーロピアンスタイルの家具は滑らかな仕上げと優美な形を特徴としていることが多い。
3066 **apex** [éɪpeks] The Supreme Court is the **apex** of the American judiciary.	名 頂点，頂上；先端 ≒peak, climax ⇔bottom 最高裁判所はアメリカの司法制度の頂点である。
3067 **salvage** [sǽlvɪdʒ] ⓘ An attempt to **salvage** the Titanic was unsuccessful.	動 を引き揚げる；を救助する 名 引き揚げ ≒rescue, recover; raising タイタニック号を引き揚げようという試みは失敗に終わった。
3068 **preferential** [prèfərénʃəl] The teacher did not give his own son **preferential** *treatment*.	形 優先的な，優遇の，特恵の ≒special, privileged その教師は自分の息子を優遇しなかった。
3069 **impartial** [ɪmpɑ́ːʃəl] The jury's judgement on the case was fair and **impartial**.	形 偏らない，偏見のない，公平な ≒objective, unbiased ⇔partial その件における陪審の判決は公正で偏見のないものだった。
3070 **terrestrial** [təréstriəl] **Terrestrial** heat is a fashionable new energy source.	形 陸生の，陸上の；地球(上)の ≒land-dwelling ⇔aquatic 地熱は流行の新エネルギー源だ。

3071 devious [díːviəs]

We took a scenic but **devious** route to the village.

形 遠回りの，曲がりくねった；遠隔の
≒indirect, roundabout ⇔direct
私たちはその村まで景色が良いが遠回りの道を行った。

3072 aback [əbǽk]

The people *were taken* **aback** by the prime minister's resignation.

副 〈be taken aback で〉不意を打たれる
≒surprised
人々は首相の辞任に不意を打たれた。

3073 deplete [dɪplíːt]

Some people say the world's oil resources will be **depleted** by 2060.

動 を減らす，枯渇させる
≒exhaust, use up
世界の石油資源は2060年までには枯渇すると言う人もいる。

3074 obsessive [əbsésɪv]

The company president was known for her **obsessive** attention to detail.

形 妄想[強迫観念]を引き起こす
≒compulsive, neurotic
その会社の社長は細部に関する強迫観念的注意力で知られていた。

3075 effluent [éfluənt]

Industrial **effluent** has polluted the river for years.

名 排水，汚水
≒waste, sewage
産業排水は長年にわたってその川を汚染してきた。

3076 endemic [endémɪk]

The disease is **endemic** *in* parts of Northern Europe.

形 (病気がある地方に)特有の
≒epidemic ⇔pandemic
その病気は北ヨーロッパのある地域に特有のものだ。

3077 unwittingly [ʌ̀nwítɪŋli]

They **unwittingly** scared the local wildlife with their loud voices.

副 無意識に，知らず知らずに
≒unconsciously, unintentionally
彼らは気付かないうちに大声で現地の野生生物を怖がらせた。

3078 bonanza [bənǽnzə]

The new discovery proved to be a **bonanza** for scientists.

名 思いがけない幸運；大当たり；多量
≒godsend, stroke of luck
その新発見は科学者たちにとって思いがけない幸運となった。

3079 naysayer [néɪsèɪə]

Large construction projects always attract **naysayers**.

名 いつも反対する人
≒cynic, critic
大規模な建設計画には反対者がつきものだ。

3080 procure [prəkjúə]

Japan needs to strengthen its capacity to **procure** natural resources.

動 を調達[確保]する，手に入れる
≒obtain, acquire, secure
日本は天然資源を調達する能力を強化する必要がある。

1回目 2回目 3回目

3081 **dogged** [dɔ́(:)gɪd] A two-time Nobel laureate, Marie Curie was **dogged** and idealistic.	形 不屈の，頑固な ≒tenacious, determined, resolute ノーベル賞を２度受賞したマリー・キュリーは不屈の精神を持つ理想主義者であった。
3082 **dyke** [daɪk] **Dykes** are highly visible in the Dutch countryside.	名 堤，堤防；岩脈 ≒bank, mound オランダの田舎では堤防がひときわ人目を引く。
3083 **measurable** [méʒərəbl] The economy is making a **measurable** but slow recovery.	形 目につく(ほどの)，はっきりと分かる ≒noticeable, discernible 副 measurably 景気ははっきりと分かるがゆっくりとした回復をしている。
3084 **ordinate** [ɔ́:dənət] The **ordinate** shows the average height of ten-year-olds.	名 縦座標，縦軸 ⇔ abscissa 縦軸は 10 歳児の平均身長を表している。
3085 **dissertation** [dìsətéɪʃən] The postgraduate student wrote a **dissertation** on the ethics of Aristotle.	名 論文，(特に)学位論文 ≒thesis, treatise その大学院生はアリストテレスの倫理学についての学位論文を書いた。
3086 **enact** [ɪnǽkt] The Equal Employment Opportunity Law was **enacted** in 1985.	動 を制定する；を法律化する ≒pass, legislate 男女雇用機会均等法は 1985 年に制定された。
3087 **downright** [dáʊnràɪt] Some people make up **downright** lies and post them on social media.	形 徹底的な，全くの ≒complete, total, absolute 全くのうそをでっち上げて，それをソーシャルメディアにあげる人もいる。
3088 **glacial** [gléɪʃəl] Rates of **glacial** erosion are variable.	形 氷河の，氷の(ような) ≒icy, frozen 名 glacier 氷河の浸食の速度は変化する。
3089 **rudimentary** [rù:dɪméntəri] Learning musical scales is necessary to develop **rudimentary** piano ability.	形 初歩的な；未発達の ≒basic; undeveloped, primitive 音階を学ぶことは初歩的なピアノの能力向上に必要だ。
3090 **haphazard** [hæ̀phǽzəd] The problem is that many government policies seem to be **haphazard**.	形 でたらめの，運任せの，偶然の ≒random, unplanned, arbitrary 問題は多くの政府の方針がでたらめであるように見えることだ。

3091 **consignment** [kənsáɪnmənt]

名 委託貨物；委託(販売)
≒shipment, delivery, load

We sent a large **consignment** of humanitarian aid to the war zone.

私たちは人道援助物資の大きな委託貨物を戦地に送った。

3092 **holistic** [hoʊlístɪk]

形 全体論の
≒comprehensive, total

Liberal politicians advocate a **holistic** approach to tackling crime.

リベラル派の政治家は犯罪対策に全体論的な取り組み方を唱えている。

3093 **thence** [ðens]

副 そこから；その時から
≒from there

The group of academics flew first to Rome and **thence** to Paris.

その大学教授グループはまずローマに飛び，そしてそこからパリに飛んだ。

3094 **venom** [vénəm]

名 (蛇などの)毒；悪意，恨み
≒poison, toxin; malevolence

Some snakes use **venom** to kill their prey while others use constriction.

獲物を殺すのに毒を使う蛇もいる一方，締め付けを使うものもいる。

3095 **millennium** [mɪléniəm]

名 1,000 年(間)
複 millennia

The new **millennium** began on January 1st 2001.

新しい 1,000 年は 2001 年の 1 月 1 日から始まった。

3096 **miscellaneous** [mìsəléɪniəs] ⓘ

形 種々さまざまな，雑多な，多様な
≒various, diverse, sundry

Commentators talk about **miscellaneous** topics on tabloid news programmes.

ワイドショーではコメンテーターが種々雑多なトピックについて語る。

3097 **dichotomy** [daɪkɔ́təmi]

名 二分法
≒contrast, two-part division, separation

The **dichotomy** between the mind and the body is a false distinction.

心と体の二分法は誤った区別である。

3098 **quantify** [kwɔ́ntɪfàɪ]

動 の量を決める[測る]；を定量化する
≒measure

Happiness is difficult to **quantify**.

幸福を数値化するのは難しい。

3099 **artefact** [ɑ́:tɪfækt]

名 人工遺物；人工物
米 artifact

The British Museum contains thousands of interesting **artefacts**.

大英博物館は何千もの興味深い人工遺物を所蔵している。

3100 **reprieve** [rɪprí:v]

名 一時的救済　動 の刑の執行を延期する
≒temporary relief, respite; postpone

The rise of remote work provided a **reprieve** from commuting.

リモートワークの増加が通勤からの一時的救済を提供した。

3101 **outlay** [áʊtlèɪ] The company's new venture business required a huge *initial* **outlay**.	名 支出；出費，経費 ≒expenditure, expense その会社の新しいベンチャービジネスは巨額の初期支出を必要とした。
3102 **vantage** [vǽːntɪdʒ] The view from the **vantage** *point* was magnificent.	名 有利な[眺めの良い]位置；優勢 ≒outlook その見晴らしの良い場所からの眺めは素晴らしかった。
3103 **primer** [práɪmə] The book is an excellent **primer** for beginners.	名 入門書；初歩読本 ≒manual, textbook その本は初心者にとって素晴らしい入門書だ。
3104 **stunt** [stʌnt] Higher taxes **stunt** the economy and result in low growth.	動 の発達[発育]を妨げる；を妨げる ≒inhibit, impede, hinder 高税率は経済の発達を妨げ，低成長という結果になる。
3105 **saliva** [səláɪvə] ⓘ **Saliva** moistens food to help digestion.	名 唾液，つば ≒spit 唾液は食べ物を湿らせて消化を助ける。
3106 **burgeon** [bə́ːdʒən] The company's debts began to **burgeon**.	動 急に成長[発展]する，急増する ≒proliferate, multiply 会社の負債が急増し始めた。
3107 **landfill** [lǽndfìl] The UK suffers from a lack of **landfill** sites.	名 埋め立て地，埋め立て式ごみ処理地 ≒dump, disposal site イギリスはごみの埋め立て地の不足に頭を抱えている。
3108 **diverge** [daɪvə́ːdʒ] Former classmates **diverge** on their paths as they grow older.	動 分岐する；それる，離れる ≒separate, branch off; deviate 以前の級友は年を取るにつれてそれぞれの道へ分岐していく。
3109 **labyrinth** [lǽbərìnθ] The tax system is a complicated **labyrinth** and navigating it is even more complex.	名 迷宮，迷路；複雑な関係，錯綜した状態 ≒maze; tangle 税制は複雑な迷宮であり，それを切り抜けていくことはさらに複雑である。
3110 **nocturnal** [nɔktə́ːnəl] A famous example of a **nocturnal** creature is the bat.	形 夜行性の；夜(間)の ⇔diurnal 夜行性の生物の代表的な例はコウモリである。

3111 **precipitation** [prɪsìpɪtéɪʃən] The average annual **precipitation** in London is about 24 inches.	名 降水，降水量 ≒rainfall ロンドンの平均年間降水量は約 24 インチである。
3112 **enigma** [ɪnígmə] The origin of life on earth remains a scientific **enigma**.	名 謎；不可解な物[人] ≒mystery, puzzle, riddle 地球上の生命の起源は科学における謎のままである。
3113 **pigment** [pígmənt] Melanin is a natural **pigment** that gives your skin its colour.	名 色素；顔料 ≒colouring matter, colouring agent メラニンはあなたの肌に色を付ける天然の色素である。
3114 **convection** [kənvékʃən] **Convection** heaters work by warming the air.	名 対流 ≒circulation 対流暖房機は空気を暖めることで機能する。
3115 **seedling** [síːdlɪŋ] The **seedlings** were covered with a plastic sheet.	名 苗，苗木；若木 ≒sapling 苗木はビニールシートで覆われていた。
3116 **disparity** [dɪspǽrəti] There is a wage **disparity** *between* full-time and part-time workers.	名 (～間の)相違；不均衡；食い違い ≒discrepancy; imbalance; difference 正規雇用者と非正規雇用者の間には賃金格差が存在する。
3117 **dung** [dʌŋ] **Dung** can be used as a fertiliser.	名 (動物の)ふん；肥やし ≒excrement, faeces 動物のふんは肥料として使うことができる。
3118 **inextricably** [ìnɪkstríkəbli] Language *is linked* **inextricably** *with* culture.	副 密接に，切り離せないほどに ≒inseparably, indivisibly 言語は文化と密接に結び付いている。
3119 **topography** [təpɔ́grəfi] A good hiking map will show the **topography** of the region.	名 地形(学)，地勢(学) ≒land features よくできたハイキング用地図にはその地域の地形が示されている。
3120 **brunt** [brʌnt] Coastal cities will often *bear the* **brunt** *of* typhoons.	名 衝撃，打撃；ほこ先，矢面 ≒impact, force, effect 海岸沿いの都市はしばしば台風の打撃を受ける。

1回目 / 2回目 / 3回目 /

3121 **esoteric** [èsətérɪk] Certain schools of Buddhism have **esoteric** teachings.	形 難解な，深遠な；秘儀の ≒abstruse, recondite; mysterious 仏教のある宗派は難解な教義を持っている。
3122 **asymmetry** [èɪsímətri] **Asymmetry** in a building plan increases damage during an earthquake.	名 非対称 ⇔symmetry 建築設計における非対称は地震の際の被害を拡大する。
3123 **clientele** [klì:ɔntél] The restaurant attracts large numbers of foreign **clientele**.	名〈集合的に〉顧客，依頼人 ≒clients, customers そのレストランは多くの外国人顧客を引き付けている。
3124 **patently** [péɪtəntli] It was **patently** *obvious* that the murder suspect was lying.	副 明白に；公然と ≒clearly; openly 殺人容疑者がうそをついていることは火を見るより明らかだった。
3125 **provenance** [prɔ́vənəns] Christianity believes that the world is of divine **provenance**.	名 起源，出所，由来 ≒origin, source キリスト教は世界が神に由来すると信じている。
3126 **accredit** [əkrédɪt] The school had been **accredited** by the ministry.	動 を認定する，認可する ≒certify その学校は省から認可されていた。
3127 **affective** [əféktɪv] **Affective** disorders usually involve very rapid changes of mood.	形 感情の；情動(性)の ≒emotional 名 affection(愛情) 感情障害は通常とても急速な気分の変化を伴う。
3128 **amorphous** [əmɔ́:fəs] Justice is rather an **amorphous** concept.	形 形のない，無定形の ≒shapeless, indefinite 正義はどちらかと言えば形のない概念だ。
3129 **lucid** [lú:sɪd] Teachers need the ability to give **lucid** explanations.	形 明快な，明瞭な，わかりやすい ≒clear, intelligible, comprehensible 教員は明快な説明をする能力が必要である。
3130 **autocratic** [ɔ̀:təkrǽtɪk] Many people disliked the king's **autocratic** attitude.	形 独裁的な，専制(君主)の ≒despotic, tyrannical 名 autocrat 多くの人は王の独裁的な態度を嫌った。

3131 **resound** [rɪzáund] ⓘ
The shouts of the boys **resounded** around the green.
動 鳴り響く；(名声などが)知れ渡る
≒echo, rumble
少年たちの叫び声は草地に響き渡った。

3132 **consequential** [kɔ̀nsɪkwénʃəl]
Today's negotiation proved highly **consequential** towards securing the contract.
形 重大な，重要な；結果として起こる
≒serious, significant; resulting
今日の交渉は契約獲得に向けて極めて重要なものとなった。

3133 **armoury** [ɑ́ːməri]
The armed forces have numerous weapons in their **armoury**.
名 兵器庫；蓄え
≒arsenal 🇺🇸 armory
軍は兵器庫におびただしい武器を保管している。

3134 **mite** [maɪt]
Many people are allergic to household **mites**.
名 ダニ
≒tick
多くの人はイエダニにアレルギーがある。

3135 **smoulder** [smóuldə]
The fire continued to **smoulder** for several days after the bombing.
動 くすぶる，いぶる；鬱積(うっせき)する
≒smoke; seethe 🇺🇸 smolder
爆撃の後，火は数日間くすぶり続けた。

3136 **detract** [dɪtrǽkt]
The scandal will not **detract** *from* the politician's achievement.
動 (価値などを)損なう，おとしめる
≒reduce, diminish ⇔enhance
そのスキャンダルがその政治家の功績を損なうことはない。

3137 **pristine** [prísti:n]
At an auction, items *in* **pristine** *condition* are usually more valuable.
形 新品同様の，汚れのない；初期の，元の
≒immaculate, perfect; original
オークションにおいては新品同様の商品は通常より価値がある。

3138 **detour** [dí:tùə]
In case of service suspension, passengers need to make a **detour**.
名 回り道，迂回(うかい)路，寄り道
≒diversion, bypass
運休の場合，乗客は回り道をする必要がある。

3139 **accrue** [əkrú:]
Benefits will **accrue** *to* the city from reconstruction.
動 (～に)生じる；増加する；を蓄積する
≒arise; accumulate
復興によって市に利益が生じるだろう。

3140 **benchmark** [béntʃmɑ̀:k]
The employee has set the **benchmark** for the company's monthly sales.
名 尺度，基準；水準点
≒reference point, yardstick
その社員は会社の月次売上の基準を設定した。

1回目 / 2回目 / 3回目

3141 **tremor** [trémə] California is highly prone to earth **tremors**.	名 震動，揺れ ≒shaking, earthquake カリフォルニアでは微震が非常に起きやすい。
3142 **underpin** [ʌ̀ndəpín] Belief in God **underpins** the Christian philosophy.	動 を支える，強める，補強する ≒support, strengthen キリスト教の考え方を支えているのは神への信仰である。
3143 **exuberant** [ɪgzjúːbərənt] Her friends loved her **exuberant** personality.	形 生気あふれる，生き生きとした ≒lively, enthusiastic 友人たちは彼女の生き生きとした人柄が大好きだった。
3144 **conical** [kɔ́nɪkəl] Mount Fuji is often praised for its perfectly **conical** appearance.	形 円すい状の ≒cone-shaped 名 cone 富士山はしばしばその完璧な円すい形の外観でたたえられる。
3145 **antidote** [ǽntidòʊt] The **antidote** must be taken within six hours of being poisoned.	名 解毒剤 ≒antitoxin その解毒剤は毒の被害に遭ったら6時間以内に服用しなければならない。
3146 **bounty** [báʊnti] The field was filled with a **bounty** of juicy vegetables.	名 恵み深さ，(自然の)豊かな恵み ≒generosity, abundance 形 bountiful その畑はみずみずしい野菜の恵みであふれていた。
3147 **deforestation** [diːfɔ̀(ː)rəstéɪʃən] **Deforestation** has become a major issue for Brazil in particular.	名 森林破壊[伐採] ≒logging 森林破壊は特にブラジルで大きな問題となっている。
3148 **predominate** [prɪdɔ́mɪnèɪt] Men tend to **predominate** in the manufacturing sector.	動 優位を占める，圧倒的に多い ≒prevail, preponderate 名 predominance 製造部門では男性が圧倒的に多い傾向がある。
3149 **pivotal** [pívətəl] Semiconductors play a **pivotal** role in the advancement of digital technology.	形 中枢の，中心的な；重要な，決定的な ≒central; crucial, vital, critical 半導体はデジタル技術の進歩において中心的な役割を果たす。
3150 **trappings** [trǽpɪŋz] The monarch had the **trappings** but not the reality of power.	名 (地位などを)象徴する物 ≒decorations, ornaments その君主は地位にふさわしい所有物を持っていたが，現実の権力は持っていなかった。

3151 **forerunner** [fɔ́ːrʌ̀nə]

名 先駆者，前身，先駆け
≒predecessor, precursor

Folk music was one of the **forerunners** of rock.

フォークミュージックはロックの先駆けの１つだった。

3152 **acupuncture** [ǽkjupʌ̀ŋktʃə]

名 はり療法
≒needle therapy

Acupuncture has been increasingly accepted in Western medicine.

はり療法はますます西洋医学で受け入れられるようになっている。

3153 **unscathed** [ʌ̀nskéɪðd]

形 無傷の，無事な
≒unharmed, intact

Fortunately the valuable painting was **unscathed** by the fire.

幸いなことにその貴重な絵は火事でも無事だった。

3154 **gruesome** [grúːsəm]

形 ぞっとする，身の毛もよだつ，恐ろしい
≒grisly, ghastly, horrendous

Who is responsible for the **gruesome** killing of civilians?

身の毛もよだつような民間人殺戮の責任を問われるべきなのは誰だ。

3155 **unravel** [ʌ̀nrǽvəl]

動 を解明する，解決する；をほどく，ほぐす
≒solve, resolve; untangle

The nature of dark matter could **unravel** the mysteries of the universe.

暗黒物質の性質が宇宙の謎を解明する可能性がある。

3156 **judicious** [dʒudíʃəs]

形 思慮分別のある，賢明な
≒wise, sensible

The executive showed **judicious** thinking in choosing his successor.

その経営者は後継者の選択に賢明な判断を示した。

3157 **viscous** [vískəs]

形 粘性の，ねばねばする
≒thick, sticky 名 viscosity

Tree sap is a highly **viscous** substance.

樹液は非常に粘性の高い物質だ。

3158 **anew** [ənjúː]

副 新たに，改めて；再び，もう一度
≒afresh, again; once more

To make important changes, we need to start **anew**.

重要な変化を起こすためには，私たちは新たにスタートを切る必要がある。

3159 **silt** [sɪlt]

名 (河口などの底の)沈泥
≒sediment, mud

The beaches of Lyme Regis in England contain a lot of **silt**.

イングランドのライムリージスの砂浜は沈泥を多く含む。

3160 **credence** [kríːdəns]

名 信用，信頼
≒credibility, reliability

The data *lent* **credence** *to* the economist's argument.

そのデータによってその経済学者の主張に対する信頼が高まった。

1回目 ／　2回目 ／　3回目 ／

3161 **eaves** [iːvz] The couple took shelter from the rain under the **eaves**.	名 軒，ひさし ≒overhang その夫婦は軒下で雨宿りした。
3162 **conjure** [kʌ́ndʒə] For many, the word 'mathematics' **conjures** *up* memories of boring classes.	動 を思い起こさせる；を作り出す ≒evoke, summon up; create 多くの人にとって「数学」という言葉は退屈な授業の記憶を思い起こさせる。
3163 **noxious** [nɔ́kʃəs] Smokers know that cigarette smoke is **noxious** to non-smokers.	形 (体に)有害な，有毒な；不健全な，有害な ≒poisonous, toxic, virulent タバコの煙が非喫煙者にとって有害であるということは喫煙者も知っている。
3164 **puncture** [pʌ́ŋktʃə] Somebody **punctured** the back tyres of the politician's car.	動 に穴を開ける　名 (鋭い物で開いた)穴 ≒pierce 何者かがその政治家の車の後輪に穴を開けた。
3165 **stagnate** [stægnéɪt] As the water in the pond **stagnated**, it began to smell.	動 よどむ；停滞する ≒stand　⇔flow 池の水がよどむにつれ，臭い始めた。
3166 **hinterland** [híntəlæ̀nd] The settlers gradually moved from the coast into the **hinterland**.	名 内陸地域；奥地，後背地 ≒inland; backcountry, outback 開拓者たちは沿岸から内陸地域に徐々に移動した。
3167 **domesticate** [dəméstɪkèɪt] Cats were first **domesticated** thousands of years ago.	動 を飼いならす，家畜化する ≒tame ネコが最初に飼いならされたのは何千年も前のことだ。
3168 **impinge** [ɪmpíndʒ] The new law may **impinge** *on* civil liberties.	動 (～に)影響を及ぼす ≒affect, influence その新法は市民の自由に影響を及ぼすかもしれない。
3169 **absenteeism** [æ̀bsəntíːìzm] The company is investigating the reason for increased **absenteeism**.	名 常習的欠勤[欠席] ≒habitual absence その会社は常習的欠勤増加の原因を調査している。
3170 **engrossed** [ɪngróʊst] The physicist was so **engrossed** *in* his research that he forgot the time.	形 (～に)没頭して，夢中になって ≒absorbed, preoccupied その物理学者は研究に没頭するあまり時間を忘れた。

3171 **incongruous** [ɪnkɔ́ŋgruəs]

It seemed **incongruous** for a former general to be a pacifist.

形 不調和な，不釣り合いな
≒inappropriate, incompatible
かつての将軍が平和主義者なのは不釣り合いに思えた。

3172 **cornerstone** [kɔ́:nəstòun]

Trust is the **cornerstone** of any working relationship.

名 基礎，土台；隅石，礎石
≒foundation, basis
いかなる職場の人間関係でも信頼が基礎となる。

3173 **primate** [práɪmeɪt]

The majority of **primates** can be found in warmer climates.

名 霊長類
≒monkey, ape
霊長類の大半は温暖な気候に生息している。

3174 **prodigious** [prədídʒəs]

Everyone admired the young actor's **prodigious** talents.

形 素晴らしい；莫大（ばくだい）な，巨大な
≒wonderful; enormous, huge
その若い俳優の桁外れの才能に誰もが感嘆した。

3175 **streamline** [strí:mlàɪn]

Our company must **streamline** operations to remain competitive.

動 を合理化[簡素化]する
≒rationalise, simplify
わが社は競争力を維持するために事業を合理化しなければならない。

3176 **succumb** [səkʌ́m] ⓘ

Even healthy young people **succumbed** *to* the virus.

動 (～に)屈する，負ける
≒yield, give in ⇔beat, conquer
健康な若者でさえそのウイルスに屈した。

3177 **stratosphere** [strǽtəsfìə]

Tuition fees have soared into the **stratosphere**.

名 非常に高いレベル；成層圏
≒high level; middle atmosphere
授業料は非常に高額に急上昇している。

3178 **anecdotal** [æ̀nɪkdóutəl]

The book only provided **anecdotal** evidence for its claims.

形 逸話的な，裏付けに乏しい
名 anecdote
その本は主張に対して裏付けの乏しい証拠しか挙げていなかった。

3179 **inexorable** [ɪnéksərəbl]

The **inexorable** rise in energy costs must be addressed.

形 動かし難い，不変の
≒inescapable, inevitable
エネルギーコストの避け難い上昇に対処しなければならない。

3180 **puberty** [pjú:bəti]

Puberty can cause children to have mood swings.

名 思春期
≒adolescence
思春期になると子どもは気分の変化が大きくなることがある。

1回目 / 2回目 / 3回目

3181 **unload** [ʌ̀nlóʊd] It takes several hours to **unload** a large container ship.	動 から積み荷を降ろす ≒disburden, unburden 大型のコンテナ船から積み荷を降ろすには数時間かかる。
3182 **mitigate** [mítɪgèɪt] The government must **mitigate** the effects of rising energy prices.	動 を和らげる，静める；を軽減する ≒reduce, alleviate, allay 政府はエネルギー価格高騰の影響を和らげなければならない。
3183 **photosynthesis** [fòʊtoʊsínθəsɪs] Plants create food from sunlight in the process of **photosynthesis**.	名 光合成 形 photosynthetic 植物は光合成の過程で日光から養分を作り出す。
3184 **banal** [bənɑ́ːl] Many English textbooks are **banal** in tone.	形 陳腐な，ありふれた，面白くもない ≒unoriginal, mundane 英語の教科書の多くはありふれた調子で書かれている。
3185 **funnel** [fʌ́nəl] **Funnels** are used to pour liquid into narrow openings.	名 じょうご　動 を集中する ≒pouring device じょうごは狭い開口部に液体を注ぐために使われる。
3186 **subterranean** [sʌ̀btəréɪniən] Earthquake prediction apparatus is highly sensitive to **subterranean** movements.	形 地下の，地中の ≒underground 地震予知のための機器は地下の動きに非常に敏感である。
3187 **torrential** [tərénʃəl] **Torrential** rain meant the outdoor football match was abandoned.	形 奔流の(ような)，土砂降りの ≒severe, heavy　名 torrent 土砂降りの雨は屋外でのサッカーの試合の中止を意味した。
3188 **sanitation** [sæ̀nɪtéɪʃən] Public **sanitation** was a huge issue in 19th-century Europe.	名 公衆衛生(学) ≒hygiene　形 sanitary 19 世紀のヨーロッパでは公衆衛生が非常に大きな問題だった。
3189 **encase** [ɪnkéɪs] The watch arrived **encased** in a velvet box.	動 を箱などに入れる，すっぽり覆う ≒enclose, cover その時計はベルベットの箱に入れられて届いた。
3190 **cub** [kʌb] Lion **cubs** are fiercely protected by their mother.	名 (肉食哺乳動物の)子，幼獣 ≒baby, young ライオンの子は母ライオンが体を張って守っている。

3191 **snip** [snɪp]

動 をちょきんと切る 名 ちょきんと切ること
≒cut, clip, prune

Tulip flowers should be **snipped** to encourage new growth for the next year.

翌年の新たな成長を促すためにチューリップの花はちょきんと切り取るべきである。

3192 **incineration** [ɪnsìnəréɪʃən]

名 焼却，火葬
≒burning 動 incinerate

Incineration of garbage is a controversial issue in Europe.

ヨーロッパではごみの焼却は物議を醸す問題である。

3193 **insatiable** [ɪnséɪʃəbl]

形 飽くことを知らない，貪欲な
≒unquenchable, uncontrollable, voracious

The **insatiable** greed of humans has led to the destruction of nature.

人間の飽くなき欲望が自然破壊につながっている。

3194 **augment** [ɔːgmént]

動 を増大[増強]させる，増加させる
≒increase, boost, amplify

Renewable energy sources can **augment** our energy sustainability.

再生可能エネルギー源はエネルギーの持続可能性を増加させることができる。

3195 **reciprocity** [rèsɪprɔ́səti]

名 相互依存[作用]；相互関係
≒mutuality 形 reciprocal(互恵的な)

The couple hosted the guest without any expectation of **reciprocity**.

夫妻は見返りを期待することなく客をもてなした。

3196 **replicate** [réplɪkèɪt]

動 を複製する，再現する
≒reproduce, duplicate 名 replica

The scientist was unable to **replicate** his initial test results.

その科学者は当初の実験結果を再現することができなかった。

3197 **clutter** [klʌ́tə]

名 散らかしたもの；乱雑 動 を散らかす
≒mess; disorder; litter

Clutter in the living room makes it feel smaller and cramped.

リビングルームの散らかりは，部屋を狭く窮屈に感じさせる。

3198 **dilapidated** [dɪlǽpɪdèɪtɪd]

形 (建物などが)荒廃した；壊れかけた
≒run-down; ramshackle

The number of vacant or **dilapidated** houses is increasing.

空き家や荒廃した住宅の数が増えている。

3199 **adjunct** [ǽdʒʌŋkt]

名 (～の)付属物，添え物
≒supplement, addition

The textbook is designed as an **adjunct** *to* the lecture.

そのテキストは講義を補足するものとして作られている。

3200 **sag** [sæg]

動 (重みで)たわむ，垂れ下がる
≒sink, droop

The boughs of the tree **sagged** with fruit.

その木の枝は果実の重みでたわんだ。

3201 **fledgling** [flédʒlɪŋ]

The sparrow's nest contained three **fledglings**.

名 羽がそろったばかりのひな鳥
≒chick, baby bird
スズメの巣には羽がそろったばかりのひな鳥が3羽いた。

3202 **threefold** [θrí:fòʊld]

The improved economy resulted in sales increasing **threefold**.

副 3重[倍]に
≒three times
経済が上向きになって売り上げが3倍に増えた。

3203 **preponderance** [prɪpɔ́ndərəns]

The English textbook contained *a* **preponderance** *of* grammar-based activities.

名 圧倒的多数，(数などでの)優勢
≒majority
その英語の教科書は文法を基礎とした活動を圧倒的に多く含んでいた。

3204 **primaeval** [praɪmí:vəl]

The archaeologists discovered many **primaeval** tools on their dig.

形 原始時代の，太古の
≒primitive, primordial 🇺🇸primeval
考古学者たちは発掘現場でたくさんの原始時代の道具を発見した。

3205 **porous** [pɔ́:rəs]

Filters must be made from **porous** materials.

形 小穴の多い，多孔性の
名 pore
フィルターは多孔性の素材で作られなければならない。

3206 **infallible** [ɪnfǽləbl]

No one is **infallible** and mistakes help us learn.

形 決して誤らない，絶対に正しい；絶対確実な
≒unerring, impeccable; unfailing
決して誤らない人はいないし，間違いは私たちが学ぶ助けとなる。

3207 **nectar** [néktə]

Bees take **nectar** from plants to make honey.

名 (植物の)蜜
≒flower juice
ハチは蜂蜜を作るために植物から蜜を取る。

3208 **microbe** [máɪkroʊb]

Some **microbes** can live in extreme environments.

名 微生物；細菌，病原菌
≒microorganism; germ
微生物には過酷な環境でも生きられるものがある。

3209 **archipelago** [ὰ:kɪpéləgoʊ]

Rain is forecast throughout the Philippine **archipelago** this weekend.

名 群島，諸島
≒island group
フィリピン諸島全体が今週末は雨の予報になっている。

3210 **blight** [blaɪt]

Pollution is a **blight** *on* many crowded cities.

名 (～の)破滅[失敗]の原因；胴枯れ病
≒affliction, trouble
公害は多くの人口の密集した都市に被害をもたらすものだ。

3211 **chum** [tʃʌm] The two professors had been **chums** for years.	名 仲良し，親友 ≒friend, mate　形 chummy 両教授は長年の親友だった。
3212 **obnoxious** [əbnɔ́kʃəs] Many viewers found the comedy **obnoxious**.	形 非常に不快な，いとわしい ≒unpleasant, disagreeable 見た人の多くはその喜劇を非常に不快だと感じた。
3213 **scourge** [skəːdʒ] Corruption is often the **scourge** of politics.	名 苦悩のもと；天罰，たたり ≒affliction, plague 汚職はしばしば政治の苦悩のもとだ。
3214 **infest** [ɪnfést] The area was **infested** by pirates.	動 にはびこる，横行する ≒overrun その地域には海賊がはびこっていた。
3215 **damning** [dǽmɪŋ] The police presented **damning** evidence against the suspect.	形 (証拠などが)有罪を証明する ≒incriminating　動 damn(を非難する) 警察は容疑者に対して有罪を証明する証拠を突き付けた。
3216 **elucidate** [ɪlúːsɪdèɪt] The professor asked the student to **elucidate** his argument.	動 を明らかにする，解明する ≒clarify, explain　⇔obscure 教授は論点を明らかにするようその学生に求めた。
3217 **altruistic** [æ̀ltruístɪk] Socialism is based on the assumption that people are **altruistic**.	形 利他的な ≒selfless, self-sacrificing　⇔selfish 社会主義は人が利他的であるという前提に基づいている。
3218 **institutionalise** [ìnstɪtjúːʃənəlàɪz] The government planned to **institutionalise** health checks for children.	動 を制度化する ≒establish, systematise　米 institutionalize 政府は子どもの健康診断を制度化する計画を立てた。
3219 **disenchantment** [dìsɪntʃɑ́ːntmənt] Many people experience **disenchantment** with their jobs.	名 幻滅，失望 ≒disillusionment, disappointment 多くの人は自分の仕事に対する幻滅を経験する。
3220 **intertwine** [ìntətwáɪn] The roses were **intertwined** *with* other flowers.	動 を(～と)絡み合わせる ≒entwine, interweave バラは他の花と絡み合っていた。

1回目 ／ 2回目 ／ 3回目 ／

3221 curtail [kəːtéɪl]

動 を短縮[削減，縮小]する
≒reduce, diminish ⇔increase

Many companies are trying to **curtail** overtime in this economy.

この経済状況の中で多くの企業は残業を削減しようとしている。

3222 malevolent [məlévələnt]

形 悪意のある，よこしまな
≒malicious, spiteful ⇔benevolent

The judge described the criminal as a **malevolent** cheat.

裁判官は犯人を悪意のある詐欺師と呼んだ。

3223 prohibitive [prouhíbɪtɪv]

形 (税・規則などが)禁止する；(値段が)高い
≒restrictive; exorbitant

Investors were put off by the **prohibitive** trade laws.

投資家は禁止項目の多い貿易法に意欲をそがれた。

3224 appreciably [əpríːʃəbli]

副 感じられるほどに，かなり
≒noticeably, considerably ⇔negligibly

Sales did not grow **appreciably** after the advertising campaign.

広告キャンペーンの後で売り上げが目に見えて伸びたわけではなかった。

3225 deviate [díːvièɪt]

動 (～から)逸脱する
≒diverge, digress

The minister's economic analysis **deviated** *from* conventional wisdom.

大臣の経済分析は世間一般の通念から逸脱していた。

3226 exacerbate [ɪgzǽsəbèɪt]

動 を悪化させる；を憤激させる
≒aggravate, worsen ⇔improve

Shipping weapons to unstable regions only **exacerbates** tensions there.

情勢の不安定な地域に武器を送ることはその地域の緊張を悪化させるだけだ。

3227 reiterate [ri(ː)ítərèɪt]

動 を(強調のために)繰り返す
≒repeat, restate

The defence lawyer **reiterated** the main points of his argument.

被告側弁護士は主張の主な点を繰り返した。

3228 ventilate [véntɪlèɪt]

動 を換気する
≒aerate, air

He opened the windows to **ventilate** the room.

彼は部屋を換気するため窓を開けた。

3229 impede [ɪmpíːd]

動 を妨げ(て遅らせ)る，邪魔する
≒hinder, obstruct ⇔facilitate, help

Excessive patent regulation can **impede** innovation and creativity.

過剰な特許規制は革新と創造力の妨げとなり得る。

3230 sledge [sledʒ]

名 そり
≒sleigh, sled

The children enjoyed riding their **sledges** down the hill.

子どもたちは坂でそり滑りを楽しんだ。

3231 **irrevocable** [ɪrévəkəbl]

The war-torn village has suffered **irrevocable** damage.

形 取り消せない，変更できない
≒irreversible
戦争で破壊された村は取り返しのつかない被害を被った。

3232 **Copernican** [koupə́ːnɪkən]

His theory brought about a **Copernican** revolution in psychology.

形 コペルニクス的，画期的な
≒radical
彼の理論は心理学にコペルニクス的転回をもたらした。

3233 **palatable** [pǽlətəbl]

New Zealand produces some very **palatable** wines.

形 口に合う，おいしい
≒delicious, tasty ⇔unpalatable
ニュージーランドは非常においしいワインを産出している。

3234 **taxonomy** [tæksɑ́nəmi]

Animal **taxonomy** is the classification of animals based on shared characteristics.

名 分類学；分類(法)
≒classification
動物分類学は共通の特徴に基づく動物の分類である。

3235 **transitory** [trǽnzətəri]

Everything in life is **transitory** and nothing is permanent.

形 一時的な，つかの間の，はかない
≒temporary, transient, ephemeral
人生ははかないものであり，何事も永遠のものはない。

3236 **circumscribe** [sə́ːkəmskràɪb]

Access to the areas around the power plant is **circumscribed**.

動 を制限する；の周りに線を引く
≒restrict, limit, confine
発電所周辺へのアクセスは制限されている。

3237 **gullible** [gʌ́ləbl]

The Internet can be a trap for **gullible** consumers.

形 だまされやすい
≒credulous
インターネットはだまされやすい消費者にとって落とし穴になり得る。

3238 **scrupulous** [skrúːpjʊləs]

The historian was famous for his **scrupulous** attention to evidence.

形 綿密な，周到な；良心的な
≒meticulous; honest
その歴史家は証拠に細心の注意を払うことで有名だった。

3239 **align** [əláɪn]

Align the chairs in a neat row for the presentation.

動 を1列[一直線]に並べる
≒line up, straighten
プレゼンテーションのために椅子を整然と並べなさい。

3240 **forgo** [fɔːgóʊ]

The war forced many youngsters to **forgo** a university education.

動 をなしで済ませる，慎む；をやめる
≒do without; abandon
その戦争によって多くの若者は大学教育を諦めることを余儀なくされた。

1回目 / 2回目 / 3回目

3241 **quirk** [kwəːk] □□□ The mathematician was known for his personality **quirks**.	名 (変わった)癖, 奇癖 ≒idiosyncrasy, peculiarity その数学者は個性的な奇癖で知られていた。
3242 **horticulture** [hɔ́ːtɪkʌ̀ltʃə] □□□ Many colleges offer courses in **horticulture**.	名 園芸(学[術]) ≒gardening 多くの大学が園芸学のコースを提供している。
3243 **forage** [fɔ́(ː)rɪdʒ] □□□ The livestock was allowed to freely **forage** in the field.	動 (飼料・食糧を)捜し回る ≒search, hunt 家畜は牧草地で自由に餌を捜し回ることができた。
3244 **regimen** [rédʒɪmən] □□□ Most successful athletes follow punishing training **regimens**.	名 健康増進法, 指導計画 ≒treatment plan 成功しているアスリートのほとんどは過酷なトレーニングメニューに従っている。
3245 **entwine** [ɪntwáɪn] □□□ The town's future was **entwined** *with* that of the company.	動 を(～に)絡み合わせる ≒intertwine, interweave 町の将来はその企業の将来と密接に結び付いていた。
3246 **odyssey** [ɔ́dəsi] □□□ The story is about the **odyssey** of an ancient warrior.	名 長い放浪[冒険]の旅 ≒journey, voyage それは古代の戦士が冒険の旅をする物語だ。
3247 **froth** [frɔ(ː)θ] □□□ The chemical reaction produced a lot of **froth**.	名 (ビールなどの)泡, あぶく ≒foam, bubbles 化学反応によりたくさんの泡が出た。
3248 **introspection** [ìntrəspékʃən] □□□ Much philosophy has been based on **introspection**.	名 内省, 内観 ≒contemplation, reflection　形 introspective 多くの哲学は内省に基づいてきた。
3249 **fallow** [fǽloʊ] □□□ Some types of traditional farming involve leaving some fields **fallow**.	形 (土地が)休閑中の ≒uncultivated 伝統的農法の中には畑の一部を休耕地とするものもある。
3250 **grapple** [grǽpl] □□□ The security guard **grappled** *with* the intruder.	動 (～と)取っ組み合いをする ≒tackle 警備員は侵入者と格闘した。

3251 **wane** [weɪn] As athletes age, their talent begins to **wane**.	動 (徐々に)弱くなる，衰退する ≒decline, diminish, dwindle アスリートは年を取るにつれて，その才能も衰え始める。
3252 **appease** [əpíːz] Efforts to **appease** the dictator and avoid war were unsuccessful.	動 をなだめる ≒calm, soothe 独裁者をなだめて戦争を回避しようとする努力は失敗に終わった。
3253 **herbivore** [hə́ːbəvɔ̀ː] Many **herbivores** live on the plains.	名 草食動物 形 herbivorous ⇔ carnivore 多くの草食動物がその平原に生息している。
3254 **autism** [ɔ́ːtìzm] Cases of **autism** have increased in recent years.	名 自閉症 形 autistic 自閉症の症例は近年増加している。
3255 **lingua franca** [lìŋgwə frǽŋkə] Chinese has become the **lingua franca** in that area.	名 (国際)共通語 ≒common language 中国語はその地域の共通語となっている。
3256 **balk** [bɔːk] ❗ He **balked** *at* paying for her dinner.	動 (～に)しり込みする，(～を)ためらう ≒hesitate, shy away 彼は彼女の夕食の支払いをためらった。
3257 **predisposition** [prìːdìspəzíʃən] Some people have a **predisposition** *to* accumulate fat inside their bodies.	名 (～しやすい)体質，傾向，性質 ≒tendency, inclination, susceptibility 体内に脂肪を蓄積しやすい体質を持っている人もいる。
3258 **teem** [tiːm] The wood was **teeming** *with* wildlife.	動 (～に)富む，満ちている ≒abound, overflow その森は野生動物であふれていた。
3259 **dampen** [dǽmpən] Slightly **dampen** the wall surface before applying the wallpaper.	動 を湿らせる ≒moisten, humidify ⇔ dry 壁紙を貼る前に，軽く壁の表面を湿らせなさい。
3260 **reroute** [rìːrúːt] Police **rerouted** traffic so as to avoid the bridge.	動 を別のルートで輸送する ≒redirect 警察は橋を避けるように車の通行を回り道させた。

1回目 ／　2回目 ／　3回目 ／

3261 **inundation** [ìnʌndéɪʃən]

名 洪水
≒flood, deluge　動 inundate（を水浸しにする）

The people relied on regular **inundation** from the Indus River.
その人々はインダス川の周期的洪水に依存していた。

3262 **stigmatise** [stígmətàɪz]

動 に汚名を着せる，烙印（らくいん）を押す
≒condemn, denounce　🇺🇸 stigmatize

Mental illness has been frequently **stigmatised**.
精神病はしばしば負の烙印を押されてきた。

3263 **protrude** [prətrúːd]

動 （～から）突き出る
≒stick out, project

A flagpole **protruded** *from* the wall of the hotel.
旗ざおがホテルの壁から突き出ていた。

3264 **projectile** [prədʒéktaɪl]

名 発射される物，投射[射出]物
≒flying object　動 project

Projectiles such as spears are very ancient weapons.
やりなどの投射物はとても古くからある武器だ。

3265 **peruse** [pərúːz]

動 を精読する，熟読する
≒read, look through, pore over

He sat and **perused** the letter from his mother.
彼は腰を下ろして母親からの手紙を熟読した。

3266 **dehydration** [dìːhaɪdréɪʃən]

名 脱水症状；脱水，乾燥
≒dryness

Dehydration is a common problem in the desert.
脱水症状は砂漠ではよくある問題だ。

3267 **disseminate** [dɪsémɪnèɪt]

動 を広める，流布させる
≒spread, distribute　名 dissemination

The Federal Reserve Bank mistakenly **disseminated** its report early.
連邦準備銀行は間違えて早くレポートを公表した。

3268 **downpour** [dáʊnpɔ̀ː]

名 大雨，豪雨，土砂降り
≒torrential rain

Everyone was surprised by the sudden **downpour** of rain.
突然の豪雨に皆驚いた。

3269 **fickle** [fíkl]

形 移り気な；変わりやすい
≒capricious, volatile

Television audiences are known for being **fickle**.
テレビの視聴者は移り気なことで有名だ。

3270 **fortuitous** [fɔːtjúːɪtəs]

形 偶然の，思いがけない
≒unexpected, accidental

Meeting the CEO in the lift was a **fortuitous** opportunity.
エレベーターの中でCEOと遭遇したのは思いがけないチャンスだった。

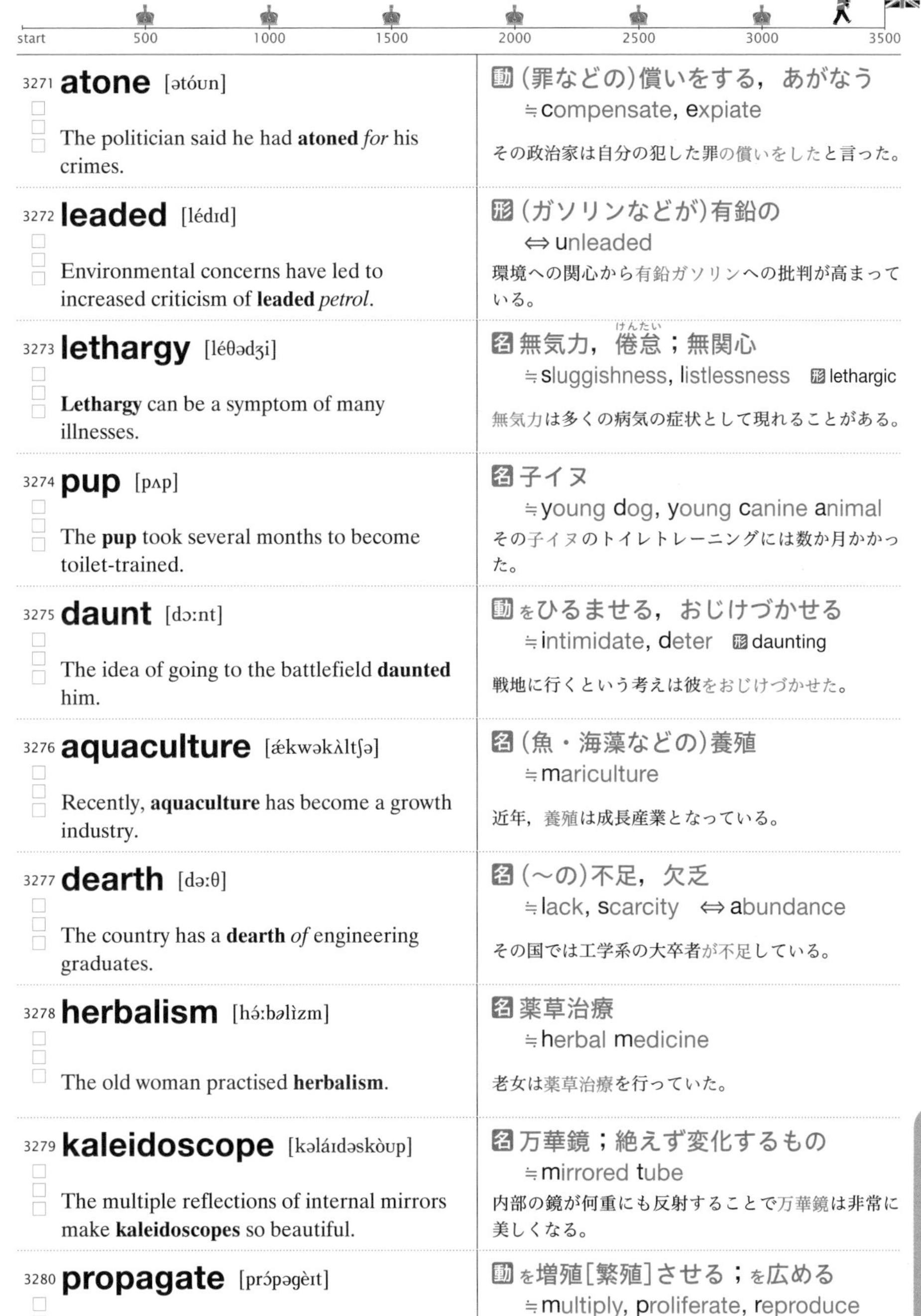

3271 **atone** [ətóʊn]

The politician said he had **atoned** *for* his crimes.

動 (罪などの)償いをする，あがなう
≒compensate, expiate

その政治家は自分の犯した罪の償いをしたと言った。

3272 **leaded** [lédɪd]

Environmental concerns have led to increased criticism of **leaded** *petrol*.

形 (ガソリンなどが)有鉛の
⇔ unleaded

環境への関心から有鉛ガソリンへの批判が高まっている。

3273 **lethargy** [léθədʒi]

Lethargy can be a symptom of many illnesses.

名 無気力，倦怠(けんたい)；無関心
≒sluggishness, listlessness 形 lethargic

無気力は多くの病気の症状として現れることがある。

3274 **pup** [pʌp]

The **pup** took several months to become toilet-trained.

名 子イヌ
≒young dog, young canine animal

その子イヌのトイレトレーニングには数か月かかった。

3275 **daunt** [dɔːnt]

The idea of going to the battlefield **daunted** him.

動 をひるませる，おじけづかせる
≒intimidate, deter 形 daunting

戦地に行くという考えは彼をおじけづかせた。

3276 **aquaculture** [ǽkwəkʌ̀ltʃə]

Recently, **aquaculture** has become a growth industry.

名 (魚・海藻などの)養殖
≒mariculture

近年，養殖は成長産業となっている。

3277 **dearth** [dəːθ]

The country has a **dearth** *of* engineering graduates.

名 (〜の)不足，欠乏
≒lack, scarcity ⇔ abundance

その国では工学系の大卒者が不足している。

3278 **herbalism** [hə́ːbəlìzm]

The old woman practised **herbalism**.

名 薬草治療
≒herbal medicine

老女は薬草治療を行っていた。

3279 **kaleidoscope** [kəláɪdəskòʊp]

The multiple reflections of internal mirrors make **kaleidoscopes** so beautiful.

名 万華鏡；絶えず変化するもの
≒mirrored tube

内部の鏡が何重にも反射することで万華鏡は非常に美しくなる。

3280 **propagate** [prɔ́pəgèɪt]

It is possible to **propagate** some types of houseplant from single leaves.

動 を増殖[繁殖]させる；を広める
≒multiply, proliferate, reproduce

室内用の植木には1枚の葉から増やせる種類のものがある。

重要語レベル5

1回目 ／ 2回目 ／ 3回目 ／

3281 **dilate** [daɪléɪt]

Blood vessels **dilate** during sleep, thereby increasing blood flow.

動 広がる，拡張する；を広げる，拡張させる
≒expand, enlarge, widen

睡眠中に血管は拡張し，それによって血流が増す。

3282 **concave** [kɔ̀nkéɪv]

Concave lenses are used to correct nearsightedness.

形 凹面の，凹形の
⇔convex

凹面のレンズは近眼を矯正するために使われる。

3283 **fluctuate** [flʌ́ktʃuèɪt]

The currency exchange rate will continue to **fluctuate**.

動 (絶えず)変動する，上下する
≒vary

為替レートは変動し続けるだろう。

3284 **rodent** [róudənt]

Many major cities have a sizeable **rodent** population.

名 齧歯(げっし)類の動物
≒big front-teeth mammal

多くの大都市には齧歯類動物がかなりの規模で生息している。

3285 **recline** [rɪkláɪn]

Tourists were **reclining** on deckchairs.

動 もたれる，寄り掛かる
≒lean

観光客はデッキチェアにもたれていた。

3286 **mannerism** [mǽnərìzm]

Avoid annoying **mannerisms** such as repeated use of 'you know'.

名 癖；型にはまった手法[作風]
≒habit, idiosyncrasy

you know を何度も繰り返すような聞き苦しい癖を避けなさい。

3287 **adage** [ǽdɪdʒ]

As the old **adage** says, 'Look before you leap.'

名 ことわざ，格言，金言
≒maxim, proverb

古いことわざにあるように，「転ばぬ先のつえ」だよ。

3288 **echolocation** [èkoulouкéɪʃən]

Some creatures use **echolocation** to fly at night.

名 反響定位；反響位置決定法

夜間飛行するために反響定位を使う生き物もいる。

3289 **capricious** [kəpríʃəs]

As the dictator aged, he became increasingly **capricious**.

形 気まぐれな，移り気な
≒fickle, volatile

その独裁者は老いるにつれ，ますます気まぐれになった。

3290 **unwind** [ʌ̀nwáɪnd] ⓘ

Many people find a glass of wine helps them to **unwind**.

動 くつろぐ；(巻いたものが)ほどける
≒relax; unroll

多くの人は1杯のワインがくつろぐのに役立つと感じる。

3291 vertebrate [vɑ́ːtɪbrət]

名 脊椎動物
⇔ invertebrate

Vertebrates first originated about 500 million years ago.

脊椎動物は約 5 億年前に初めて出現した。

3292 avidly [ǽvɪdli]

副 熱心に，貪欲に
≒ eagerly, keenly

The old grandfather **avidly** recalled his teenage years.

年老いた祖父は熱心に自分の 10 代のころを思い出していた。

3293 mutate [mju(ː)téɪt]

動 (〜に)突然変異する；変化する
≒ metamorphose, evolve

Luckily the new flu virus **mutated** *into* a non-threatening form.

幸いなことに新しいインフルエンザウイルスは脅威を与えない形態に変異した。

3294 solidify [səlídɪfàɪ]

動 固まる，凝固する
≒ harden, coagulate

The jelly should then be left to **solidify**.

あとはゼリーが固まるまで待つだけだ。

3295 clot [klɔt]

名 (血などの)塊，凝血　動 凝固する
≒ lump; coagulate

The prime minister was incapacitated due to a blood **clot**.

首相は血栓を患って職務を遂行できなくなった。

3296 exponential [èkspənénʃəl]

形 急激な，指数関数的な
≒ rapid　名 exponent（指数）

The increase in the number of working women has been **exponential**.

働く女性の数の増加は急激である。

3297 recoil [rɪkɔ́ɪl]

動 後ずさりする，飛びのく
≒ draw back, jump back

Many people fear snakes and may even **recoil** when they see one.

多くの人はヘビを恐れ，見かけたら後ずさりさえするかもしれない。

3298 decipher [dɪsáɪfə]

動 を解読する，判読する
≒ decode, make out

Archaeologists try to **decipher** ancient languages.

考古学者は古代の言語を解読しようとする。

3299 stash [stæʃ]

動 を隠しておく，しまっておく
≒ store, hide

He **stashed** the stolen goods under his bed.

彼はベッドの下に盗んだものを隠しておいた。

3300 multifaceted [mʌ̀ltifǽsɪtɪd]

形 広範囲の，多面的な，多才な
≒ versatile

He used his **multifaceted** talents in a number of fields.

彼は幾つかの分野で幅広い才能を生かした。

3301 **hibernate** [háɪbənèɪt] Bears usually **hibernate** until the spring.	動 冬眠する ≒sleep, lie dormant クマは通常春まで冬眠する。
3302 **beget** [bɪgét] The new policy only **begot** more problems.	動 を生じさせる，(結果として)招く ≒engender, cause, give rise to 新しい方針はさらなる問題を招いただけだった。
3303 **prodigy** [prɔ́dədʒi] Most champion chess players were *child* **prodigies**.	名 神童，天才，奇才 ≒genius, whizz kid　形 prodigious(驚異的な) チェス選手のチャンピオンのほとんどは神童だった。
3304 **picky** [píki] Some people are **picky** about the stationery they use.	形 気難しい，えり好みする，神経質な ≒fastidious, choosy 使う文房具の好みがうるさい人がいる。
3305 **pronouncement** [prənáunsmənt] The world media listens carefully to the Pope's **pronouncements**.	名 宣告，宣言 ≒announcement, declaration 法王の宣言に世界のメディアが注意深く耳を傾ける。
3306 **shortlist** [ʃɔ́ːtlìst] The manager made a **shortlist** of candidates for the job.	名 最終候補者名簿 ≒final list マネージャーはその仕事の最終候補者名簿を作成した。
3307 **dredge** [dredʒ] They voted to **dredge** the river to make it deeper.	動 を浚渫(しゅんせつ)する，浚渫機でさらう ≒clean out, remove mud from 彼らは川をもっと深くするために浚渫することを投票で決めた。
3308 **wobble** [wɔ́bl] The buildings began to **wobble** during the sizeable earthquake.	動 ぐらぐらする，ふらふら揺れる ≒waver, sway ビルは大きな地震でぐらぐらと揺れ出した。
3309 **biometrics** [bàɪoumétrɪks] **Biometrics** is often used to identify people nowadays.	名 生体認証；生物測定学 ≒biological identification 今日，生体認証は人を識別するためにしばしば使われる。
3310 **underling** [ʌ́ndəlɪŋ] The boss told an **underling** to fetch the document.	名 下っ端，下役 ≒subordinate, minion　⇔boss 上司は部下に書類を持ってくるよう言った。

3311 seep [siːp]

Some rainwater **seeps** into the ground and forms groundwater.

動 染み込む，染み出る
≒permeate, ooze, exude

雨水の一部は地面に染み込んで地下水を形成する。

3312 emblazon [ɪmbléɪzən]

The school badge was **emblazoned** *with* three wolves.

動 を(紋章などで)飾る
≒adorn, decorate, ornament

校章は３匹のオオカミで飾られていた。

3313 tenable [ténəbl]

This hypothesis is no longer **tenable** because of the finding.

形 (理論などが)批判に耐え得る
≒defensible, justifiable ⇔untenable

その発見によってこの仮説はもはや弁護できなくなっている。

3314 slurp [sləːp]

Don't **slurp** your soup in that way!

動 を音を立てて食べる[飲む]
≒eat or drink noisily

そんなふうにスープを音を立てて飲んではいけません！

3315 apace [əpéɪs]

The government's research into alternative energy continued **apace**.

副 速やかに，急速に
≒quickly, swiftly

政府の代替エネルギー研究は急速に進んだ。

3316 inductive [ɪndʌ́ktɪv]

Inductive reasoning involves using particular examples to reach a general conclusion.

形 帰納的な
⇔deductive

帰納的推論は一般的結論に達するために特定の例を用いることを伴う。

3317 phobia [fóubiə]

Some people have a **phobia** of the number 13.

名 恐怖症，病的恐怖[嫌悪]
≒fear, horror

13という数に病的恐怖を感じる人もいる。

3318 chink [tʃɪŋk]

The children squeezed through a **chink** in the fence.

名 (細長い)裂け目，割れ目，隙間
≒opening, gap

子どもたちは柵の割れ目から入り込んだ。

3319 gimmick [gímɪk]

The news story was nothing but a marketing **gimmick**.

名 巧妙な仕掛け，新機軸，からくり
≒device, trick

そのニュースはマーケティング上の仕掛けにすぎなかった。

3320 masquerade [mæskəréɪd]

Many wealthy politicians like to **masquerade** *as* middle-class people.

動 (～の)ふりをする 名 仮装，変装；偽り
≒pretend to be

裕福な政治家の多くは中産階級の人のふりをしたがる。

1回目 / 2回目 / 3回目 /

3321 **skew** [skjuː] The government **skewed** the information in a misleading way.	動 をゆがめる；を斜めにする ≒distort; slant 政府は誤解を招くような方法で情報を歪曲した。
3322 **loath** [loʊθ] The guard was **loath** *to* let the strangers into the building.	形 (～するのに)気の進まない，嫌で ≒reluctant, unwilling 動 loathe 警備員は知らない人を建物に入れるのを嫌がった。
3323 **roundly** [ráʊndli] The committee's report **roundly** criticised our handling of the situation.	副 厳しく；完全に ≒vehemently ⇔mildly 委員会の報告は，われわれの状況の対処の仕方を厳しく批判した。
3324 **malleable** [mǽliəbl] Copper is used for wire because of its **malleable** quality.	形 (金属が)可鍛性(かたんせい)の；順応性のある ≒pliable, ductile 銅は可鍛性の性質があるのでワイヤーとして使用される。
3325 **quadruple** [kwɔ́drʊpl] Sales are expected to **quadruple** over the next five years.	動 4倍になる ≒become four times bigger 売り上げは向こう5年間で4倍になると期待されている。
3326 **scuffle** [skʌ́fl] The robber was arrested after a **scuffle** with the police.	名 乱闘 ≒fight, struggle 強盗は警官との乱闘の末逮捕された。
3327 **deride** [dɪráɪd] Manufacturers often **deride** their competitors as imitators of their products.	動 を嘲笑する，ばかにする ≒ridicule, mock, scorn メーカーはしばしば自分たちの商品のまねをしたとして競合他社をばかにする。
3328 **likeminded** [làɪkmáɪndɪd] A few **likeminded** scholars founded the group.	形 同じような考え[趣味など]を持った ≒similar 少数の同じような考えを持った学者たちがその団体を設立した。
3329 **extrusion** [ɪkstrúːʒən] The mound had been formed by an **extrusion** of lava.	名 (溶岩などの)噴出物；押し出し ⇔intrusion その小山は溶岩の噴出によって形成されていた。
3330 **unsay** [ʌnséɪ] He wished he could **unsay** the things he had said.	動 を取り消す，撤回する ≒withdraw, retract 彼はできることなら自分の発言を取り消したかった。

3331 **proofread** [prú:frì:d] The book had only been **proofread** once.	動 を校正する ≒check その本は1回しか校正されていなかった。
3332 **buzzword** [bʌ́zwə̀:d] 'Multimedia' was a big **buzzword** back in the 1990s.	名 (専門用語が元になった)流行語，宣伝文句 ≒jargon 1990年代には「マルチメディア」が大流行語であった。
3333 **flirtation** [flə:téɪʃən] Brief **flirtations** with the latest popular diet will not succeed.	名 面白半分に手を出すこと，たわむれ，気まぐれ ≒brief involvement, dabbling 最新の人気ダイエット法を短期間だけ気まぐれでやってみても成功しないだろう。
3334 **audacious** [ɔ:déɪʃəs] His **audacious** criticisms of the government made him famous.	形 大胆不敵な，無謀な ≒brave, daring 名 audacity ⇔ timid 政府を大胆不敵に批判したことで彼は有名になった。
3335 **ethereal** [ɪθíəriəl] The old church had an **ethereal** atmosphere.	形 霊妙な ≒exquisite, celestial, heavenly その古い教会には霊妙な雰囲気があった。
3336 **opportunism** [ɔ̀pətjú:nìzm] The new policy was seen as political **opportunism**.	名 日和見主義，御都合主義 ≒expediency 名 opportunist その新しい政策は政治的御都合主義と見なされた。
3337 **tout** [taʊt] ⚠ Biofuels *are* **touted** *as* the answer to global warming.	動 を(～と)褒めちぎる，推奨する ≒praise, commend, promote バイオ燃料は地球温暖化の解決策だと絶賛されている。
3338 **herdsman** [hə́:dzmən] Cowboys were actually just **herdsmen**.	名 牧夫，牧畜業者 ≒herder カウボーイは実際にはただの牧夫だった。
3339 **permafrost** [pə́:məfrɔ̀(:)st] **Permafrost** in the area is being affected by global warming.	名 (極地などの)永久凍土 ≒frozen subsoil その地域の永久凍土は地球温暖化の影響を受けている。
3340 **overbearing** [òʊvəbéərɪŋ] The manager's **overbearing** behaviour created tension in the workplace.	形 高圧的な，横柄な，いばった ≒domineering, arrogant, haughty マネージャーの威圧的な振る舞いが職場で緊張を引き起こした。

3341 **curative** [kjúərətɪv] Many people trusted the hot spring's **curative** powers.	形 病気に効く，治療効果のある ≒healing, therapeutic 多くの人々はその温泉の治療効果を信じた。
3342 **rendition** [rendíʃən] It is a new **rendition** of an old song.	名 (視覚)表現，描写，解釈，演奏 ≒depiction, interpretation, performance それは昔の歌を新しく演奏し直したものだ。
3343 **turbid** [tə́ːbɪd] He could not see into the **turbid** water.	形 (液体が)濁った，不透明な ≒muddy, opaque ⇔clear 彼には濁った水の中が見えなかった。
3344 **muggy** [mʌ́gi] Summers in the town were **muggy** and unpleasant.	形 蒸し暑い ≒humid, sultry その町の夏は蒸し暑くて不快だった。
3345 **interbreed** [ìntəbríːd] Salmon from a farm **interbred** with wild ones.	動 (異種)交配する ≒crossbreed 養殖場のサケが野生のサケと交配した。
3346 **exorbitant** [ɪgzɔ́ːbɪtənt] Despite the **exorbitant** prices, the hotel was full.	形 法外な，途方もない ≒excessive, outrageous ⇔reasonable 法外な宿泊料にもかかわらず，そのホテルは満室だった。
3347 **proliferate** [prəlífərèɪt] Rabbits have **proliferated** and caused environmental problems.	動 急増[まん延]する，拡散する ≒multiply, burgeon ウサギが増殖して環境問題を引き起こしている。
3348 **head start** [hèd stáːt] They needed to *gain a* **head start** *over* their rivals.	名 幸先の良い滑り出し，好発進 ≒advantage 彼らはライバルに一歩先んじる必要があった。
3349 **replenish** [rɪplénɪʃ] The water in the tank was **replenished** by rainfall.	動 を補給する，補充する ≒refill, recharge ⇔empty タンクの水は雨水で補充された。
3350 **hieroglyph** [háɪərəglìf] For centuries nobody could read Egyptian **hieroglyphs**.	名 象形文字 ≒picture symbol 何世紀もの間，誰もエジプトの象形文字を読めなかった。

3351 **squishy** [skwíʃi]

形 柔らかい，つぶれやすい
≒soft, spongy

She stepped on something **squishy** in the grass.

彼女は原っぱで何か柔らかい物を踏んだ。

3352 **hiccup** [híkʌp]

名 しゃっくり；一時的な障害
≒diaphragm spasm

There is no agreed cure for the **hiccups**.

しゃっくりを止める決まった方法はない。

3353 **longitude** [lɔ́ŋgɪtjù:d]

名 経度
⇔latitude

All **longitudes** are measured in relation to Greenwich, London.

全ての経度はロンドンのグリニッジを基に計測される。

3354 **aquifer** [ǽkwɪfə]

名 帯水層
≒groundwater reservoir

Only freshwater **aquifers** are useful for wells.

淡水の帯水層だけが井戸に利用できる。

3355 **presuppose** [prì:səpóuz]

動 (物事が)を前提とする
≒assume, postulate

The new plan **presupposed** government funding.

新しい計画は政府の資金拠出を前提としていた。

3356 **divulge** [daɪvʌ́ldʒ]

動 を暴く，公表する，漏らす
≒disclose, reveal, expose

The detective did not want to **divulge** too much information about the ongoing investigation.

刑事は進行中の捜査に関する情報をあまり明かしたくなかった。

3357 **accentuate** [əkséntʃuèɪt]

動 を際立たせる，強調する
≒emphasise, stress

His poverty was **accentuated** by his friends' wealth.

友人たちの裕福さが彼の貧しさを際立たせていた。

3358 **counterproductive** [kàuntəprədʌ́ktɪv]

形 逆効果の，非生産的な
≒harmful

The president's visit was **counterproductive** and led to more riots.

大統領の訪問は逆効果で，暴動の増大につながった。

3359 **decrepit** [dɪkrépɪt]

形 老いぼれた，老衰した
≒old, feeble, frail

The old man was so **decrepit** he could hardly walk.

その老人はあまりにも弱っていてほとんど歩くことができなかった。

3360 **extrinsic** [ekstrínsɪk]

形 外在的な；非本質的な
≒external, extraneous ⇔intrinsic

She chose the job for **extrinsic** reasons, such as the salary and benefits.

彼女は給与や手当などの外的な理由からその仕事を選んだ。

1回目 ／ 2回目 ／ 3回目

3361 **ultrasonic** [ʌ̀ltrəsɑ́nɪk] **Ultrasonic** cleaners use water and very high sounds.	形 超音波の ⇔ infrasonic 超音波洗浄機は水と非常に高い波長の音を使う。
3362 **equinox** [ékwɪnɑ̀ks] The moon festival is held on the *autumn* **equinox**.	名 春分，秋分，昼夜平分時 ⇔ solstice 月祭りは秋分の日に行われる。
3363 **polemic** [pəlémɪk] **Polemics** tend to divide the world into good and evil.	名 (激しい)論争，論戦　形 議論好きな ≒ argument, dispute, controversy 激しい論争は世界を善悪に二分しがちである。
3364 **inhalation** [ìnhəléɪʃən] **Inhalation** of smoke can damage the lungs.	名 吸入 動 inhale　⇔ exhalation 煙を吸入すると肺に損傷を与えることがある。
3365 **ooze** [uːz] Blood was **oozing** through the bandage on his leg.	動 (液体などが)にじみ出る ≒ seep 彼の脚に巻いた包帯から血がにじみ出ていた。
3366 **overhang** [óuvəhæ̀ŋ / òuvəhǽŋ] He sheltered from the rain under the **overhang**.	名 張り出し，突出部分　動 の上に突き出る ≒ projection, protrusion 彼は建物の張り出しの下で雨をしのいだ。
3367 **desalination** [diːsæ̀lɪnéɪʃən] **Desalination** is an expensive way to provide fresh water.	名 脱塩，淡水化 ≒ salt removal 脱塩は真水を供給するには高価な方法である。
3368 **preservative** [prɪzə́ːvətɪv] Some people refuse to eat food containing **preservatives**.	名 防腐剤，保存剤 保存料の入った食品を食べない人もいる。
3369 **engender** [ɪndʒéndə] The miners' strike **engendered** further strikes.	動 を生じさせる，引き起こす ≒ cause, bring about 炭鉱員たちのストライキはさらなるストライキを生んだ。
3370 **embezzle** [ɪmbézl] Some government officials in developing countries **embezzle** financial aid money.	動 を横領[着服]する；を使い込む ≒ misappropriate, steal 発展途上国の役人の中には財政援助金を横領する者もいる。

3371 infirmity [ɪnfə́ːməti]

名 病気，疾患；虚弱，病弱
≒ailment; frailty, feebleness

The old man suffered from various **infirmities**.

その老人はさまざまな疾患を患っていた。

3372 encode [ɪnkóud]

動 を暗号化する
≒cipher ⇔decode

A hidden message was **encoded** in the broadcast.

その放送の中には隠されたメッセージが暗号化されていた。

3373 permeate [pə́ːmièɪt]

動 に染み込む，浸透する
≒infiltrate, pervade

The smell of mould **permeated** every corner of the room.

かびの臭いが部屋の隅々に染み渡った。

3374 runny [rʌ́ni]

形 半液体状の，流れやすい
≒fluid, liquefied

You need a **runny** cheese to make this cake.

このケーキを作るには柔らかい状態のチーズが必要だ。

3375 tightrope [táɪtròup]

名 綱渡りの綱
≒high wire

The two superpowers *walked a* **tightrope** between war and peace.

2 大超大国は戦争と平和の間の綱渡りをした。

3376 septic [séptɪk]

形 バクテリアで浄化する；腐敗性の

Septic tanks were used to treat waste water.

排水を処理するために浄化槽が用いられた。

3377 inexhaustible [ìnɪgzɔ́ːstəbl]

形 無尽蔵の
≒unlimited, infinite ⇔exhaustible

Solar power is seen as an **inexhaustible** energy source.

太陽エネルギーは無尽蔵のエネルギー源と見なされている。

3378 exhale [eks*h*éɪl]

動 息を吐き出す
≒breathe out ⇔inhale

He breathed in once and then **exhaled** slowly.

彼は一度息を吸ってからゆっくりと息を吐き出した。

3379 repatriate [rìːpǽtrièɪt]

動 を本国に送還する，帰国させる
≒return

Foreign criminals are frequently **repatriated**.

外国籍の犯罪者はしばしば本国に送還される。

3380 invigorate [ɪnvígərèɪt]

動 に活力を与える，を活気づける
≒energise, enliven, animate

The exercise **invigorated** the children.

運動で子どもたちは元気が出た。

1回目 / 2回目 / 3回目

3381 **shard** [ʃɑːd] A **shard** of metal from the bomb blinded him.	名 (陶器・ガラスなどの)破片 ≒piece, fragment 爆弾の金属破片で彼は失明した。
3382 **acronym** [ǽkrənɪm] IELTS is an **acronym** for International English Language Testing System.	名 頭字語，頭文字語 ≒abbreviation IELTS は International English Language Testing System の頭字語である。
3383 **roster** [rɔ́stə] Your name will be checked against a **roster** of examinees.	名 名簿，登録簿；当番表 ≒list あなたの名前は受験者名簿と照合されます。
3384 **treadmill** [trédmɪ̀l] His job came to seem a pointless **treadmill**.	名 単調な仕事 ≒routine 彼の仕事は意味のない単調な仕事に思えるようになった。
3385 **bask** [bɑːsk] Sea lions love to **bask** in the sun.	動 日光浴をする ≒sunbathe アシカは日光浴をするのが大好きだ。
3386 **compendium** [kəmpéndiəm] The book was a **compendium** *of* useful information.	名 (～の)セット，一覧；要約 ≒collection 複 compendia その本には役に立つ情報がまとめて載っていた。
3387 **garret** [gǽrət] **Garrets** were usually the cheapest rooms to rent.	名 屋根裏部屋 ≒attic, loft 通常屋根裏部屋は借りるには一番安い部屋だった。
3388 **ignite** [ɪgnáɪt] It was hard to **ignite** the damp timber.	動 に火をつける，点火する ≒kindle, light ⇔ extinguish 湿った木材に火をつけるのは難しかった。
3389 **insecticide** [ɪnséktɪsàɪd] The use of **insecticides** can damage the environment.	名 殺虫剤 ≒pesticide 殺虫剤の使用は環境に被害をもたらし得る。
3390 **epitomise** [ɪpítəmàɪz] His father **epitomised** conservative attitudes.	動 の典型[権化，好例]である ≒embody, typify 🇺🇸 epitomize 彼の父は保守的な態度を取る人の典型だった。

3391 obtrusive [əbtrúːsɪv]

形 押し付けがましい，出しゃばりの
≒interfering 動 obtrude

The speaker was irritated by the man's **obtrusive** comments.

講演者は男性の出しゃばった発言にいらいらした。

3392 appraise [əpréɪz]

動 を評価する；に値を付ける
≒assess, evaluate

An expert was asked to **appraise** the painting.

専門家がその絵を評価するよう依頼された。

3393 eugenics [judʒénɪks]

名 優生学

Some argue that **eugenics** goes against the principles of equal human rights and dignity.

優生学は平等な人権と尊厳の原則に反するとする主張もある。

3394 olfactory [ɔlfǽktəri]

形 嗅覚の
≒smell-related

Most mammals have similar **olfactory** systems.

ほとんどの哺乳動物は似たような嗅覚系を持っている。

3395 secrete [sɪkríːt]

動 を分泌する
≒discharge, give off

Some frogs **secrete** a poison through their skin.

カエルの中には皮膚から毒を分泌するものもいる。

3396 pollinate [pɔ́lənèɪt]

動 に授粉する
≒fertilise 名 pollen（花粉）

Creatures such as bees, butterflies and hummingbirds **pollinate** plants.

ハチ，チョウ，ハチドリなどの生き物は植物に授粉する。

3397 germinate [dʒə́ːmɪnèɪt]

動 芽を出す
≒sprout

It takes about two weeks for a potato to **germinate**.

ジャガイモは芽が出るまで２週間くらいかかる。

3398 taunt [tɔːnt]

動 をあざける，嘲笑する
≒ridicule, jeer, mock

Taunting can be the first step in serious bullying.

人をあざけることは深刻ないじめの始まりとなることがある。

3399 tote [tout]

動 を持ち運ぶ，携帯する
≒carry

The criminal gang **toted** various weapons.

その犯罪者集団はさまざまな武器を携帯した。

3400 sterilise [stérəlàɪz]

動 を殺菌［消毒］する；を不妊にする
≒disinfect; castrate 米 sterilize

Feeding bottles for babies must be **sterilised**.

赤ちゃんの哺乳瓶は消毒しなければならない。

重要語レベル5 - ⑤

3401 **tenet** [ténɪt] A common **tenet** of globalism is that immigration is inherently beneficial.	名 教義, 信条, 主義 ≒principle, belief, dogma グローバリズムに共通する信条は, 移民は本来有益であるというものだ。
3402 **thrifty** [θrífti] **Thrifty** people do not go to convenience stores very often.	形 倹約家の, やりくり上手な ≒frugal, sparing, economical 倹約家の人はあまり頻繁にはコンビニに行かない。
3403 **prefabricate** [prì:fǽbrɪkèɪt] The walls are **prefabricated** and taken to the site.	動 を組み立て方式で作る その壁は組み立て方式で作られてから現場に運ばれる。
3404 **toughen** [tʌ́fən] His time in the army **toughened** him *up*.	動 を強靭(きょうじん)にする, たくましくする ≒strengthen, fortify, reinforce 軍隊での生活は彼をたくましくした。
3405 **highbrow** [háɪbràu] The professor subscribes to various **highbrow** journals.	形 知識人向きの；インテリぶった ≒intellectual, scholarly ⇔lowbrow 教授は知識人向けの雑誌を幾つも購読している。
3406 **scaffold** [skǽfould] Some workmen stood on a **scaffold**.	名 (建築の)足場 ≒platform 職人が何人か足場に立った。
3407 **extol** [ɪkstóul] The critic **extolled** the film star's talents.	動 を激賞する, 褒めそやす ≒praise, acclaim, commend 批評家はその映画スターの才能を褒めちぎった。
3408 **rote** [rout] *Learning by* **rote** is very different from understanding.	名 機械的記憶 ≒mechanical learning 丸暗記と理解は大きく異なる。
3409 **supersede** [sù:pəsí:d] Newer technologies may **supersede** the older ones, making them obsolete.	動 に取って代わる, の地位を奪う ≒replace, supplant 新しいテクノロジーが古いものに取って代わり, それらを時代遅れにする。
3410 **vicissitudes** [vəsísətjù:dz] The building had survived the **vicissitudes** of the centuries.	名 栄枯盛衰, 浮き沈み, 変転 ≒ups and downs その建物は何世紀もの変転に耐えていた。

3411 **sabbatical** [səbǽtɪkəl]

名 研究休暇(大学教員の1年間の有給休暇)
≒one-year paid leave

Professors at this university can take a **sabbatical** after 6 years in a permanent position.

この大学では，教授は6年間の常勤職の後に研究休暇を取ることができる。

3412 **excrete** [ɪkskríːt]

動 を排せつする
≒urinate, defecate

Eventually the drug is **excreted** from the body.

その薬物は最終的に体から排せつされる。

3413 **centrifugal** [sèntrɪfjúːgəl]

形 遠心性の
⇔centripetal

Centrifugal pumps were used to deliver the water.

水の供給に遠心ポンプが使われた。

3414 **denigration** [dènɪgréɪʃən]

名 誹謗(ひぼう)，中傷
≒defamation, slander, detraction

The article was a **denigration** of the politician's character.

その記事はその政治家の性格を誹謗するものだった。

3415 **collate** [kəléɪt]

動 のページ順をそろえる；を照合する
≒arrange

The secretary **collated** all the documents in the right order.

秘書は全ての書類のページ順を正しい順番にそろえた。

3416 **octagon** [ɔ́ktəgən]

名 八角[辺]形
≒eight-sided shape

The beehive was in the shape of an **octagon**.

そのハチの巣は八角形をしていた。

3417 **scour** [skaʊə]

動 をこすって磨く，ごしごし洗う
≒scrub, polish

You should never **scour** a pan with a non-stick surface.

焦げつかない表面加工のフライパンをごしごしこするべきではない。

3418 **abate** [əbéɪt]

動 弱まる，和らぐ；を減ずる，和らげる
≒subside, die down; relieve

Extreme temperatures usually **abate** at night, providing some relief.

極端な高温は通常夜には和らぎ，多少の救済となる。

3419 **slither** [slíðə]

動 ずるずる滑る
≒slide, slip

The snake **slithered** into a bush and disappeared.

ヘビは茂みの中にするすると入って消え去った。

3420 **statehood** [stéɪthùd]

名 国家としての地位
≒independence

The country only gained **statehood** twenty years ago.

その国が国家としての地位を得たのはほんの20年前のことだ。

3421 **ironclad** [áɪənklæ̀d]

We have an **ironclad** policy against workplace harassment.

形 厳格な；変更できない；装甲の
≒rigid, firm, unwavering; fixed
私たちは職場におけるハラスメントを禁ずる厳格な方針を持っています。

3422 **encapsulate** [ɪnkǽpsjulèɪt]

Most supplements are **encapsulated** *in* gelatin.

動 を(～で)包み込む
≒enclose, encase
ほとんどのサプリメントはゼラチンで包み込まれている。

3423 **lopsided** [lɔ̀psáɪdɪd]

The programme's treatment of the problem was **lopsided**.

形 不均衡な，片寄った
≒uneven
その番組の問題の取り扱いは片寄ったものだった。

3424 **breakwater** [bréɪkwɔ̀:tə]

A number of **breakwaters** protected the town from the tsunami.

名 防波堤
≒jetty
幾つかの防波堤がその町を津波から守った。

3425 **wean** [wi:n]

The treatment was designed to **wean** addicts *off* the drug.

動 を(～から)引き離す；を離乳させる
≒remove, detach
その治療は常習者を薬物から引き離すことを目的としていた。

3426 **blemish** [blémɪʃ]

The Video Assistant Referee system in football is not without **blemish**.

名 欠点，汚点　動 に傷をつける，を汚す，損なう
≒imperfection, fault; mar, spoil
サッカーのVARシステムは欠点がないわけではない。

3427 **elapse** [ɪlǽps]

Many years have **elapsed** since the incident.

動 (時が)たつ，過ぎ去る，経過する
≒pass, go by
その出来事から何年もの時がたった。

3428 **pliable** [pláɪəbl]

The wires were made of a **pliable** metal.

形 曲げやすい，柔軟な
≒flexible, elastic　⇔rigid
そのワイヤーは柔軟な金属で作られていた。

3429 **Palaeolithic** [pæ̀liəlíθɪk]

The region is known for its **Palaeolithic** remains.

形 旧石器時代の
≒Old Stone Age　🇺🇸 Paleolithic
その地域は旧石器時代の遺跡で知られる。

3430 **meteorology** [mì:tiərɔ́lədʒi]

Computers have greatly helped the study of **meteorology**.

名 気象学
形 meteorological
コンピューターは気象学の研究に大いに役立ってきた。

3431 **punch line** [pʌ́ntʃ làɪn]

My friend told me a joke with a really good **punch line**.

名 (冗談などの)聞かせどころ，落ち
≒climax

私の友達は私に落ちのとても面白い冗談を言った。

3432 **extrapolate** [ɪkstrǽpəlèɪt]

Extrapolating *from* past trends, he predicted a rise in crime.

動 (既知の事柄から)推定する
≒infer

過去の傾向から推定して，彼は犯罪の増加を予測した。

3433 **wherewithal** [wéəwɪðɔ̀:l]

Poor students lack *the* **wherewithal** *to* pursue higher education.

名 (～するのに)必要な手段[金]
≒resources, means

貧しい学生は高等教育を受けるだけの資力がない。

3434 **alchemist** [ǽlkəmɪst]

Silicon Valley entrepreneurs are modern-day **alchemists**.

名 錬金術師
名 alchemy

シリコンバレーの起業家は現代の錬金術師である。

3435 **emancipate** [ɪmǽnsɪpèɪt]

Feminism seeks to **emancipate** women *from* traditional gender roles.

動 を(～から)解放する，自由にする
≒liberate, free ⇔enslave

フェミニズムは女性を伝統的な性別役割から解放しようと努める。

3436 **cipher** [sáɪfə]

The mathematician was employed to break enemy **ciphers**.

名 暗号，暗号文書 動 を暗号で記す
≒code, cryptograph

その数学者は敵の暗号を解読するために雇われた。

3437 **compatriot** [kəmpǽtriət]

He avoided his **compatriots** living in the same town.

名 同国人，同胞
≒countryman, countrywoman

彼は同じ町に住む同胞を避けた。

3438 **handedness** [hǽndɪdnəs]

Scientists are not sure of the cause of **handedness**.

名 利き手(の傾向)
≒sidedness

科学者たちには利き手の原因がはっきり分かっていない。

3439 **locale** [loʊkǽ:l]

Finding a good **locale** for the new library was difficult.

名 (特定の出来事に関連した)場所
≒place, site, setting

新しい図書館用に良い場所を見つけるのは難しかった。

3440 **mangle** [mǽŋgl]

The car was **mangled** in the accident.

動 をずたずたに切る，めちゃめちゃにする
≒destroy, mutilate

事故で車はめちゃめちゃに壊れた。

1回目 ／　2回目 ／　3回目 ／

3441 **pitfall** [pítfɔ̀:l] **Pitfalls** await even the most experienced translators.	名 落とし穴，陥りやすい間違い ≒trap 最も経験を積んだ翻訳家でも陥りやすい間違いはある。
3442 **townscape** [táunskèɪp] The painter became famous for his industrial **townscapes**.	名 都市風景(画) ≒urban scene その画家は産業都市風景画で名をはせた。
3443 **stereoscopic** [stèriəskɔ́pɪk] Many animals possess **stereoscopic** vision.	形 立体的な，3次元的な ≒three-dimensional 多くの動物は3次元的な視野を持っている。
3444 **aerate** [éərèɪt] A fish tank needs to be **aerated**.	動 を空気にさらす，通気する ≒air, ventilate 魚飼育用の水槽は酸素を供給する必要がある。
3445 **decouple** [dì:kʌ́pl] We must **decouple** economic growth *from* pollution.	動 を(～から)切り離す ≒separate, detach 経済成長を汚染から切り離さなければならない。
3446 **unrewarded** [ʌ̀nrɪwɔ́:dɪd] His efforts did not go **unrewarded**.	形 報われない ≒uncompensated 彼の努力は報われないままにはならなかった。
3447 **excavate** [ékskəvèɪt] The scholar spent his life **excavating** Mayan sites.	動 を発掘する ≒dig up, unearth その学者はマヤ遺跡の発掘に一生を費やした。
3448 **cosset** [kɔ́sɪt] **Cosseting** boys can make life harder for them later.	動 を(過度に)かわいがる，甘やかす ≒pamper, coddle 男の子を甘やかすと後で彼らが苦労することになる。
3449 **enervate** [énəvèɪt] Many visitors are **enervated** by the hot climate.	動 の力を弱める，から気力を奪う ≒exhaust, fatigue, weaken 多くの来訪者は暑い気候により体力を奪われる。
3450 **enfranchise** [ɪnfrǽntʃàɪz] Women were only **enfranchised** there quite recently.	動 に参政権を与える ⇔disenfranchise その地で女性が参政権を与えられたのはつい最近のことだ。

3451 **amphibian** [æmfíbiən] **Amphibians** live both in water and on land.	名 両生類；水陸両生の植物 形 水陸両用の ≒water and land inhabitant 両生類は水中と陸地の両方に生息する。
3452 **predispose** [prìːdɪspóuz] His kindness **predisposed** him *to* be generous.	動 にあらかじめ(～の)傾向を与える ≒incline 親切心が彼の寛大な性格の素地を作った。
3453 **doomsday** [dúːmzdèɪ] The cult believed that **doomsday** would come soon.	名 最後の審判の日；運命の決する日 ≒Judgement Day そのカルト集団は最後の審判の日が近いと信じていた。
3454 **slop** [slɔp] Water from the bucket **slopped** onto the floor.	動 (液体が)こぼれる ≒spill バケツの水が床にこぼれた。
3455 **studious** [stjúːdiəs] ! The girl had a naturally **studious** character.	形 研究熱心な，勉学好きな ≒scholarly, diligent その少女は生まれつき勉強好きな性格だった。
3456 **subliminal** [sʌ̀blímɪnəl] In the UK, **subliminal** advertising is banned by law.	形 潜在意識に働き掛ける，サブリミナルの ≒subconscious, unconscious イギリスではサブリミナル広告は法律で禁止されている。
3457 **tenfold** [ténfòuld] Housing prices have increased **tenfold** over the past twenty years.	副 10倍に 形 10倍の ≒ten times 住宅価格はこの20年で10倍に上昇した。
3458 **unblemished** [ʌ̀nblémɪʃt] The policeman had an **unblemished** reputation for honesty.	形 傷のない，汚点[欠点]のない ≒impeccable, flawless その警察官は正直であるとして汚点のない評判を持っていた。
3459 **cog** [kɔg] He was just *a* **cog** *in the* government's *wheel*.	名 歯車；(歯車の)歯 ≒wheel with teeth 彼は政府の中の歯車の1つにすぎなかった。
3460 **equable** [ékwəbl] This region has a very **equable** climate.	形 一様な，むらのない，安定した ≒stable, constant, uniform この地域の気候はとても安定している。

1回目 / 2回目 / 3回目

3461 **apportion** [əpɔ́:ʃən] The funds were **apportioned** out *to* three universities.	動 を(～に)割り当てる ≒allocate, assign 資金は3つの大学に割り当てられた。
3462 **pseudo-** [sjú:dou] ⚠ Most people think astrology is a **pseudo**-science.	形〈連結形〉偽の，見せ掛けだけの ≒artificial, fake, false 占星術は偽の科学だと考える人がほとんどだ。
3463 **expound** [ɪkspáund] Karl Marx **expounded** his theory of the capitalist system in *The Capital.*	動 を詳細に説明する ≒explain, elucidate, set forth カール・マルクスは「資本論」において，資本主義制度に関する彼の理論を詳細に説明した。
3464 **overshadow** [òuvəʃǽdou] Our lives are **overshadowed** by the constant threat of earthquakes.	動 に影を投げ掛ける ≒shade 地震の絶え間ない脅威がわれわれの生活に影を投げ掛けている。
3465 **handrail** [hǽndrèɪl] Older people often need a **handrail** when climbing stairs.	名 (階段などの)手すり，欄干 ≒railing, bar お年寄りは階段を上るときに手すりを必要とすることが多い。
3466 **delayering** [dì:léɪərɪŋ] Many companies have adopted the **delayering** of their management structure.	名 階層削減，組織内合理化 ≒streamlining 多くの企業は経営構造の組織内合理化を取り入れている。
3467 **daydream** [déɪdrì:m] Many teenagers have **daydreams** of becoming famous.	名 白日夢，空想　動 空想する ≒fantasy, imagination 10代の若者の多くは有名になることを空想する。
3468 **inflammable** [ɪnflǽməbl] The toy was made of highly **inflammable** plastic.	形 燃えやすい，引火性の ≒combustible, flammable ⇔nonflammable そのおもちゃは非常に燃えやすいプラスチックでできていた。
3469 **liken** [láɪkən] He often **likened** his friends *to* characters in novels.	動 を(～に)たとえる，なぞらえる ≒compare 彼はよく友人を小説の登場人物になぞらえた。
3470 **pacify** [pǽsɪfàɪ] The woman tried to **pacify** her angry husband.	動 をなだめる，静める ≒placate, appease, calm 女性は怒った夫をなだめようとした。

3471 **suckle** [sʌ́kl] Whales, like other mammals, **suckle** their young.	動 に乳を飲ませる，授乳する ≒breastfeed, feed クジラは他の哺乳類同様に子どもに乳を飲ませる。
3472 **cavort** [kəvɔ́:t] Some children were **cavorting** in the pool.	動 はしゃぎ回る，跳ね回る ≒frolic, romp 何人かの子どもたちがプールではしゃぎ回っていた。
3473 **retrench** [rɪtréntʃ] The university has been forced to **retrench** on research.	動 節約する，経費を切り詰める ≒economise その大学は研究の経費削減を余儀なくされている。
3474 **emeritus** [ɪmérɪtəs] Some people opposed making him an **emeritus** professor.	形 (退職して)名誉職の ≒honorary 一部の人は彼を名誉教授にすることに反対した。
3475 **lilt** [lɪlt] He sang the song with a **lilt** in his voice.	名 (歌・演説の)軽快な調子 ≒rhythm, intonation, cadence 彼は軽快な調子でその歌を歌った。
3476 **transmute** [trænzmjú:t] The writer **transmuted** personal problems *into* great art.	動 を(～に)変える ≒transform, convert, metamorphose その作家は個人の問題を優れた芸術に変えた。
3477 **elixir** [ɪlíksə] The old book contained recipes for magical **elixirs**.	名 万能薬；錬金薬液 ≒cure-all, panacea その古い本には魔法の万能薬の作り方が載っていた。
3478 **outstrip** [àutstríp] The mathematics student soon **outstripped** his teachers.	動 に勝る，を上回る ≒exceed, surpass その数学専攻の生徒の実力はすぐに教師たちを追い越した。
3479 **tweak** [twi:k] My brother **tweaked** my nose so hard that it hurt.	動 をつねる，つまんでぐいと引く ≒twist, pinch, nip 兄にひどく鼻をつねられて痛かった。
3480 **deportment** [dɪpɔ́:tmənt] The first thing a model learns is correct **deportment**.	名 (洗練された)振る舞い，物腰，態度 ≒behaviour, conduct モデルが最初に習うのは正しい立ち居振る舞いだ。

1回目 ／ 2回目 ／ 3回目 ／

3481 **insularity** [ìnsjulǽrəti] He was shocked by the **insularity** of the people in that area.	名 島国根性，狭量；島国性 ≒narrow-mindedness, parochialism 彼はその地域の人々の偏狭さにショックを受けた。
3482 **bombard** [bɔmbɑ́:d] The reporters **bombarded** the politician *with* questions.	動 を(～で)攻め立てる；を砲撃する ≒inundate, swamp; attack 記者たちはその政治家を質問で攻め立てた。
3483 **arboreal** [ɑ:bɔ́:riəl] Monkeys in this area are all **arboreal**.	形 樹木の，樹上にすむ ≒tree-dwelling この地域のサルは全て樹上性である。
3484 **capsize** [kæpsáɪz] A huge wave hit the boat and **capsized** it.	動 (船など)をひっくり返す，転覆させる ≒overturn, upset 大きな波に襲われて船は転覆した。
3485 **decompose** [dì:kəmpóuz] Composting is a sustainable way to **decompose** kitchen waste and reduce landfill waste.	動 (を)分解する；腐敗する ≒decay, rot, spoil 堆肥化は台所の廃棄物を分解し，埋め立て地の廃棄物を減らす持続可能な方法だ。
3486 **disjunction** [dɪsdʒʌ́ŋkʃən] There was a **disjunction** between the evidence and the conclusions.	名 分離，分裂，乖離(かいり) ≒disconnection, disunion その証拠と結論には乖離があった。
3487 **ostracise** [ɔ́strəsàɪz] People should not be **ostracised** simply because of their outward appearance.	動 を排斥する，仲間外れにする ≒exclude, cold-shoulder　🇺🇸 ostracize 人は単に外見だけで仲間外れにされるべきではない。
3488 **hone** [houn] In order to grasp opportunities, workers need to **hone** their skills.	動 (技量など)を磨く；を砥(と)石で研ぐ ≒improve, polish, refine 機会をつかみ取るために，労働者はスキルを磨く必要がある。
3489 **squander** [skwɔ́ndə] Don't **squander** your time and money *on* qualifications you may never use.	動 を(～に)浪費する ≒waste, dissipate 使うことのないかもしれない資格に時間とお金を浪費してはいけない。
3490 **combustible** [kəmbʌ́stəbl] The mine was full of **combustible** gases.	形 燃えやすい，可燃性の ≒inflammable, flammable 鉱山には可燃性のガスが充満していた。

3491 **marsupial** [mɑːsúːpiəl]

名 有袋動物
≒pouched animal

Most **marsupials** are found in Australia.

ほとんどの有袋動物はオーストラリアに生息している。

3492 **breakneck** [bréɪknèk]

形 非常に危険な(速さの)，無謀な
≒dangerous, reckless

The supercar was travelling at the **breakneck** speed of 320 km/h.

そのスーパーカーは時速 320 キロの猛スピードで走っていた。

3493 **jostle** [dʒɔ́sl] ⓘ

動 を突く，押し分けて進む
≒push, thrust

Don't **jostle** other passengers as you leave the train.

電車を降りる際に他の乗客を押しのけてはいけない。

3494 **outdo** [àʊtdúː]

動 に勝る，をしのぐ
≒surpass, exceed

The girl was determined to **outdo** her rival.

少女はライバルに打ち勝つ決意だった。

3495 **reverberate** [rɪvə́ːbərèɪt]

動 (音が)反響する，こだまする
≒resound, echo

The pistol shot **reverberated** around the square.

銃声は広場にこだました。

3496 **excreta** [ɪkskríːtə]

名 排せつ物
≒waste, faeces

He tracked the animal by following its **excreta**.

彼は排せつ物をたどってその動物を追跡した。

3497 **embellish** [ɪmbélɪʃ]

動 を飾る，装飾する；を粉飾する
≒decorate, adorn, ornament

A globally recognised degree will **embellish** your CV for a lifetime.

世界的に認められる学位は生涯にわたってあなたの履歴書を飾るでしょう。

3498 **holidaymaking** [hɔ́lədeɪmèɪkɪŋ]

名 行楽
≒vacationing

Good planning makes for successful **holidaymaking**.

しっかりした計画を立てれば行楽は成功する。

3499 **ageless** [éɪdʒləs]

形 不老の；古びない，永遠の
≒immortal; eternal, enduring

She's 70, but her beauty is **ageless**.

彼女は 70 歳だがその美しさは老いることがない。

3500 **vice versa** [vàɪs və́ːsə]

副 〈通例 and ～〉 逆もまた同じ
≒the opposite is also true

Female members can bring male guests *and* **vice versa**.

女性会員は男性を連れてくることができ，その逆も可だ。

Column
IELTS 体験記

H・N さん（30代・社会人）
留学先（Columbia Business School 米国 MBA）
オーバーオール（7.5）
リーディング（8.0）　リスニング（7.5）　ライティング（7.0）　スピーキング（7.5）

留学について

将来，各産業で活躍するであろう金の卵（MBA 同期）と知り合い，一緒の時間を過ごすことで，自分のビジネスの視座が高まるとともに，ヒューマンネットワークを強化できると思いました。今後数十年ビジネスに向き合っていく身として，MBA はそれらを得られる絶好の機会と思い，留学を決意しました。

IELTS？それとも TOEFL？

米国 MBA のトップスクールは，2022年時点で，全校 IELTS または TOEFL のスコア提出が認められています。それぞれ受験した結果，IELTS の方がスコアが取りやすいと感じ，IELTS 受験を決めました。中でもスピーキングは，TOEFL が PC 画面に向かって話す一方，IELTS は対面で面接官に向かって話すため，話しやすいと感じました。

IELTS 目標スコア達成までの学習方法

リーディングとリスニングは，IELTS Practice Tests を5～6冊買って，繰り返し解きました。中でもリスニングは「数回解く」→「聞き取れるまで何回も聞く（問題は解かず聞き取ることに集中）」→「1.5倍速で聞き取れるまで聞く」ようにしました。ライティングはオンライン塾で添削の指導を受けました。スピーキングはオンライン英会話を毎日利用しました。ネイティブに IELTS のスピーキングでよく聞かれる質問リストを事前に渡してランダムに質問してもらい，適宜フィードバックをもらいました。
PC 上で受験するコンピューター版では，リーディングの本文に手で書き込めないことに最初は慣れませんでした。また，本番の試験は，IELTS Practice Tests よりも本文が読みづらく難しい問題が多いと感じました。前者は慣れしかないと思い，日ごろから手で書き込みしないで問題を解くよう意識し，後者は Economist などやや難解な文章を日常的に読むようにして慣れるよう努めました。

IELTS を受験する方々への応援メッセージ

100人が夢を抱き，10人がその夢のため行動に移し，1人が最後までやり抜く。人間，そう簡単には努力を続けられません。しかし，その1人になるために，あなたはこの参考書を手に取り，このメッセージを読んでくださっているのだと思います。人生は一度しかありません。自分の可能性を広げるも狭めるも，自分次第です。自分を信じ，夢を追いかける勇気を持って，いざ未知の世界へ。

SpeakingとWritingで役立つ表現 100

※例文のみ音声を収録しています。

SpeakingとWritingで役立つ表現 100

1	**have something to do with ...**	**…と何か関係がある** ≒ be related to ...
2	**in spite of the fact that SV ...**	**…という事実にもかかわらず** ≒ though, although
3	**to be more specific**	**より具体的に言うと** ≒ to be more concrete
4	**be not much of a/an ...**	**あまりたいした…ではない** ≒ be not a great ...
5	**It goes without saying that SV ....**	**…ことは言うまでもない。** ≒ Needless to say,
6	**There is a wide range of ....**	**幅広い…がある。** ≒ There is a wide variety of ....
7	**What we must realise is that SV ....**	**私たちは…ということを認識しなければならない。** ≒ It should be realised that SV ....
8	**Another example worth mentioning would be ....**	**言及するに値するもう 1 つの事例は…であろう。** ≒ Another example I would like to mention is ....
9	**As might be expected, there is/are ....**	**ご想像の通り…があります。** ≒ As you might expect, there is/are ....
10	**As with most things in life, there are both pros and cons about ....**	**人生におけるほとんどのことと同様に，…には利点と欠点の両方がある。** ≒ Like almost anything in life, there are both advantages and disadvantages about ....

The reason must **have something to do with** the cost.	理由は費用と何か関係があるに違いない。
In spite of the fact that it's expensive, it's very popular.	高価であるという事実にもかかわらず，それは非常に人気がある。
To be more specific, I like the British English accent.	より具体的には，私はイギリス英語のアクセントが好きです。
I'm not much of a football fan, but I'm interested in the World Cup.	私はあまりサッカーのファンではありませんが，ワールドカップには興味があります。
It goes without saying that life is more important than money.	お金よりも命の方が重要であることは言うまでもない。
There is a wide range of views about education in Japan.	日本の教育に関しては幅広い意見がある。
What we must realise is that clean water is not free.	私たちが認識しなければならないのはきれいな水はただではないということである。
Another example worth mentioning would be the decrease of face-to-face communication.	言及する価値のあるもう１つの例は，対面のコミュニケーションの減少である。
As might be expected, there are considerable differences between men and women.	ご想像の通り，男女間には相当な違いがあります。
As with most things in life, there are both pros and cons about electric vehicles.	人生におけるほとんどのことと同様に，電気自動車には良い点と悪い点がある。

11	**The gap between A and B has been -ing ....**	**AとBの間の格差が…し続けている。** ≒The disparity between A and B has been -ing ....
12	**I'm afraid I'm not very familiar with ... but I suppose SV ....**	**残念ながら…についてよく知らないのですが，…と思います。** ≒Unfortunately, I know little about ... but I guess SV ....
13	**There was a ... increase in the number of ..., hitting the peak at ... in ....**	**…の数は…な増加を示し，…に…という値で最高となった。** ≒The number of ... increased ..., reaching its highest point at ... in ....
14	**Born in ..., S does/do not know the days when SV ....**	**…生まれであるので，Sは…の時代を知らない。** ≒Because S was/were born in ..., S has/have no knowledge of the age when SV ....
15	**A number of factors may be involved in ....**	**…には多くの要因が関わっているかもしれない。** ≒There may be numerous factors associated with ....
16	**S is/are considered the main contributor to ....**	**Sが…の主たる要因と見なされている。** ≒S is/are regarded as the most important factor in ....
17	**S contributes/contribute significantly to the increase in ....**	**Sが…の増加の重要な要因となる。** ≒S is a major factor in the increase in ....
18	**Not only is/are S necessary for ..., but S is/are also important for ....**	**Sは…のために必要であるだけでなく，…のためにも重要である。** ≒In addition to being necessary for ..., S is/are important for ....
19	**If it were not for ..., S would/might V ....**	**もし…がなければ，SはVする［である］だろう / かもしれない。** ≒But for ..., S would/might V ....
20	**It is estimated that S will V ....**	**SはVするであろうと見積もられている。** ≒S is/are estimated to V ....

The gap between the rich **and** the poor **has been widening**.	貧富の格差が拡大している。
I'm afraid I'm not very familiar with technology **but I suppose** AI will change the world even more.	私はテクノロジーにあまり精通していないのですが，AIはさらに世界を変えるであろうと思います。
There was a significant **increase in the number of** newborns, **hitting the peak at** 2.7 million **in** 1949.	新生児数の著しい増加があり，1949年に270万でピークに達した。
Born in 2010, I **don't know the days when** there were no smartphones.	私は2010年生まれなので，スマートフォンがなかった時代を知らない。
A number of factors may be involved in the differences between Japan and other Asian countries.	日本と他のアジア諸国との違いには数多くの要因が関わっているかもしれない。
Increasing levels of CO_2 **are considered the main contributor to** global warming.	二酸化炭素レベルの上昇が地球温暖化の主たる要因と見なされている。
Economic development **contributes significantly to the increase in** energy consumption.	経済発展がエネルギー消費増大の重要な要因となる。
Not only is sleep **necessary for** your body, **but it is also important for** your brain.	睡眠は体に必要なだけでなく，脳にとっても重要である。
If it were not for the Internet, people's day-to-day lives **would** be much more inconvenient.	もしインターネットがなければ，人々の日々の生活ははるかに不便であるだろう。
It is estimated that the world population **will** reach 9.7 billion by 2050.	2050年までには世界の人口は97億人に達すると見積もられている。

21	**If I were ..., I would V ....**	**もし私が…であるなら，私はVするであろう。** ≒ If I were in the shoes of ..., I would V ....
22	**If S had -ed ..., S would/might have -ed ....**	**もしSが〜していたならば，Sは〜していたであろう / かもしれない。** ≒ Had S -ed ..., S would/might have -ed ....
23	**S seems/seem to have -ed ....**	**Sは〜したようだ。** ≒ It seems that S (has/have) -ed ....
24	**If S had -ed ..., S would/might V ... today.**	**もしSが〜していたならば，Sは今頃Vする[である]だろう / かもしれない。** ≒ Had S -ed ..., S would/might V ... today.
25	**The ... of A is -er than that/those of B.**	**Aの…はBの…よりも〜である。** ≒ A's ... is -er than B's.
26	**The -er SV ..., the -er SV ....**	**…すればするほどより…。** ≒ If SV -er ..., SV -er ....
27	**If it had not been for ..., S would/might have -ed ....**	**もし…がなかったならば，Sは〜した[だった] であろう / かもしれない。** ≒ Had it not been for ..., S would/might have -ed ....
28	**S is/are of prime importance when it comes to ....**	**…ということになると，Sが最重要である。** ≒ S is/are of the greatest importance when SV ....
29	**SV ..., thereby -ing ....**	**SがVし，それによって〜する [した]。** ≒ SV ..., thus -ing ....
30	**S is/are not as 〜 as it/they used to be.**	**Sはかつてほど〜ではない。** ≒ S was/were -er than it/they is/are now.

If I were the prime minister of Japan, **I would** lower taxes to stimulate the economy.	もし私が日本の首相であるなら，私は経済を刺激するために減税を行うであろう。
If he **had not handed** over his power, the country **might have been divided** into two.	もし彼が権力を明け渡さなければ，その国は２つに分割されていたかもしれない。
The earth's climate **seems to have changed** significantly in just a few decades.	地球の気候がほんの２，30 年の間に著しく変わったようだ。
If the Internet **had been invented** 100 years ago, the whole world **would** be much more homogeneous **today**.	もしインターネットが百年前に発明されていたならば，全世界は今日はるかに均質であるだろう。
The population **of** India **is greater than that of** China.	インドの人口は中国の人口よりも多い。
The larger your vocabulary is, **the better** you will be able to communicate with others.	語彙が豊富であればあるほど，他者とより良く意思疎通ができるでしょう。
If it had not been for the moon, there **might have been** no life on earth.	月がなければ，地球に生命はいなかったかもしれない。
Location **is of prime importance when it comes to** starting your business.	起業ということになると，ロケーションが最重要である。
Greenhouse gases trap heat in the atmosphere, **thereby accelerating** global warming.	温室効果ガスは大気中に熱をとどめ，それによって地球温暖化を加速する。
Life **is not as** simple **as it used to be**.	人生はかつてそうであったほどには単純なものではない。

No.	表現	意味
31	**be used to ...**	**…に慣れている** ≒be accustomed to ...
32	**other things being equal**	**他の条件が同じであるなら** ≒all other things being equal
33	**all things considered**	**全てを考慮すると** ≒to put things into perspective
34	**What was fortunate was that S -ed ....**	**幸いであったのは，Sが～したということであった。** ≒Fortunately, S -ed ....
35	**S had been -ing for ... when S -ed ....**	**～した時点でSは…の間～していた。** ≒S had a ...-year experience of ... when S -ed ....
36	**should have -ed** **should not have -ed**	**～すべきだったのに** **～すべきではなかったのに** ≒It would have been better if S had (not) -ed ....
37	**in hindsight**	**今だから分かることだが** ≒with the benefit of hindsight
38	**Equally important as A is/are B.**	**Aと同様に重要なのがBである。** ≒No less important than A is/are B.
39	**It is not always wise to V ....**	**Vする［である］ことは必ずしも賢明ではない。** ≒-ing is not necessarily a good idea.
40	**It could be argued that SV ....**	**…と主張することもできるであろう。** ≒One could argue that SV ....

Many Japanese **are** not **used to** expressing their opinions in public.	多くの日本人は自分の意見を公に述べることに慣れていない。
Other things being equal, I would prefer to work for a smaller company to a bigger one.	他の条件が同じであるなら，私は大企業よりも小さな会社に勤める方を好みます。
All things considered, a laptop PC is a better choice for most people than a desktop PC is.	全てを考慮すると，ほとんどの人にとってはノートパソコンの方がデスクトップ型よりもより良い選択肢である。
What was fortunate was that Japan **was** not **colonised**.	幸いであったのは，日本が植民地化されなかったということであった。
I **had been learning** English **for** five years **when** I **went** to Hawaii for the first time.	初めてハワイに行った時点で私は５年間英語を学んでいた。
I **should have been** more careful about who to trust.	誰を信用するかについて私はもっと注意深くあるべきだった。
In hindsight, we now know that the government spent too much money on unnecessary things.	振り返ってみると，政府は不要なものにあまりに多くのお金を費やしたことが今では分かる。
Equally important as education **is** experience.	教育と同じくらい重要なのは経験である。
It is not always wise to plan too far ahead.	あまりにも先まで予定を立てることは必ずしも賢明ではない。
It could be argued that rainforests are the lungs of the planet.	熱帯雨林は地球の肺であると主張することもできるであろう。

41	**It is no use -ing ....**	**～しても無駄である。** ≒ It is worthless to V ....
42	**There is no telling ....**	**…は分からない。** ≒ It would be impossible to tell ....
43	**Few will doubt that SV ....**	**…ことを疑う人はほとんどいないであろう。** ≒ There is little doubt that SV ....
44	**all/most/many/some of which**	**そしてその全て／ほとんど／多く／一部は** ≒ and all/most/many/some of it/them
45	**Little progress has been made in the area of ....**	**…の分野においてはほとんど進歩がない。** ≒ We have seen little progress in the area of ....
46	**On the one hand, SV .... On the other hand, SV ....**	**一方では…であるが，他方では…である。** ≒ While SV ..., SV ....
47	**Just as SV ..., so SV ....** ※ so の後で主語と助動詞が入れ替わることがある	**S が V する［である］のと同様に S が V する［である］。** ≒ SV ..., but it is also the case that SV ....
48	**the lesser of two evils**	**2 つの災いのうちましな方** ≒ the less undesirable of the two options
49	**the worst-case scenario**	**最悪のシナリオ** ≒ the worst possible thing that could happen
50	**factor O into ...**	**O を…の要因として考慮に入れる** ≒ take O into consideration in making a judgement

As the proverb goes, “**It is no use crying** over spilt milk”.	ことわざが言うように「こぼれたミルクに関して嘆いても無駄である」。
There is no telling exactly what will happen in the future, but there are some key factors.	将来正確には何が起こるのかは分からないが，いくつか鍵となる要因がある。
Few will doubt that much more remains to be done about the problem.	その問題に関してやらなければならないことが多く残されていることを疑う人はほとんどいないであろう。
There is a huge amount of information on the Internet, **some of which** may not be entirely accurate.	インターネット上には膨大な量の情報があるが，そのうちの一部は完全に正確ではないかもしれない。
Unfortunately, **little progress has been made in the area of** rising sea levels.	残念ながら，海面上昇の分野においてはほとんど進歩がない。
On the one hand, science is a blessing. **On the other hand,** it is a curse.	一方では科学は恵みであるが，他方では災いのもとである。
Just as parents cannot choose their children, **so** neither can children choose their parents.	親が子どもを選ぶことができないのと同様に，子どもも親を選ぶことができない。
There are so many situations in life where we have to choose **the lesser of two evils**.	人生において２つの災いのうちましな方を選ばなければいけない状況が数多くある。
In **the worst-case scenario**, the earth may no longer be able to sustain our civilisation.	最悪のシナリオでは，地球は私たちの文明を持続させることがもはやできなくなってしまうかもしれない。
You need to **factor** inflation **into** your retirement plan.	退職計画の要因としてインフレを考慮に入れる必要がある。

No.	表現	意味
51	**It was not until ... that S -ed ....**	**…になってようやくSは〜した。** ≒Not until ... did SV .... Not until ... was/were S ....
52	**Hardly a day goes by without -ing ....**	**〜せずに一日が過ぎることはほとんどない。** ≒We V almost every day.
53	**S was/were much -er than I thought it/they would be.**	**Sは私が思っていたよりもはるかに〜であった。** ≒I did not expect that S would be so ....
54	**It is easier said than done to V ....**	**Vするのは言うは易く行うは難しである。** ≒Saying ... is one thing; doing ... is another.
55	**The bottom line is that SV ....**	**要するに…ということだ。** ≒In a nutshell, SV ....
56	**S has/have brought about a paradigm shift in ....**	**Sは…にパラダイムシフト(根本的変化)をもたらした。** ≒S has/have led to a fundamental change in ....
57	**make it possible for ... to V**	**…がVすることを可能にする** ≒enable ... to V
58	**no more than ...**	**…にすぎない** ≒nothing more than ...
59	**It would be a much better choice to focus on ....**	**…に焦点を当てる方がはるかに良い選択肢であろう。** ≒Concentrating on ... would be a much better option.
60	**S is/are/am not what S used to be.**	**SはかつてのSではない。** ≒S is/are/am completely different from what S was/were.

It was not until 1945 **that** Japanese women **gained** the right to vote.	1945 年になってようやく日本の女性は参政権を得た。
Hardly a day goes by without hearing the word ‘globalisation’.	「グローバル化」という言葉を聞かずに一日が過ぎることはほとんどない。
The test **was much more difficult than I thought it would be**.	そのテストは私が思っていたよりもはるかに難しかった。
It is easier said than done to do the right thing.	正しいことを行うのは言うは易く行うは難しである。
The bottom line is that the rich are getting richer at the expense of everyone else.	要するに富裕層は他の全ての人を犠牲にしてより豊かになっているということです。
Modern technology **has brought about a paradigm shift in** the way we live and work.	現代のテクノロジーは私たちの生き方や働き方にパラダイムシフトをもたらした。
Technology **makes it possible for** us **to** connect with people across the globe.	テクノロジーは私たちが世界中の人々とつながることを可能にする。
Humans are **no more than** a part of nature, not above it.	人間は自然の一部にすぎないのであって，それを超越するものではない。
It would be a much better choice to focus on improving the quality of what we do.	私たちが行うことの質を高めることに焦点を当てる方がはるかに良い選択肢であろう。
Some people say that Japan **is not what** it **used to be**, but I’m not so sure.	日本はかつての日本ではなくなったと言う人もいますが，私はどうかなと思います。

No.	表現	意味
61	**I am in favour of the idea that SV ....**	**私は…という考えに賛成です。** ≒I agree with the notion that SV ....
62	**diametrically opposed to ...**	**…とは正反対で** ≒the exact opposite of ...
63	**It takes more time and effort to V_1 than to V_2 ....**	**V_2 するよりも V_1 する方が多くの時間と労力を要する。** ≒It is harder to V_1 than to V_2 ....
64	**SV ..., which means that SV ....**	**SV …。それは…ということを意味する。** ≒SV ..., which is a manifestation that SV ....
65	**SV ..., suggesting that SV ....**	**SV …。それは…ということを示唆する。** ≒SV ..., which suggests that SV ....
66	**What is urgently needed is ....**	**緊急に必要とされているのは…である。** ≒... is of urgent necessity.
67	**take it for granted that SV ...**	**…ことを当然と思う** ≒assume that it would be normal for ... to V
68	**most, if not all, ...**	**全てではないにしてもほとんどの…** ≒virtually all ...
69	**It would be very difficult, if not impossible, to V ....**	**Vすることは不可能ではないにしても非常に困難であろう。** ≒It would be virtually impossible to V ....
70	**It is hard to imagine ....**	**…は想像し難い。** ≒... is unthinkable.

I am in favour of the idea that smoking in public places should be prohibited.	私は公共の場での喫煙は禁止されるべきであるという考えに賛成です。
My opinion on this matter is **diametrically opposed to** theirs.	この問題に関する私の意見は彼らのものとは正反対である。
It takes more time and effort to fix a problem **than to** prevent it from happening.	問題を解決することの方が予防することよりも多くの時間と労力を要する。
The birthrate in the country is declining, **which means that** its workforce will inevitably shrink.	その国の出生率は低下しており，それは国の労働力人口が必然的に縮小するということを意味する。
The ice in the polar regions is melting, **suggesting that** something unpleasant is going to happen.	極地の氷が溶けており，これは何か嫌なことが起こるということを示唆している。
What is urgently needed is to reorganise priorities and focus on what is really important.	緊急に必要とされているのは優先事項の順番を変えて，本当に重要なことに集中することである。
Japanese passengers tend to **take it for granted that** trains operate on time.	日本の乗客は列車が時間通りに運行されることを当然と思う傾向がある。
Most, if not all, Japanese eat white rice at least once a day.	全てではないにしてもほとんどの日本人は少なくとも１日に１回は白米を食べる。
It would be very difficult, if not impossible, to learn a language without practising it every day.	毎日練習することなしに言葉を身につけることは不可能ではないにしても非常に困難であろう。
It is hard to imagine what life would be like without computers and the Internet.	パソコンやインターネットなしの生活はどのようなものであるか想像し難い。

No.	表現	意味
71	**S may have -ed ....**	**Sは〜した［だった］かもしれない。** ≒It may be true that S -ed ....
72	**S must have -ed ....**	**Sは〜した［だった］に違いない。** ≒It is probably the case that S -ed ....
73	**This is also the case in/for/with ....**	**これは…にも当てはまる。** ≒The same thing applies to ....
74	**to a greater or lesser extent**	**多かれ少なかれ** ≒to some extent
75	**the extent to which SV**	**SがVする程度** ≒the degree to which SV
76	**both literally and figuratively**	**文字通りの意味でも比喩的な意味でも** ≒in both literal and figurative senses
77	**It could be the case that SV ....**	**SがVする［である］可能性がある。** ≒Perhaps, SV ....
78	**It does not matter how/wh- SV .... What matters is ....**	**Sが［5W1H］Vするかは問題ではない。重要なことは…である。** ≒What is important is not how/wh- SV but ....
79	**Whether we like it or not, SV ....**	**好むと好まざるとにかかわらず，…。** ≒Regardless of whether we like it or not, SV ....
80	**adapt to an environment where SV**	**SがVする［である］環境に適応する** ≒be flexible enough to adapt to a situation in which SV

Fake news stories **may have had** a bigger impact on the election than many people realise.	フェイクニュースはその選挙に対して多くの人が認識しているよりも大きな影響を与えたかもしれない。
By then it **must have been** obvious that there was no hope for his recovery.	その頃までには彼の回復の見込みはないということが明らかだったに違いない。
Birthrates are declining in Europe, but **this is also the case in** many Asian countries.	ヨーロッパの出生率は低下しているが，これは多くのアジアの国々にも当てはまることである。
We all experience anxiety **to a greater or lesser extent** at some point in our lives.	私たちは皆人生のどこかの時点で多かれ少なかれ不安を経験する。
The extent to which the gender gap exists varies from country to country.	ジェンダーギャップが存在する程度は国によって異なる。
Dubai is hot **both literally and figuratively**.	ドバイは文字通りの意味でも比喩的な意味でも「あつい」。
It could be the case that women have a different set of priorities and values in life to men.	女性は人生における優先事項や価値観が男性とは異なる可能性がある。
It does not matter how old you are. **What matters is** how young your heart is.	あなたが何歳であるかは問題ではない。心がどれだけ若いかが重要なのである。
Whether we like it or not, we will have to adjust to new circumstances.	好むと好まざるとにかかわらず，私たちは新たな状況に適応しなければならないだろう。
We have to **adapt to an environment where** change is the only constant.	私たちは変化こそが唯一不変のものである環境に適応しなければならない。

No.	表現	意味
81	**There is mounting and compelling evidence that SV ....**	**SがVする［である］証拠がますます増えており説得力がある。** ≒The evidence that SV ... is mounting and compelling.
82	**up to a certain point**	**ある程度まで** ≒to some extent
83	**correlate with ...**	**…と相関関係がある** ≒be interrelated with ...
84	**more than anything else**	**他の何よりも** ≒before everything else
85	**What's the point of ...?**	**…に何の意味があるのか？** ≒It is pointless to V ....
86	**S may be true ... but SV ....**	**確かにSはそうかもしれないが，…。** ≒Granted that S is/are true ..., SV ....
87	**It is only a matter of time before SV ....**	**SがVするのは時間の問題だ。** ≒Sooner or later, SV ....
88	**Just because SV ... does not mean that SV ....**	**…からといって，…ことを意味しない。** ≒The fact that SV ... does not necessarily mean that SV ....
89	**The opposite is also true.**	**逆もまた真なり。** ≒And vice versa.
90	**As a matter of fact, I don't know much about ..., but I've heard that SV ....**	**実は私は…についてあまり知りませんが，…と聞いています。** ≒Actually, my knowledge of ... is limited, but I've heard that SV ....

There is mounting and compelling evidence that digitisation will lead to greater inequality.	デジタル化が不平等の拡大につながるという証拠がますます増えており，説得力がある。
Income rises with age **up to a certain point**, beyond which it begins to fall.	収入はある程度までは年齢とともに増加するが，それを超えると低下し始める。
The study shows that subjective well-being **correlates** most strongly **with** health.	主観的な幸福感は健康との相関関係が最も強いということをその研究は示している。
What we need **more than anything else** is peace. Everything else is secondary.	私たちが他の何よりも必要としているのは平和である。他のことは全て二次的である。
What's the point of being rich when you are too old to enjoy the riches**?**	年を取り過ぎて富を楽しむことができない時に裕福であることに何の意味があるのか？
It **may be true** in some cases, **but** often in real life it is not.	それは一部の場合にはそうかもしれないが，実生活においてはしばしばそうではない。
It is only a matter of time before we reach a tipping point.	私たちが(重大な変換が起きる)転換点に到達するのは時間の問題だ。
Just because someone is famous **does not mean that** you should take their advice.	誰かが有名だからといってその人のアドバイスに従うべきということを意味するわけではない。
Good mental health can have a positive effect on your physical health, and **the opposite is also true**.	精神的健康が身体的健康に良い影響を与え，そしてその逆もまた真なりである。
As a matter of fact, I don't know much about rugby, **but I've heard that** it's popular in New Zealand.	実は私はラグビーに関してあまり知らないのですが，ニュージーランドで人気があると聞いています。

91	**It would be safe to say that SV ....**	**…と言っても差し支えないであろう。** ≒ One could safely argue that SV ....
92	**pave the way for ...**	**…への道を整える** ≒ make it possible for ... to V
93	**if my memory serves me right**	**私の記憶が正しければ** ≒ if I remember correctly
94	**off the top of my head**	**ぱっと思いつく限りでは** ≒ offhandedly
95	**It is hard to be certain, but it seems possible that SV ....**	**確実なことは言えませんが，…可能性があります。** ≒ Although I'm not 100% sure, it seems likely that SV ....
96	**It is one thing to V_1; it is quite another to V_2.**	**V_1 することと V_2 することは別物である。** ≒ V_1-ing and V_2-ing are completely different.
97	**to the best of my knowledge**	**私の知る限り** ≒ as far as I know
98	**It is not A but B that counts.**	**大切なことは A ではなく B である。** ≒ What matters is not A but B.
99	**S has/have been -ing for the past ....**	**S はこの…の間～し続けている。** ≒ S has/have been -ing for the last ....
100	**S will have -ed by ....**	**…までには S は～しているであろう。** ≒ It is estimated that S will have -ed by ....

It would be safe to say that influencers have more influence on consumers than do celebrities.	インフルエンサーの方がセレブよりも消費者に対して大きな影響力があると言って差し支えないであろう。
The advent of the Internet **paved the way for** a revolution in how we acquire knowledge.	インターネットの到来が私たちが知識を得る方法における革命への道を整えた。
If my memory serves me right, the country regained independence in 1952.	私の記憶が正しければ，その国は1952年に主権を回復しました。
Off the top of my head, I can think of a few reasons.	ぱっと思いつく限りで，2，3の理由が浮かびます。
It's hard to be certain, but it seems possible that it was caused by a misunderstanding.	確実なことは言えませんが，それは誤解によって引き起こされた可能性があります。
It is one thing to have knowledge**; it is quite another to** be able to use it in practical situations.	知識を持っていることとそれを実践的な状況で使えることは別物である。
To the best of my knowledge, IELTS scores are valid for two years from the date of the exam.	私の知る限り，IELTSのスコアは試験日から2年間有効です。
It is not what is outside **but** what is inside **that counts**.	大切なことは外見ではなく中身である。
The number of part-time employees **has been increasing for the past** three decades.	一時雇用従業員数が過去30年間にわたって増え続けている。
Japan's population **will have fallen** by more than half **by** 2100.	日本の人口は2100年までには半分以上減少しているであろう。

さくいん

A

B

C

D

E

F

G

H

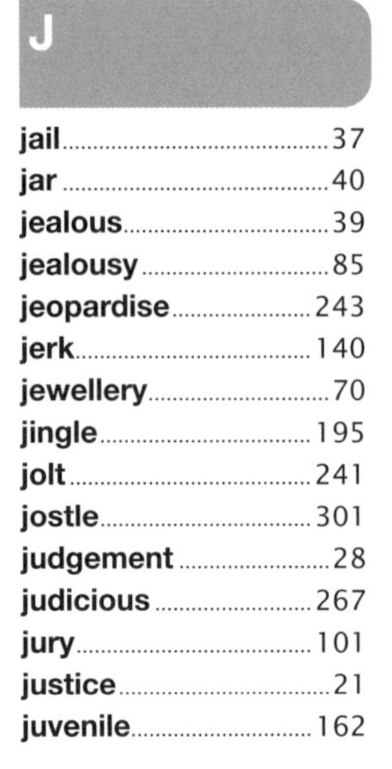

J

K

L

M

N

O

P

S

T

U

V

W

Y